干宝研究全书

王尽忠 著

中州古籍出版社

图书在版编目(CIP)数据

干宝研究全书/王尽忠著,—郑州:中州古籍出版社,2009.7

ISBN 978-7-5348-3202-4

Ⅰ.干… Ⅱ.王… Ⅲ.干宝(?~336)—人物研究 Ⅳ.K825.6

中国版本图书馆 CIP 数据核字(2009)第 125554 号

责任编辑:王小方　张向敏

责任校对:王尽忠

出 版 社:中州古籍出版社

(地址:郑州市经五路 66 号　邮政编码:450002)

发行单位:新华书店

承印单位:郑州方志印务有限公司　0371—67811562

开　　本:787mm×1092mm　1/16

印　　张:26.75 印张

字　　数:383 千字　　**印　　数**:1—1000 册

版　　次:2009 年 7 月第 1 版　　**印　　次**:2009 年 7 月第 1 次印刷

定　价:168.00 元

谨以此书

献给我最尊敬的

范守身老师

左起:王尽忠、范老师、谢新华、朱焕超

干宝遗像　选自《干氏宗谱》

序

王钦韶

我与尽忠不仅是大学同学,同宗王氏,而且还同年同月同日生。48年来往频繁,思想交流不断,信息皆通。当我拿起这本沉甸甸的专著时,当然压抑不住内心的喜悦与激动。这是尽忠10多年心血的结晶呀!我向他祝贺,为他高兴。

尽忠百般崇拜毛泽东,认为毛泽东思想的博大精深,得益于博大精深的中国传统文化的滋养。为此,他一贯注意对传统文化研究。他对出生于新蔡县、在许多领域作出了重大贡献的1600多年前的政治家、思想家、小说家、历史学家干宝尤为注意。他认为,干宝研究与他的实际贡献相比,有很多空白。作为干宝的家乡人,河南新蔡更无人研究。新时期尽忠调到新蔡县地方志办公室工作,他视此为研究干宝的极好机会,把退休后的大部分心血都倾注在干宝身上。历经10多年寒暑,终于完成了这本煌煌数十万言的专著。这是一件有利于当代、惠及于后世的学术壮举。

翻阅全书,感到尽忠同志功不可没的贡献有三:

第一,10多年来,尽忠同志数次南下浙江,得到了弥足珍贵的《干氏宗谱》,对于学者“不详”的干宝生卒年代进行了言之有据的考证,整理出了比较可信的干宝年谱。通过实地考察找到了过去无人知晓的干宝故居遗址,对“干宝母亲将其夫婢生推墓中”一说进行了辩诬。他广泛收集资料,遍查丛书、类书、史书、杂书,呕心沥血扒梳整理,经过反复比较、去粗取精、去伪存真地研究,终于成一家之言,为今后的干宝研究打下了坚实的基础。

第二,对干宝著作的真伪进行了严肃认真地鉴别,对各家校本重新进行了校勘。比如《干宝著作考》中关于《周易》的考证是这样写的:"干宝关于《周易》的五种著作均未能流传下来,仅《周易注》流传部分内容,主要靠其他著作的征引。干宝的注文,在唐代李鼎祚的《周易集解》中成为一家之言,明代海盐人胡震亨从《周易义海》(房权审)、《释文》(陆德明)等书中,将干宝的注文辑录成册,载入《秘册汇函》,未分卷。又有明代海盐人姚士彝也辑录干宝《周易注》的佚文,分为上中下三卷,载入《盐邑志林》。书前有绣水项皋谟的《干常侍易解跋》。清代有归安丁杰补正姚士粦辑本,载张惠言《易义别录》。黄爽《汉学堂丛书》、王谟《汉魏遗书钞》、孙堂《汉魏易注》均有辑本。马国翰据《易义别录》所载参校而刊入《玉函山房辑佚书》。以上辑本以马国翰辑本较佳,但依然漏掉《周易集解》中的'困(卦四十七)'一条及《周易·系辞》注文二条。"其涉猎之全面,资料之翔实,考证之缜密可见一斑。将这些原书失传、而被多家征引的零散文字汇集为《干宝著作集注》,使干宝著作有了相对完整的面目。

第三,论证了干宝多方面的贡献。他认为,干宝虽然是为巩固东晋统治而尽力的历史人物,有明显的历史局限,但在许多方面都给我们留下了进步的思想资料。他是具有朴素唯物辩证法思想的哲学家,有关《周易》的著作是其代表。他是个敢于批判西晋王朝腐败现实的有进步历史观的历史学家,《晋记》23卷是其代表。他对历史学还有多种贡献,他的《叙例》是"重立凡例的首创者";他的"论赞","言简意赅,切中要害","使史书能更好地发挥惩恶扬善的教化作用"。《晋记总论》开了史书总论之先河、历代的历史书,编年体、纪传体各有千秋,干宝却"盛誉"编年而"深抑"纪传。其原因是:"编年体的《春秋》、《左传》、《汉纪》均成书于乱世,反映了人们向往国家统一的思想,有利于朝廷的中央集权:纪传体的《史记》、《汉书》均成书于国家大统一之时,反映了国家人才济济,有利于调动各方面的积极性。干宝身处西晋刚亡,东晋初建的混乱局面,他强调编年体,就是为了维护东晋王朝的政权,有利于东晋王朝的建立和巩固。"从时代背景和社会作用两方面来说明干宝历史著作体例选择的原因,显然是一种历史主义观点。

尽忠对干宝在小说方面的贡献给予了特别的关注。他从多方面对干宝在中国小说史上的鼻祖地位予以了充分肯定。他认为,干宝的小说

理论既早且有创见。干宝所谓的"微说"就是今天的小说,干宝"有所感起,是用发愤焉"的创作思想使《搜神记》有了深刻的思想寄托和浓厚的感情。干宝的创作理论和《搜神记》成功的创作实践,"使中国小说昂首登上文学艺术的殿堂,并确立在社会上的地位",此功"非干宝莫属。"

尽忠对《搜神记》和《天方夜谭》及中国后来小说戏剧作品进行的纵横比较研究,充分说明《搜神记》在世界和中国的小说史和文学史上有着特殊的地位和影响。

所有这些研究成果,奠定了该著作在学术上的一席之地。

这些成果的取得,得力于尽忠刻苦的治学精神,谨严的治学态度,执著的治学毅力,高度的学术责任。他身处偏远县城,收集学术研究资料难度可想而知。但他10多年间废寝忘食,走南闯北,数易其稿,从不懈怠。他有固执的河南情结,他说:"河南人的干宝研究必须在河南出版。"书稿有多家出版社索要,他都执意不给,最后定在中州古籍出版社出版,才遂了心愿。这种为河南人争气的心态是河南人高尚精神境界的缩影。

正因为这一切,我在为他取得学术成就高兴的同时,也为有这样的朋友而骄傲!

(作者系河南教育学院教授、河南省优秀专家)

总 目 录

第三编　历代名家论干宝

附　录

第一编

干宝生平与著作研究

一 干宝生平略考

——纪念干宝逝世1650周年

干宝，字令升，今河南省新蔡县人。其祖统，三国时为吴奋武将军、都亭（今湖北恩施）侯；父莹，字明叔，号无瑕，为吴丹阳（今安徽当涂东）丞，晋封立节都尉；母桓氏；兄庆，字源长，仕晋为豫宁县令；嫂魏氏。

干宝是我国东晋初期著名的思想家、史学家和文学家。其《搜神记》是我国流传下来的最早的短篇志怪小说集，堪称中国小说的鼻祖。干宝的著作，对中国文化有极广泛和深远的影响。正如刘知几所说："识宝者稀，知音盖寡。"了解干宝的人，与干宝作品的影响相比较，极不相称。很多人看过电影黄梅戏《天仙配》，知道元代剧作家关汉卿的代表作《窦娥冤》，但却不知道这些作品都是从干宝的《搜神记》中改编的。

值此干宝逝世1650周年之际，本人不揣冒昧，敢以浅见拙识抛砖引玉，若能促进对干宝的研究，或引起争论，或受到批评，不胜荣幸之至！

（一）

在《晋书·干宝传》里有一段关于"宝父女婢死而复生"的记载。令人奇怪的是，1000多年来，人们津津乐道，却没有人提出异议。

多记鬼神怪异，因果报应，这是《晋书》的特点，其目的就是鼓吹宿命论，为封建统治者服务。这一点，早在唐代的刘知几就曾尖锐地指出："晋世杂书，谅非一族。若《语林》、《世说》、《幽明录》、《搜神记》之徒，其所载，或诙谐小辨，或神鬼怪物。其事非圣，扬雄所不观；其言乱神，宣

尼所不语。唐朝所撰《晋史》,多采以为书。夫以干、邓之所粪除,王、虞之所糠秕,持为逸史,用补前传,此何异魏朝之撰《皇览》,梁世之修《遍略》。务多为美,聚博为功,虽取悦于小人,终见嗤于君子矣!”(《史通·采撰第十五》)文中的“干”指干宝,“邓”指邓粲,“王”指王隐,“虞”指虞预,四人都是东晋著名的史学家。清代的王鸣盛亦说:“《晋书》好引杂说,故多芜秽也。”

在《晋书》里关于神鬼怪异的记载屡见不鲜,但关于“宝父女婢死而复生”的资料,《晋书》的编者是从何处搜集的,其事又是如何演变的呢?

说来奇怪,此事最早见于干宝的《搜神记》:

晋世杜锡,字世嘏,家葬而婢误不得出。后十余年,开冢祔葬,而婢尚生。云:“其始如瞑目,有倾渐觉。”问之,自谓当一再宿耳。初婢埋时年十五六。及开冢后,资质如故。更生十五六年,嫁之有子(《搜神记》卷十五总第372条)。

杜锡是西晋杜预的儿子,官至尚书左丞。干宝的《搜神记》是专门搜集“怪异非常之事”(干宝为《搜神记》请纸表),这则记载就已经够奇的了。但是,干宝万万没有想到,他所记的怪事,又被后人转嫁到他自己的头上,而且比他的记载更为出奇。这就是孔氏《志怪》的记载:

干宝父有嬖人,宝母至妒,葬宝父时,因推著藏中。经十年而母丧,开墓,其婢伏棺上。就视犹暖,渐有气息;舆还家,终日而苏。说宝父常致饮食,与之接寝,恩情如生。家中吉凶辄语之,校之悉验。平复数年后方卒。宝因作《搜神记》中云“有所感起”是也(录自鲁迅《古小说钩沉》)。

干宝的记载是“误不得出”,10余年如梦觉。这一段却是“因推著藏中”,故意将人推入墓中。更奇的是死后照样“常致饮食,与之接寝,恩情如生”。可惜的是“经十年”,而未能生出个“鬼娃”来。

晋朝是个搜神志怪的时代,产生了大量的志怪小说。不过,将“婢死复生”的故事转嫁到干宝头上,这有两种可能:一是有意转嫁。我们无从知道孔氏与杜锡及干宝的关系,客观上孔氏替杜锡向干宝复了仇(若如此,纯属文字官司)。正如鲁迅所说:“是知假小说以施诬蔑之风,其由来亦颇古矣。”二是无意转嫁。正如人们“记注殊方异物者每云张华,亦如言仙人神境者好称东方朔”(鲁迅《中国小说史略》)一样,干宝讲神说怪出了名,人们就把一些怪事“附会”到他头上。不过,孔氏的记载带有明显的恶意。

孔氏的记载，至《搜神后记》的编者手里，又加以充实：

干宝，字令升，其先新蔡人。父莹，有嬖妾。母至妒，宝父葬时，因生推婢著藏中。宝兄弟年小，不之审时。经十年而母丧，开墓，见其妾伏棺上，衣服如生。就视犹暖，渐渐有气息，舆还家，终日而苏，云宝父常致饮食，与之寝接，恩情如生。家中吉凶辄语之，校之悉验，平复数年后方卒。宝兄常病，气绝积日不冷，后遂寤，云见天地间鬼神事，如梦觉，不自知死（《搜神后记》卷四）。

关于宝兄气绝复苏的事，并非怪事，姑且不论。这一段加了句“宝兄弟年小，不之审也”。很明显，这是为干宝开脱的。由此可窥见编者的矛盾心理：像这样的奇事，不收录难于割爱；若收录，对干宝不敬。于是，就加一句，各得其所。

作为志怪小说，无可非议，若不奇不怪，就算不上志怪小说，也就不能吸引读者了。

《晋书》的编者，就是根据以上三段志怪小说的内容，进行综合，写进了正史《干宝传》。为对比方便，亦抄录如下：

宝父先有所宠侍婢，母甚妒忌，及父亡，母乃生推婢于墓中。宝兄弟年小，不之审也。后十余年，母丧，开墓，而婢伏棺如生，载还，经日乃苏。言其父常取饮食与之，恩情如生。在家中吉凶辄语之，考校悉验，地中亦不觉为恶。既而嫁之，生子。

这一段除综合了孔氏《志怪》和《搜神后记》的内容外，还将干宝《搜神记》里的“嫁之，生子”也加了进去，但却划掉最不合情理的“与之寝接”四字。

说干宝父亲死时，“宝兄弟年小，不之审也”，纯属谎言。事实是：当干宝任盐官州别驾时，“宝之父莹，迎养在任”（见附件4）。宝父死时，是干宝把他安葬在青山的（今属浙江海盐澉浦镇）。至于说“母丧，开墓”，更是无稽之谈。因为干宝的母亲桓氏，根本未有与其夫莹合葬，而是葬在青山西北的灵泉里（今属浙江海宁袁花镇），与干庆夫人魏氏在一起（见附图）。

综上所述，说干宝母亲将其夫婢生推墓中一案，纯属诬陷。这一冤案，已经1000多年，现在是应该昭雪的时候了。

（二）

关于干宝的生卒年代，学者多以“不详”处之。虽有几家记载，也是众说纷纭。现将笔者所见到的分列如下：

1.《中国文艺辞典》（孙俍工编）写作 306—?，又说“晋惠帝末至穆帝末年间人”，约为 306—361 年。

2.《中国大百科全书》写作？—336 年。

3. 何金铠在《〈搜神记〉长短谈》（载《中学生阅读》1987 年第 7 期）一文中写作？—399 年。

4. 李颖科在《干宝及其〈晋纪〉》一文中以为 289—336 年。

还有一些重要著述，如《辞海》、《中国文学家大辞典》（谭正璧编）等均避而不记。

以上四种意见，关于生年有二说。先说第一种，即“晋惠帝末年”（306 年）。《晋书·华谭传》曰：“建兴初，……谭荐干宝、范珧于朝。”“建兴初”，为公元 313 年。这年干宝仅有 7 岁，如何入朝为官呢？又《晋书·干宝传》曰：“平杜弢有功，赐爵关内侯。”杜弢起义失败于建兴三年，即公元 315 年。一个不满 10 岁的娃娃，怎么能参与镇压杜弢起义，并立了“功”呢？显然，这种意见是不能成立的。

再说第二种意见。李颖科说：“干宝生于何年，史无明文，学者多以无从考证处之。其实，若就有关史料钩稽爬梳，亦不难觅其大概时间。据《晋书·华谭传》：‘建兴初，元帝令（谭）为镇东谘议祭酒……谭荐干宝、范珧于朝。’这是现存干宝入仕的最早记载。建兴初，为公元 313 年。……若以公元 313 年干宝二十五岁计，则其当生于晋武帝太康十年（公元 289 年）。”

李颖科的推论令人信服。可惜，他所依据的资料，并非是“现存干宝入仕的最早记载”。干宝的五世孙干朴在《灵泉乡真如寺碑亭记》（见附件 3）一文的开头就写道：“永嘉元年，荥阳高皇祖令升公，初仕晋为盐官州别驾。”“永嘉元年”为公元 307 年，比李颖科“最早记载”又早 6 年。按李颖科的方法推算，干宝当生于太康四年（283 年）。当然，干宝初出仕,不一定就是“二十五岁”,说“太康年间”(280—289年)较为稳妥。

关于干宝的卒年,有三种说法:一是《中国大百科全书》和李颖科的公元336年;二是何金铠的公元399年;三是孙俍工的公元361年。

第一,东晋朝廷为干宝立的《御制神道碑》(见附件2)说他“辅弼四朝”,当是元、明、成、康四帝。而第四朝的康帝司马岳卒于建元二年(344年)。若干宝卒于公元336年,即为第三朝成帝咸康二年,他就不可能“辅弼四朝”了。

第二,在干宝《搜神记》卷九第13条(总第249条)有关于“庾亮入厕见怪而卒”的记载。这一条经考证,是干宝《搜神记》原有的内容。而庾亮卒于咸康六年(340年)。按《晋书》载,“见怪而卒”是庾亮之弟庾翼的事,而庾翼卒于永和元年(345年)。两说均在“公元336年”之后。干宝怎么能将他卒后的事写入书中呢?由此可见,干宝只能卒于庾氏兄弟之后,而不可能卒于庾氏兄弟之前。

第三,由干宝的出生年代可以推断,干宝不可能卒于“公元399年”,因为干宝绝对不会活到110多岁。

以上三种意见,只有孙俍工的“公元361年”比较接近实际。

那么,干宝究竟卒于何年呢?

《御制神道碑》的最后落款为“永和七年九月”。“永和七年”,即公元351年。文中又有“胡旻天之不吊于一人,而侯遂以告薨”。“旻天”者,秋天也,与“九月”互为印证。干宝为东晋王朝的建立和巩固,倾其毕生精力,他死后朝廷为他立碑不会相隔太久。因此,说干宝卒于永和七年秋,当是可靠的。

综上所述,干宝的生卒年代应为公元283—351年间,享年约68岁。

(三)

干宝于永嘉元年(307年)任盐官州别驾。建兴元年(313年)又经华谭推荐,“以才器召为著作郎”(《晋书·干宝传》)。按当时的制度,双亲去世,必须辞官守孝三年。以此推算,宝父应卒于永嘉四年(310年)。干朴《灵泉乡真如寺碑亭记》曰:“汉主聪将兵寇洛阳,而河南诸郡皆为分据。荥阳之故里不可复问矣,遂家于盐之灵泉乡。”“汉主聪”,即刘聪,于永嘉五年(311 年)陷洛阳,掳晋怀帝司马炽。干宝于是年徙家灵泉乡为父守孝,直至建兴元年复出。

干宝任著作郎以后,又受朝廷派遣,“总督淮扬军旅,运筹帷幄之中”(见附件1),去湘州(今湖南长沙)参加镇压杜弢领导的农民起义。建兴三年(315 年)八月,杜弢起义失败。

建武元年(317 年)三月,司马睿称晋王,都建康(今江苏南京),以王导为丞相。十一月,“置史官,立太学”(《晋书·元帝纪》),由王导推荐,干宝以著作郎领修国史。《晋书·干宝传》曰:“中兴草创,未置史官,中书监王导上疏曰:‘……宜备史官,敕佐著作郎干宝等渐就撰集。’元帝纳焉。宝于是始领国史。以家贫,求补山阴令,迁始安太守。”

大兴元年(318 年)二月,干宝因“平杜弢有功,赐爵关内侯”(《晋书·干宝传》)。《赐爵关内侯制诰》曰:“咨尔原任始安太守干宝,总督淮扬军旅,运筹帷幄之中,维持廊庙之上,区画方夏(略),江左以宁,尔之力也。前勋未报,后效奚申,用著旂常,宜加褒秩。特赐尔爵关内侯,仍领秘书监事,纂修国史。”

《晋书·王隐传》曰:“大兴初,典章稍备,乃召隐及郭璞俱为著作郎,令撰《晋史》。”二人为著作郎,均干宝属下。郭璞,字景纯,河东闻喜(今山西闻喜西南)人。著有《洞林》、《山海经注》等。郭璞“性轻易,不修威仪,嗜酒好色,时或过度。著作郎干宝常诫之曰:‘此非适性之道也。’璞曰:‘吾所受有本限,用之恒恐不得尽,卿乃忧酒色之为患乎!’”(《晋书·郭璞传》)郭璞不听从干宝的劝告,后为王敦所杀。由此可见,干宝是位作风正派,并能关心和帮助同僚的人。

是年,干宝著《后养议》。其文曰:“大兴初,著作郎干宝论之曰:……”由此可见,此书著于“大兴初”年。

大兴二年(319 年),干宝著《驳招魂议》。其文曰:“近太傅公既属寇乱,尸柩不反,时亦大议招魂葬。”“太傅”即司马越。《晋书·东海王司马越传》曰:“永嘉五年三月卒于项。后尸柩为石勒焚之。其妃裴氏为人所略,卖于吴氏。大兴中得渡江,欲招魂葬越。元帝下诏不许,裴不奉诏,遂葬越于广陵。”干宝《驳招魂议》即为此而发,故应著于“大兴中”。

大兴四年(321 年)三月,“置《周易》、《仪礼》、《公羊》博士”(《晋书·元帝纪》)。《御制神道碑》曰:“详《春秋》之义而王道以明,注《易》象之解而天心以阐。是上而朝廷,下而风俗,无不经谋殚力,以匡扶国运。”东晋初建,人们的思想混乱,对东晋的建立是否顺天意,合民心,持怀疑态度。为此,干宝著《周易注》、《周易宗涂》、《周易玄品》、《周易爻义》、《周易问难》以及《春秋序论》、《春秋左氏函传义》等书,为东晋的建立和巩固制造理论依据。

太宁元年(323 年)四月,“转司空王导为司徒”(《晋书·明帝纪》)。“王导请为司徒右长史,迁散骑常侍”(《晋书·干宝传》)。干宝《司徒仪》曰:“右长史之职,掌检其法宪,明其分职。”(见《太平御览·职官部》引)在任中,干宝著有《司徒仪》以及《周官礼注》、《周官驳难》、《周官音注》等。《南齐书·百官志》云:“晋世王导为司徒,右长史干宝撰立《官府职仪》已俱。”所谓《官府职仪》,即指《司徒仪》。

太宁三年(325 年),干宝著《晋纪》成。《晋书·干宝传》曰:“著《晋纪》,自宣帝迄愍帝五十三年,凡二十卷,奏之。其书简略,直而能婉,咸称良史。”

《晋书·葛洪传》曰:“咸和初,司徒导召补州主簿,转司徒掾,迁谘议参军。干宝深相亲友,荐洪才堪国史,选为散骑常侍,领大著作,洪固辞不就。”“咸和初”,即公元 326 年。干宝推荐葛洪所任的职务,正是他自己所任的职务。这说明干宝此时有事要离职。究竟有什么事使干宝必须离职呢?在当时,只有双亲去世必须离职守孝。因此,笔者以为,干宝的母亲应卒于是年。

咸和二年(327 年)十一月,历阳太守苏峻和豫州刺史祖约联合叛晋。干朴《灵泉乡真如寺碑亭记》曰:“因苏峻之乱,兵散为盗寇掠其第,列祖偕诸昆族徙居于澉湖,近都尉之墓,或散处海滨梅园里。”

咸和四年(329 年),干宝服阕回朝。

咸康五年(339 年)七月,王导卒。王导是干宝在政治上的靠山。

建元二年(344 年)九月,康帝卒,子聃即位,是为穆帝。穆帝年仅两岁,由太后诸氏临朝摄政。干宝约是年辞官归养。《御制神道碑》说他“辅弼四朝”,穆帝已是东晋第五朝,干宝就未再“辅弼”了。

永和二年(346 年),干宝著《搜神记》约成书于是年之后。干宝在

《搜神记序》中又有“建武中,有所感起,是用发愤焉”的话,说明干宝在“建武”(公元317年)时就已着手创作。由此可见,《搜神记》的创作前后历时约30年。《晋书·干宝传》曰:“名为《搜神记》,凡三十卷。以示刘惔,惔曰:‘卿可谓鬼之董狐。’”《晋书·刘惔传》曰:桓温“伐蜀,时咸谓未易可制,惟惔以为必克”。桓温伐蜀,事在永和二年,说明此时刘惔尚在世。

永和七年(351年)秋,干宝卒。《御制神道碑》曰:“胡旻天之不吊于一人,而侯遂以告薨。余仰体天意,不徒显侯于生前,而欲申锡于身后。前尔原任尚书省散骑侍郎,宜特加尚书令,从祀学宫。”干朴《灵泉乡真如寺碑亭记》曰:“府后宅园旁筑精舍,意如菟裘之宫以终老,临没即卜葬于后园。”(今浙江省海盐县六里乡茶院村)(注)

九月,东晋朝廷为干宝特立《御制神道碑》。

据《干氏宗谱》载:干宝二子:长曰琦,太学生,王府行军长史;次曰琏,王府录事。

(原载《中州今古》2001年第6期)

注:关于干宝的葬地,这里记载有误,请参阅《干宝故居考察记》。

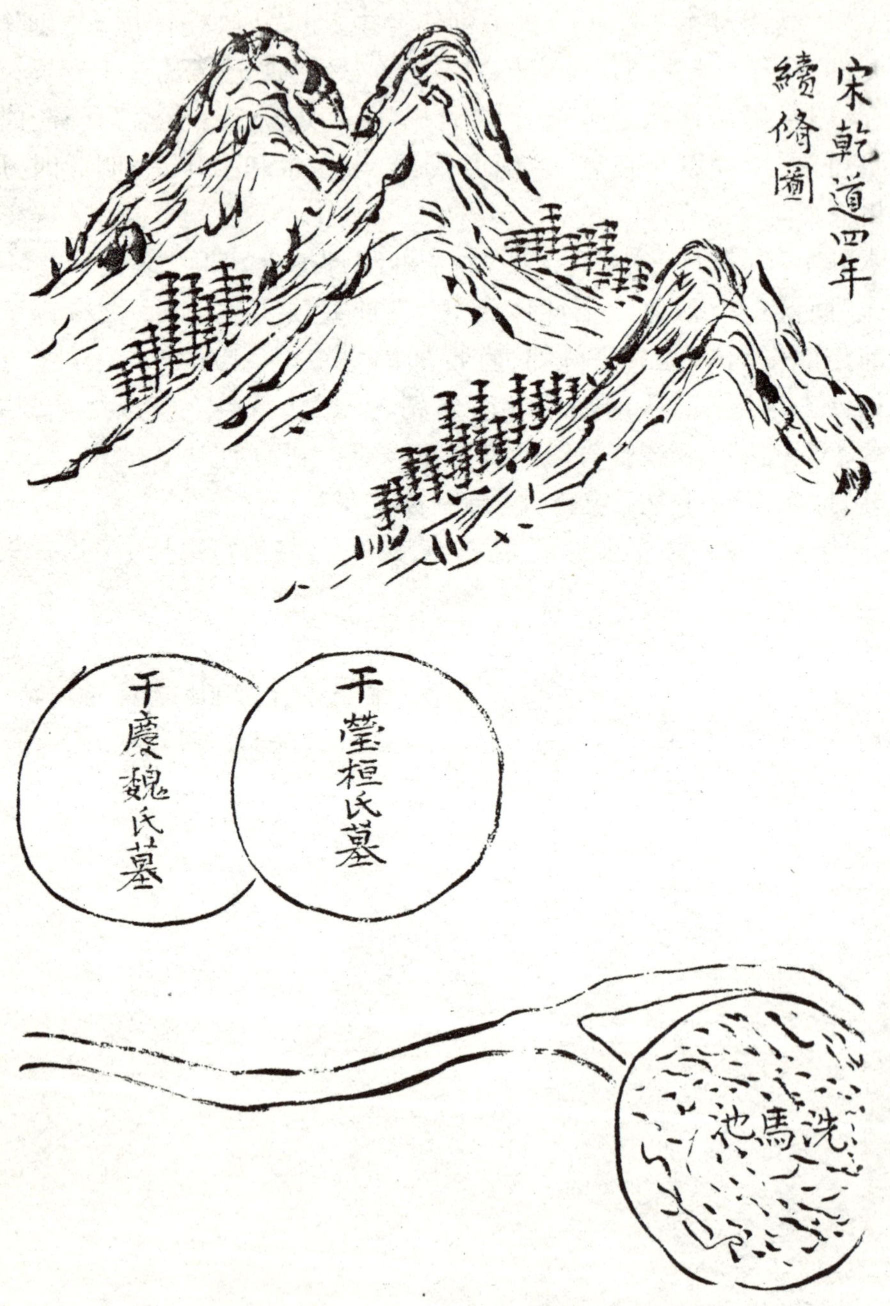

干宝母亲桓氏墓址图（选自《干氏宗谱》）
（宋乾道四年：公元 1168 年）

附件1:赐爵关内侯制诰

奉天承运[1],皇帝诏曰[2]:朕膺先绪[3],遘西京之丧乱[4],集东土之流离[5]。怀、愍相继惨于蒙尘[6];武、惠创承黯焉坠地[7]。上辱于祖宗,下愧于黎庶。藐予菲躬[8],伤心痛悼,爰东渡南来[9],兢兢求旧实先朝遗直[10],复振雍喈毗[11]。予一人崛起在位,往者逆弢肆乱,海内蹶张[12]。一夫不率,合境罹殃[13];一境不宁,普天致扰。

咨[14]尔原任始安太守干宝,总督淮扬军旅[15],运筹帷幄之中,维持廊庙[16]之上,区画方夏(略),江左以宁,尔之力也。前勋未报,后效奚申,用著旂[17]常,宜加褒秩[18]。特赐尔爵关内侯[19],仍领秘书监事[20],纂修国史。嘉其旧绩[21],懋其新功[22]。乌乎!竭数十载捧日之心,炳千百年悬星之笔[23],纪烈祖之成宪[24],昭然在目,俾知可法而可传[25];详嗣后之咎原[26],炯鉴厥心[27],使知予惩而予毖[28]。

自今以往,股肱元臣[29],比义协德;爪牙将士,戮力同心。庶几制治于未乱,保邦于未危。旧染污俗,咸与维新。播乃功名,与之更始。尔其钦哉!

大兴改元[30]二月　日

制诰之宝

(录自《干氏宗谱》·附原件)

注:①奉天承运:封建帝王为了便于统治人民,把自己说成是天命所归,奉天行事。②皇帝诏曰:诏,即诏书,特指帝王布告臣民之书。③朕膺先绪:朕,身也,古人自称之词。从秦始皇起,才专用为皇帝的自称。这里指晋元帝司马睿。膺,接受;先,先人;绪,前人未竟的功业。④遘西京之丧乱:遘(gòu),遭遇;西京,指长安(今陕西西安);丧乱,指建兴四年(316年),刘聪陷长安掳晋愍帝司马邺。⑤集东土之流离:集,收集;东土,东部尚未沦陷的国土;流离,流离的文武官员。⑥怀、愍相继惨于蒙尘:怀,指晋怀帝司马炽,永嘉五年(311年)刘聪陷洛阳被掳,七年被杀;愍,指晋愍帝。蒙尘,旧称帝王或大臣逃亡在外,蒙受风尘。⑦武、惠创承黯焉坠地:武,指晋武帝司马炎。泰始元年(265年)代魏称帝,创立晋朝。惠,指晋惠帝司马衷。永熙元年(290年),武帝卒,由他继承皇位。"黯焉坠地",指西晋亡国。⑧藐予菲躬:藐,小;予,我;菲,微;躬,身。此为自谦之词。⑨爰东渡南来:爰,(yuán元),于是。建康(今江苏南京)。⑩先朝遗直:先朝,指西晋;遗直,谓其人直道而

行,有古人的遗风。⑪复振雍喈毗:雍,和谐;喈(jiē 节),鸟鸣声;毗(pí 皮),辅助。⑫蹶张:用脚踏强弩使之张开。按:古代的弩用手张的叫“擘张”,用脚踏的叫“蹶张”。⑬罹殃:罹(lí 离),遭遇不幸。⑭咨:同“兹”。⑮总督淮扬军旅:淮,指淮南;扬,指扬州。此指干宝参与镇压杜弢起义。⑯廊庙:犹言庙堂,指朝廷。⑰旆(pèi 配):旗帜。⑱宜加褒秩:宜,应该。褒,嘉奖;秩,官吏的俸禄。⑲关内侯:爵位名。秦汉时置,为二十等爵的第十九级。一般封有食邑多少户,有按规定户数征收租税之权。东晋以后,仅为爵位的一种品级。⑳仍领秘书监事:秘书监,《晋书·职官志》曰:“惠帝永平中,复置秘书监,其属官有丞有郎,并统著作省。”㉑嘉其旧绩:嘉,发扬。㉒懋其新功:懋,勤勉。㉓炳千百年悬星之笔:炳,点燃。悬星之笔,喻干宝文笔之妙。㉔纪烈祖之成宪:烈祖,即列祖。成宪:成,成就;宪,法令。㉕可法而可传:法,效法;传,流传。㉖嗣后之咎原:嗣后,继承以后,指晋惠帝司马衷;咎(jiù 救)指灾祸的原因。㉗炯鉴厥心:彰明昭著的警诫。炯,明白;鉴,借鉴。㉘使知予惩而予毖:使我知道应该惩前毖后。㉙股肱元臣:股肱,比喻帝王左右辅助得力的臣子;元臣,大臣。㉚大兴改元:即大兴元年(218 年)。

賜爵關內侯制誥

奉
天承運
皇帝詔曰朕膺先緒遘西京之喪亂集東
土之流離
懷
愍相繼慘於蒙塵
武
惠創承黷爲墜地上辱於
祖宗下愧於黎庶藐予菲躬傷心痛悼爰

東渡南来兢〻求舊寔先朝遺直復振
雖喈毗予一人踊起在位往者逆炭肆
亂海內蹶張一夫不率闔境罹殃一境
不寧普天致擾咨爾原任始安太守干
寶總督淮楊軍旅運籌帷幄之中維持
廊廟之上區畫方畧江左以寧爾之力
也前勳未報後效奚申用著旂常宜加
褒秩特賜爾爵關內侯仍領秘書監事
纂脩國史嘉其舊績懋其新功嗚呼竭
數十載捧日之心炳千百年懸星之筆

紀
烈
祖之成憲昭然在目俾知可法而可傳
詳嗣后之咎原姻鑒厥心使知予懲而
予毖自今以往股肱元臣比義協德爪
牙將士戮力同心庶幾制治於未亂保
邦於未危舊染汙俗咸與維新播乃功
名與之更始爾其欽哉
大興改元二月日
制誥之寶

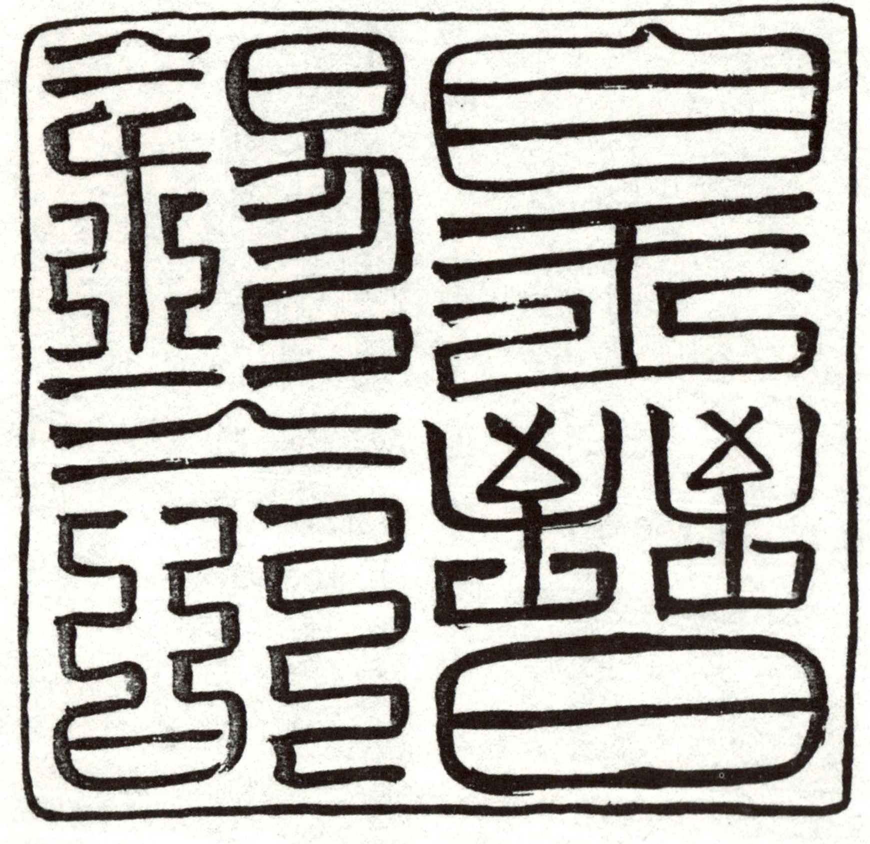

附件2:御制[1]神道碑

国家鼎分,汉祚历数十年战争未息[2]。

世祖武皇帝统一海内,呼吸风雷,万方臣黎,莫不震服。既而罢州郡兵,废弛武备,致戎马生于畿甸[3],系南楼于旷原。宗庙[4]之重器,委诸草莽;园陵之杯土,鞠为桑场[5]。凶丑匪茹[6],罔知愧畏[7]。朕高祖元皇帝[8]渡江奋起,率公卿大夫维系苞桑[9],分列布治,爰暨尔侯。驱除祸乱,修整纪纲。侯乃循其旧职,勉厥新猷[10]。辅弼四朝[11],振举百度。平大憝而武略以彰[12],修国史而文谟以定;详《春秋》之义而王道以明,注《易》象之解而天心以阐。是上而朝廷,下而风俗,无不经谋殚力[13],以匡扶国运。忧礼教之崩弛,惧宫箴[14]之凌替,实赖尔侯为中流砥柱[15]。胡旻天之不吊于一人[16],而侯遂以告薨。余仰体天意,不徒显侯于生前,而欲申锡[17]于身后。前尔原任[18]尚书省散骑侍郎,宜特加尚书令,从祀学宫,以表一代之儒猷,昭千秋之经,令世世子孙享公之德,永钦其令式[18]。无忽!

永和七年[19]九月　日

昭德殿制文

(录自《干氏宗谱》·附原件)

注:①御制:以帝王的名义所制作的称御制。②数十年战争未息:东汉末年,自光和七年(184年)黄巾起义,后形成三国鼎立,至晋武帝太康元的(280年)重新统一,其间共96年。③畿甸:畿,古代王都所在的千里地面;甸,古代郭外称郊,效外称甸。④宗庙:代指朝廷。⑤鞠为桑场:鞠,养育。成为养育桑树的场所。⑥凶丑匪茹:匪,不;茹,猜想。意谓凶丑难料。⑦罔知愧畏:罔,不。意谓愧畏不知。⑧高祖元皇帝:穆帝司马聃为东晋第五朝,故称晋元帝为高祖。⑨维系苞桑:《易·否》曰:"其亡其亡,系于苞桑。"孔颖达疏:"凡物系于桑之苞本,则牢固也。"⑩勉厥新猷:勉,勤勉;厥,其;新猷,新的谋划。⑪辅弼四朝:当为元、明、成、康四帝。⑫平大憝而武略以彰:憝(duì队),奸恶。此句指干宝曾参与镇压杜弢领导的农民起义。⑬殚力:殚(dān丹),竭尽。⑭宫箴(zhēn针):宫中的规戒。⑮中流砥柱:砥柱,原为河南省三门峡市东的一个石岛,屹立于黄河急流之中。比喻能担当重任、支撑危局的人。这里将干宝比喻为中流砥柱,可见评价之高。⑯旻天之不吊于一人:旻天,秋天,不吊,不善待。⑰申锡:申,表明;锡,赐。⑱前尔原任:此四字说明干宝卒前早已离任。⑲令式:令,美;式,榜样。⑳永和七年:为公元351年。

御製神道碑

國家昔分洋祚歷數十年戰爭未息

世祖武皇帝統一海內呼吸風雷萬方臣黎莫

不震服既而羅州郡兵廢弛武備放戎馬士

於畿甸祭南揚於曠原

宗廟之重器委諸草莽園陵之杯土鞠為蹂場

宄醜匹藉罔知懼畏朕

高祖元皇帝渡江奮起率公卿大夫纘繫邑桑分

列布治爰暨爾庶驅除禍亂修整紀綱庶

乃循其舊職勉厥新猷輔翊四朝振舉百

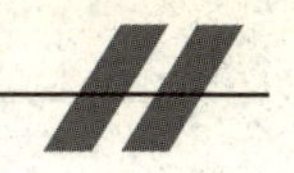

度平大憝而武略以彰脩國史而文謨以定詳春秋之義而王道以明註易象之解而天心以闡是上而朝廷下而風俗無不經謀殫力以匡扶國運憂禮教之崩弛懼宮箴之凌替寔賴爾寶為中流砥柱胡昊天之不吊於一人而寶遂以告薨余仰維

天意不徒顯寶於生前而特申錫於身後茲爾原任尚書散騎侍郎宜特加尚書令從祀學宮以表一代之儒猷昭千秋之經令世世子孫享祀之法永欽其令式無忽

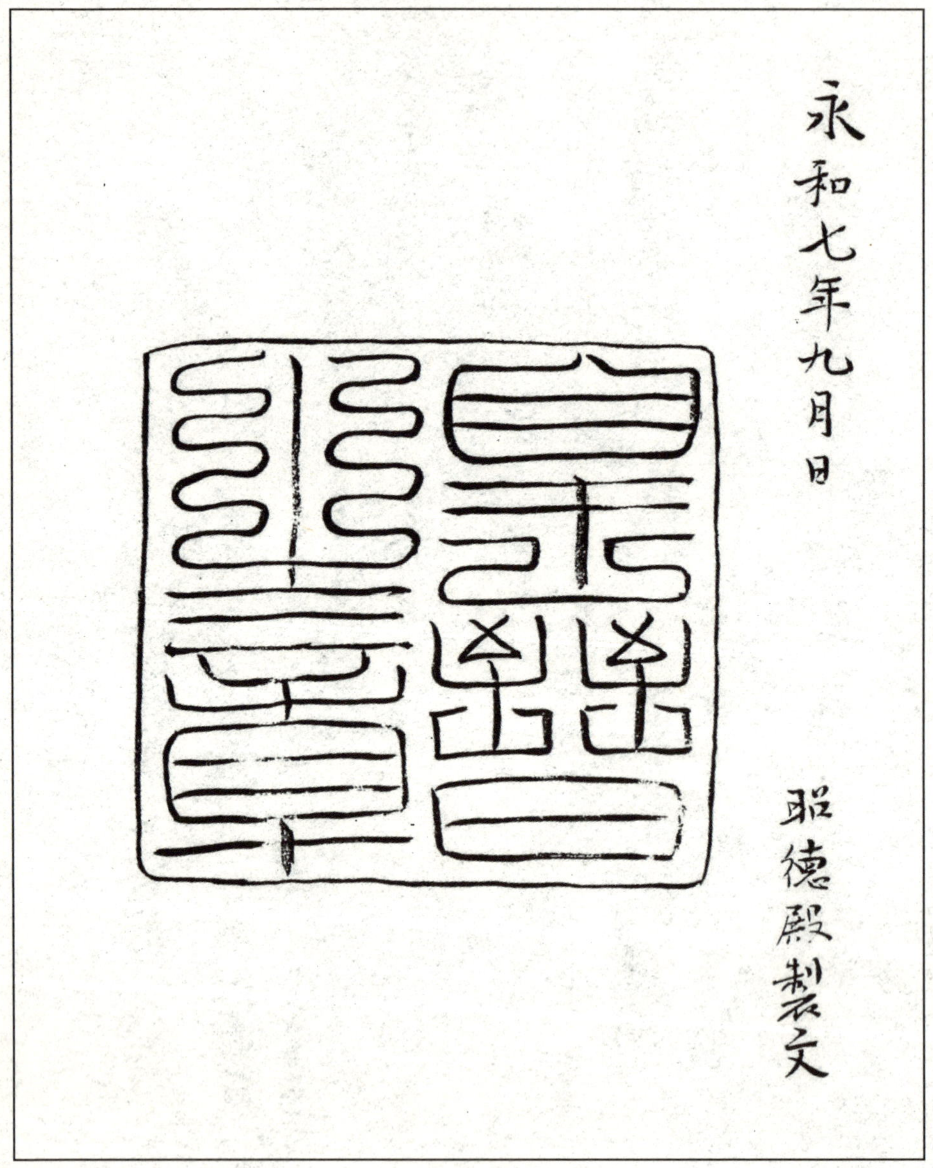
永和七年九月日
昭德殿制文

附件 3:灵泉乡真如寺碑亭记

永嘉元年[①],荥阳高皇祖[②]令升公,初仕晋为盐官[③]州别驾。越明年,胡汉主刘渊起兵称帝[④]。又五年,汉主聪将兵寇洛阳[⑤],而河南诸郡皆为分据。荥阳之故里,不可复问矣,遂家于盐之灵泉乡[⑥],卜宅于兹[⑦]地宅之后园。西偏列植寒香百种,花开芬郁。皇祖每从官署告假之余,婆娑其下,指其处而言曰:"此地若作佳城[⑧],可令魂魄俱香。"因作小丘,凿池蓄水,引流以灌树。既而典午[⑨]东渡,累官尚书省散骑侍郎。

谒先太祖茔于盐之青山[⑩],归而表其宅里为□□书府。府后宅园旁筑精舍,意如菟裘之宫[⑪]以终老。临没即卜葬于后园。

延老僧憨山上人修斋奉佛,扫石焚香以供朝夕。继因苏峻之乱[⑫],兵散为盗寇,掠其第。列祖偕诸昆族徙居于澉湖[⑬],近都尉之墓[⑭],或散处海滨梅园里。兹地旷为鬼瞷。是时,憨山之徒日以附益。列祖体皇祖之意,旋舍为僧寮之所。历宋齐两代,僧徒益众。值今天子崇尚浮图[⑮],舍身同泰寺[⑯]。适紫峰禅师往来于同泰寺中,识余面,偕同事诸公,乞余布施旧宅,更新廊庑[⑰],作梵宇[⑱]规制。于是,琳宫珠阙巍焉,焕焉,标其额曰:真如寺[⑲]。

忆此宅第,昔为桑梓之区,而转为风木[⑳]之地;始为故家之阀,阅而改作舍利之祇园[㉑]。海桑陵谷,代有变迁,历世殷遥[㉒],岂能无改。余从侍朝,休假一上先人之墓,因访高祖之故墟,凭吊梅花树下,低徊以思,自今以往,能令后世子孙世守勿绝者乎?览其景物,睹其山川,为之慨然而兴悲。

师即乞予作文,请勒石以志不朽,爰筑亭以覆之。

天监三十五年[㉓]三月二十九日。

盐官六世孙[㉔]朴拜手稽首撰

(录自《干氏宗谱》·附原件)

注:①永嘉元年:为公元 307 年。②荥阳高皇祖;荥阳,即治今河南荥阳,东晋前为郡治所。干氏郡望为荥阳、颍川(今汝州)二郡,干朴误以为新蔡属荥阳郡。高皇祖,干朴为干宝五世孙,故称"高祖"。③盐官:今为浙江海宁盐官镇,为钱塘江观潮圣地。④刘渊起兵称帝:事在永嘉二年(308 年)十月。⑤刘聪将兵寇洛阳:事在

永嘉五年(311年)六月。⑥灵泉乡:治今浙江海宁袁花镇。⑦卜宅于兹:干宝故居位于今海宁黄湾乡五丰村北菩提寺山南麓。⑧佳城:即墓地。源出《博物志》。⑨典午:午,生肖为马,“典午”隐指“司马”。晋帝姓司马,后因用“典午”为晋朝的代称。⑩太祖莹于盐之青山:干朴为干莹六世孙,故称莹为“太祖”。干莹墓在海盐县青山。⑪菟(tú)裘之宫:《左传·隐公十一年》云:“使营菟裘,吾将老焉。”后世称士大夫告老退隐的处所为“菟裘”。⑫苏峻之乱:事在咸和二年(327年)⑬澉湖:今名南北湖。位于浙江省海盐县南部,濒临钱塘江入海口。⑭都尉之墓:即干莹墓,莹曾封立节都尉。⑮天子崇尚浮屠:天子,指梁武帝萧衍;崇尚浮屠,崇信佛教。⑯舍身同泰寺:同泰寺位于建康,萧衍曾三次入寺为僧。⑰廊庑(wú武):走廊。⑱梵宇:佛寺。⑲真如寺:后更名为菩提寺,1963年拆毁。⑳风木;犹风树。《韩诗外传》卷九:“树欲静而风不止,子欲养而亲不待也。”这是齐国的孝子皋鱼对孔子说的话,后因以“风木”比喻父母亡故,不得奉养。㉑舍利之祇园:舍利为梵语,指佛骨。意谓供奉佛骨的地方。㉒般遥:般,盛大,富足;遥,远。意谓任何事物,时间长了就要变化。㉓天监三十五年:即大同三年,为公元536年,距干宝逝世185年。㉔盐官六世孙:干氏迁盐官,以干莹为始,故称六世孙。

靈泉鄉真如寺碑亭記

永嘉元年滎陽　高皇祖令升公初仕晋為鹽官州別駕越明年胡漢主劉淵起兵稱帝又五年漢主聰將兵寇洛陽而河南諸郡皆為分據滎陽之故里不可復問矣遂家於鹽之靈泉鄉卜宅於茲地宅之後園而偏列植寒香百種　花開芬郁皇祖每從官署告假之餘婆娑其下指其處而言曰此地若作佳城可令魂魄俱香因作小丘鑿池蓄水引流以灌樹既而典午東渡累官尚書省散騎侍郎　謁先太祖塋於鹽之青山歸而表其宅里為　書府府後宅園旁築

精舍意如菟裘之宮以終老臨没即卜塋於後園延
老僧憨山上人脩齋奉佛掃石焚香以供朝夕繼因
蘇峻之亂兵散為盜翫掠其第　列祖偕諸昆族徙
居於澉湖近都尉之墓或散處海濱梅園里茲地曠
為鬼瞯是時憨山之徒日以人附益　列祖體
皇祖之意旋捨為僧寮之所歷宋齊　兩代僧徒益衆
值今
天子崇尚浮屠捨身同泰寺達紫峰禪師往來於同泰
寺中識余面偕同事諸公乞余佈施舊宅更新廊廡
作梵宇規制於是琳宮珠闕巍焉煥焉標其額曰真

如寺憶此宅第昔為桑梓之區而轉為風木之地始
為故家之閥閱而改作舍利之祇園海桑陵谷代有
變遷歷世殷遙豈能無改余從侍朝休假一上先人
之墓因訪　高祖之故墟憑吊梅花樹下低徊以思
自今以往能令後世子孫世守勿絶者乎覽其景物
觀其山川為之慨然而興悲師即乞予作文請勒石
以誌不朽爰築亭以覆之
天監三十五年三月廿九日

鹽官六世孫朴拜手稽首撰

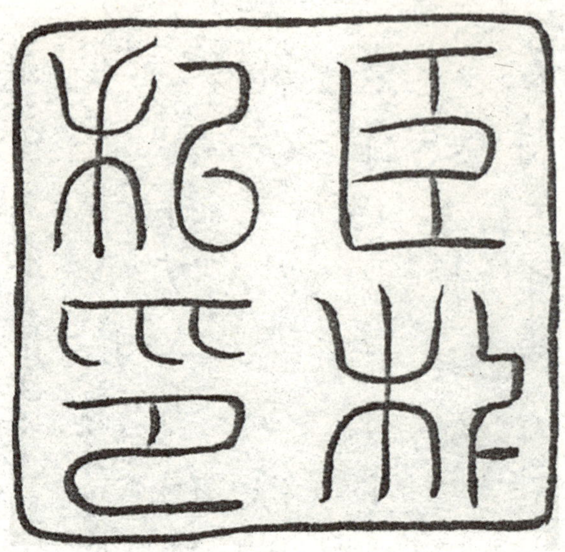

附件4:盐官肇宗纪略

吾观邑乘[①]所载,而知干氏之著于盐(者)邑者,其始终本末皆有可考。

盖谱之由来,其荒远者,不可妄述,必取其近实者而纪之。按《路史》[②]所载,少昊之母干嫘氏[③],爰名嫘,祖干之衍为族姓,厥有所自然,莫可详也。至春秋时,宋有大夫干犨(事见《左传》),陈有行人干征师(事见经文),姓氏始彰。迄于战国,干将[④]为吴王剑师,铸剑于松吴山中,因名其山为干山[⑤]。《方舆》、《地志》并详其事。东汉干长与陈蕃同郡[⑥],蕃为尚书,而卒以受祸。长为京兆尹,惩十常侍[⑦]之肆横,遂弃官归隐。辞征辟不就,其德行与太丘长陈寔[⑧]相并。世居颍川,所著有《颍川集》(三十卷)行世(情)。其书失传。按陈、宋封国[⑨],其地皆在中州。长为陈宋大夫之流裔可知也。汝宁府汉为颍川,故干与陈姓,俱称颍川郡。新蔡氏族由来远矣,然其世系则殚悉。

余本盐人,详溯干氏之肇宗,历历可纪,则断以实在盐官者为始祖,故旧谍所传必宗干宝垂为家乘,其世系源流与郡县所志适相符合。俱云:宝之祖先实本新蔡,宝初仕晋为盐官州判。宝之父莹,迎养在任。适因刘聪、石勒之乱,割据荥(荥)阳。新蔡者,荥(荥)阳之属邑也[⑩],势不可归,遂家于监(盐)。莹卒,乃葬之于监(盐)之青山。荣(莹)初仕吴为丹阳丞,进封立节都尉。宝之祖正(统)[⑪],仕吴为奋武将军;兄庆,仕晋为江西武宁县令。从兄瓒,亦晋将军。松为合城太守。斯时尚未居监(盐),故概不纂入。莹之墓在监(盐),徙家虽从父志,而显姓海隅,实由于宝,矧[⑫]乡贤崇祀,炳列学宫千载不移。若沐[⑬],若朴[⑭],若元显[⑮],皆其后起者。其为盐官之肇宗,固无疑也。

余因修纂邑志,得见《干氏宗谱》,与樊邑侯[⑯]、姚叔祥[⑰]论及之。

时万历丙午[⑱]三月　日

邑人胡震亨[⑲]记

(录自《干氏宗谱》·附原件)

注:①邑乘:邑指海盐县;乘,指志书。②《路史》:书名。南宋罗泌撰。47卷。主要论述我国传说时期的史事。③少昊之母干嫘氏:少昊(hào),传为黄帝之子,为东夷族首领;干嫘,传为黄帝之妻,发明养蚕。④干将:参阅《搜神记》卷十一《三

王墓》。⑤干山:今名莫干山,在浙江省北部。⑥干长与陈蕃同郡:二人同为颍川郡。陈蕃属今平舆县,与新蔡比邻。陈蕃(?—168 年),字仲举,桓帝时任太尉,与李膺等反对宦官专权,为太学生所敬重。灵帝继位,为太傅,与窦武谋诛宦官,事败被杀。⑦十常侍:东汉灵帝时操纵政权的宦官集团。因他们都任中常侍,爪牙遍地,贪暴横行,统称为"十常侍"。⑧陈寔(104—187 年):字仲弓,今河南许昌人。东汉末曾任太丘长。后隐居,朝廷多次征辟,坚辞不出。⑨陈、宋封国:陈封于今淮阳县;宋封于今商丘。⑩新蔡者,荥阳之属邑:新蔡从未隶属荥阳。南方人不熟中州地理,此说误。⑪宝之祖正:应为"统"。南朝梁时为避太子"萧统"讳改。⑫矧(shěn 审):况且。⑬若沐:即干新沐,干宝重孙,晋散骑常侍。⑭若朴:即干朴,字质卿。干宝五世孙。梁天监初进士,官至散骑常侍。⑮若元显:即干元显,干宝六世孙,仕梁为中书舍人。⑯樊邑侯:即樊维城,黄冈人,时任海盐知县。⑰姚叔祥:即姚士粦,字叔祥,海盐人。⑱万历丙午:为万历三十四年(1606 年)。⑲胡震亨:字孝辕,海盐人。明万历举人。官至兵部员外郎。晚年多著述,有《唐音统笁》、《海盐图经》等。

鹽官肇宗紀畧

吾觀邑乘所載而知干氏之著於塩者邑者其始終本末皆有可孜蓋譜之由来其荒遠者不可妄述必取其近寔者而紀之按路史所載少昊之母干嫘氏爰名嫘祖干之衍為族姓厥有所自然莫可詳也至春秋時宋有大夫干犨（事見左傳）陳有行人干徵師（事見經文）姓氏始彰迄於戰國干將為吳王劍師鑄劒於松吳山中因名其山為干山方輿地誌並詳其事東漢干長與陳蕃同郡蕃為尚書而卒以受禍長為京兆君尹徵十常侍之肆横遂棄官歸隱辞徵辟不就其德行與太丘長陳寔相

並世居潁川所著有潁川集三十卷行世惜其書失傳按陳宋封國其地皆在中州長為陳宋大夫之流裔可知也汝寧府漢為潁川故干與陳姓俱稱潁川郡新蔡氏族由來遠矣然其世系則殫悉余本塩人詳溯干氏之肇宗歷〻可紀則斷以寔在鹽官者為始祖故舊諜所傳必宗干宝垂為家乘其世系源流與郡縣所誌適相符合俱云宝之祖先寔是本新蔡宝初仕晉為塩官州判宝之父瑩迎養在任適因劉聰石勒之乱割據滎陽新蔡者滎陽之屬邑也勢不可歸遂家於鹽瑩卒乃葬之於鹽之青山滎初仕吳為丹陽丞進封立節都尉宝之祖正

仕吳為奮武將軍兄慶仕晉為江西武寧縣令從兄瓚亦晉將軍松為合域太守斯時尚未居鹽故槩不纂入塋之墓在鹽從家雖從父志而顯姓海隅寔由於寶矧鄉賢崇祀炳列學宮千載不滲若沐若朴若元顯皆其後起者其為鹽官之肇宗固無疑也余因修纂邑志得見于氏宗譜與樊邑侯姚叔祥論及之時

萬曆丙午三月日　邑人胡震亨記

二　干宝故居考察记

永嘉元年(307 年),干宝初仕晋为盐官(今浙江海宁盐官镇)州别驾。后因刘聪、石勒之乱,西晋亡,东晋立,南北对峙,干宝徙家盐之灵泉乡。据《干氏宗谱》载,干宝故居背靠青山,面向宫河,西南通黄湾。萧梁时,干宝的五世孙干朴舍宅为真如寺。该寺废而复兴者不知凡几,清代康熙间重建牌楼,而墓址久已废没。山门左侧旧有碑亭,明代尚见残碑断角,清已不存。宅东宋、明时有张九成状元台,清代改为董氏坟茔。灵泉乡治今浙江海宁袁花镇,今海宁袁花镇、黄湾乡及海盐澉浦镇、六里乡皆为所辖。方圆百余平方公里,有山四五十座。干宝居住何处,说法不一。有说在海宁市中分山南麓夹山村,有说在海盐六里乡茶院村。我正在编写《干宝研究》一书,为了对历史负责,决定做一次实地考察。

我于 2001 年 10 月 9 日至浙江海盐。当天下午,我和干乃军(干宝第 48 代孙)一块去县政府史志 办公室,见到王健飞主任。我们已是老相识,1994 年秋我来考察干宝的生平,即受到他的热情接待和大力支持。我们说明来意,他当下就指派办公室资格最老、业务最熟的顾郎椿同志和我们一块考察。这样就形成了以海盐县史志办公室顾郎椿同志为主,由干宝故里——河南省新蔡县史志办公室主编王尽忠和干宝的第 48 代孙干乃军参加的三人考察组。

我们三人接着就在办公室翻阅资料,研究考察方案。从各种资料证明,干宝故居应在海盐县和海宁市的接合部,具体在那里尚不清楚。我们先后翻阅了海盐县六里乡茶院村和海宁市袁花镇夹山村,但均无资料可以证明。突然,我们在《嘉兴市志》第四编《自然环境》有关海宁市山丘的说明中发现:“菩提寺山,又名灵泉山。位于袁花镇东南,海拔 91.6

在干宝故居遗址前合影

左起：干乃军、王尽忠、顾郎椿

米，由上株罗统凝灰岩、流放斑岩组成。山上怪石峥嵘险峻。相传晋干宝曾住此山，后舍宅为菩提寺，故名山。”这使我们豁然开朗，给考察指出了明确的目标。

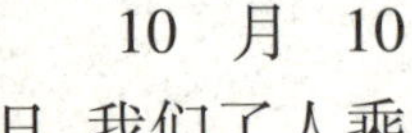

10 月 10 日，我们了人乘车沿着东海岸往西南行驶，经过全国著名的秦山核电基地，到达距县城 20 公里的澉浦镇。顾郎椿同志带领我们至镇政府，见到财政办公室主任步连生同志。步主任了解来意后，当下安排车辆，陪同我们至六里乡电管所。步主任要了电话，我们在办公室喝茶等候。他们互相交谈，说的都是浙江话，我一句也听不懂。不久，来了一位年轻人，30 余岁。他们告诉我：他叫黄金华，是六里乡六忠村委会主任。六忠村处于海盐县的西南边陲，与海宁市比邻。黄金华是本地人，对地方人文地理很熟悉。说明来意后，他就带领我们乘车继续向西进发。小车进入海宁市界，经过曲折行驶，在黄湾乡五丰村停下。

我们步行至山下，在路口遇到一位农民。他叫平根良，今年 64 岁(1938 年生)。说明来意后，他很乐意带领我们往前走，上了 30 多米山坡停下来。他告诉我们：菩提寺共三层院落，前为金刚殿(1953 年拆毁)，中为大雄宝殿(1963 年拆毁)，后为僧房。他还指点着告诉我们每座殿的所在位置。看来他对寺院非常熟悉。一问，原来他 9 岁就入该寺，当 8 年和尚，现在就住在寺庙遗址前。

我们放眼望去，寺院已无影无踪，翠绿的庄稼和树苗一直延至半山坡，与青山相连。山基本上为东西走势，东端的山峰稍往北错。山体东西长 1 公里有余，寺庙就坐落在山前正中的半坡上。可惜的是，当地人正在从山的中间偏东处开山取石，将一条横卧的青龙当腰斩断。我们遍寻遗址，仅在一凹坑处发现一块加工过的巨石，可能是寺院的遗物。干宝墓应在寺院的后面，靠近山脚处，但历经1650年的沧桑巨变，如今只见遍地农田，无从寻觅。

黄金华用电话将许根法要来，我们就一同至平根良家座谈。许根法今年66岁（1936年生），9岁入菩提寺，住寺5年，1949年新中国成立后还俗。近年他又以菩提寺传授僧人的身份从事佛寺活动。在座谈中，许根法说："寺院东边有状元台。"这与《干氏宗谱》所记相吻合。他还说："菩提寺原名真如寺，后改名为菩提寺。"这又与《干氏宗谱》所记相印证。"菩提"和"真如"均为佛教名词，只是"菩提"比"真如"含义更明确、更丰富。因此，将"真如寺"改名"菩提寺"是可以理解的。平根良说："还有灵泉井。"这在《干氏宗谱》中亦有记载。我们立即随他去查看。果然在树丛中有一口砖砌古井。我从井口往下看一下，井很深，不见底。因井久废，井口杂草丛生，不熟悉的人很难发现。

根据《干氏宗谱》和《嘉兴市志》所载，通过实地考察，我以为这里就是干宝故居的遗址。那天天气晴朗，我站在遗址处遐想：这里背山面水，环境优美。登山眺望，东为大海，南是钱塘江，东南不远处为澉湖（今名南北湖）。干宝真有眼力，卜居于此，青山绿水，越住越有感情。临没即安葬在住处的后园，使他永远"魂魄俱香"（注）。

注：干朴《灵泉乡真如寺碑亭记》曰："皇祖每从官署告假之余，婆娑其下，指其处而言曰：'此地若作佳城，可令魂魄俱香。'"

（原载《中州今古》2002年第2期）

附：《干氏宗谱》载：干宝墓址图及说明。

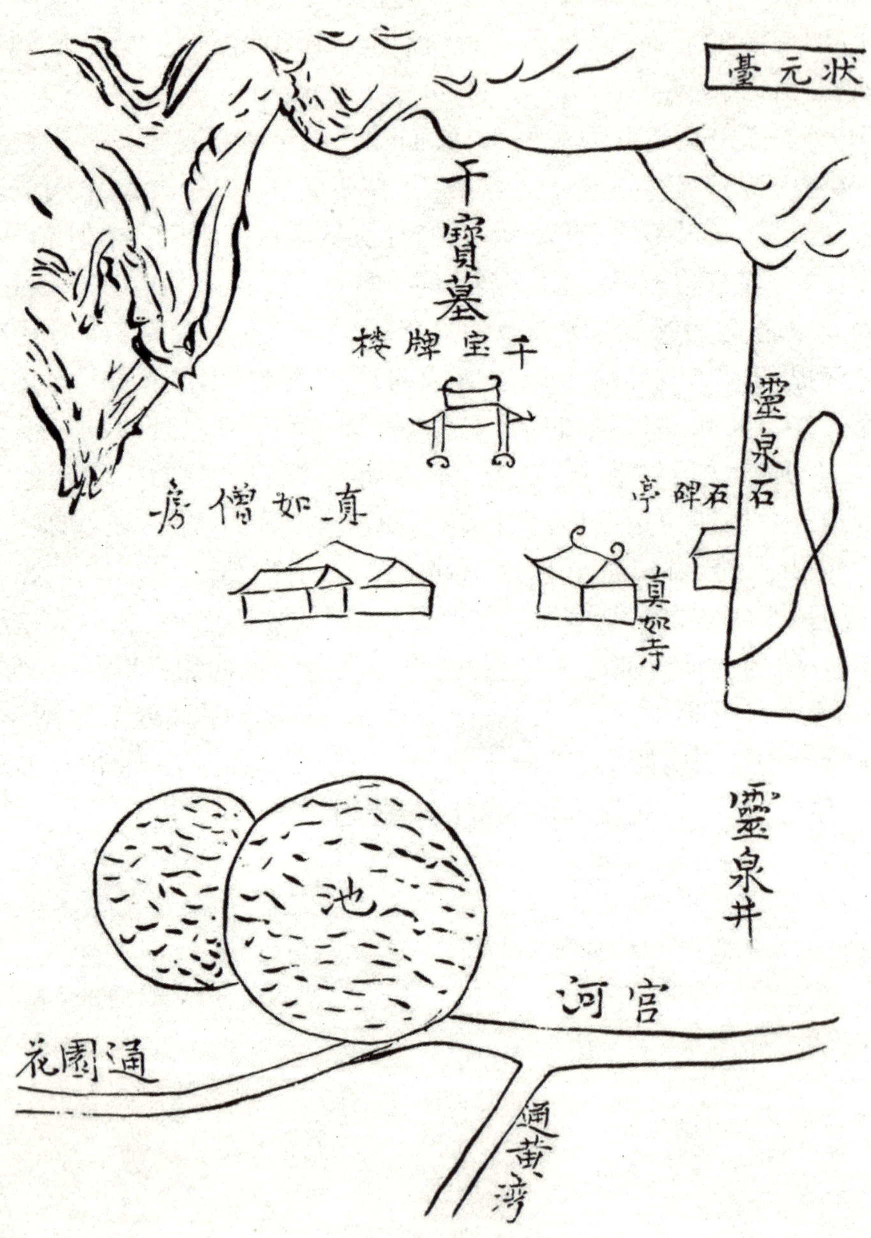

干宝墓址图及说明

縣誌載干寶宅里在靈泉鄉蕭梁時捨宅為真如寺以後廢而復興者不知几幾次即今大清康熙間火焚重建牌楼坟址久已廢没山門左旁舊有碑亭勒石刻干朴碑文於上歷明季尚見殘碑斷角今已不可覓矣惟靈泉石與靈泉井猶存靈泉石畔有宋明張九成狀元𡊨今亦廢去改為董氏之坟惟洗硯池遺跡僅留康熙三十六年余因脩譜而尋訪其處即所親歷者圖而記之閲数百年後又不知作何景象耳

丁丑閏三月初七日裔孫欽昊謹識

三　干宝年谱

公元280年(晋太康元年)

三月,晋灭吴统一全国。宝祖统(正),仕吴为奋武将军、都亭侯;父莹,字明叔,号无瑕,仕吴为丹阳丞,晋封立节都尉;母桓氏。吴灭后,干莹带领全家返回故里新蔡居住。

公元283年(太康四年)

干宝约是年生于新蔡,并在此度过他的青少年时代。《宋书·五行志》曰:"元康末至太安间,江淮之域,有败编自聚于道,多者或至四五十量。干宝尝使人散而去之,或投林草,或投坑谷。""元康末至太安间",即公元299年至302年;"江淮之域",新蔡属之。

公元307年(永嘉元年)

是年,干宝仕晋,为盐官(今浙江海宁盐官镇)州别驾。干朴《灵泉乡真如寺碑亭记》曰:"永嘉元年,荥阳高皇祖令升公,初仕晋为盐官州别驾。"干朴为干宝五世孙,仕梁为散骑常侍。

公元310年(永嘉四年)

宝父莹约是年卒于盐官,葬青山(今属浙江海盐澉浦镇)之阳。

公元311年(永嘉五年)

六月，刘曜、王弥陷洛阳，掳怀帝司马炽。

干宝徙家灵泉乡（今浙江海宁黄湾乡五丰村）为父守孝。干朴《灵泉乡真如寺碑亭记》曰："汉主聪将兵寇洛阳，而河南诸郡皆为分据。荥阳之故里不可复问矣，遂家于盐之灵泉乡。"

公元313年(建兴元年)

五月，以司马睿为左丞相，都督陕右诸军事。

建兴初，华谭为丞相军谘祭酒，领郡大中正。《晋书·华谭传》曰："谭荐干宝、范珧于朝。"《晋书·干宝传》曰："以才器召为著作郎。"

干宝遇周访于姑孰，亦在是年。

公元315年(建兴三年)

八月，干宝参与镇压杜弢起义，弢败死。

公元317年(建武元年)

三月，司马睿称晋王，都建康（今江苏），以王导为丞相。

十一月，由王导推荐，干宝以著作郎领修国史。《晋书·干宝传》曰："中兴草创，未置史官，中书监王导上疏曰：'宜备史官，敕佐著作郎干宝等渐就撰集。'元帝纳焉。宝于是始领国史。以家贫，求补山阴令，迁始安太守。"

公元318年(大兴元年)

二月，封干宝为关内侯。《赐爵关内侯制诰》曰："咨尔原任始安太守干宝，总督淮扬军旅，运筹帷幄之中，维持廊庙之上，区画方夏（略），江左以宁,尔之力也。前勋未报,后效奚申,用著旆常,宜加褒秩。特赐尔爵关内侯,仍领秘书监事,纂修国史。"

三月,晋王睿即皇帝位。史称东晋。

是年,干宝著《后养议》。

公元319年(大兴二年)

是年,干宝著《驳招魂议》。《晋书·东海王司马越传》曰:"永嘉五年三月卒于项。后尸柩为石勒焚之。其妃裴氏为人所略,卖于吴氏。大兴中得渡江,欲招魂葬越。元帝下诏不许,裴不奉诏,遂葬越于广陵。大兴末,墓毁,改葬丹徒。"干宝《驳招魂议》即为此而发,故应著于"大兴中"。

公元323年(太宁元年)

四月,以王导为司徒。《晋书·干宝传》曰:"王导请为司徒右长史,迁散骑常侍。"干宝在任中,著有《司徒仪》等。

公元325年(太宁三年)

是年,干宝著《晋纪》成。《晋书·干宝传》曰:"著《晋纪》,自宣帝迄愍帝五十三年,凡二十卷,奏之。其书简略,直而能婉,咸称良史。"

公元326年(咸和元年)

宝母桓氏约是年卒,葬灵泉里西南隅。干宝为母守孝。《晋书·葛洪传》曰:"咸和初,司徒导召补州主簿,转司徒掾,迁谘议参军。干宝深相亲友,荐洪才堪国史,选为散骑常侍,领大著作,洪固辞不就。"干宝推荐葛洪担任的职务,是他自己正任的职务,说明干宝因事要离职。在当时,只有双亲去世,必须离职守孝。

公元327年(咸和二年)

十一月,历阳太守苏峻、豫州刺史祖约叛晋。干朴《灵泉乡真如寺碑亭记》曰:"因苏峻之乱,兵散为盗寇掠其第,列祖偕诸昆族徙居于澉湖,近都尉之墓,或散处海滨梅园里。"

公元329年(咸和四年)

是年,干宝服阕回朝。

公元339年(咸康五年)

七月,王导卒(276—　　)。

公元344年(建元二年)

九月,康帝卒,子聃即位,是为穆帝。穆帝即位,年仅两岁,由太后诸氏临朝摄政。干宝约是年辞官归养。《御制神道碑》说他"辅弼四朝",穆帝已是东晋第五朝,干宝就未再"辅弼"了。

公元345年(永和元年)

《晋书·穆帝纪》:"七月,庾翼卒。翼部将干瓒、戴羲等杀冠军将军曹据,举兵反,安西司马朱焘讨平之。"干瓒为干宝从兄。

公元346年(永和二年)

干宝著《搜神记》约成书于是年之后。《晋书·干宝传》曰:"名为《搜神记》,凡三十卷。以示刘惔,惔曰:'卿可谓鬼之董狐。'"《晋书·刘惔传》曰:桓温"伐蜀,时咸谓未易可制,唯(刘)惔以为必克。"桓温伐蜀,事在永和二年,说明此时刘惔尚在世。

公元351年(永和七年)

是年,干宝卒。《御制神道碑》曰:“胡旻天之不吊于一人,而侯遂以告薨。余仰体天意,不徒显侯于生前,而欲申锡于身后。前尔原任尚书省散骑侍郎,宜特加尚书令,从祀学宫。”最后落款为“永和七年九月”。干朴《灵泉乡真如寺碑亭记》曰:“临没即卜葬于后园。”

九月,东晋朝廷为干宝特立《御制神道碑》。

干宝二子:长曰琦,太学生,王府行军长史;次日琏,王府录事。

四 干宝著作考

干宝(283？—351年)字令升,今河南省新蔡县人。是我国东晋初期著名的思想家、史学家和文学家。他学识渊博,著述宏丰,按古人分类,横跨经、史、子、集四部;按今人分类,涉及文、史、哲三个学科,诚魏晋间所谓通人之学。已搜集到的书目有26种,近200卷。其中有佚文流传者12种,无佚文流传者14种。有人将《驳招魂议》、《变化论》也列入书目,因二文均属于《干子》中的内容,故未单独列为书目。

1.《周易注》10卷

《隋志》、两《唐志》、《宋志》、《释文叙录》、《中兴书目》、《遂初堂书目》均有著录。《宋志》作《周易传》。亡。

2.《周易宗涂》4卷

《七录》、《隋志》均有著录。亡。

3.《周易问难》2卷

《七录》、《册府元龟》均有著录。亡。

4.《周易爻义》1卷

《隋志》、两《唐志》、《中兴书目》、《遂初堂书目》均有著录。"爻义",《旧唐志》作"文义",盖字形之误。亡。

5.《周易玄品》2卷

《隋志》、《册府元龟》均有著录。亡。

编者按:干宝关于《周易》的五种著作均未能流传下来,仅《周易注》流传部分内容,主要靠其他著作的征引。干宝的注文,在唐代李鼎祚的《周易集解》中成为一家之言。明代海盐人胡震亨从《周易集解》、《周易义海》(房审权)、《释文》(陆德明)等书中,将干宝的注文辑录成册,载入《秘册汇函》。未分卷。又有明代海盐人姚士粦也辑录干宝《周易注》的轶文,分成上、中、下三卷,载入《盐邑志林》。书前有绣水项皋谟的《干常侍易解跋》。清代有归安丁杰补正姚士粦辑本,载张惠言《易义别录》。黄奭《汉学堂丛书》、王谟《汉魏遗书钞》、孙堂《汉魏易注》均有辑本。马国翰据《易义别录》所载参校而刊入《玉函山房辑佚书》。以上辑本以马国翰辑本较佳,但依然漏掉《周易集解》中的"困(卦四十七)"一条及《周易·系辞》注文二条。

建武初年(317年),王导在其上书中说:"《易》所谓'正家而天下定'者也。"这里就有要研究和宣传《周易》的意思,以达到"正家而天下定"的目的。大兴四年(321年)三月,《晋书·元帝纪》曰:"置《周易》、《仪礼》、《公羊》博士。"这里也是提倡对《周易》的研究。干宝的这些著作可以说是"授命而著",其目的就是为东晋王朝的建立和巩固服务,其著作时间当在东晋初年。朝廷为干宝立的《御制神道碑》中的"注《易》象之解而天心以阐"就是证明。

6.《春秋序论》2卷

《隋志》、两《唐志》均有著录。两《唐志》并作1卷。亡。

7.《春秋左氏义外传》15卷

《晋书·干宝传》有著录。亡。

8.《春秋左氏函传义》15卷

《隋志》、两《唐志》均有著录。《旧唐志》作《春秋义函传》,《新唐志》作《春秋函传》,并16卷。亡。

编者按:干宝关于《春秋》的三种著作均未能流传下来。这些著作的目的同《周易注》等一样,也是为东晋王朝的建立和巩固服务的,《御制神道碑》中的"详《春秋》之义而王道以明"就是证明。因此,其写作时间也当在东晋初期。

《春秋左氏函传义》一书,清代马国翰《玉函山房辑佚书》有辑本,仅孔颖达《正义》和杜佑《通典》各引一节。

姚士粦《隋志考证》曰:"按《晋书》本传云:'宝又为《春秋左氏义外传》',与隋唐志题《函传》者异,未详孰是。"姚氏疑两书为一书。非也。《函传义》一书不管书名如何变,均离不开一个"函"字。"函"者,内也。笔者以为《函传义》是对《春秋》的释义,而《义外传》则是引申,史书误传也不会错到如此地步。

郭维新在谈到《春秋序论》时说："按此书殆即《函传》之序论，当合并著录。序录序论罕有二卷者，两《唐志》作一卷是也。"郭氏在《干宝著述考》一文中，也是把两种书疑为一种书，故有此论。

又刘知几《史通·烦省第三十三》引干令升《史议》云："丘明能以三十卷之约，括囊二百四十年之事，靡有孑遗。斯盖立言之高标，著作为良模也。"所谓《史议》，可能就是《春秋序论》。若如此，刘知几所引为该书仅存者。

9.《后养议》5卷

《七录》、《隋志》均有著录。亡。

编者按：清马国翰《玉函山房辑佚书》有辑录，仅《王昌事前母议》一篇，系自《晋书·礼志》录出。大抵此书论为人后者，养亲丧祭之礼，谓之"议"者，集诸儒之议以成书，非一家之言，但以干宝的论述为归结。

10.《杂议》5卷

两《唐志》均有著录。亡。

编者按：郭维新在《干宝著述考》中说："两《唐志》均有著录，而《隋志》无之，疑与《后养议》书同名歧。"《御制神道碑》说干宝"是上而朝廷，下而风俗，无不经谋殚力，以匡扶国运。忧礼教之崩弛，惧宫箴之凌替，实赖尔侯为中流砥柱"。说明干宝的议论是相当广泛的，将这些议论汇集成册，曰《杂议》名符其实。而《后养议》仅仅议论"养亲丧祭之礼"，怎么能混为一谈呢？郭氏之见，未免冒昧。

11.《司徒仪》1卷

《七录》、《隋志》、两《唐志》均有著录。两《唐志》作《司徒仪注》5卷。亡。

编者按：此书无辑本。清马国翰《玉函山房辑佚书》中，有目无书。现仅存《北堂书钞·设官部》和《太平御览·职官部》所引两节。

12.《周官礼注》12卷

《隋志》、两《唐志》、《释文叙录》均有著录。《唐志》作《注周官》；《释文叙录》作13卷。亡。

13.《周官驳难》3卷

《七录》、《隋志》、两《唐志》、《通志·艺文略》均有著录。两《唐志》、《通志·艺文略》均作5卷。亡。

14.《周官音注》1卷

《隋志·经籍志补》有著录。亡。

编者按:干宝关于《周官》的著作共三种。干宝《司徒仪》曰:"右长史之职,掌检其法宪,明其分职。"说明右长史的职责就是官职的设置、职责及管理和监察。对《周官》的研究和注释,都是干宝的职责。因此,这三种书都应著于干宝任右长史期间。

《周官礼注》:清王谟《汉魏遗书钞》、黄奭《汉学堂丛书》、马国翰《玉函山房辑佚书》均有辑本。王谟曰:"《经典释文》曰:'官正以下郑总列六十职序,干注则各于其职前列之。'如所言则陆氏必犹见干注全书,而贾疏绝不称引。今钞出《周礼释文》二十六条,《毛诗释文》一条,《礼记疏》一条,《后汉书注》十条,《通典》二条,《初学记》一条,《隋书·音乐志》一条。"

《周官驳难》:《隋志》曰:"《周官礼驳难》四卷,孙略撰。梁有《周官驳难》三卷,孙琦问,干宝驳,晋散骑常侍虞喜撰。"《旧唐志》曰:"《周官驳难》五卷,孙略问,干宝答。"《新唐志》曰:"干宝答《周官驳难》五卷,孙略问。"《通志·艺文略》曰:"《周官驳难》五卷。"姚士粦《隋志考证》曰:"孙略为虞预之婿,与预兄喜同志隐居不仕者。孙琦始末未详,殆亦同志友善者。是书盖干宝、孙略、孙琦、虞喜四家问难合为一编。本志及《七录》所载共七卷,至唐存五卷,或虞喜所撰也。"

我们从《晋纪总论》及《周官礼注》佚文中可以看出,干宝对周朝的历史深有研究,其根本观点是"民本"思想。可惜《周官驳难》未能流传下来,我们无从了解干宝驳斥了哪些观点。

15.《七庙议》1卷

《隋志》有著录。

编者按:姚士粦《隋志考证》曰:"按旧新唐志史部仪注类有晋《七庙议》三卷,蔡谟撰。疑此一卷即蔡谟三卷之佚存者。"干宝和蔡谟均为东晋的开国之臣。对同一问题,各有所议,如《后养议》所载。若只有蔡谟说,那就无需"议"了。又唐代的书如何"佚存"至隋代呢?姚氏之说谬矣。

16.《毛诗音隐》1卷

《七录》、《隋志》、《释文叙录》均有著录。

编者按:《释文叙录》载:诗音九家中有干宝。宝又有《周官音注》。在《周易注》中也有关于字音的注释。由此可见,干宝还是一位训诂大家。可惜两种书均未流传下来。

17.《百志诗》9 卷

《隋志》、两《唐志》均有著录。《旧唐志》为 15 卷;《新唐志》为 5 卷。亡。

18.《百志诗集》9 卷

《七录》、《隋志》、两《唐志》均有著录。《隋志》为 9 卷。两《唐志》均为 5 卷。亡。

19.《正言》10 卷

两《唐志》、《通志 · 艺文略》均有著录。亡。

20.《立言》10 卷

两《唐志》、《通志 · 艺文略》均有著录。亡。

21.《秦女卖枕记》1 卷

《中国丛书综录》有著录。

编者按:疑为《搜神记》之 395 条《驸马都尉》。

22.《苏娥诉冤记》1 卷

《中国丛书综录》有著录。

编者按:疑为《搜神记》之 384 条《苏娥》。因《搜神记》是由短篇汇集而成,每篇均可单独流行。以上两条被列入书目,说明曾单独流行。或是干宝《搜神记》成书以后的作品。

23.《干宝集》4 卷

《七录》、《隋志》、两《唐志》均有著录。两《唐志》作 10 卷。亡。

编者按:严可均从《晋书》、《通典》、《文选》、《初学记》、《太平御览》等辑得遗文 9 篇,载《全晋文编》。

24.《干子》18 卷

《七录》、《隋志》均有著录。亡。

编者按:清马国翰《玉函山房辑佚书》有辑本,仅《驳招魂议》及《荆楚岁时记》和《太平御览》并引《变化论》数节。

25.《晋纪》23 卷

《晋中兴书》、《隋志》、两《唐志》、《晋书·干宝传》、《建康实录》、《史通》、《补晋书艺文志》均有著录。《晋中兴书》无卷数。《隋志》作23卷。《建康实录》、《晋书·干宝传》均作20卷。《旧唐志·编年类》作40卷,又《正史类》作22卷,当是重出。《新唐志》、《史通》均作22卷。《补晋书艺文志》作30卷。亡。

编者按:明代胡震亨《秘册汇函》、清代汤球《广雅书局丛书》、黄奭《汉学堂丛书》、严可均《全晋文编》、近人陶栋曾《辑佚丛刊》均有辑录。《晋纪总论》被选入萧统《文选》,《晋书》和《资治通鉴》都以此文作为西晋历史的总结。

又南朝宋刘彤"集众家《晋书》,注干宝《晋纪》为四十卷"。亦亡。疑《旧唐志·编年类》著录的40卷本为此书。

26.《搜神记》30卷

《隋志》、两《唐志》、《晋书·干宝传》、《宋志》、《崇文总目》、《中兴书目》、《遂初堂书目》均有著录。《宋志》、《崇文总目》、《中兴书目》均为《搜神总记》,并10卷;《遂初堂书目》为《搜神摭记》,无卷数。

编者按:现今流传的20卷本《搜神记》据考证是明代胡元瑞等人辑录的。此书最早载明代胡震亨《秘册汇函》和《盐邑志林》。后为毛晋收入《津逮秘书》。清嘉庆中为张海鹏辑入《学津讨原》第十六集。《四库全书》、《百子全书》、《丛书集成初编》均收入。民国时版本较多,以汲古阁刻本较佳。1957年商务印书馆出版(胡怀琛标点)。1978年中华书局刊行,并由汪绍楹校注。1989年7月,湖南岳麓书社出版由钱振民点校的《搜神记·世说新语》,列入《古典名著普及文库》。1990年9月,贵州人民出版社出版由黄涤明译注的《搜神记全译》,列入《中国历代名著全译丛书》。1991年8月,湖南岳麓书社出版由张觉译的《白话搜神记》,列入《古典名著今译读本》。

(原载《历史文化研究》2003年第1期)

五　论干宝的思想

干宝(283？—351年)字令升，今河南省新蔡县人。是我国东晋初期著名的思想家、史学家和文学家。由于《搜神记》的广泛流传，一般人都以为干宝的思想就是宣扬神鬼。这完全是错误的。其实，据《大明一统志》卷三十九载："宝尝著《无鬼论》"，这就是说，干宝青年时是一位"无鬼论"者。因此，他在思想上继承并发展了前人的朴素唯物观和朴素辩证观及进步的历史观。

(一)朴素的唯物观

从干宝著作书目中可以看出，他关于《周易》的著作达5部之多。《周易》是中华文化在思想方面最早的结晶，也是古代最有影响的文献之一。它不仅在国内，而且在全世界都有很大影响。17世纪传入欧洲，著名的计算机二进律就是根据《周易》的原理发明的。干宝的《周易注》成为《周易》研究的一家之言。当然，《周易》并非十全十美，它有朴素辩证唯物论的一面，也有唯心迷信的一面。可惜干宝的原著未能流传下来，我们无从看到他的全部观点。仅从后人辑录的片段中，我们也可看到他在认识论上对《周易》是有发展的。

干宝在《变化论》中写道："天有五气，万物化成。"干宝认为金、木、水、火、土是五大基本元素，世界上的一切事物都是由这五大元素变化而成的。说来巧合，在古希腊和古印度哲学里，把"气、水、火、土"作为世界的本源。这些都是人们赖以生存的基本条件。这是东、西方古代哲人的一种朴素唯物观。

干宝认为：自然界有自己的运行规律，并不以人的意志为转移。他在《论山移》中写道："天有四时，日月相推，寒暑迭代。其转运也，和而为雨，怒而为风，散而为露，乱而为雾，凝而为霜雪，立而为蚳蜺。此天之常数也。"不管干宝对天气变化的解释是否正确，但他认为这些变化都是天的正常规律（常数）。这一点就是朴素唯物观。干宝接着写道："人有四肢五脏，一觉一寐，呼吸吐纳，精气往来；流而为荣卫，彰而为气色，发而为声音。此亦人之常数也。"这是干宝以人体比喻天气，说明天气的风、霜、雨、露，与人体的呼吸吐纳是一样的，没有什么神秘。干宝接着论述天气不正常的原因："若四时失运，寒暑乖违，则五纬盈缩，星辰错行，日月薄蚀，彗孛流飞，此天地之危诊也；寒暑不时，此天地之蒸否也；石立土踊，此天地之瘤赘也；山崩地陷，此天地之痈疽地；冲风暴雨，此天地之奔气也；雨泽不降，川渎涸竭，此天地之焦枯也。"由于当时科学技术的限制，干宝对非正常天气的解释是不正确的。但关键不在这里，关键在于干宝对非正常天气的解释，都是从"天地"本身找原因。这就是说，天气正常与否，都是天气本身的规律所决定的，并不以人的意志为转移。这就是朴素唯物观。

不仅如此，干宝还发展了前人的认识论。如他对《周易》中"有天地然后万物生焉"的注释为："物有先天地而生者矣，今止取始于天地，天地之先圣人弗之论也，故其所法象必自天地而还。"《周易》认为天地生万物，这是《周易》朴素的唯物观点；但只限于天地之间循环往复，这是《周易》认识的局限。干宝提出"物有先天地而生者"的命题，就将《周易》的认识向前推进一步。由于那时科学技术水平所限，人们不可能认识天地以外的事物。干宝能提出这样的问题，其思想已经是"更上一层楼"了。

干宝的这种朴素唯物观，在宗教迷信和玄学空谈盛行的东晋初期是难能可贵的。但朴素唯物观，对世界的认识带有感性的和直观的性质，还缺乏科学性，在具体解释自然和社会历史现象时往往又陷入唯心主义的泥坑。

（二）朴素的辩证观

《周易》的最大特点就是包含着丰富的朴素辩证观点，干宝继承并发展了这种思想。他的《变化论》一文闪耀着朴素唯物辩证法的火花。他通过对各种事物变化的分析，提出“万物之变，皆有由也”的论断。一切事物的变化，都是有原因的。认识这一点很重要，因为只要认识到事物变化是有原因的，人们就可以进而认识“原因”，掌握变化。干宝说：“农夫止麦之化者，沤之以灰；圣人理万物之化者，济之以道。”这句话的意思是：农夫制止麦子变化成蛾子，用灰去沤它；圣人治理万物的变化，是用道去接济它。总之，干宝不仅认识到世界上的一切事物都是可以变化的，而且进一步认识到一切事物的变化都是有原因的。只要认识事物变化的“原因”，就可以掌握事物变化的进程，或者阻止它变化，或者促进它变化。干宝的这种认识，与荀子提出的“人定胜天”的论断是一脉相承的。

干宝还认识到事物变化的内外关系。请读其《论妖怪》：“妖怪者，盖精气之依物者也。气乱于中，物变于外。形神气质，表里之用也。本于五行，通于五事。虽消息升降，化动万端，其于休咎之征，皆可得域而论矣。”（《搜神记》卷六首条）这就是说：妖怪，大概是精气依附于物体而造成的（外因）。精气扰乱在物体内部（外因通过内因起作用），物体外部就发生变化（内部变化通过外形表现出来）。根源于金、木、水、火、土五行（物质），表现于貌、言、视、听、思五事（精神）。即使物体增损升降，变化万端，它内部吉凶的变化，在外部就有征兆，都可以知道范围而论述（认识它）。这段论述文字虽短，却包含着丰富的朴素唯物观和朴素辩证法。这里包含着“任何事物都是可以认识的”进步思想。在东晋初期，干宝能有这种思想，是了不起的。

干宝还认识到：事物的变化是无止境的。他写道：“万物之变，非道所止也。”（见《搜神记》第53条）就是说：万物的变化，是任何道术所不能阻止的。他在《变化论》中还说：“夫万物之化，无有常形；人之变异，无有定体，或大为小，或小为大，固无优劣。”人本来就没有优劣之分，这在严格区分人的贵贱身份的晋朝，是具有进步意义的。干宝接着写道："万物之化，一例之道也。是以夏鲧，天子之父；赵王如意，汉高之子。而鲧为黄熊，意为苍狗，斯亦至尊之位，而为黔喙之类也。"且不说鲧和赵王如意是否变为黄熊和苍狗，干宝论述的关键在于：人的贫富贵贱都不是固定的，是时刻在变化着的。这种变化是任何力量阻止不住的，而且是无止境的。

朴素辩证法虽然能帮助人们认识到事物是变化着的，但它尚带有感性的和直观的性质，还缺乏科学论证，在接触实际时，往往陷入唯心主义和形而上学的泥坑。如上所述，干宝相信，鲧和赵王如意真的变为黄熊和苍狗，就是缺乏科学论证的缘故。

（三）进步的历史观

干宝主要生活在东晋初期，此时正当社会动乱，人民群众生活在水深火热之中。在思想上，宗教迷信和玄学空谈弥漫朝野。而干宝仍然坚持以儒家思想为指导，批判"学者以庄老为宗而黜六经，谈者以虚薄为辩而贱名检"（《晋纪总论》）。他愤然疾呼："后世浮华之学，强支离道义之门，求入虚诞之域，以伤正害民，岂非谗言殄行，大舜之所疾者乎？"（《周易注》）

干宝继承了孟子提出的"民贵君轻"的思想，认为人民大众才是国家的根本。他说："民情风教，国家安危之本也。"又说："爰及上代，虽文质异时，功业不同，及其安民立政者，其揆一也。"（《晋纪总论》）这就要求统治者必须廉洁自重，把"安民立政"的事情办好，才能使国家长治久安。在古代，统治者为了巩固自己的政权，利用人们迷信的心理，制造了所谓"君权神授"的谬论。而干宝却说："圣王先成其民，而后致力于神。"（《周易注》）在这里，干宝将"民"（人民大众）放在"神"之上，在一定程度上否定了"君权神授"。干宝又说："教信于民，民服教，则大化成也。"（《周易注》）这就是说：君王必须取信于民，才能成就大业。这就是干宝的民本观。

中华民族的社会变革思想源远流长，《周易·革》（卦四十九）早就作了深刻论述。干宝继承并发展了这一思想，认识到社会是发展变化的。干宝认为：朝代的更迭是历史前进的动力。《晋武帝革命论》充分表达了干宝的这种进步的历史观，同时也有力地批判了封建的正统观念。干宝还认识到，各个朝代所制定的法规、政策也是变化的。他说："夏政尚忠，忠之弊野，故殷自野以教敬；敬之弊鬼，故周自鬼以教文；文之弊薄，故春秋阅说三代而损益之。"(《周易注》)为什么要变化呢？他写道："各因其运而天下随时，随时之义大矣哉！"(《晋武帝革命论》)干宝的这种思想，与《吕氏春秋·察今》中的"世易时移，变法宜矣"是遥相呼应的。这就是干宝的社会进化观。

在中国两千多年的封建礼教统治下，妇女所受的压迫是最深重的。尽管如此，封建腐儒们还把朝代灭亡的责任归罪于妇女。如把夏朝灭亡的责任归罪于妹喜；把殷朝灭亡的责任归罪于妲己，把西周灭亡的责任归罪于褒姒等。东晋初，在议论西晋灭亡的原因时，很多人把责任归罪于贾南风。干宝不同意这种意见，他在《晋纪总论》中写道："其所由来者渐矣，岂特系一妇人之恶乎？"朝代灭亡是统治者逐渐变坏，失去人心造成的。在两千多年封建制度统治下，像干宝这样公然站出来，为妇女说句公道话的人有几个呢？在《搜神记》里也可以看出，干宝对妇女寄予深切的同情。《搜神记》刻画最生动最感人的人物形象大多为妇女，如何氏、紫玉、李寄等。干宝从阴阳互变的观点出发，认识到人本无贵贱之分，男尊女卑是社会造成的。这就是干宝的妇女观。

当然，由于受阶级和时代的局限，在干宝思想里还包含许多封建糟粕。但就总体而言，干宝还是站在时代的前列，不愧为东晋初期的一位思想家。

六　论干宝对史学的贡献

干宝(283？—351 年)，字令升，今河南省新蔡县人。东晋初年(317 年)以著作郎领修国史，所著《晋纪》“起宣帝迄愍，五十三年，评论切中，咸称善之”(何法盛《晋书》)。

作为史学家的干宝，对中国历史编纂学的贡献是多方面的，受到唐代著名史学评论家刘知几的高度评价。本文就刘知几极力推崇干宝的几个方面略作论述。

(一)“重立凡例”的首创者

所谓“凡例”，又称“史例”、“叙例”，就是史家在编书之前，就史书编写的指导思想、收录范围、编写方法等提出的若干条原则，以便规范史书的编写。

刘知几在《史通·序例》中写道：“夫史之有例，犹国之有法。国之无法，则上下靡定；史之无例，则是非莫准(这说明“史例”的重要性——凡括号内均为编者所加)。昔夫子修经，始发凡例；左氏立传，显其区域。科条一辨，彪炳可观(这是说“凡例”的起源)。降及战国，迄乎有晋，年逾五百，史不乏才，虽其体屡变，而斯文终绝(从战国至西晋，如《史记》、《汉书》、《三国志》等均无凡例)。唯令升先觉，远述丘明，重立凡例，勒成《晋纪》(干宝为“重立凡例”的首创者)。邓、孙以下，遂蹑其踪。史例中兴，于斯为盛(邓粲著《元明纪》、孙盛著《晋阳秋》，均在干宝之后)。若沈《宋》之《志序》，萧《齐》之《序录》，虽皆以序为名，其实例也(沈约

著《宋书》称《志序》，萧子显著《南齐书》为《序录》，其实都是“史例”）。必定其臧否，征其善恶，干宝、范晔，理切而多功；邓粲、道鸾，词烦而寡要，子显虽文伤蹇踬，而义甚优长（道鸾：即檀道鸾，字万安，著《续晋阳秋》20卷）。斯一二家，皆序例之善者。”

由此可见，刘知几对干宝“重立凡例”的功劳评价之高。干宝《晋纪》已佚。查干宝《凡例》名曰《叙例》，部分内容亦赖刘知几保存下来。《史通·书事》曰：“干宝之释五志也：‘体国经野之言则书之，用兵征伐之权则书之，忠臣、烈士、孝子、贞妇之节则书之，文诰专对之辞则书之，才力技艺殊异则书之。’”在这里，干宝就史书的记述范围，从政治、军事、人物、外交、经济诸方面作出了明确规定。

关于史书《凡例》的起源，刘知几说：“昔夫子修经，始发凡例；左氏立传，显其区域。”从古至今，有人说有，有人说无，众说纷纭。还有人从《春秋》、《左传》行文中臆测出一些“凡例”，令人难以信服。不管夫子有没有“凡例”，即使有也未能流传下来。在史书前立有《凡例》，且有案可稽者，干宝上述五条，是至今发现的最早的条文，堪称《凡例》之祖。

这里还应提到的是《文心雕龙·史传》中的一段论述。刘勰说：“按《春秋》经传，举例发凡。自《史》、《汉》以下，莫有准的。至邓粲《晋纪》，始立条例。又摆落汉魏，宪章殷周，虽湘川曲学，亦有心典谟。及安国立例，乃邓氏之规焉。”按刘勰此论，史例中兴的功劳应归功于邓粲。众所周知，刘勰的《史传》对刘知几创作《史通》有很大影响。但在这一点上，刘知几却不敢苟同。如上所述，他把史例中兴的功劳归于干宝。干宝于建武元年（317年）以著作郎领修国史，就已“重立凡例，勒成《晋纪》”。据《晋书·邓粲传》：“荆州刺史桓冲卑辞厚礼请粲为别驾。”桓冲任荆州刺史在太元二年（377年）。由此可见，邓粲刚出仕，距干宝“重立凡例”晚了六十年。怎么能说是邓粲“始立条例”呢？就书的内容而言，干宝的《晋纪》记述的是西晋的历史，而邓粲的《晋纪》（即《元明纪》）记述的是东晋元帝和明帝的历史。当明帝太宁三年（325年），干宝的《晋纪》已经成书，而邓粲的《晋纪》恐怕还远远没有着手。因此，刘勰此论是站不住脚的。

（二）“论赞”之最善者

“论赞”为史家叙事之余发为议论之词，一般是对事件或人物的评论。

刘知几在《史通·论赞》中，首先介绍论赞的起源和不同称谓。《春秋左氏传》称“君子”；《史记》称“太史公”；班固称“赞”；荀悦称“论”；扬雄称“撰”；陈寿称“评”；史官通称“史臣”。虽然名称不同，道理却是一样，刘知几统称为“论赞”（引文均见刘知几《史通·论赞》。下同）。

刘知几认为：《左传》论赞仅为“辩疑惑，释凝滞”，后来论赞的范围才逐渐扩大。他评论干宝以前的论赞：司马迁是“淡泊无味”；陈寿是“软缓不切，贤才间出，隔世同科”；班固是“辞惟温雅，理多惬当。其尤美者，有典诰之风，翩翩亦亦，良可咏也”；荀悦是“义理虽长，失在繁富”。他还批评司马迁“始限以篇终，各书一论。必理有非要，则强生其文，史论之烦，实萌于此”。刘知几尚未发现，凡编年体史书都是随文发论，而纪传体史书均为篇末发论。这是因体例不同使然。

接着刘知几写道：“自兹以降，流宕忘返，大抵皆华多于实，理少于文，鼓其雄辞，夸其俪事。必择其善者，则干宝、范晔、裴子野是其最也，沈约、臧荣绪、萧子显抑其次也，孙安国都无足采，习凿齿时有可观。”

刘知几将干宝排在最善者之首，一是推崇其论赞，二是下列史学家均为其后。

刘知几好的论赞标准是什么呢？他写道：“片言如约，而诸义甚备，所谓文省可知者也。”要求语言精练，评论中肯。在语言方面，他批评荀悦太“繁富”；司马迁、范晔“名实多爽，详略不同”；班固“断绝失次”等。在评论方面，他批评“班固之深排贾谊，范晔之虚美隗嚣，陈寿谓诸葛不逮管（仲）萧（何），魏收称尔朱（荣）可方伊（尹）霍（光），或言伤其实，或拟非其伦”。

刘知几为什么极力推崇干宝的“论赞”呢？因为干宝的论赞完全符合他的要求。干宝在《晋纪》中论赞不多，据有人统计，除《晋纪总论》外，仅有29条。这些论赞都是在必要时才出现，言简意赅，切中要害。

如《晋纪·文帝纪》载："蜀诸葛瞻与邓艾战，败，及其子尚死之。"诸葛瞻是诸葛亮的长子。干宝评曰："瞻虽智不足以扶危，勇不足以拒敌，而能外不负国，内不改父志，忠孝存焉。"仅一句话就将诸葛瞻的人格、品德和牺牲精神点明了。这种不以成败论英雄的评论，恐怕不是一般史学家所能企及的。又如他对姜维的评论："姜维为蜀相，国亡主辱弗之死，而死于钟会之乱。惜哉！非死之难，处死之难也。是以古之烈士，见危授命，投节如归。非不爱死也，固知命之不长，而惧不得其所也。"姜维和诸葛瞻同为蜀将，同是作战失败而死，但二人死的价值却大相径庭。干宝的评论一针见血，如画龙点睛，使史书能更好地发挥惩恶扬善的教化作用。

关于史书的"论赞"，刘知几尚有一点未能论及：干宝创立史书的总论。在干宝以前史书未有总论，自干宝《晋纪总论》之后，史书才有总论。干宝在《晋纪总论》中，从正反两个方面，全面、深刻、尖锐地总结了西晋的历史经验和教训。若就当朝总结当朝的历史经验和教训而论，《晋纪总论》不仅是空前的，而且是绝后的。干宝此文受到历代学者所重视，《文选》所选史论不多，却全文收录。唐代房玄龄编纂《晋书》时，不仅汲收《晋纪》的大量史料，还将《晋纪总论》作为西晋历史的总结。宋代司马光编写的《资治通鉴》，也用《晋纪总论》作为西晋历史的结论。

（三）"直而能婉"的修史笔法

刘知几在《史通·外篇·古今正史》中说："时尚书郎领国史干宝，亦撰《晋纪》，自宣讫愍七帝，五十三年，凡二十二卷。其书简略，直而能婉，甚为当时所称。"

秉笔直书是我国古代修史的优良传统，不少史家为此而献出了生命。其代表人物有南史、董狐、司马迁等。但是，正如刘知几所说："古来唯闻以直笔见诛，不闻以曲词获罪。"（《史通·曲笔》）因此，魏晋以后，曲笔隐讳日盛，秉笔直书少闻。

"直而能婉"是历代史学家对干宝《晋纪》的共同评论。干宝所以能秉笔直书，这有主客观两方面的原因。主观上，干宝作为史学家，有"宁为兰摧玉折，不作瓦砾长存"（《史通·直书》）的强项之风。这是主要的。《晋纪》所记述的是晋朝前期，即被后人称为“西晋”的历史。当时，正当西晋刚亡，东晋初建，东晋的统治者急于要总结西晋灭亡的经验教训，作为东晋建立和巩固的借鉴。当时朝廷给干宝的《赐爵关内侯制诰》说：“竭数十载捧日之心，炳千百年悬星之笔，纪烈祖之成宪，昭然在目，俾知可法而可传；详嗣后之咎原，炯鉴厥心，使知予惩而予毖。”这里明显地指出：通过编纂史书，总结西晋成功的经验和失败的教训。这就是干宝能够秉笔直书的客观原因。但是，西晋毕竟是东晋的祖宗，所以史笔还必须委婉。

干宝的《晋纪》未能流传下来，我们从《晋纪总论》中也可以看出“直而能婉”的特点。总的说，干宝对西晋的统治者是褒的少，贬的多。尽管开头对司马懿、司马昭、司马炎等开国三代进行了肯定，其中不免溢美之词。但《晋纪总论》全文不过3000来字，干宝却拿出700多字，不厌其烦地描述西周建国的曲折经历。从而说明国王及其亲属在思想、道德、品质诸方面所经受的磨炼，为周朝的建国做好了充分地准备。因此，“基广则难倾，根深则难拔，理节则不乱，胶结则不迁。是以昔之有天下者，所以长久也”。然后说到西晋的建国：“创基立本，异于先代。”这就是说，西晋建国根基不牢，就已经埋下了灭亡的祸根。这实际上是对开国三代的批判。这就是干宝“婉”的笔法。

在封建君主统治下，不管有理没理，凡以下反上，以臣弑君，都是大逆不道。因此，关于司马昭杀魏帝曹髦一案，在晋时成了禁区，史学家们都不敢涉及。陈寿在《三国志》里还故意为司马昭打掩护。只有干宝在《晋纪》中秉笔直书：“成济问贾充曰：‘事急矣，若之何？’充曰：‘公畜养汝等，为今日之事也。夫何疑！’济曰：‘然。’乃抽戈犯跸。”对此，刘知几大加赞誉：“然则历考前史，征诸直词，虽古人糟粕，真伪相乱，而披沙拣金，有时获宝。案金行（晋）在历，史氏尤多。当宣（懿）景（师）开基之始，曹马构纷之际，或列营渭曲，见屈武侯；或发仗云台，取伤成济。陈寿、王隐咸杜口而无言，陆机、虞预各栖毫而靡述。至习凿齿，乃申以死葛走生达之说，干令升亦斥以抽戈犯跸之言。历代厚诬，一朝始雪。”（《史通·直书》）刘知几的这段论述，引自清代浦起龙《史通通释》本。其他版本与此略有不同，其中“陆机”为“干宝”，下文无“干令升亦斥以”六字，这样就将“抽戈犯跸之言”归功于习凿齿了。而习凿齿的史书中

却无此记载。此种错误若属后人,刘知几没有责任;若属刘知几,是他记错了。

干宝的秉笔直书,在《晋纪总论》中表现的更为明显。“武皇既崩,山陵未干,杨骏被诛,母后废黜,朝士旧臣,夷灭者数十族。”“民不见德,唯乱是闻。”“善恶陷于成败,毁誉胁于势力。”“朝寡纯德之士,乡乏不二之老。风俗淫僻,耻尚失所。”“选者为人择官,官者为身择利。”“悠悠风尘,皆奔竞之士;列官千百,无让贤之举。”“国政迭移于乱人,禁兵外散于四方,方岳无钧石之镇,关门无结草之固。”面对“国之将亡”的政局,作者慨叹道:“民风国势如此,虽以中庸之才,守文之主治之,辛有必见之于祭祀,季扎必得之于声乐,范燮必为之请死,贾谊必为之痛哭,又况我惠帝以荡荡之德临之哉!”

对于代魏称帝的晋武帝,干宝一方面肯定他的革命行动,同时也对他进行了无情地揭露和批判。请看他在《晋纪》中的记载:上(即晋武帝)顾谓刘毅曰:“朕方汉何主?”对曰:“桓、灵。”帝曰:“吾虽不及古贤,犹克已为治,方之桓、灵,不亦甚乎?”对曰:“桓、灵卖官,钱入于官,陛下卖官,钱入私门,以此言,殆不若也。”(《文选·晋纪总论注》)

短短61个字,活画出晋武帝贪赃卖官的嘴脸。西晋王朝是我国历史上最腐败,最黑暗的时代之一。司马炎和他的集团,不但阴险毒辣,而且荒淫无耻。他的大臣如“石崇和王恺斗富”的故事,至今家喻户晓。他们只代表大官僚贵族和有钱人的利益,不择手段地欺压、搜刮人民群众,致使阶级矛盾和民族矛盾日趋尖锐,终于酿成历史上空前的民族灾难。

(四)盛誉编年,深抑纪传

中国史书从体例上可分为两种:以《春秋》为代表的编年体和以《史记》为代表的纪传体。两种史体,各有所长,又各有所短。

刘知几在《史通·二体》中说:“考兹胜负,互有得失。而晋世干宝著书,乃盛誉丘明而深抑子长,其义云:能以三十卷之约,括囊二百四十年之事,靡有遗也。”刘知几批评干宝:“异夫令升之言,唯守一家而已。”

就史书的内容而言,纪传体包含面宽,缺点是容易重复;编年体脉络清楚,缺点是记述人物详略不当。干宝认识到编年体的这一短处,提出:"其臣下委曲,仍为谱注"(《史通·载言》),以弥补之。

就史书产生的时代背景和社会作用而言,编年体的《春秋》、《左传》和《汉纪》均成书于乱世,反映了人们向往国家统一的思想,有利于维护朝廷的中央集权;纪传体的《史记》、《汉书》均成书于国家大统一之时,反映了国家人才济济,有利于调动各方人物的积极性。干宝身处西晋刚亡,东晋初建的混乱局面,他强调编年体,就是为了维护东晋王朝的政权,有利于东晋王朝的建立和巩固。干宝此时所编著的《春秋序论》、《春秋左氏函传义》、《春秋左氏义外传》等,都是为东晋王朝的建立和巩固制造理论依据。因此,《御制神道碑》说他:"详《春秋》之义而王道以明。"

编年体是我国古老的史体,其代表作品是《春秋》。春秋时,孔子删定《春秋》,成为儒家的经典之一。儒家的思想就是为统治阶级服务的,编年体史书是其手段之一。因为编年体记事以朝廷为中心,有利于维护王朝的中央集权。由此可见,干宝强调编年体就是为了维护和巩固东晋王朝的政权服务的。

七　干宝——中国小说的鼻祖

（一）

干宝，字令升，今河南省新蔡县人。东晋初期，他以短篇小说集《搜神记》，从理论和实践两方面为中国小说奠定了坚实的基础，并开辟了广阔地道路。

中国小说最早可以溯源到古代的神话和传说，如《精卫填海》、《夸父追日》和《女娲补天》等，都有了简单的故事情节及人物形象，初步具有了小说的因素。鲁迅在《中国小说史略》中说："神话不特为宗教之萌芽，美术所由起，且实为文章之渊源。"

先秦诸子的寓言，描写生动，语言凝练，思想深刻，对后世小说的产生也有启发。先秦两汉时期，以《战国策》、《史记》和《汉书》为代表的史传文学，不仅善于写场景，描绘人物和记录对话，而且通过各种娓娓动听的故事，刻画了栩栩如生的历史人物，不论在思想上还是在艺术上，都对后世小说有很深刻的影响。

总之，神话传说、寓言故事和史传文学，都为后来小说的产生作了多方面准备，它们是中国小说的萌芽，也是中国小说的源头。

"小说"一词最早见于《庄子·外物篇》："饰小说以干县令，其于大达亦远矣。"但这指的是一些不合大道的琐屑之谈，不是后来所说的小说。班固《汉书·艺文志》说："小说者流，盖出于稗官，街谈巷语，道听途说者之所造也。"此所指始近于小说，但还不是真正文学艺术上的小说。《汉书》曾著录小说15种1380篇,但这些作品均未能流传下来。鲁迅在《中国小说史略》中说:“现存之所谓汉人小说,盖无一真出于汉人。”如《汉武帝故事》,托名班固,实际写作年代在干宝之后,因为文中汲收、改编了《搜神记》的部分内容。

东汉时期出现了一些“杂史”,如《越绝书》、《吴越春秋》之类。书中汲取了大量的民间故事和传说,有时还加入一些想像和附会成分,使情节更为曲折,人物形象更为鲜明,颇富小说意味。这些介于史书和小说之间的“杂史”,对小说的产生具有直接的影响。东汉末年至西晋,又出现一些杂记之类的著作,如《博物志》等。这些著作,虚构多于记实,直接推动了小说的诞生。

干宝在《搜神记序》中称其书的材料来源,是“承于前载”和“采访近世之事”。无论是“承于前载”或是“采访近世之事”,干宝都不是简单地抄袭和记录,而是进行再创作。如《三王墓》的资料来自《越绝书》和《吴越春秋》,但情节简单,主题也不明确,经干宝艺术加工,使之成为一篇颂扬反抗和义烈精神的优秀小说。《搜神记》中的名篇大都如此。

中国小说只有《搜神记》面世之后,才昂首登上文学艺术的殿堂。受《搜神记》影响,掀起中国小说史中第一次创作高潮,从东晋至南北朝,所创作的小说达70余部,其中著名的有《搜神后记》、《幽明录》、《世说新语》、《述异记》等。

(二)

干宝不仅为中国小说释义、正名,并且奠定了理论基础。试读干宝《搜神记序》。为论述方便,现将《晋书·干宝传》所引抄录如下:

虽考先志于载籍,收遗逸于当时,盖非一耳一目之所亲闻睹也,又安敢谓无失实者哉!卫朔失国,二传互其所闻;吕望事周,子长存其两说,若此比类,往往有焉。从此观之,闻见之难由来尚矣。夫书赴告之定辞,据国史之方册,犹尚若兹,况仰述千载之前,记殊俗之表,缀片言于残阙,访行事于故老,将使事不二迹,言无异途,然后为信者,固亦前史之所病。然而国家不废注记之官,学士不绝诵览之业,岂不以其所失者小,所存者大乎？今之所集，设有承于前载者，则非余之罪也。若使采访近世之事，苟有虚错，愿与先贤前儒分其讥谤。及其著述，亦足以发明神道之不诬也。群言百家，不可胜览；耳目所受，不可胜载。今粗取足以演八略之旨，成其微说而已。幸将来好事之士录其根体，有以游心寓目而无尤焉。

应该说明的是：这篇《序》并非全文，孔氏和雷居士并引的“建武中，有所感起，是用发愤焉”（见余嘉锡《四库提要辨证》），就是晋书的编者所删掉的文字。干宝说他创作《搜神记》的起因是“有所感”，所谓“有所感”，就是对社会有深刻地观察；所谓“是用发愤”，就是创作时满怀激情。这就说明了干宝的创作思想。

从《序》文的开头至“愿与先贤前儒分其讥谤”：干宝反复说明的就是《搜神记》是“失实”的，是“有虚错”的。这种混同虚实之说，实际上阐明了小说创作的“虚构”。这里所说的虚构，并非凭空捏造，而是在历史和现实的基础上虚构。当然，那时还没有“艺术的真实”之说，而干宝所要说明的却恰恰就是这个意思。

“今粗取足以演八略之旨，成其微说而已。”先说“演八略之旨”：演，推演。《汉书·五行志》曰：“文王演《周易》。”文王推演的是《周易》，干宝推演的是“八略”。八略：刘歆将图书共分七大类，称“七略”；班固《汉书·艺文志》按照刘歆的分类亦称“七略”。干宝以为：刘歆也好，班固也好，他们将图书所分的“七略”，并不能涵盖自己的《搜神记》，所以他就以《搜神记》推演第八略。这就是干宝的宗旨。

再说“成其微说而已”：干宝将《搜神记》的文体命名为“微说”，以与他从前的小说相区别。在干宝看来，他以前的小说浅薄粗糙，并不能与自己的《搜神记》相提并论。《汉书·艺文志》曰：“昔仲尼没而微言绝。”“微说”者，微言大义也。干宝此举，是孔子《春秋》笔法的继承和发展。“微说”，亦即“小说”，但作为文学艺术，“微说”比“小说”含义更准确，更深刻。可惜的是，干宝的这一命名，并没有引起人们的重视。后人因循旧说，依然把《搜神记》归类为小说。于是，“小说”之名广为流传，而“微说”之名鲜为人知。如果干宝认为《搜神记》应归类为小说，《汉书·艺文志》在“诸子略”中已经列有小说之名，又何必再开辟第“八略”呢？但今人所说之“小说”，乃干宝“微说”之含义。

“幸将来好事之士录其根体，有以游心寓目而无尤焉。”这一句，干宝阐明了小说寓教于乐而不能有害于人的身心健康。

综上所述:一、干宝将小说单独列为文体,不仅为中国小说释义、正名,还为中国小说开辟了“八略”之地。二、干宝阐明了小说的四大原则:1.“有所感起,是用发愤”的创作思想;2. 在创作方法上的“虚构”;3. 在思想内容方面的“微言大义”;4. 在社会作用方面的寓教于乐而无害。干宝在公元347年前后的这些见解,不仅在中国,就是在世界文化史中,恐怕也是最早的小说理论。

(三)

干宝不仅在理论上为中国小说开辟了“八略”之地,阐明了小说的主要特点,而且以自己的创作实践,总结并发展了前人的创作思想和创作技巧。

《搜神记》在创作方面最突出的特点是积极浪漫主义手法。第一是对正义的歌颂和对理想的追求。如在《三王墓》中歌颂赤比的反抗精神和山中客的见义勇为;在《刘晨阮肇》中反映人们对理想社会的追求;在《韩凭妻》的结尾让韩凭夫妇的精魂化为相思树、鸳鸯鸟,不仅反映了人民群众的愿望,同时也是对宋康王的有力反抗。第二是丰富的想象:如道士的呼风唤雨,腾云驾雾;左慈的隐身遁迹,变化莫测;水中的宫殿胜似人间;天女下凡,人鬼结合,等等。第三是夸张:如人可活700多岁;狄希造酒能醉人三年,三年后的酒气能醉人三月等。浪漫主义是文艺创作的主要的手法,最现实的文艺作品也包含有浪漫主义因素,没有浪漫主义也就没有好的文艺作品。

在小说中穿插诗歌,散韵结合,也是干宝的主要创作手法,如《杜兰香》、《弦超》、《紫玉》、《崔少府墓》等。这些诗歌,加强了对人物内心的刻画,使人物形象更加鲜明生动,不仅增强了小说的艺术性,而且加深了思想性。后世小说家大都继承并发展了这一手法,其中以《红楼梦》最为成功。

倒叙手法的运用。所谓倒叙,就是通过调整文章的结构,以增强文章的艺术效果。如《苏娥》条,就是先叙述事情的结局,然后再叙述事情的经过，以求引起读者的悬念，增强小说的艺术效果。这种创作手法，对后世也有深远的影响。

干宝在创作《搜神记》时，已经注意到运用各种艺术手法刻画人物。1. 反衬：如《左慈》条，以左慈的单纯、机智反衬出曹操的复杂、狡诈。2. 从行动和对话上刻画人物：如《宋定伯》条，无论是人物的行动还是对话，都描述的惟妙惟肖，堪称经典之作。3. 人物的心理描述：如《韩凭妻》条，通过韩凭妻"密遗凭书"、"遗书于带"、"阴腐其衣"、"遂自投台"等一系列心理描述，塑造了韩凭妻不慕富贵，忠于爱情的高尚品质。其他如董永的朴实勤劳、周青的孝敬刚烈、紫玉的抑郁坚强、李寄的机智勇敢，其形象都塑造得比较鲜明。

《搜神记》的语言洗炼、朴实、形象、生动。干宝善于以最少的文字，包含尽量丰富的内容。他还善于剪裁。如《李寄》条，当李寄和巨蛇斗争之前，仅有"请好剑及咋蛇犬"的交代，使读者不能不为李寄捏着心，当读完李寄一环扣一环地与巨蛇斗争并战胜巨蛇之后，读者才恍然大悟，原来李寄早有成竹在胸。这样不仅减少了不必要的文字，而且增强了小说的艺术性，给读者留下想象的空间。

在创作艺术方面，后世小说不管如何发展变化，均可在《搜神记》中找到它的萌芽。

明代小说家冯梦龙在其《喻世明言》中说："韩非、列御寇诸人，小说之祖也。"如上所述，韩非、列御寇的寓言，为中国小说的源头之一，但寓言不能代表小说。汉代张衡在《西京赋》中说："小说九百，本自虞初。"且不说虞初的作品均未能流传下来，即使流传下来，与后世所说文学艺术的"小说"相去甚远。班固在《汉书·艺文志》中，虽然把小说列入《诸子略》的第十种，但又说："诸子十家，其可观者九家而已。"

综上所述，真正从理论到实践，能够使中国小说昂首登上文学艺术的殿堂，并确立在社会上的地位者，非干宝莫属。因此，只有干宝才堪称中国小说的鼻祖。

（原载《历史文化研究》2008 年第 4 期）

八 《搜神记》真伪说

《搜神记》的真伪之说,始自明代的胡元瑞(应麟)和姚士粦(叔祥)。姚士粦在其《见只编》(载景明刻本《盐邑志林》)中说:"江南藏书胡元瑞号为最富,余尝见其书目,较之馆藏本,目有加益然。经学训注稍有不及。有《搜神记》,余欣然索看,胡云:'不敢以诒知者,率从《法苑珠林》及诸类书抄出者。'"胡元瑞在其《甲乙剩言》中也有同样的记载。

清代《四库全书提要》说:"至于六卷、七卷,全录两《汉书·五行志》。司马彪虽在宝前,《续汉书》宝应及见,似决无连篇钞录,一字不更之理,殊为可疑。"北京大学中文系编著的《中国小说史》亦持同样的观点,说:"第六、七两卷全抄《续汉书·五行志》。"对此,余嘉锡在《四库提要辨证》中作了比较具体的驳斥。《四库全书提要》的这种说法,其错误是非常明显的。只要翻一番《搜神记》原书,特别卷七,只有首条记魏事,以后全为两晋时事。怎么能说"第六、七两卷全抄《续汉书·五行志》"呢?

《四库全书提要》接着说:"然其书叙事多古雅,而书中诸论,亦非六朝人不能作,与他伪书不同。疑其即诸书所及,缀合残文,傅以他说,亦与《博物志》、《述异记》等。但辑二书者,耳目隘陋,故罅漏百出。辑此书者则多见古籍,颇明体例,故其文斐然可观。非细核之,不能辨耳。"这段论述还比较接近实际。张之洞在其《书目答问》中持同样的观点,以为"《搜神记》为伪书之近古者"。

清代王谟曰:"毛氏《津逮秘书》乃有二十卷,当为足本。然亦非原书也。盖原书虽统论鬼神事,仍各有篇目,如《水经注》引张公直事,云出干宝《感应篇》,《荆梦岁时记》又引干宝《变化篇》,必皆原书篇名,而

毛本皆不见此体例。”(《汉魏遗书钞》)鲁迅亦认为“《搜神记》今存者正二十卷,然亦非原书”(《中国小说史略》),是“一部半真半假的书籍”(《中国小说的历史的变迁》)。这里应说明的是:王谟和鲁迅均误认为干宝《搜神记》原书为20卷。

余嘉锡在《四库全书辨证》中提出:“余谓此书似出后人缀缉,但十之八九出于干宝原书(此但约略就其可考者言之)。若取唐、宋以前诸书所引,一一检寻,尚可得其出处;与他书之出之伪撰者不同。”

余嘉锡提出的“一一检寻”的意见,汪绍楹进行了落实。他翻阅了大量古籍,对《搜神记》逐条考源钩沉,把《搜神记》的研究引向深入。汪绍楹考证了《搜神记》大多数条目内容的来源及被南宋以前某种书征引,功不可灭。但由于古代文献的散佚,尚有些条目,“未见各书引作《搜神记》”。但他将与句道兴《搜神记》内容相同的条目,均认为是从“句”本演绎而来,值得商榷。

仅以卷十六第395条《驸马都尉》为例。汪曰:“本条未见各书引作《搜神记》。按:本事见句道兴《搜神记》。《稗海》本《搜神记》即从句记出,而又加以删改。本条全袭《稗海》本,又微加节削。参考句本,《稗海》本。应删正。再条内云:‘今之国婿,亦为驸马。’胡震亨于本书引首,谓‘此政晋事耳’。以为此真干宝语。按《晋书·元帝纪》:‘建武元年三月,即晋王位。诸参军事拜奉车都尉,掾属驸马都尉。辟掾属百余人,时人谓之百六掾。’是司马睿时,掾属且得为驸马都尉,非必尚主。盖自汉置驸马都尉,本掌御马。自魏何晏、晋杜预、王济,以主婿拜驸马都尉,后代因魏晋以为恒,始每尚公主则拜驸马都尉(见《初学记》十)。晋时并无此制。胡氏所以曲为说者,不过欲证本条之真为干氏原书。清刘宝楠《愈愚录》即取本条以论‘驸马’沿革,当因胡说致误。”

汪氏引用《晋书·元帝纪》的两句话,证明胡震亨是错的。其实不然。请看《晋书·职官志》:“元帝为晋王,以参军为奉车都尉,掾属为驸马都尉,行参军为骑都府,皆奉朝请。后罢奉车、骑二都尉,唯留驸马都尉奉朝请,诸尚公主者刘惔、桓温皆为之。”这两句话恰恰证明胡震亨是对的。汪氏引用的两句话仅为一时,未顾及后来的变化。因此,否定本条为干宝《搜神记》原书的内容,是站不住脚的。

对于“未见各书引作《搜神记》”的条目如何看待,章培恒有其独到见解。他在为岳麓书社出版的《搜神记·世说新语》写的《前言》中认为“明刊本《搜神记》当另有所本,而非仅从《法苑珠林》等书中辑出;然明人曾据类书等辑补了若干条,则当是事实”。

未见各书引作《搜神记》的条目,有两种可能:一是如章培恒所说,辑录者“当另有所本”,而此“本”已散佚;二是征引该条的书明代以后散佚。不能因为未见各书征引,就否认这些条目是《搜神记》原有的内容。至今能足以说明误收它书的仅个别条目而已。造成误收有两种情况:一是误读引书,如卷二第48条,就是误读《艺文类聚》中的“又曰”,未详察前后文意而致错;二是引书已错,如“佚文”第31条《顾恺之与邻女》。该条不可能是《搜神记》的内容,因为干宝去逝时,顾恺之(348—410年)仅有3岁。

对句道兴《搜神记》与干宝《搜神记》内容相同的条目如何看待,章培恒认为:“袭用《搜神记》作为书名,则可说明句道兴对干宝此书留有极其深刻的印象;因此,书中故事源自干宝《搜神记》者特别多,也是很容易理解的。就这一点来看,说句书中本事与明刻本《搜神记》相同的几条均源自《搜神记》,乃是顺理成章的事。”

现今流传的20卷本《搜神记》共464条,经考证南宋以前有书征引的300余条;未见各书征引的100余条;其内容他书未见的50余条。“未见各书征引”和“本事他书未见”两项合计几乎占全书的1/3。这两种情况都证明,《搜神记》当另有所本。宋代未见《搜神记》原书著录,但却有10卷本《搜神总记》流传。

综上所述,干宝《搜神记》原著30卷,传至宋代散佚。宋代有《搜神总记》10卷本流传。现今流传的20卷本《搜神记》,很可能是明代人以10卷本《搜神总记》为基础,搜集散佚,辑补而成,但其内容基本上是干宝原著。由征引《搜神记》内容的个别条目显示,干宝《搜神记》原著应有“神化”、“感应”、“妖怪”、“变化”、“志怪”诸篇。干宝《搜神记》原著比现今流传的20卷本《搜神记》内容更丰富,体例更完备。

九　《搜神记》的成书年代

《搜神记》的成书年代，最早是由胡震亨提出的。他在《搜神记引》中说："宝书成，尝示刘惔。惔卒于明帝太宁间……"。《四库全书提要》亦曰："宝此书尝示刘惔，惔卒于明帝太宁中。"余嘉锡亦持同样的看法，他在《四库提要辨证》中亦曰："本书（指《搜神记》）卷七《晋明帝太宁初》一条，称明帝之谥，亦刘惔所不及见。"看来刘惔的生卒年代是《搜神记》成书的关键所在，而史书恰恰对刘惔的生卒年代不详。为此，我们有必要考察一下刘惔的生卒年代。

说刘惔"卒于明帝太宁间"，早就有人怀疑。汪绍楹在校注《搜神记》时就曾指出："唯以刘惔卒于明帝太宁间，则不足据"（见 1978 年 10 月中华书局出版的《搜神记》卷二总第 48 条尾注）。那么，刘惔究竟卒于何年呢？

刘惔字真长，"尚明帝女卢陵公主"（《晋书·刘惔传》）。明帝司马绍生于晋惠帝元康九年（299 年），卒于太宁三年（325 年），在位三年，享年二十七岁。假设明帝十六岁有卢陵公主，卢陵公主应生于晋愍帝建兴三年（315 年）。太宁间（323—325 年），卢陵公主还只是个不满 10 岁的娃娃，怎么嫁给刘惔呢？因此，说刘惔"卒于明帝太宁间"，是根本不可能的。

《晋书·刘惔传》曰："及温伐蜀，时咸谓未易可制，惟惔以为必克。""温"即桓温。当桓温率军伐蜀时，很多人都以为桓温不容易取胜，只有刘惔认为一定能取胜。而桓温伐蜀事在晋穆帝永和二年（346 年）。说明刘惔此时是在世的。

《晋书·刘惔传》又曰："简文帝初作相，与王濛并为谈客，俱蒙上宾礼。”简文帝即司马昱,“初作相”在晋穆帝永和八年(352 年)。《晋书·穆帝纪》曰:永和八年秋七月“抚军大将军、会稽王昱为司徒。”司徒即丞相。晋时有时曰“司徒”,有时又曰“丞相。”这说明刘惔此时仍在世。

因此,刘惔卒年最早不能早于晋穆帝永和八年。按《晋书·刘惔传》“年三十六,卒官“计算,刘惔大约生于晋愍帝建兴四年(316 年)。另外,尚可找出一条旁证,就是谢安的妻子是刘惔的胞妹,谢安生于晋元帝大兴三年(320 年)。刘惔是谢安的妻兄,他比谢安约大 4 岁。

就现存《搜神记》的内容看,时间最晚的是卷九第 249 条《庾亮》(误入《搜神记》的条目除外)。按《晋书》记载“入厕见怪”为庾翼的事,翼卒于永和元年(345 年)。《搜神记》的成书时间,只能在此之后,不可能在此之前。

《搜神记》是我国至今流传的第一部短篇小说集。因为它是由各自独立的短篇所组成,随时可以增减。如《苏娥诉冤记》曾被单独列入书目,说明它曾单独流传过。干宝在《搜神记序》中又有“建武中,有所感起,是用发愤焉”的话,说明干宝在建武(317 年)时就已着手创作。因此,《搜神记》非一时之作,它应是干宝一生文学创作的结晶,前后大约历时 30 年。但它最后编辑成书,当在永和元年至七年(351 年干宝逝世)之间。

十　论《搜神记》的创作思想

（一）

关于干宝《搜神记》的创作思想，综合起来有三种意见：

第一，鲁迅在《中国小说史略》中说干宝“性好阴阳术数，尝感于其父婢死而再生及其兄气绝复苏，自言见天神事，乃撰《搜神记》二十卷。以‘发明神道之不诬’（自序中语），见《《晋书》本传”。这是从古至今大多数人的意见。

第二，章培恒在为岳麓书社出版的《搜神记·世说新语》写的前言中说：“干宝虽自称其‘亦足以发明神道之不诬”（《搜神记序》），那不过说此书具有这样的客观作用，并非为了‘发明神道之不诬”而去写这部书的。……其主旨就显然在于‘赏心’。”

第三，沈士龙在《搜神记引》中说：“余得《搜神记》及《搜神后记》读之，乃知晋德不胜怪而底于亡也。何者？令升虽始自前载，晋实半之；元亮则十九矣。何东西百五十年间，天孽人变，戒人耳目，若斯多也？岂司马家以两世凶黠，奸有神器，其阴画秘算，默为天地之害者，不得不借此开泄，用为非德受命者鉴耶？”

以上三种意见，均出自干宝《搜神记序》。第一种意见原话是“及其著述，亦足以发明神道之不诬也”；第二种意见为“幸将来好事之士录其根本，有以游心寓目而无忧焉”；第三种意见，在《序》里没有，因为此《序》是从《晋书·干宝传》中录出，并非全文。《晋书》的编者在引用时作了删削。

删削多少文字,无从考证。但雷居士和孔氏并引的"建武中,有所感起,是用发愤焉",就是《晋书》的编者所删削的文字。

这些意见,都是干宝自己说的,可能对他创作《搜神记》均起了推动作用。但就总体而言,哪种思想是主要的,并起决定作用呢?这使笔者想起了曹雪芹在《红楼梦》开头写的一首诗:"满纸荒唐言,一把辛酸泪,都云作者痴,谁解其中味?"

(二)

干宝关于"明神道之不诬"的说法未必是真话,可能是他"直而能婉"的创作手法,因为书中有些条目明显是否定鬼神存在的。干宝的思想基本上还是儒家思想,有什么必要倾其毕生精力去宣扬鬼神呢?而宣扬鬼神又有什么可"发愤"的呢?至于"赏心"说,凡文艺作品都有这种功能。干宝是一位正直的史学家,又是一位有头脑的政治家,他绝对不会做一个"为艺术而艺术"无聊文人。因此,真正能促使他完成《搜神记》这部巨著的应该是"发愤"。

"建武中,有所感起":干宝"感"的是什么呢?"建武"是东晋王朝的第一个年号,仅一年(317年)。此时,正当西晋灭亡,东晋初建,干宝以著作郎领修国史,并领秘书监事。面对这复杂的局面,干宝一方面要"详《春秋》之义而王道以明;注《易象》之解而天心以阐"(《御制神道碑》),为东晋王朝的建立制造理论依据;另一方面又要撰写《晋纪》,总结西晋王朝的经验教训,为东晋王朝的建立和巩固服务。

西晋王朝为什么仅存在50多年就亡国呢?干宝总结的原因是:

第一,"宣景遭难之时,务伐英雄,诛庶桀以便事,不及修公刘,太王之仁也。"(《晋纪总论》)儒家在政治上是主张"仁政"的。干宝在《晋纪总论》中不厌其烦地论述了周朝的建国过程,说明他们如何施行"仁政"。在这里,干宝明确的指出:西晋的开国皇帝司马懿(宣帝)和司马师(景帝)"不及"施行仁政,实际上就是暴政。在《晋纪》佚文中,我们也可清楚地看到司马懿父子是靠搞阴谋诡计、诛杀异己,逐渐篡夺了曹氏政权。

第二,"二祖逼禅代之期,不暇待三分八百之会也,是其创基立本,异

于先代者也。”“二帝”指司马昭和司马炎父子，他们急于代魏称帝，等不到“三分八百之会”的群众基础。在干宝看来，帝王只有德高，才能望重；国家只有得到广大群众的拥护，才能长治久安。“盖民情风教，国家安危之本也。”

第三，“树立失权，托付非才，四维不张，而苟且之政多也。”“树立失权”，指司马炎传位于白痴惠帝司马衷；“托付非才”，指杨骏这样的无能之辈；“四维不张”是说礼义廉耻的正气不振；“苟且之政”是指歪风邪气嚣张。

基于以上情况，西晋怎么能不灭亡！这是干宝总结的西晋灭亡的原因，也是为东晋王朝的建立和巩固开出的药方。

（三）

干宝为什么“发愤”呢？

干宝在《晋纪》里总结了西晋王朝的经验和教训，就是为东晋王朝的建立和巩固服务的。东晋王朝建立和巩固之后，不但未能很好吸取西晋王朝的经验教训，而且要重蹈其覆辙。干宝怎么能不“发愤”呢？

干宝是东晋王朝的开国元勋，他为东晋王朝的建立和巩固“殚精竭力”。朝廷在《御制神道碑》中也承认他“是上而为朝廷，下而为风俗，无不经谋殚力，以匡扶国运。忧礼教之崩弛，惧宫箴之凌替，实赖尔侯为中流砥柱”。但是，干宝这个“中流砥柱”，在东晋王朝建立和巩固之后，却逐渐遭冷落，受排斥！自太宁元年（323 年）“王导请为司徒右长史，迁散骑常侍”（《晋书・干宝传》）之后，职务再未升迁。朝廷在《御制神道碑》里还自我解嘲地说：“余仰体天意，不徒显侯于生前，而欲申赐于身后。”有谁听说过：我在生前压制你，就是为了你死后提拔你！东晋朝廷对干宝，就是这样说的。建元二年（344 年），干宝终于被赶出朝廷，归家隐居。“干宝直言，受叽朝士。”（王应麟《因学纪闻》）这就是干宝的最后归宿！对于干宝这样具有强烈爱国主义思想的知识分子来说，眼看着亲自参与建立的东晋王朝日益衰落，其内心能不“发愤”吗？

“发愤”是中国优秀知识分子著述的共通特点。司马迁在《太史公自序》中说:“昔西伯拘羑里,演《周易》;孔子厄陈蔡,作《春秋》;屈原放逐,著《离骚》;左丘失明,厥有《国语》;孙子膑脚,而论兵法;不韦迁蜀,世传《吕览》;韩非囚秦,《说难》、《孤愤》;诗三百篇,大抵贤圣发愤之所为作也。”干宝继承了发愤著述的传统。清代著名小说家蒲松龄说:“才非干宝,雅爱《搜神》。”蒲松龄和干宝前后相距1200多年。如果将他们在各自的《序言》中所表达的思想并列在一起,就会有惊人的发现:

及其著述,亦足以发明神道之不诬也。

建武中,有所感起,是用发愤焉。

干宝《搜神记序》

集腋为裘,妄续幽冥之录;

浮白载笔,仅成孤愤之书。

蒲松龄《聊斋志异自序》

《序》的前一句都说明是写鬼神的,后一句又都表明了写作动机;蒲松龄的“孤愤”与干宝的“发愤”是遥相呼应的。

干宝“发愤”干什么呢?集中到一点就是惩恶扬善。在干宝看来,只有惩恶扬善,才能施行仁政;只有惩恶扬善,才能博得群众拥护;只有惩恶扬善,才能使国家长治久安。扬善即是惩恶,惩恶即是扬善。毛泽东说:“宗教亦有抑制蛮暴,保护幼弱之功。”干宝的“明神道之不诬”也是为惩恶扬善服务的。因此,儒学也好,道教也好,佛教也好,不管它们各自的主张有什么分歧,都被干宝融合在惩恶扬善里。惩恶扬善,除暴安良,这不仅符合广大人民群众的愿望,也有利于统治者巩固其政权。这应该是干宝创作《搜神记》的主要目的,也是贯串《搜神记》的主要精神。故笔者以为:

孔子删《春秋》,寓褒贬,微言大义;

干宝编《搜神》,含劝诫,惩恶扬善。

十一　《搜神记》开创儒、道、佛合流的先河

宋代朱熹融儒、道、佛于一炉，创立了唯心主义的理学体系，在中国思想界长期占据着统治地位，使儒、道、佛成为中国封建统治的三根精神支柱。其实，最早开创儒、道、佛合流的是干宝的《搜神记》。

（一）

儒学是春秋时孔丘所创立。汉武帝“罢黜百家，独尊儒术”。此后，为历代封建统治者所奉行，在思想界一直占据着统治地位。因为儒学的核心思想是为统治者服务的，所以两千多年来，封建帝王有的喜欢佛教，排斥道教；有的喜欢道教，排斥佛教，但从来没有任何一位帝王排斥儒学。由此可见，儒学对中国长期封建统治的重要作用。《搜神记》卷六、卷七反映了儒学天人感应论；卷八反映了儒学的天命论，就是“君权神授”之类。在其他各卷中，也不同程度地渗透着儒学的思想和观点。《搜神记》开创了儒、道、佛合流的先河，仍然以儒学为主导。

（二）

道教创立于东汉末年，但它是中华民族长期宗教实践和历史积淀的结果。道教最初的教义反映了广大劳苦大众的愿望，因此张角利用道教

组织领导了东汉末年的农民大起义。与干宝同时的葛洪提出了儒道合一、道本儒末的主张,将儒学的基本精神糅合于道教教义,创立了能为封建统治者接受并利用的贵族道教。《搜神记》卷一反映了修道成仙观;卷二反映了道教的法术观;卷三反映了儒、道皆有的占卜观。《搜神记》所反映的道教,基本上还是葛洪改造以前的平民道教思想。这从左慈、于吉、徐光等不愿与统治者合作就明显地表现出来。宋代朱熹所熔合的道教是经葛洪改造以后的贵族道教思想。

(三)

佛教产生于公元前6世纪的印度,东汉时传入中国。由于东汉末年的动乱,儒学的统治被削弱,佛教乘机发展。佛教在流传的过程中,不断吸收儒学和道教的思想,使佛教统治汉化。《搜神记》卷二十集中反映了佛教因果报应观。还有散见于其他各卷的生死轮回思想。

在《搜神记》里所反映的儒、道、佛三种思想,不仅合流,而且互相渗透。比如关于鬼的观念:人死为鬼,这是共同的。道教的鬼是有形的,不能再生,而佛教的鬼是无形的,能够再生。卷十六的《汉谈生》条的女鬼,不仅是有形的,而且可以再生。因此,这个“女鬼”,实际上是道教和佛教鬼理论的混合体。后人所说的佛教“吃斋行善”,实际上是佛教吸收了儒学的“性善论”,使其普渡众生更带有迷惑性。

儒、道、佛三种思想所以能在《搜神记》中合流,因为干宝发现了它们有一个共同点:惩恶扬善。

十二 略论《搜神记》的影响

（一）

干宝(283？—351 年)字令升，今河南省新蔡县人。他于东晋永和初年(347 年前后)完成的短篇小说集《搜神记》，在中国小说史中承前启后，对中华文化有广泛而深远的影响。

《搜神记》在思想和艺术方面，不仅全面地总结了前人的成果，而且还为中国文化创造了很多“第一”的记录。这里仅就影响深远而广泛的几个方面略作论述。

第一，《搜神记》开创了儒、道、佛三种思想合流的先河。儒学是春秋时孔丘创立的。汉武帝“罢黜百家，独尊儒术”，使儒学在思想界占据着统治地位。道教创立于东汉末年，但它是中华民族长期宗教观念的积淀。佛教公元前 6 世纪产生于印度，东汉时传入中国。东汉末年以后，由于社会动乱，儒学的统治地位被削弱，道教和佛教乘机发展。至东晋时，形成了儒、道、佛并存的局面。《搜神记》所记述的儒、道、佛合流，正是东晋初期社会思想的真实反映。此后，儒、道、佛就成为中国封建统治的三根重要精神支柱。宋代的朱熹融儒、道、佛于一炉，创立了唯心主义的理学体系，在中国思想界长期占据着统治地位。此后的中国文化，大都是儒、道、佛合流，如小说的四大名著，理论名著《菜根谭》等。

第二，《搜神记》佚文第 27 条《刘晨、阮肇》，最早记述了人们对理想社会的追求。人们向往没有剥削、没有压迫，环境优美、自由自在的社会，也是对黑暗的、残酷的现实社会的批判和否定。受此影响,《搜神后记》创作有《袁相、根硕》;陶渊明创作有著名散文《桃花源记》;唐代王维、韩愈和宋代王安石都创作有诗歌《桃源行》;元代王子一创作有杂剧《刘晨、阮肇误入桃源》;毛主席有诗句:“陶令不知何处去,桃花园里可耕田。”还有一些文人雅士创作了大批人和仙女婚恋的故事,抒发他们对封建礼教的反抗和对精神解放的追求。其中著名的有南朝梁代吴均的《赵文韶》、《穷怪录》中的《萧总》、唐代张鷟的《游仙窟》和清代蒲松龄的《聊斋志异》中的《翩翩》等。

第三,《搜神记》卷四有两处关于水府的记述:一是第 74 条(条目序号均以 1978 年中华书局出版的《搜神记》为准。下同)胡母班为泰山府君传书河伯入水府;二是第 78 条张璞之女戏言配庐山君子入水府,并言“但见好屋,吏卒,不觉在水中也”。这为中华文化第一次打开了水府的大门。受此影响,唐代李复言《续玄怪录》中《苏州客》条记述刘贯词为龙女传书;杜光庭《录异记》卷五《柳子华》条记述龙女适柳子华;李朝威《柳毅传书》记述柳毅为龙女传书入水府;明代瞿佑《剪灯新话》卷四《龙堂灵会录》记生子述以诗受知吴江龙王;《列仙全传》卷五记孙思邈救小蛇入水府。吴承恩在《西游记》中将水府的描述推向高潮,其中东海龙宫尤为雄伟壮丽。民间关于水府的传说,更是枚不胜举。总之,不管后来如何发展,凡是有关水府的描述,均起源于《搜神记》。

第四,《搜神记》第 384 条《苏娥》,为后世清官断案、鬼魂申冤的小说和戏曲开了先例。鬼魂告状当然是迷信,如狄仁杰断案、老包过阴之类,正是利用人们的迷信心理进行破案。这些作品虽然宣扬了迷信,但也抑制了刑事犯罪的心理。

第五,如嫦娥奔月、织女和七仙女下凡等,《搜神记》虽然没有直接描述天宫,而天宫已经存在。

不仅如此,另外第 74 条《胡母班》中关于冥府的描述;第 305 条《霹雳被格》中关于雷神的描述;第 21 条《左慈》等关于法术的描述;佚文第 16 条关于门神的记述,等等。这些记述,在中国文化发展史中都处于第一的位置。

总之,由于《搜神记》丰富的想象,为中华文化开辟了广阔的新天地,所以后世的文艺创作,如《西游记》、《封神演义》等,任其上天宫,入水府,

阴间阳世,自由驰骋。

(二)

《搜神记》在素材和技巧方面对后世文学艺术创作的启迪和影响更是枚不胜举。

唐代的传奇是《搜神记》等志怪小说的继承和发展。鲁迅说:“传奇者流,源盖出于志怪。”(《中国小说史略》)如《韩朋赋》取材于《搜神记》第294条《韩凭妻》,《南柯太守传》取材于《搜神记》第255条《卢汾》,均进行了扩充和发展。《补江总白猿传》受《搜神记》第308条《猳国马化》的影响,丰富并发展了猴精的形象。

宋代的话本《孝子董永传》取材于《搜神记》第28条《董永》;《生死交范张鸡黍》取材于《搜神记》第299条《范巨卿、张元伯》。大型类书《太平御览》和《太平广记》收录《搜神记》的内容达200余条。

明清是中国古典小说的高峰时期,不仅产生了许多经典的短篇小说,还产生了四大名著。明代的短篇小说《董永遇仙》取材于《搜神记》第28条《董永》。凌濛初《二刻拍案惊奇》中的《同窗友弄假作真,女秀才移花接木》的引子:《田孟沂幽婚薛涛》,其故事情节是套《搜神记》第397条《卢充幽婚》。清代蒲松龄的《聊斋志异》受《搜神记》的影响随处可见。其中《种梨》和《义犬》,分别是《搜神记》第24条《徐光种瓜》和第457条《义犬冢》的改写。

中国小说的四大名著,每部都可看出受《搜神记》影响的痕迹。《三国演义》第六十八回《左慈掷杯戏曹操》取材于《搜神记》第21条《左慈》;第二十九回《小霸王怒斩于吉》取材于《搜神记》第22条《于吉》;第六十九回《卜周易管辂知机》,是《搜神记》第53条至56条的综合。最富现实主义的《水浒传》,开头也演出了“洪太尉误走妖魔”的神话。其中,不仅公孙胜的降魔伏妖令人想起《搜神记》,就是武松打虎,也会使人想起《搜神记》中的《李寄斩蛇》。《搜神记》丰富的想象,巧妙的设奇对《西游记》也是很好地启迪。第六回写真君二郎神追捕孙悟空,孙悟空变换各种形态,与《搜神记》第21条曹操命人追捕左慈,左慈变换各种形态,其写作手法何其相似。孙悟空拔一把猴毛变小猴,受《搜神记》第61条“郭璞撒豆成兵”的启发。现实主义大师曹雪芹将活生生的现实生活写入梦中,而《贾宝玉神游太虚境》是《搜神记》佚文第28条《焦湖庙玉枕》梦的丰富和发展。而第十一回关于贾瑞之死的描写,受《搜神记》第22条《于吉》中孙策之死的影响。

现代文学大师鲁迅的短篇小说《铸剑》(又名《眉间尺》)和《奔月》,分别取材于《搜神记》第266条《三王墓》和第351条《嫦娥》。

不仅如此,干宝的《搜神记》对其他文学艺术形式也有深远而广泛的影响。元杂剧的代表人物是关汉卿,他的代表作《窦娥冤》就是取材于《搜神记》第290条《东海孝妇》。王实甫等还据此创作杂剧《于公高门》。宫天挺的杂剧《生死交范张鸡黍》取材于《搜神记》第299条《范巨卿、张元伯》。受《搜神记》384条《苏娥》鬼魂告状影响而创作的公案戏剧更多,如关汉卿的《包待制三勘蝴蝶梦》、郑廷玉的《包龙图智勘后庭花》等。

明代汤显祖著有戏曲《玉茗堂四梦》,其中有三梦取材于《搜神记》。作者在《牡丹亭》的《提词》中说:“至于杜守收考柳生,不如汉睢阳王传拷谈生也。”谈生者,即《搜神记》第396条《汉谈生》。《南柯梦》直接取材于唐代传奇《南柯太守传》,而《南柯太守传》取材于《搜神记》第255条《卢汾》。毛主席词《满江红——和郭沫若同志》中有“蚂蚁缘槐夸大国”的诗句。《邯郸梦》直接取材于唐代传奇《枕中记》,而《枕中记》取材于《搜神记》佚文第28条《焦湖庙玉枕》。毛主席词《清平乐·蒋桂战争》中有“一枕黄粱再现”的诗句。

取材于《搜神记》第24条《董永》,明代创作有戏曲《织锦记》;楚剧创作有《百日缘》;婺剧创作有《槐荫记》;今人创作有著名黄梅戏《天仙配》。古代画家还为董永画像,将他列为“二十四孝图”之一。台湾著名古典漫画家蔡志忠编绘有《卖身葬父》。

取材于《搜神记》第294条《韩凭妻》,川剧创作有《青陵台》(亦名《鸳鸯冢》);越剧创作有《相思树》;评剧创作有《青陵台》(亦名《青陵化蝶》);京剧亦创作有《青陵台》(华粹深编)。李白有诗句“古来得意不相负,只今唯见青陵台”(《白头翁》);李贺有诗句“黄庭留卫瓘,绿树养韩凭”(《恼公诗》);白居易有诗句“在天愿作比翼鸟,在地愿为连理枝”(《长恨歌》);毛主席有诗句“重比翼,和云翥”(《贺新郎·赠杨开慧》)。

著名京剧表演艺术家梅兰芳演出的京剧《童女斩蛇》，取材于《搜神记》第440条《李寄》。

唐代诗人李义山的《嫦娥》诗取材于《搜神记》第351条《嫦蛾》；现代诗人冯至的长诗《蚕马》取材于《搜神记》350条《女变蚕》。台湾著名古典漫画家蔡志忠将《搜神记》的部分内容编绘成连环画，名曰《六朝怪谈》。

《搜神记》本来是干宝从史书里"粪除"（刘知几语）出来的内容，而裴松之《三国志注》和刘昭《补汉志》、沈约《宋书》及《晋书》中的《五行志》，又将《搜神记》的内容引入史书。

著名地理著作《水经注》和《太平寰宇记》大量引用《搜神记》的内容，以增强其书的知识性和可读性。据不完全统计，仅南宋以前，直接引用《搜神记》内容的著作达200多种。

另外，《搜神记》还被道教和佛教奉为经典，对中华文化中各种神灵（如龙王、雷神、阎王、城隍等）和观念的形成都有深远而广泛的影响。

总之，《搜神记》已与博大精深的中华文化融为一体，要想把它的影响一一指明，根本是不可能的。

就个人而言，屈原是我国诗歌史中第一位伟大的诗人；司马迁是我国史学史中第一位伟大的史学家；干宝是我国小说史中第一位伟大的小说家。就文学形式而言，《诗经》是我国文学史中第一部诗歌选集；《搜神记》是我国文学史中第一部小说总集。《诗经》的精华是民歌；《搜神记》的精华是民间故事。

综上所述，干宝不仅是中国小说的奠基者，而且对中华文化的形成和发展作出了不朽的贡献。

（三）

《搜神记》不仅对中国文化的影响深远而广泛，而且对世界文化的发展也作出了贡献。

据黄涤明在《搜神记全译·前言》中说：日本竹田晃先生将《搜神记》翻译成日文，由日本国平凡社出版，并列入《东洋文库》中。日本的古典文学名著《里见八犬传》是受《搜神记》第241条《盘瓠》的影响而创作的。

《搜神记》是中国古代的神话、寓言、童话故事集，成书于4世纪中叶。世界文学名著《天方夜谭》（又名《一千零一夜》）是阿拉伯世界古代的神话、寓言、童话故事集，成书于12世纪（又有说成书于16世纪）。《天方夜谭》的成书，最少比《搜神记》晚800多年。说《搜神记》是《天方夜谭》的老祖宗，并不为过，因为《搜神记》面世时，《天方夜谭》的圣人还未诞生。

由于东西方文化的交流，《天方夜谭》受中国文化的影响是很明显的，如书中《巴西姆王子和赵赫兰公主》里的一则故事，与中国唐传奇中《板桥三娘子》几乎完全相同，其中也包括受《搜神记》的影响。如《搜神记》有《头语》（第268条），《天方夜谭》里也有"头语"（见《国王尤南和智者鲁扬》），人死后，头被砍下，依然可以讲话。中国的神魔小说《西游记》中，关于孙悟空与二郎神斗法的描述，是受《搜神记》中《左慈》的影响。《天方夜谭》中《第二个流浪汉的故事》里公主与魔鬼斗法的描述与《西游记》极为相似。

《天方夜谭》里《第三个流浪汉的故事》中所讲述的《伊本·海绥布与珠宝商的儿子》受《搜神记》第448条《陈仲举》的影响。虽然故事传到阿拉伯后，群众根据当地的风俗民情，改变了地点和人名，扩展其波澜，增加了故事情节。但故事的核心部分却未变，就是少年活"十五岁，死于兵"，这恐怕不仅只是巧合而已。

《天方夜谭》里的《阿拉丁和神灯》，故事发生在中国，但人物姓名、语言和风俗完全是阿拉伯的。其中心思想受《搜神记》第83条《青洪君》（如愿）的影响，与中国民间故事《宝葫芦》相似，只是故事情节更加曲折生动。

我以为，《搜神记》对周边国家的文化，如越南、缅甸、朝鲜、蒙古等，肯定有影响，因缺资料，待后补述。

综上所述，《搜神记》不仅在中国小说史和文学史中占有重要地位，而且在世界小说史和文学史中也应占有一席之地。

十三 读干宝为“鬼”写的诗

干宝作为史学家和小说家名声远播,说他是位诗人,却很少有人知晓。其实干宝也有《百志诗集》,只是未能流传下来罢了。从干宝流传下来的作品看,他很有诗人气质,《搜神记》不少篇目充满了诗情画意,其中有三首为“鬼”写的诗,更耐人寻味。

(一)

在《崔少府墓》(又名《卢充幽婚》)中,干宝为崔氏女郎的鬼魂写了一首五言古体诗:“煌煌灵芝质,光丽何猗猗。华艳当时显,嘉异表神奇。含英未及秀,中夏罹霜萎。荣耀长幽灭,世路永无施。不悟阴阳运,哲人忽来仪。会浅离别速,皆由灵与祇。何以赠余亲,金 鋺可颐儿。恩爱从此别,断肠伤肝脾!”为了加深理解,译文如下:

明亮的姿质如灵芝,
身材俊美,光彩艳丽。
华贵美妙已经显露,
聪明过人,举止神奇。

含苞的花朵尚未开放,
却遭受盛夏袭来的秋霜。
光彩荣耀从此湮灭,
人生的道路永远停航。

想不到阴间阳世也能交往，
卓越优秀的人忽然降临。
欢聚太短暂啊，离别又匆匆，
都是因为那冷酷无情的神灵。

拿什么赠送自己的亲人？
一只金碗可抚养咱们的宝贝。
夫妻的恩爱从此永别，
令人悲伤断肠肝脾欲碎！

在小说里，卢充与崔氏女郎幽婚，女郎当然是主角。但在叙述中，只有女郎的外貌，却很少有言语。只是在女郎送子时，卢充见到女郎，情不自禁地“欲捉其手。女举手指后车曰‘府君见人’”。整篇叙事，女郎的话仅有这四个字，这也是作者事先安排好的。这首诗将女郎的身世、遭遇、思想、感情表述得淋漓尽致，又不失其温柔、忧郁、含蓄之美。此诗是小说的重要组成部分，与前后叙事有机地结合起来，使小说人物既有外表的描述，又有思想活动，成为有血有肉的生动形象。如果没有这首诗，崔氏女郎的形象仅是一幅美人图，而不能跃然纸上。可以设想一下，如果不用这首诗，而是在叙述中用语言和行动刻画女郎的形象，很难有合适的文字。特别是对爱情的描述，弄不好会弄巧成拙。而通过这首诗，不仅将女郎的思想感情表述得淋漓尽致，而且典雅含蓄，增强了小说的艺术魅力。

（二）

在《紫玉》篇中，干宝为吴王小女紫玉的鬼魂写了一首四言诗。紫玉与童子韩重自由恋爱，誓为婚姻。因吴王反对，紫玉结气而死。韩重至紫玉墓吊祭，紫玉的鬼魂出来与韩重相见。两个情人，生死聚会，紫玉歌曰：“南山有乌，北山张罗。乌既高飞，罗将奈何？意欲从君，谗言孔多。悲结生疾，没命黄垆。命之不造，冤如之何？羽族之长，名为凤凰。一日失雄，三年感伤。虽有众鸟，不为匹双。故见鄙姿，逢君辉光。身远心近，何尝暂忘！”译文如下：

南山有乌鹊，北山在张罗。
乌鹊已经高飞，罗网怎能奈何！
心想终身伴君，流言实在太多。
悲伤郁结成疾，丧命进入黄垆。
命运如此多艰，冤屈向谁诉说？

鸟类最高灵长，其名叫做凤凰。
一旦失去雄凤，使我三年感伤。
虽然鸟类众多，不能与我配双。
你我只要相见，精神格外辉光。
两人心心相印，何时能够相忘？

这首诗是干宝根据民谣改编的。在《搜神记》卷十一《韩凭妻》的结尾，干宝写道："其歌谣至今犹存。"据明冯惟讷《古诗纪》载，其歌谣是："南山有乌，北山张罗。乌自高飞，罗当奈何？乌鹊双飞，不乐凤凰；妾是庶人，不乐宋王。"

干宝替紫玉写的这首诗，完全符合她的身份，充分表达了她对封建婚姻制度和门第观念的血的控诉；同时也表达了她对纯真、高尚的爱情的忠贞不渝。

如果将紫玉的诗和崔氏女郎的诗相比较，崔氏的诗是温柔、忧郁之中透露出无奈；而紫玉的诗却是激情奔放里蕴涵着刚烈。两首诗虽然都出自少女之口，都为爱情而歌，却表现了两个少女各不相同的身份、心理和个性。

接着，干宝又安排紫玉邀请韩重"还冢。玉与之饮宴，留三日三夜，尽夫妇之礼"。在阳世未能结成夫妇，到冥间去实现。值得注意的是，在这场婚姻的悲剧中，作为吴王小女的紫玉，始终是主动的。这种大胆的安排，无疑是对晋朝形成的贵贱分离观念的严重挑战。这里反映出来的不分贵贱、人人平等的思想，带有明显的民主思想的光辉。作为4世纪50年代的干宝，能有这种思想，应该说是"超前"的。

（三）

已故中牟令苏韶，其鬼魂回家，能大白天现形，与活人无异。众亲友同集，说起他生前的著述，难于寻觅，苏韶的鬼魂就诵出一篇骚体诗："运精气兮离故形……"因此诗隐晦曲折，深奥难懂，需逐句加以注释：

运精气兮离故形：运精气：运，运行；精气，指人的灵魂。王充《论衡·生死篇》曰："人之所以生者，精气也，死而精气灭。"离故形：离，离开；故，原来；形，形体，指人的肉体。

神渺渺兮爽玄冥：神渺渺：神，精神；渺渺，即缥缈，形容若隐若现的样子。爽玄冥：爽，明白；玄，幽暗；冥，冥界。

归北帝兮造酆京：归北帝：归，回归；北帝，北方的鬼帝。造，到；酆京，道教构想的类似于地狱的冥间都城。

崇墉郁兮廓峥嵘：崇墉郁：崇，高；墉，城墙；郁，青色。廓峥嵘：廓，寥廓；峥嵘，雄伟壮观。

叔风阙兮词帝庭：叔风阙：叔，叔世，指国家政权衰敝之世；风阙，汉宫阙名，后用为皇宫的代称。词帝庭：词，通"辞"，辞别；帝庭，即宫廷。

迩卜商兮室颜生：迩，接近；卜商，字子夏，春秋末晋国温（今河南温县）人。孔子学生。主张国君要学习《春秋》，吸取历史教训，防止臣下篡夺。相传《春秋》是他传授下来的。请注意：卜商是春秋时晋国温人，晋朝司马氏也是温人。"迩卜商"，犹如今人说死是"去见马克思"。室，家；颜生，即鬼魂见形。

亲大圣兮颂梁成：亲大圣：亲，亲近；大圣，古代称道德完善、智慧超越的人。颂梁成：颂，赞颂；梁，栋梁；成，成功。梁成，指栋梁之才且能办成大事的人。

希吴季兮英婴明：希吴季：希，希望；吴，指三国时的吴国；季，末世，三国时吴国末世，朝政衰败，以致亡国。这里暗指东晋，因为东晋所在地，正是当年吴国的地方。英婴明：英，杰出；婴，婴儿；明，英明。这里指晋穆帝司马聃，因为司马聃继位时年仅两岁。

抗清论兮风英英：抗清论：抗，抗拒；清论，即清谈，晋代最为流行的一

种高谈阔论,不做实事的风气。风,风气;英英,健康俊美。

敷花藻兮文粲荣:敷花藻:敷,铺张;花藻,本为文彩,也指国家的文治武功。文粲荣:文,文采;粲,鲜艳;荣,繁荣。

庶擢身兮登昆瀛:庶擢身:庶,幸,希冀之词;擢身,耸起身子。登昆瀛:登,登上;昆,昆仑山;瀛,瀛州。

多福祚兮享千龄:多福祚:祚,福,也指皇位。享千龄,享,享受;千龄,千岁的年龄。

根据以上注释,译文如下:

灵魂运行,离开了原来的肉体,
神情漂渺,来到了幽暗的鬼境。
回归北方鬼帝,见到鬼都酆京,
高高的城墙,寥廓雄伟,景象峥嵘。

目睹皇宫衰敝,我就辞别帝庭,
已经接近卜商,却又重返家中。
要亲近和赞颂德才兼备、能成大事的人,
希望扭转吴国的末世,朝廷英明执政。

要废除清谈,树立健康俊美的朝风,
铺张文治武功,使国家繁荣昌盛。
期望耸身而起,登上昆仑、瀛洲看美景,
朝廷多福多禄,国家长寿千龄。

这首诗开始模拟鬼魂恍恍惚惚、若隐若现的样子,相当成功。没有深厚的文学功底,是很难做到的。作为中牟令的苏韶,关心朝廷,关心国家的前途命运,符合其身份。

此诗既符合苏韶的身份,又能抒发干宝自己的思想感情,二者互相结合,天衣无缝。因此,也可视为干宝的自况诗。

从内容分析,此诗可能是干宝晚年的作品。干宝早年为东晋王朝的建立和巩固殚精力竭。他在《晋纪》中,总结了西晋兴亡的经验和教训。不管他对西晋王朝的缺点和错误,批评的如何尖锐和严厉,但他始终站在晋王朝的立场上,希望国家迅速强大起来,收复失地,统一北方。干宝这种鲠直，强项之风，是那些大权在握的昏庸之辈所不能相容的，终于被迫辞别朝廷，归家隐居。所谓"居庙堂之高，则忧其民；处江湖之远，则忧其君"。中国古代优秀的知识分子，如屈原等，大都如此。在那时，朝廷就是国家，国家就是朝廷。干宝是一位具有强烈的爱国主义思想的知识分子，从这首诗也可清楚地看出，他虽然隐居在家，但他的心却时刻在牵挂着朝廷，牵挂着国家。一个具有强烈爱国主义思想的人，眼看着国家日益衰败，而自己却无能为力，那种煎熬的心情，是一般人难于理解的。而不理解这种心情，就不会明白屈原为什么要投汨罗江，也不可能体会到干宝创作此诗时的复杂心情。

以上三首诗，包括四言、五言、骚三种体裁，古体诗常用的比、兴、赋三种手法。语言形象鲜明，音韵和谐，味道醇厚。干宝已经注意到写诗人的身份，使诗成为刻画人物，揭示人物思想感情的不可或缺的组成部分。这样，不仅增强了小说的艺术性，也加深了小说的思想性。写诗是比较难的，而要替别人写诗，那就更难。从干宝为"鬼"写的这三首诗不难看出，干宝对诗的创作也是颇有造诣的。这种散韵结合的创作手法，对后世小说创作的影响也是深广的。

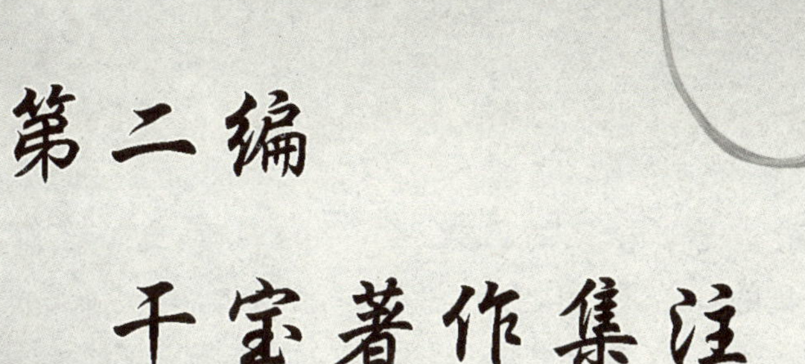

第二编 干宝著作集注

编者按：

这里搜集、整理干宝著作佚文共892条(篇),其中《搜神记》及佚文498条（篇），其他9种共394条（篇）：计《晋纪》195条（篇）《周易注》116条（篇）；《后养议》1篇；《春秋序论》1条；《春秋左氏函传义》2条（篇）；《司徒仪》11条；《周官礼注》53条（篇）；《干子》12条（篇）；《干宝集》3条（篇）。

一　《晋纪》佚文集注

编者按:作为史学家的干宝,《晋纪》是其主要著作。刘勰《文心雕龙》和刘知几的《史通》均予以崇高评价。惜唐代以后散佚不传。为弥补这一缺憾,明代胡震亨《秘册汇函》、清代汤球《广雅书局丛书》、黄奭《汉学堂丛书》、严可均的《全晋文编》、近人陶栋曾《辑佚丛刊》等均将佚文辑录刊印。这里以汤球本为底本进行校勘。需要说明的是:1. 因干宝的《晋纪》为编年体,为阅读方便,从西晋开国至灭亡的年号增加了公元纪年。2. 为照顾编年体,汤球在辑录时,将个别条目拆开,校勘时维持原貌。但部分条目的排列作了调整。3. 汤球将《晋书》和《宋书·五行志》中与干宝有关的条目全部收入,部分条目与《搜神记》重复。因这些条目,均为儒家天人感应的内容,《晋纪》也有可能收入,故未作变动。4. 汤球辑录本错漏较多,校勘时对照出处,进行了订正。

叙　　例

体国经野之言则书之;
用兵征伐之权则书之;
忠臣、烈士、孝子、贞妇之节则书之;
文诰专对之辞则书之;
才力技艺殊异则书之。

唐·刘知几《史通·书事》

编者按:《叙例》,今通称《凡例》。凡干宝《晋纪》佚文辑录均未收入,现据《史通》所引录此。

(一)高祖宣皇帝

编者按:高祖宣皇帝即司马懿(179—251 年),字仲达,三国河内温(今河南温县西)人。出身世族。初为曹操主簿,多谋略,善权变。后任太子中庶子,为曹丕所信重。魏明帝时任大将军,多次率军对抗诸葛亮,为魏重臣。曹芳即位,他和皇族曹爽专国政。其孙炎代魏称帝,建立晋朝,追懿为宣皇帝,庙号高祖。

1. 魏武帝[①]为丞相,命高祖为文学掾,每与谋,策画多善(《文选·晋纪总论》注)。

注:①魏武帝:即曹操(155—220 年),字孟德,谯(今安徽亳州)人。三国时政治家、军事家、诗人。东汉末,在镇压黄巾起义中,逐步扩充军事力量。初平三年(192 年),占据兖州,分化、诱降黄巾军的一部分,编为“青州兵”。建安元年(196 年),迎汉献帝都许(今河南许昌东)。后用其名义发号施令,先后削平吕布等割据势力。官渡之战大破袁绍后,逐渐统一了中国北部。建安十三年(208 年),进位丞相,率军南下,被孙权和刘备击败于赤壁。封魏王。子曹丕称帝,追尊为武帝。

2. 魏国既建[①],高祖迁太子中庶子,与陈群[②]、吴质[③]、朱铄[④]号曰“四友”(《文选·晋纪总论》注)。

编者按:此条《晋书》编入《宣帝纪》。

注:①魏国既建:黄初元年(220 年)十月,曹丕废献帝自立为皇帝,国号“魏”。②陈群:字长文,许昌人。曹操任为司空掾,曹丕称帝,累迁尚书。明帝继位,进封颍阴侯。③吴质(177—230 年):字季重,济阴(今山东定陶)人。以文才为曹丕所善,累官振威将军、都督河北诸军事,封列侯。④朱铄:魏文帝曹丕时曾任中领军。

3. 魏武帝以天下凶荒,资财乏匮,始拟古皮弁[①],裁缣[②]帛为白帢[③],以易旧服。干宝以为“缟素[④],凶丧之象,名之为帢,毁辱之言也。盖革代之后,劫杀之妖也”(《晋书·五行志》上、《宋书·五行志》一)。

注:①皮弁(biàn 辨):弁,古代的一种帽子;皮弁,武冠。②缣(jiān 兼):双丝的细绢。③白帢(qiā 恰):白色的帽子。④缟(gǎo 稿)素:白色的丧服。

4. 魏文帝[①]即王位,为丞相长史(《文选·晋纪总论》注)。

注:①魏文帝:即曹丕(187—226 年),字子桓,操次子。操死,他袭封为魏王,即代汉称帝,都洛阳,国号魏。公元 220—226 年在位。

5. 魏文帝之在广陵[①]，吴人大骇，乃临江为疑城，自石头[②]至于江乘[③]，车以木为祯，衣以苇席，加采饰焉，一夕而成（以上亦见《御览》一百九十二）。魏人自江西望，甚惮之，遂退军。权令赵达[④]算之，曰："曹丕走矣，虽然，吴衰庚子岁。"权曰："几何？"达屈指而计之，曰："五十八年。"权曰"今日之忧，不暇及远，此子孙事也。"（《三国志·吴书·吴主传》注）

注：①广陵：郡名。治今江苏扬州。②石头：石头城，即今江苏南京。③江乘：古县名。治今江苏句容北。为长江下游重要渡口。④赵达：河南（今河南洛阳）人。三国时吴知术数者。

6. 天子还洛阳，帝镇许昌。及天子疾笃，帝与曹真[①]、陈群等见于荣华殿之南堂，并受顾命辅政。诏太子曰："有间此三公者，慎勿疑之。"明帝[②]即位，改封舞阳侯（《初学记》九）。

编者按：此条《晋书》编入《宣帝纪》。

注：①曹真：字子丹，曹操族子。曹操时任中领军。曹丕即王位，为镇西大将军，封东乡侯。明帝即位，封邵陵侯，迁大将军。②明帝：即曹叡（205—239年），字元仲，丕子。公元227—239年在位。

7.（明帝即位）迁骠骑大将军（《文选·晋纪总论》注）。

8. 新城太守孟达[①]反，高祖亲征之，屠其城，斩达（《文选·晋纪总论》注）。

注：①孟达：字子度，扶风（今陕西泾阳西北）人。初投刘备，累官蜀将、宜都太守。黄初元年（220年）降魏，任散骑常侍，领新城太守。太和二年（228年），又欲叛魏归蜀，为司马懿所杀。

9.（孟）达初入新城，登白云塞，叹曰："刘封[①]、申耽[②]，据金城千里而失之乎！"（《三国志·魏书·明帝纪》注）

注：①刘封：刘备养子。为蜀将。与魏军战，因部下叛变而失败。孟达诱其叛蜀归魏，他毅然拒绝，回成都后被杀。②申耽：字义举。初为魏将，后降蜀，为征北将军、领上庸太守，封员乡侯。刘封军败，他又叛蜀归魏。

10. 吴武陵蛮[①]叛。武陵、长沙郡，夷盘瓠[②]之后杂处。五服[③]之内，凭土阻险，每常为猱杂[④]鱼肉而归，以祭盘瓠，俗称"赤髓横裙[⑤]子孙"（《御览》七百八十五）。

注：①武陵蛮：武陵，郡名，治今湖南常德西。蛮，我国古代对南方各族的泛称。②夷盘瓠：夷，我国古代对东方各族的泛称，有时也泛指四方的少数民族。盘瓠，传

说为南方各族的始祖。参阅《搜神记》卷十四第341条《盘瓠》。③五服:古代王畿外围的地,以五百里为率,视距离的远近为五等,叫"五服"。④猱(nǎo 挠)杂:混杂。⑤赤髓横裙:赤,裸露;髓,本指骨中的凝脂,这里指腿。横裙,指横遮前身的短裙。

11. 魏明帝青龙元年①正月甲申,青龙见郏②之摩陂井中。干宝曰:"自明帝,终魏世,青龙、黄龙见者,皆其主废兴之应也。魏土运,青木色,而不胜于金。黄得位,青失位③之象也。青龙多见者,君德国运内相克伐也。故高贵乡公④卒败于兵。案刘向⑤说,龙贵象而困井中,诸侯将有幽执之祸也。魏世,龙莫不在井,此居上者逼制之应。高贵乡公著《潜龙诗》,即此旨也。"(《宋书·五行志》五、《晋书·五行志》下)

注:①青龙元年:公元233年。②郏:古邑名,即今河南郏县。③黄得位,青失位:黄即金,青即木。按五行说,魏"青木色",而晋属金,金克木,所以晋得帝位,魏失帝位。④高贵乡公:即曹髦(241—260年),字彦士,曹丕孙。初封高贵乡公。嘉平六年(254年),司马师废曹芳,立他为帝。他不愿做司马氏的傀儡,率宿卫数百人攻司马昭,为昭所杀。死后无号,史称高贵乡公。⑤刘向(约前77—前6年):原名更生,字子政,沛(今江苏沛县)人。刘邦裔孙。西汉时累官中垒校尉。著《洪范五行传》,开史书《五行志》之先。撰《别录》,为中国目录学之祖。另著《新序》、《说苑》等。

12. 宣帝除九品,置大中正(《通典》三十二引干宝称)。

编者按:东汉末,曹操当政,提倡"唯才是举",代表了中小地主阶级的利益。延康元年(220年),曹丕采吏部尚书陈群的建议,推选各郡有声望的人,出任"中正",将当地士人,按"才能"分别评定为九等(九品),政府按等选用,谓之"九品官人法",仍保持曹操用人"不计门弟"的原则。司马懿当政后,于各州设大中正,任用世族豪门担任,选取原则以"家世"为重。从此,"上品无寒门,下品无势族。"九品中正制则成为世族地主操纵政权的工具。

13. 景初①二年春正月,诏太尉②司马宣王帅众讨辽东公孙渊③。帝问宣王:"度渊将何计以待君?"宣王对曰:"渊弃城预走,上计也;据辽水拒大军,其次也;坐守襄平④,此为成禽耳。"帝曰:"然则,三者何出?"对曰:"唯明智能审量彼我,乃预有所割弃,此既非渊所及,又谓今往悬远,不能持久,必先据辽水,后守襄平也。"帝曰:"往还几日?"对曰:"往百日,攻百日,还百日,以六十日为休息,如此,一年足矣。"(《三国志·魏

书·明帝纪》注)

编者按:此条《晋书》编入《宣帝纪》。

注:①景初:魏明帝年号(237—239 年)。②太尉:青龙三年(235 年)正月,魏以司马懿为太尉。太尉为全国军政首脑,与司徒、司空并称三公。③公孙渊:字文懿,魏辽东太守。景初元年反,自称燕王。次年,魏遣司马懿征辽,被杀。④襄平:郡名。治今辽宁辽阳北。

14. 魏明帝景初二年,廷尉[1]府中有雌鸡化为雄,不鸣不将。干宝曰:"是岁晋宣帝平辽东,百姓始有与能之议,此其象也。然晋三后[2]并以人臣终,不鸣不将,又天意也。"(《晋书·五行志》上、《宋书·五行志》一)

注:①廷尉:官名。秦始置,掌刑狱。北齐以后皆称大理寺卿。②三后:指君主,这里指司马懿、司马师、司马昭。他们虽然称帝,但生前皆为人臣。

15. 正始[1]二年,吴将全琮[2]寇芍陂[3],朱然[4]孙伦五万人围樊城[5],诸葛瑾[6]、步骘[7]寇柤中[8];琮已破走而樊围急。宣王曰:"柤中民夷十万,隔在水南,流离无主,樊城被攻,历月不解,此危事也,请自讨之。"议者咸言:"贼远围樊城不可拔,挫于坚城之下,有自破之势,宜长策以御之。"宣王曰:"军志有之:将能而御之,此为靡军;不能而任之,此为覆军。今(边城受敌而安坐庙堂)疆场骚动,民心疑惑,是社稷之大忧也。"六月,乃督诸军南征,车驾送出津阳城门外。宣王以南方暑湿,不宜持久,使轻骑挑之,然不敢动。于是乃令诸军休息洗沐,简精锐,募先登,申号令,示必攻之势。然等闻之,乃夜遁。追至三州口,大杀获(《三国志·魏书·少帝纪》注)。

编者按:此条《晋书》编入《宣帝纪》。

注:①正始:为齐王曹芳年号(240—249 年)。②全琮:字子璜,钱塘(今浙江杭州)人。三国时吴将,孙权驸马,累官右大司马、左军师。③芍陂(què bēi(鹊杯)):古代淮水流域最著名的水利工程。在今安徽寿县南。④朱然:字义封,孙权同学。吴创业功臣之一。累官左大司马、右军师。⑤樊城:今湖北襄樊市,原江南为襄阳,江北为樊城。⑥诸葛瑾:字子喻,蜀相诸葛亮胞兄。事吴,为孙权所依重,累官大将军、左都护,领豫州牧。⑦步骘(zhì 质):字子山,淮阴人。吴建国,随孙权征战,累官代丞相。⑧柤(zū 租):地名。在今湖北南漳西。

16. 高祖与曹爽[1]俱受遗辅政。爽横恣日甚,高祖乃奏事永宁宫,废爽兄弟,以侯归第(《文选·晋纪总论》注)。

注:①曹爽(? —249年):字昭伯。曹操侄孙。魏明帝时,为武卫将军。曹芳即位,他同司马懿受遗诏辅政。与司马懿争夺政权,为懿所杀。

17. 时爽从天子谒陵,桓范[①]出赴曹爽,宣王谓蒋济[②]曰:“智囊往矣。”济曰:“范智则智矣,驽马恋栈豆[③],爽必不能用也。”(《类聚》九十三、《三国志·魏书·曹爽传》注、《御览》八百九十五)

编者按:此条《晋书》编入《宣帝纪》。

注:①桓范:字元则,沛国(今安徽宿州西北)人。初为魏将,后任大司农。为曹爽谋士,爽不从谋,同时被杀。②蒋济:字子通,楚国平阿(今属安徽怀远)人。文武全能,为曹操赏识。累官领军将军,封昌陵亭侯,迁太尉。《搜神记》卷十六有《蒋济亡儿》。③栈豆:马枥中的豆料。比喻才智短浅的人所顾惜的目前小利。

18. (曹)爽留车驾宿伊水[①]南,伐木为鹿角砦[②],发屯甲兵数千人以为卫(《三国志·魏书·曹爽传》注、《御览》三百三十七)。

注:①伊水:即伊河,洛河支流。在河南西部。源出栾川县伏牛山北麓,东北流,在偃师杨村附近入洛河。②鹿角砦:在砦周围埋树木,枝杈向外以阻止敌人进攻。因枝杈似鹿角,故名。

19. 有司[①]奏黄门张当[②]辞,并道爽反状,遂夷三族[③](《文选·晋纪总论》注)。

编者按:曹爽被杀之后,魏国虽仍为曹氏政权,实际已为司马氏专权。

注:①有司:古代设官分职,各有专司,因称官吏为有司。②黄门张当:黄门,官名,汉唐间非宦者充任,黄门侍郎、给事黄门侍郎等官的简称。张当,官至黄门,与曹爽善,同时被杀。③夷三族:夷,诛;三族,即父族、母族、妻族。

20. 蒋济以曹真之勋力,不宜绝祀,故以熙为后[①]。济又病其言之失信于爽,发病卒(《三国志·魏书·曹爽传》注)。

注:①以熙为后:《曹爽传》曰:“封真族孙熙为新昌亭侯,邑三百户,以奉真后。”

21. 高祖东袭太尉王凌[①]于寿春。初,凌以魏主非明帝亲生[②],且不明也,谋更立楚王彪[③]。凌闻军至,面缚请降。高祖解缚。反服见之,送之京都(《文选·晋纪总论》注)。

注:①王凌:字彦云,太原祁(今属山西)人。出身孝廉,为曹丕所赏识,累官车骑将军、扬豫二州刺史。进为太尉。为官清正恤民,与贾逵友善。嘉平三年(251年),以淮南兵谋起事反司马氏,事泄自杀。②魏主非明帝亲生:魏主指曹芳。明帝

无子,以芳为养子 。初为深宫秘事,莫为人知。芳即位后,社会才有所闻。③楚王彪:字朱虎,曹操子。初封寿春侯,累封楚王。王凌事起,被逼自杀。

22. 王凌到项[①],见贾逵祠[②]在水侧,凌呼曰:"贾梁道,王凌固忠于魏之社稷者,唯尔有神知之。"(《三国志·魏书·王凌传》注)

编者按:此条《晋书》编入《宣帝纪》。

注:①项:古县名。治今河南沈丘。②贾逵祠:贾逵(174—228 年):字梁道,河东襄陵(今山西襄汾)人。初举茂才,曹操以为弘农太守;曹丕时为豫州刺史,赐爵关内侯。为官清廉信义,在州兴修水利,颇得民心。卒后,豫州民在项建贾逵祠。

23. 王凌在道,饮药而死(《文选·晋纪总论》注)。

24. 宣王讨王凌(至洛阳穷治其事),发(凌及)令狐愚[①]冢,(剖棺)暴尸。兖州武吏东平马隆[②],托为愚家客,以私财更殡葬。行服三年,种植松柏。一州之士愧之(《三国志·魏书·王凌传》注、《御览》四百二十)。

编者按:此条"暴尸"以前的文字,为汤球据《三国志·王凌传》所补。人死后还要"剖棺暴尸",司马懿之残暴令人发指!

注:①令狐愚:字公治,本名浚。黄初中,为和戎护军。乌丸校尉田豫作战有功,小违节度,愚绳之以法。帝怒曰:"浚何愚!"遂以名之。正始中,为曹爽长史,后出为兖州刺史。嘉平三年(251 年),与舅王凌谋起事反司马救曹氏。愚密与曹彪联络,未还病死。②马隆:字孝兴,东平平陆(今山东汶上)人。初为兖州武吏,因殡葬令狐愚传为美谈。泰始中,迁司马督。时西域乱起,凉州不通,朝臣莫对。隆以武威太守招募勇士,打通凉州,平定西域。太熙初,封奉高县侯,加东羌校尉。卒于任。

25. 其年八月[①],太傅[②]有疾,梦(王)凌、(贾)逵为厉,甚恶之,遂薨(《三国志·魏书·王凌传》注)。

编者按:说司马懿是梦见王凌、贾逵"为厉"而死,可能是当时的传言。这种传言是受当时流行的"恶有恶报"思想的影响。同时也反映了社会舆论对司马懿的不满。《晋书》编入《宣帝纪》。

注:①其年八月:即嘉平三年(251 年)。此段原在杀王凌("王凌到项")后,四月杀王凌,故曰"其年八月"。②太傅:即司马懿。

26. 帝配飨魏太祖[①]庙,有奏,诸功臣从飨者,吏以官为次,在荀(彧)[②]、郭(嘉)[③]之上(《御览》五百二十六)。

注:①太祖:即曹操,庙号"太祖"。②荀彧(163—212 年):字文若,颍川颍阴

（今河南许昌）人。初依袁绍，后归曹操，为司马。建议迎汉献帝都许，使曹操取得有利的政治形势。不久，任尚书令，参与军国大事。因反对曹操称魏公，被迫自杀。③郭嘉（170—207 年）：字奉孝，颍川阳翟（今河南禹州）人。初投袁绍，后归曹操，任司空军师祭酒。多谋善断，帮助曹操取得官渡之战的胜利。从征 11 年，对统一北方有所贡献。

（二） 世宗景皇帝

编者按：世宗景皇帝即司马师（208—255 年），字子元，懿长子。继其父为魏大将军，专国政。嘉平六年（254 年）废魏帝曹芳，立曹髦。次年病死。其侄炎代魏称帝，建立晋朝，追尊为景皇帝，庙号世宗。

27. 世宗景皇帝，高祖崩，以抚军大将军辅政（《文选·晋纪总论》注）。

28. 魏齐王嘉平四年[①]五月，有二鱼集于武库屋上。干宝以为"高贵乡公兵祸之应"（《晋书·五行志》中、《宋书·五行志》四）。

注：①嘉平四年：为公元 252 年。

29. 中书令李丰[①]推太常夏侯玄[②]谋废大将军。世宗闻之，乃遣王羡迎丰至，世宗责之。丰知祸及，遂肆恶言，勇士筑杀之，皆夷三族（《文选·晋纪总论》注）。

编者按：此条《晋书》编入《景帝纪》。

注：①李丰：字安国，冯翊（今陕西大荔）人。初为黄门郎，累官中书令。嘉平六年（254 年）与夏侯玄等谋废司马氏，事觉被杀。②夏侯玄：字太初，沛国谯（今安徽亳州）人。父尚，为魏将。玄初为黄门侍郎，累官太常。嘉平六年，与李丰等谋废司马氏，事觉被杀。

30. 逮捕玄等，皆夷三族。初，丰之谋也，使告玄。玄答曰："宜详之。"尔不以闻也，故及于难（《世说》注三）。

编者按：夏侯玄对李丰之谋尚未"详之"，即被"夷三族"，司马氏杀人真是不眨眼！

31. 扬州刺史文钦[①]，自曹爽死后，阴怀异志，乃矫太后令，罪状世宗。世宗自帅中军讨之。钦败，得入吴（《文选·晋纪总论》注）。

注：①文钦：字仲若，谯人。父稷，为魏骑将。钦累官扬州刺史。正元二年（255 年）与毋邱俭起兵讨司马师，兵败降吴。吴太平三年（258 年），为诸葛诞所杀。

32. 俭[1]死,诏夷三族。初,管辂[2]过毋邱氏墓下,依树哀吟,精神不乐。人问其故,辂[3]曰:"林木虽茂,无形可交[4];碑诔虽美,无后可守。"(《御览》五十七)

注:①俭:即毋邱俭,字仲恭,河东闻喜(今属山西)人。父兴,为魏将。俭袭父爵,屡立战功。累官镇东。都督扬州。正元二年(255年),与文钦起兵反司马氏,兵败被杀。②管辂:字公明,平原(今属山东)人。初为郡文学掾,终官少府丞。以善卜卦名扬于魏。参阅《搜神记》卷三第53条至56条。③人问其故,辂曰:原文无,据《三国志·管辂传》补。④交:《三国志·管辂传》为"久"。

33. 毋邱俭之起也,大将军以问陶[1],陶答依违。大将军怒曰:"卿平生与吾论天下事,至于今日更不尽乎?"乃出为平原太守,又追杀之(《三国志·魏书·刘陶传》注)。

编者按:堂堂太守,即可随便杀之,更何况小民百姓呢?

注:①陶:即刘陶,字季治,淮南人。父晔,为魏大鸿胪。陶累官平原太守,为司马师所杀。

34. 何曾[1]字颖考。正元[2]中为司隶校尉。时毋邱俭孙女适刘氏,以孕系廷尉。女母荀,为武卫将军荀顗[3]所表活。既免,辞诣廷尉,乞为官婢以赎女命。曾使主簿程咸为议,议曰:"大魏承秦、汉之弊,未及革制。所以追戮已出之女,诚欲殄丑类之族也。若已产育,则成他家之母。于防则不足惩奸乱之源,于情则伤孝子之思,男不御罪他族,而女独婴戮于二门,非所以哀矜女弱,均法制之大分也。臣以为在室之女,可从父母之刑,既醮之妇,使从夫家之戮。"朝廷从之,乃定律令(《三国志·魏书·何曾传》注)。

注:①何曾:陈国阳夏(今河南太康)人。曹魏时官至司徒;西晋初官至太傅。《晋书》说他为人外直内奸,生活奢侈超过帝王。②正元:为曹髦年号(254—256年)。③荀顗(yǐ 蚁):字景倩,彧子,曹魏时官至司空,西晋初官太子太傅。《晋书》说他以阿谀逢迎得宠于朝。

35. 魏正元二年二月,世宗崩(《文选·晋纪总论》注)。

编者按:司马师卒后无子,以司马昭子攸为嗣。

36. 吴孙亮[1]五凤[2]二年五月,阳羡县[3]离里(墨)山大石自立。案京房[4]《易传》曰:"庶士为天子之祥也。"其说曰:"石立于山同姓,平地异姓。"干宝以为"孙皓[5]承废故之家得位,其应也"。或曰:"孙休[6]见立之祥也。"(《晋书·五行志》中、《宋书·五行志》二)

编者按:此条为《搜神记》卷六第176条。

注:①孙亮:字子明,权少子。建兴元年(252年)即位;太平三年(258年)被孙綝废为会稽王。②五凤:为孙亮年号(254—256年)。③阳羡县:治今江苏宜兴南。④京房(前77—前37年):本姓李,字君明,东郡(今河南清丰西南)人。西汉经学家,《易》京氏学的开创者。其学说以灾异推论时政得失。著有《易传》等。⑤孙皓:字元宗,权孙。元兴元年(264年)即位。天纪四年(280年),晋灭吴,降晋为归命侯。⑥孙休:字子烈,权第六子。太平三年(258年),孙亮废,孙綝迎休即位。永安七年(264年)卒,谥为景帝。

(三)　太祖文皇帝

编者按:太祖文皇帝即司马昭(211—265年),字子上,懿次子,师同母弟。继其兄为魏大将军专国政,并日谋代魏。甘露五年(260年),杀曹髦,立曹奂为帝。景元四年(263年),发兵灭蜀汉,自称晋公,后为晋王。死后数月,其子炎代魏称帝,建立晋朝,追尊为文帝,庙号太祖。

37. 太祖文皇帝,景帝母弟也。世宗崩,进位大将军,录尚书事,辅政(《文选·晋纪总论》注)。

38. 镇东大将军诸葛诞[①]贰于我,太祖亲率六军东征,拔之,斩诞首,夷三族也(《文选·晋纪总论》注)。

注:①诸葛诞:字公休,琅玡阳都(今山东沂水南)人。初为魏荥阳令,累官征东大将军、都督扬州。甘露二年(257年)五月起兵讨司马昭,次年二月失败被杀。

39. 诞麾下数百人拱手为列[①],每斩一人,辄降之,竟不变,至尽,时人比之田横[②]。吴将于诠曰:"大丈夫受命其主,以兵救人,既不能克,又束手于敌,吾弗取也。"乃免胄冒陈而死(《三国志·魏书·诸葛诞传》注)。

注:①拱手为列:《三国志·诸葛诞传》曰:"诞麾下数百人,坐不降见斩,皆曰:'为诸葛公死,不恨。'其得人心如此。"②田横:见《搜神记》卷十六第377条注。

40. 初,寿春[①],每岁雨潦,淮水溢,常淹城邑。故文王之筑围也,诞笑之曰:"是固不攻而自败也。"及大军之攻,亢旱逾年。城既陷,是日大雨,围垒皆毁。诞子靓,字仲思,吴平还晋。靓子恢,字道明,位至尚书令,追赠左光禄大夫、开府(《三国志·魏书·诸葛诞传》注)。

注:①寿春:古邑名。位于今安徽寿县西南,淮河南岸。

41. 天子[1]发甲攻相府，成济[2]问贾充[3]曰："事急矣，若之何？"充曰："公畜养汝等，为今日之事也。夫何疑！"济曰"然。"乃抽戈犯跸（《三国志·魏书·少帝纪》注）。

编者按：此条《晋书》编入《文帝纪》和《贾充传》。

注：①天子：指曹髦。古代帝王称"天子"。②成济：时任太子舍人。成济杀曹髦后，司马昭归罪于他。《魏氏春秋》曰："成济兄弟不即伏罪，袒（司马昭）而升屋，丑言悖慢；自下射之，乃殪。"③贾充：见《后养议》注。

42. 高贵乡公之杀，司马文王会朝臣谋其故。太常陈泰[1]不至，使其舅荀颉召之。颉至，告以可否。泰曰："世之论者，以泰方于舅，今舅不如泰也。"子弟内外咸共逼之，垂涕而入。文王待之曲室，谓曰："玄伯，卿何以处我？"对曰："诛贾充以谢天下。"文王曰："为我更思其次。"泰曰："泰意惟有进于此，不知其次。"文王乃不更言（《三国志·魏书·陈泰传》注、《世说》注三、《御览》四百二十八）。

编者按：此条《晋书》编入《文帝纪》。

注：①陈泰：字玄伯，群子。初为魏将，屡立战功，累官尚书左仆射。干宝记为"太常"，误。

43. 杀尚书王经[1]。经正直，不忠于我，故诛之（《世说》注六）。

编者按：不忠于我即杀，司马昭简直成了杀人狂。《晋书》编入《文帝纪》。

注：①王经：字彦纬，清河（今属河北）人。初为魏江夏太守，累官尚书。因高贵乡公事，为司马昭所杀。

44. 吴孙休永安二年[1]，将守质子[2]群聚嬉戏，有异小子忽来，言曰："三公锄，司马如。"又曰："我非人，荧惑星[3]也。"言毕上升，仰视若曳一匹练，有顷没。干宝曰："后四年而蜀亡，六年而魏废，二十一年而吴平，于是九服归晋。魏与吴、蜀，并为战国，'三公锄，司马如'之谓也。"（《晋书·五行志》中、《宋书·五行志》二）

注：①永安二年：公元259年。②将守质子：将军郡守在外任职，把小孩留在京城为"质"。③荧惑星：即火星。

45. 孙休后，衣服之制，上长下短，又积领五六而裳居一二。干宝曰："上饶奢，上俭逼，上有余下不足之妖也。至孙皓，果奢暴恣情于上，而百姓雕困于下，卒以亡国。是其应也。"（《晋书·五行志》上、《宋书·五行志》一）

编者按:此条为《搜神记》卷六第 178 条。

46. 吴孙休永安四年,安吴民陈焦死七日,复穿冢出。干宝曰:"此与汉宣帝同事。乌程侯皓承废故之家,得位之祥也。"(《晋书·五行志》下、《宋书·五行志》五)

编者按:此条为《搜神记》卷六第 177 条。

47. 正元二年[①],司马文王反自乐嘉,杀嵇康[②]、吕安[③](《三国志·魏书·王粲传》注)。

注:①正元二年:公元 255 年。《三国志》注记嵇康被杀在"景元"中。干宝此记有误。②嵇康(224—263 年):字叔夜,谯郡铚(今安徽宿州西南)人。曹魏时为中散大夫。为"竹林七贤"之一。因不满司马氏专权,遭钟会构陷,为司马昭所杀。所著诗和音乐,皆有名于世,有《嵇中散集》。③吕安:与嵇康友善,亦对司马氏专权不满。据《魏氏春秋》载:"安兄巽淫安妻徐氏,而诬安不孝,囚之。安引康为证,康义不负心,保明其事。"因此,同时被杀。

48. 吕安,字仲悌,东平[①]人(《文选·赵景贞与嵇茂齐书》注)。

注:①东平:汉为国,今为县,属山东。

49. 初,吕安友嵇康,相思则命驾,千里从之(以上亦见《文选·陆厥奉答内兄希叔》注)。安常从康,或遇其行。康兄喜[①],位至方伯,拭席而待,弗之顾也。独坐车中,康母就设酒食,求康儿共语戏,良久则去。其轻贵如此(《世说》注七、《御览》四百九十八)。

注:①康兄喜:即嵇喜,字公穆,西晋时官至扬州刺史、宗正。他在《嵇康传》中说:"盖求之于宇宙之内,而发之乎千载之外者矣。故世人莫得而名焉。"1000 多年来,嵇康名垂青史,流芳百世;而他虽为"方伯"却无人知晓。不过,他对其弟"发之乎千载之外"的评论,可谓有"先见之明"矣。

50. 时,太祖逐安于远郡,在路(上依赵景贞《与嵇茂齐书》注引补),遗书与康"昔李叟[①]人秦,及关而叹"云云。太祖恶之,追收安下狱,康理之,俱死(《文选·思旧赋》注)。

注:①李叟:指李耳,又名聃,字伯阳,即老子。春秋楚国苦县(今河南鹿邑东)人。做过周朝守藏史。著《老子》。

51. 吕安兄巽,善于钟会。巽为相国掾,俱有宠于司马文王,故遂抵安罪(《三国志·魏书·嵇康传》注)。

编者按:此条汤球漏收,据补。

52. 康临刑,索琴弹之,曰:"《广陵散》[①]于今绝矣!"(《文选·思旧

赋》注)

注:①广陵散:又名《广陵止息》。全曲共五大部,四十五段,为篇幅最长的琴曲之一。后人推测此即《琴操》所记的《聂政刺韩王曲》。

53. 阮籍[①]宏逸旷远,居丧不帅常检(《文选·晋纪总论》注)。

注:①阮籍(210—263年):字嗣宗,陈留尉氏(今属河南)人。曾为步兵校尉,世称阮步兵。与嵇康齐名,为"竹林七贤"之一。对司马氏专权不满。蔑视礼教和礼俗之士。常以醉酒的办法保全自己。著有《咏怀》诗80余首,对当时黑暗现实多有讥刺。有《阮嗣宗集》。

54. 何曾常谓阮籍曰:"卿恣情任性,败俗之人也。今忠贤执政,综核名实,若卿之徒,何可长也!"复言之于太祖(《世说》注七)。

编者按:何曾说司马昭是"忠贤执政",实为可笑。《晋书》编入《何曾传》。

55. 何曾谓太祖曰:"阮籍如此,何以训世?"太祖曰:"度外人也,宜共容之。"(《文选·行状》注)

编者按:阮籍以醉酒,颠狂骗过司马昭,才得保全生命。

56. 阮籍居丧,饮啖不辍,故魏晋之间有被发夷傲之事,背死忘生之人,反谓行礼者,籍为之也(《世说》注七)。

57. 景元四年[①],大举伐蜀。太祖部分诸军,指授方略,使征西将军邓艾[②]自狄道[③]攻姜维[④]于沓中[⑤],使镇西将军钟会[⑥]自骆谷[⑦]袭汉中(《文选·晋纪总论》注)。

注:①景元四年:为公元263年。②邓艾(197—264年):字士载,义阳棘阳(今河南新野东北)人。初为司马懿掾属,迁尚书郎。后为魏镇西将军,与蜀将姜维相拒。景元二年(261年),迁征西将军。四年(263年),同钟会分兵灭蜀。后钟会诬他谋反,被杀。③狄道:旧县名。治今甘肃临洮。④姜维(202—264年):字伯约,天水冀(今甘肃甘谷东)人。本为魏将,后归蜀为征西将军。诸葛亮死后,继领其军。后任大将军,屡攻魏无功。魏军攻蜀,刘禅出降,他被迫降于钟会。咸熙元年(264年),钟会谋叛魏,他与联络,事败被杀。⑤沓(tà)中:古地区名。在今甘肃舟曲以西、岷县以南。⑥钟会(225—264年):字士季。颍川长社(今河南长葛东)人。官至司徒,为司马昭重要谋士。景元四年(263年),与邓艾分兵灭蜀。次年谋叛被杀。⑦骆(luò 洛)谷:在今陕西周至西南。谷长400余里,为关中与汉中间的交通要道。

58. 天子命太祖为晋公[①],九锡之礼[②](《文选·晋纪总论》注)。

注:①晋公:司马昭为晋公在景元四年(263 年)十月。②九锡之礼:古代帝王赐给有功或有权势的诸侯的九种物品,即一曰车马,二曰衣服,三曰乐则,四曰朱户,五曰纳陛,六曰虎贲,七曰弓矢,八曰铁钺,九曰秬鬯(chàng 唱)。后世权臣篡位之前,辄先赐九锡。

59. 论诸葛瞻

蜀诸葛瞻[①]与邓艾战,败,及其子尚[②]死之。干宝议曰:"瞻虽智不足以扶危,勇不足以拒敌,而能外不负国,内不改父之志,忠孝存焉。"(《三国志·蜀书·诸葛瞻传》注)

注:①诸葛瞻(227—263 年):字思远,诸葛亮子,蜀汉后主时,官至行都护卫将军平尚书事。炎兴元年(263 年),与魏将邓艾战于绵竹(今四川绵竹东南),兵败而死。②尚:即诸葛尚,瞻长子。闻父殁,亦赴魏军,战死。

60. 邓艾进军城北[①],蜀主刘禅[②]面缚舆榇[③],诣垒门[④](《文选·晋纪总论》注)。

注:①城北:这里指成都城。②刘禅(207—271 年):字公嗣,小字阿斗。刘备子。史称蜀汉后主。初由诸葛亮辅政,亮死,他信任宦官黄皓,朝廷腐败。炎兴元年,魏军迫成都,他出降。后被封安乐公。③面缚舆榇:面缚,两手反绑;舆榇,用车装着棺材。④垒门:军营门。

61. 姜维诣钟会降,会谓维曰:"来何迟也?"维正色流涕曰:"今日见此为速矣!"会甚奇之(《三国志·蜀书·姜维传》注)。

62. 景元五年正月,钟会谋反伏诛;卫瓘[①]袭邓艾,杀之。钟会、邓艾将伐蜀,与刘寔[②]别,客谓寔曰:"二将当破蜀不?"寔曰:"必破蜀,但皆不还。"客问其故,寔曰:"治道在于克让。"(《御览》四百二十四)

注:①卫瓘(220—291 年):字伯玉,河东安邑(今山西夏县北)人。魏末任廷尉卿,邓艾、钟会进军灭蜀,他为监军。钟会在蜀反叛,他纠集众将平定,并杀邓艾。晋武帝时,官至司空。惠帝初,进位太保,不久,为贾后所杀。②刘寔:字子真,高唐(今属山东)人。幼贫好学,博通古今。初为魏河南尹丞,累官太傅。为官清正谦让,著《崇让论》以讽时政。太安初归隐,怀帝时复任太尉。卒年 91 岁。

63. 论姜维

魏将士愤杀姜维。干宝议曰:"姜维为蜀相,国亡主辱弗之死,而死于钟会之乱,惜哉!非死之难,处死之难也。是以古之烈士,见危受命,投节如归,非不爱死也,固知命之不长,而惧不得其所也。"(《纲目》、《三国志·蜀书·姜维传》注)

64. 又进公爵为王[①]（《文选·晋纪总论》注）。

注：①进公爵为王：司马昭自称晋王在景元五年（264年）三月，七月改元为"咸熙"。

65. 遣徐绍[①]、孙彧[②]使吴，喻以平蜀。文帝贻吴主书曰："韬神光福德，久劳于外。"（《文选·齐敬皇后·哀策文》注）

注：①徐绍：原为吴将，后降魏为相国参军事。为出使吴国，兼散骑常侍、加奉车都尉，封都亭侯。至吴后被杀。②孙彧：孙权支属。原为吴将，后降魏为水曹掾。为出使吴国，兼给事黄门侍郎，赐爵关内侯。

66. 咸熙二年[①]，孙皓使纪陟[②]来聘，且献方物。纪陟、弘璆[③]奉使入魏，入境而问讳，入国而问俗。寿春将王布示之马射，既而问之曰："吴之君子亦能斯乎？"陟曰："此军人骑士肄业所及，士大夫君子未有为之者矣。"布大惭（以上亦见《书钞》）。既至，魏帝见之，使傧问曰："来时吴王何如？"陟对曰："来时皇帝临轩，百寮陪位，御膳无恙。"晋文王飨之，百寮毕会，使傧者告曰："某者安乐公也，某者匈奴单于也。"陟曰："西主失土，为君王所礼，位同三代，莫不感义。匈奴，边塞难羁之国，君王怀之，亲在坐席，此诚威恩远著。"又问："吴之戍备几何？"对曰："自西陵以至江都，五千七百里。"又问曰："道里甚远，难为坚固？"对曰："疆界虽远，而其险要必争之地，不过数四，犹人虽有八尺之躯靡不受患，其护风寒亦数处耳。"文王善之，厚为之礼（《三国志·吴书·三嗣主传》注）。

编者按：纪陟出使强国，时刻注意维护祖国的尊严，不辱使命。

注：①咸熙二年：公元265年。②纪陟：字子上，丹阳（今属江苏）人。曾为吴中书令，出为豫章太守。为出使魏国，加光禄大夫。至魏，遇司马昭卒，遣还。③弘璆（球）：曲阿（今江苏丹阳）人。孙权外甥。为出使魏国，兼五官中郎将。后至中书令、太子少傅。

67. 孙皓遣使，诏书赐班罽[①]五十张、绛罽二十张、紫青罽各十五张（《御览》八百十六）。

注：①罽（jì 计）：一种毛织品。

（四） 世祖武皇帝

编者按：世祖武皇帝即司马炎（236—290年），字安世，昭子。咸熙二年（265年）八月父卒，继其父为魏相国、晋王；十二月，代魏称帝，改

"咸熙二年"为"泰始元年"。咸宁六年(280 年)灭吴,统一全国。在位时,规定按官品高低占田,并准许依官品荫庇亲属和占有佃客、衣食客,不纳赋税。从而背叛了曹操所开创的、代表中小地主利益的、比较开明的政治制度,恢复并加强了东汉末年的门阀制度。又大封宗室,种下其后皇室内讧的根源。生活荒淫,卖官鬻爵,身死不久,全国就重新陷入分裂混战的局面。

泰始元年(公元 265 年)

68. 魏帝(知历数有在,使郑冲[①]奉策之初,以礼让何曾等,固请从之)诏曰:"惟三后陟配于天,而咸用光敷圣德。"(《文选》齐敬皇后《哀策文》注)。

编者按:司马氏篡权——路人皆知,还要以"礼"让别人,真是虚伪!

注:①郑冲:字文和,开封人。曹魏时,官至太保,封寿光侯。司马氏代魏,以他为奉策。西晋初,拜太傅,晋爵为公。

69. 十二月即位。以傅玄[①]、皇甫陶为谏官。傅玄上书曰:"昔魏氏虚无放诞之论盈于朝野,使天下无复清议,而亡秦之病复发于今。"(《文选·晋纪总论》注)

编者按:此条《晋书》编入《傅玄传》。

注:①傅玄(217—278 年):字休奕,北地泥阳(今山西耀县东南)人。曹魏时,官至散骑常侍;西晋初,官至太仆,封鹑觚子。著《傅子》。

70. 诏骑都尉谯周[①],闲居中道[②],不任危国[③]。蜀亡之际,劝刘禅归命,有忠君济民之谋。又耽习典艺,博物洽闻,朕甚嘉之,以为散骑常侍(《书钞》)。

注:①谯周:见《论异产》注。②中道:古代中原地区对西域交通的道路名,指今甘肃敦煌经罗布泊西行的道路。《三国志·谯周传》为"汉中"。③危国:此时正当晋代魏称帝的前夕,故称魏为"危国"。

71. 泰始[①]初,衣服上俭下丰,著衣者皆厌腰,此君衰弱,臣放纵,下掩上之象也。至元康[②]末,妇人出两裆,加乎交领之上,此内出外也。为车乘者苟贵轻细 ,又数变易其形,皆以白篾为纯,盖古丧车之遗象也。夫乘者,君子之器。盖君子立心无恒,事不崇实也。干宝以为晋之祸征也。及惠帝践阼[③],权制在于宠臣,下掩上之应也。至永嘉[④]末,六宫才人流冗没于戎狄[5]，内出外之应也。及天下挠乱，宰辅方伯[6]多负其任，又数改易，不崇实之应也(《晋书·五行志》上、《宋书·五行志》一)。

编者按:此条为《搜神记》卷七第180条。《晋书》和《宋书》内容相同，文字略有不同。此录自《晋书》。

注:①泰始:为晋武帝年号(265—274年)。②元康:为晋惠帝年号(291—299年)。③惠帝践阼(zuò 做):惠帝，见下节“编者按”;践阼，即位。④永嘉:为晋怀帝年号(307—313年)。⑤戎狄:古代中原对西北各族的泛称。⑥宰辅方伯:宰辅，宰相，辅政大臣;方伯，泛指地方掌权者。

72. 泰始后，中国[1]相尚用胡[2]床、貊[3]盘，及为羌[4]煮、貊炙。贵人富室，必置其器，吉享嘉会，皆此为先。太康中[5]，天下又以毡为絈头及络带、衿口。百姓相戏曰:“中国必为胡所破也。毡产于胡，而天下以为絈头、带身、衿口，胡既三制之矣，能无败乎?”干宝曰:“元康中，氐、羌反[6]，至于永嘉，刘渊[7]、石勒[8]遂有中都。自后四夷[9]迭据华土，是其应也。”(《宋书·五行志》一)

编者按:此条内容为《搜神记》卷七第190条。文字大为精简。又《晋书·五行志》收入此条，删掉“干宝”字样。

注:①中国:这里指京师所在之地。②胡:中国古代对西北各族的泛称。③貊(mò 陌):亦作“貉”，古代少数民族名。④羌:古代少数民族名。今四川茂汶羌族自治县是其后裔。⑤太康:晋武帝年号(280—289年)。⑥氐、羌反:氐，古代西北少数民族名。此指元康六年(296年)，郝度元败雍州刺史，秦、雍二州氐、羌悉反，推氐帅齐万年为帝。⑦刘渊(?—310年):字元海。匈奴族。世袭匈奴左部帅。西晋末年在离石(今属山西)起兵反晋，称大单于，后改称汉王。永嘉二年(308年)称汉帝，建都平阳(今山西临汾西南)。其后侄刘曜即位，改国号为赵，史称前赵。⑧石勒(274—333年):字世龙。羯族。上党武乡(今山西榆社北)人。幼为流民，20多岁被晋官吏掠卖至山东为奴隶，与汲桑等聚众起义。后投刘渊为大将。重用汉族谋士张宾，联合各方力量，发展成为割据势力。公元319年自称赵王，史称后赵。太和元年(328年)灭前赵，建都襄国(今河北邢台)。三年称帝，年号“建平”。⑨四夷:古代中原对四方各族的泛称。

泰始四年(公元268年)

73. 二月，上[1]幸芳林园[2]，与群臣晏，赋诗观志(《文选·晋武帝华林园集诗》注)。

注:①上:专指帝王。这里指晋武帝司马炎。②芳林园:《洛阳图经》曰:"华林园在城内东北隅。魏明帝起名芳林园,齐王芳改为华林。"

74. 以羊祜[①]为左仆射。武帝诏曰:"散骑常侍、中军将军羊祜兼德清劲,经纬文武,虽处腹心之任,不总枢机之重,非垂拱无为委任责成之意也,以祜为尚书左仆射、卫将军。"(《御览》二百十二)

注:①羊祜(221—278年):字叔子,泰山南城(今山东费县西南)人。魏末任相国从事中郎,参与司马氏代魏的机密。泰始五年(269年),以尚书左仆射都督荆州诸军事,出镇襄阳,做一举灭吴的准备。屡请出兵灭吴,未能实现。临终,举杜预自代。《搜神记》卷十五有羊祜转世再生的故事。

泰始五年(公元269年)

75. 以羊祜都督荆州[①],王濬[②]为祜参军。祜除濬巴郡[③]太守。王濬在巴郡,兵民苦役,生男多不举。濬乃严其杀子之防,而厚恤之,所育者数千人。于此能称兵矣。父母戒之曰:"王府君生尔,必勉之,无爱生。"(《御览》四百七十九)

注:①荆州:汉武帝所置十三刺史部之一。辖境地跨长江中游南北,治所屡有迁徙,西晋时治襄阳。②王濬(206—286年):字士治,弘农湖县(今河南灵宝西南)人。两任益州刺史。自泰始八年(272年)起,积极准备攻吴。咸宁五年(279年)受命进兵,次年直取吴都建业(今江苏南京),接受孙皓投降。官至抚军大将军。③巴郡:建安六年(201年)改永宁为巴郡,治今重庆。

泰始六年(公元270年)

76. 胡烈[①]击虏,力战死之。

注:①胡烈:字玄武,安定(今甘肃泾川北)人。西晋时累官秦州刺史。在与鲜卑帅树机能作战时,因无援兵,失败被杀。

泰始七年(公元271年)

77. 皇太子冠[①]。皇太子有醇古之风,美于信受。侍中和峤[②]数言于上曰:"季世多伪[③],而太子尚信,非四海之主。忧太子不了陛下家事[④],愿追思文武之阼。"上既重长适[⑤],又怀齐王[⑥]朋党之论弗入也。后上谓峤曰:"太子近入朝,吾谓差[⑦]进,卿可与荀侍中[⑧]共往言。"峤及顗奉诏俱至东宫[⑨]观察太子。顗还对上曰:"太子明识宏新(一作"太子德识进茂”),有如诏问。”而峤对曰:“圣质如初。”上默然(《世说》注三、《三国志·魏书·荀𫖮传》注)。

编者按:此条《三国志》所引较简,此录自《世说注》。《晋书》编入《和峤传》。

注:①皇太子冠:皇太子即晋惠帝司马衷,见下节“编者按”。冠,古礼男子二十而加冠之称。②和峤(?—292年):字长舆,汝南西平(今属河南)人。初为魏颍川太守,迁中书令,曾参与灭吴谋议。惠帝时,官太子少傅。加光禄大夫。杜预称他有“钱癖”。③季世多伪:季世,末世;衰微的时代。此指魏国末年。“多伪”多虚伪狡诈。④陛下家事:陛下,指晋武帝;家事,封建社会为家天下,“家事”也是国事。⑤长适:以长子为继承人。⑥齐王:即司马攸,字大猷,武帝司马炎同母弟。出嗣景帝司马师,袭封舞阳侯。司马炎称帝,封齐王。协助武帝,总统军事。抚宁内外,颇有众望。官至代司空兼侍中、太子太傅。武帝晚年,诸子并弱,朝臣属意于攸。中书监荀勖等恐其为嗣,于己不利,劝武帝赶他出朝。后以大司马、青州都督归国。攸不悦,忧愤而死。⑦差(chài):同瘥,病愈。⑧荀侍中:即荀𫖮,曾任侍中。侍中,为加官,无实职。侍从皇帝左右,出入皇宫。⑨东宫:太子所居之宫,也用指太子。

泰始八年(公元272年)

78. 以王濬为益州,诏大作舟舰。王濬治船于蜀,吴彦取其流柿[①]以呈孙皓[②],曰:“晋必有攻吴之计,宜增建平[③]兵。建平不下,终不敢渡江。”皓弗从(《三国志·吴书·三嗣主传》注)。

注:①流柿(fèi费):柿,削下的木片;流柿,顺江水流下的木片。②孙皓(242—283年):字元宗,权孙。三国吴代皇帝。专横残暴,奢侈荒淫。天纪四年(280年),晋军攻至建业,他投降称臣,封归命侯。③建平:郡名。三国吴置。治今重庆巫山。

79. 贾充飨[①]众官,庾纯[②]后至。充曰:“君行常居人前,今何以在后?”纯曰:“有小市井[③]事不了,是以后。”世俗以纯乃祖为伍伯[④]。又曰:“充之先为市魁[⑤],故以戏答。”(《文选·晋纪总论》注)

编者按:此条《晋书》编入《庾纯传》。

注:①飨(xiǎng响):用酒食款待人。②庾纯:字谋甫。初为郡主簿,累官河南尹,封关内侯。因与贾充口舌免官。后经朝议,复为国子祭酒,官至尚书。③市井:古代指做买卖的地方。④伍伯:古代衙门中供人驱使的役卒。⑤市魁:做买卖的商

人。

80. 荀勖始造《正德》、《大象》之舞[①]，以魏杜夔[②]所制律吕[③]，校大乐本音不和。后汉至魏，尺长于古四分有余。而夔据之，是以失韵。乃依《周礼·积粟》，以起度量，以度古器，符于本铭。遂以为式，用之郊庙（世说》注六）。

注：①《正德》、《大象》之舞：《正德》、《大象》为二舞名。按《晋书·乐志》，《大象》为《大豫》之误。②杜夔：字公良，河南（今河南洛阳）人。东汉末，以知音为雅乐郎。初避乱荆州，后归曹操，为军谋祭酒，参太乐事，因创制雅乐。魏初为太乐令、协律都尉。后因事免官卒。③律吕：音乐术语。古代音乐分十二律，奇数各律称"律"，偶数各律称"吕"，总称"六律"和"六吕"，简称"律吕"。

泰始十年（公元274年）

81. 杜预[①]作河桥[②]成，武帝幸桥晏，举觞劝预曰："非卿之功不能就。"预曰："自非陛下之圣明，则臣无所施其愚巧也。"（《类聚》）

编者按：此条《晋书》编入《杜预传》。

注：①杜预（222—284年）：字元凯，京兆杜陵（今陕西西安东南）人。西晋将领、学者。曾任大将军、荆州都督，以灭吴功，封当阳县侯。多谋略，时称"杜武库"。撰有《春秋左氏经传集解》，收入《十三经注疏》中。②河桥：河，即黄河。《晋书·杜预传》曰："预又以孟津渡险，有覆没之患，请建河桥于富平津。议者以为殷周所都，历圣贤而不作者，必不可立故也。预曰：'造舟为梁，则河桥之谓也。'"只因杜预的坚持，大桥才得建成。

82. 山涛[①]为吏部。山涛举阮咸[②]为吏部郎，三上弗能用之（《书钞》）。

注：①山涛（205—283年）：字巨源，河内怀县（今河南武陟西）人。好老庄学说，与嵇康、阮籍等交游，为"竹林七贤"之一。与司马氏有姻亲关系，晋初任吏部尚书、尚书右仆射等职。欲引嵇康任尚书吏部郎，康遂致书绝交。②阮咸：字仲容，与叔父籍同为"竹林七贤"之一。历任散骑侍郎。山涛举为吏部郎，武帝不用。后出补始平太守。

咸宁三年（公元277年）

83. 文淑[①]讨树机能[②]等，破之。文淑字次骞，小名鸯（文钦子。魏正始元年，钦奔吴。甘露二年，吴使钦救诸葛诞；三年，诞杀钦，鸯归魏），有武力筹策。杨休、胡烈为虏所害。武帝西忧,遣淑出征,所向摧靡,秦凉[3]遂平。名震天下,为东夷校尉。姿器膂力,万人之雄(《御览》二百七十五)。

注:①文淑(《三国志》作文俶):归魏后为将,赐爵关内侯。咸宁三年(277年)三月讨树机能,大破之。太康中,为东夷校尉、假节。在任时,入辞武帝,帝见而恶之,托以他事免官。东安公钟繇,为诸葛诞外孙,欲杀之。假杨骏案,诬其谋逆被杀。②树机能:河西鲜卑族,秃发氏。继其父为鲜卑族秃发帅。泰始中,杀秦州刺史胡烈,败凉州刺史苏愉,尽有凉州之地。咸宁元年(275年)降晋,旋又叛。三年(277年),为晋将文鸯所败。五年(279年),又拔凉州,同年十二月,为晋将马隆击杀。③秦、凉:秦即秦州,晋泰始五年(269年)分雍、凉、梁三州置,治今甘肃甘谷东。凉即凉州,治今甘肃武威。

咸宁四年(公元278年)

84. 六月,征南大将军羊祜来朝,上疏云:“以国家之盛强,临吴之危弊,军不逾时,克可必也。”上纳之而未宣(《文选·晋纪总论》注)。

85. 何曾卒,下礼官议谥。博士秦秀议曰:“曾资性骄奢,不修轨则,奕世以来,宰臣辅相,未受诟辱之声,被有司之劾,父子尘累而蒙恩贷。若曾者也(生极其情,死又无贬,王公贵人,复何畏哉?)谨案谥法,名与实爽,曰‘缪’;怙威肆行,曰‘丑’。曾应谥为‘缪丑’。”(《御览》五百六十二)

编者按:朝廷虽未采用秦秀之议,而干宝此记,已使何曾之“缪丑”垂于青史矣。《晋书》编入《何曾传》。

86. 司隶刘毅[1],初数劾曾,不问。刘毅为司隶校尉,皇太子朝,鼓吹入东掖门[2]。毅以为不敬,止之于门外,奏劾保傅[3]以下。诏赦之,然后入(《书钞》)。

注:①刘毅(?—285年):字仲雄,东莱掖(今山东掖县)人。西晋时官至司隶校尉、尚书左仆射。曾压抑世族豪强的势力,批评晋武帝卖官鬻爵的行为;主张废除九品中正制度。②掖(yè夜)门:宫殿正门旁边的边门。③保傅:太子太保和太子太傅的简称。

87. 刘毅为司隶校尉,常斋而疾,其妻出看之,表解斋(《御览》)。

88. 征处士朱冲[1]。南安朱冲,其邻人失犊,与冲犊相类,来取之,冲不与争。后得之于坚冰[2]之下,惭谢冲,冲不受(《御览》八百九十八)。

编者按:此条《晋书》编入《朱冲传》。

注:①处士朱冲:处士,即隐士。朱冲,字巨容,南安(今陕西渭水东岸)人。朝廷两次征为博士和太子右庶子,均避而不受。②坚冰:《晋书·郑冲传》为"林下"。

89. 丁固父览[①],以义让称(《文选·齐故安陆昭王碑文》注)。

注:①丁固父览:固字子贱,山阴(今浙江绍兴)人。仕吴,孙休时为左御史大夫;孙皓即位,迁司徒。其父览,字孝连,幼孤,推财从弟,以义让称。仕吴为功曹,守始平长。孙权贵待之,未及用病卒。

咸宁五年(公元279年)

90. 龙骧将军王濬上疏曰:"吴王荒淫,且观时运,宜征伐。"上将许之,贾充、荀勖等毕谏"以为不可"。张华[①]固劝之,杜预亦上疏。上先纳羊祜之谋,重以濬、预之决,乃发诏,诸方大举(《文选·晋纪总论》注)。

注:①张华(232—300年):字茂先,范阳方城(今河北固安南)人。西晋大臣、文学家。晋初任中书令、散骑常侍,排除异议,力劝武帝定灭吴之计。统一后,出为使节、幽州都督,加强了对东北地区的统治。惠帝时,历任侍中、中书监、司空。后被赵王伦和孙秀所杀。著《博物志》。《搜神记》卷十八有"张华擒狐魅"的故事。

91. 十一月,命安东将军王浑[①]向扬州,龙骧将军王濬,帅巴蜀之卒浮江而下(《文选·晋纪总论》注、《辨亡论》注)。

注:①王浑(223—297年):字玄冲,太原晋阳(今山西太原)人。西晋初,累官安东将军、都督扬州诸军事,镇寿春。咸宁五年(279年)率军攻吴,次年击败吴军后迟疑不敢渡江。及王濬成功,又愧恨不平,为人所讥。后升征东大将军,转司徒等职。

92. 傅咸[①]上书,以公私不足,由设官太多,诏议省员吏。傅咸为司徒长史,多所执正(《御览》二百九十)。

注:①傅咸(239—294年):字长虞,玄子。武帝时官至尚书左丞。多次上疏,主张裁并官府,唯农是务,谓"奢侈之费,甚于天灾"。惠帝时,任司隶校尉等职。

93. 天纪三年八月,建邺有鬼目菜于工黄狗家生,依缘枣树,长丈余,茎广四寸,厚二分。又有荬菜生工吴平家,高四尺,如枇杷形,上园,径一尺八寸,茎广五寸,两边生叶,绿色。东观案图,名鬼目作芝草,荬菜作平虑,遂以狗为侍芝郎,平为平虑郎。皆银印青绶。干宝曰:"明年平吴,王浚止船正得平渚,姓名显然,指事之征也。黄狗者,吴以土运承汉,故初有黄龙之瑞。及其季年,而有鬼目之妖托黄狗之家。黄称不改,而

贵贱大殊，天道精微之应也。”（《晋书·五行志》中、《宋书·五行志》三）

太康元年（公元280年）

94. 吴丞相、军师张悌[①]、护军孙震[②]、丹杨太守沈莹[③]帅众三万济江，围成阳都尉张乔于杨荷桥。乔众才七千，闭栅自守，举白接告降。吴副军诸葛靓[④]欲屠之，悌曰：“强敌在前，不宜先事其小，且杀降不祥。”靓曰：“此等以救兵未至而力少。故且伪降以缓我，非来服也。因其无战心尽坑之，可以成三军之气。若舍之而前，必为后患。”悌不从，抚之而进。与讨吴护军张翰、扬州刺史周浚[⑤]成阵相对。沈莹领丹杨锐卒刀盾五千，号曰青巾兵，前后屡陷坚阵，于是以驰淮南军，三冲不动。退引乱，薛胜、蒋班[⑥]因其乱而乘之，吴军以次土崩，将帅不能止。张乔又出其后，大败吴军于版桥，获悌、震、莹等（《三国志·吴书·三嗣主传》注）。

注：①张悌：字巨先，襄阳人。吴孙休时，为屯军校尉；孙皓时，先后为军师、丞相。在与晋军作战时，明知吴要亡，却以身殉国。②孙震：吴主同族邻子。初为吴无难督。后为护军。在与晋军作战时牺牲。③沈莹：为吴丹杨太守。在与晋军作战时被杀。④诸葛靓（jìng静）：字仲思，诞子。吴平后归晋。⑤周浚：字开林，汝南安成（今河南平舆）人。初仕魏为尚书郎，累迁扬州刺史，封射阳侯。随王浑攻吴。吴平，累迁安东将军、扬州都督。⑥蒋班：原为诸葛诞部将。诞反魏归吴，班返魏，后为晋将。

95. 吴人大惧，皓殿中亲近数百人叩头谓皓曰：“北军日近而兵不举刃，陛下将如之何？”皓曰：“何故？”对曰：“坐岑昏[①]！”皓独言：“若尔，当以奴谢百姓。”众因曰：“唯！”遂并起收昏。皓骆驿追上，已屠之也（《三国志·吴书·三嗣主传》注）。

注：①岑昏：吴大臣。纵孙皓为恶，为众击杀。

96. 四月，王濬鼓噪入石头城[①]。吴王孙皓将其子瑾等泥首面缚舆榇，降于浚（《文选·晋纪总论》注、《辨亡论》注、《后汉书·列传》注三）。

注：①石头城：即建业（今江苏南京），为吴都城。

97. 陆抗[①]之克步阐[②]，皓意张大，乃使尚广筮[③]并天下，遇《同人》之《颐》[④]，对曰：“吉。庚子岁，青盖当入洛阳。”故皓不修其政，而恒有窥上

国[⑤]之志。是岁也,实在庚子[⑥](《三国志·吴书·三嗣主传》注)。

注:①陆抗(226—274 年):字幼节,吴丞相逊子,孙权外孙。初为建武校尉,累官镇军大将军,都督信陵、西陵、夷道、乐乡、公安诸军事,治乐乡。凤凰元年(272年),西陵督步阐据城降晋。陆抗率军围城,禽斩步阐等。官至大司马,荆州牧。②步阐:骘少子。继业为西陵督,加昭武将军,封西亭侯。凤凰元年(272 年),召为绕帐督。阐累世在西陵,离开西陵,其势皆失,于是叛吴降晋,为陆抗所杀。③尚广筮:尚广,巫师;筮,算卦。④《同人》之《颐》:均为《易》卦名。⑤上国:指晋。中国自古以北为上。⑥庚子:公元 280 年为夏历庚子年。这年,晋灭吴,孙皓降,压送洛阳。

98. 孙秀[①]在朝,初闻皓降,群臣毕贺,秀称疾不与,南向流涕曰:"昔讨逆弱冠[②],以一校尉创业[③],今后主[④]举江南而弃之,宗庙山陵,于此为虚。悠悠苍天,此何人哉?"朝廷美之(《三国志·吴书·宗室传》注)。

注:①孙秀:吴孙匡孙,泰子。为吴皇室至亲。初为前将军、夏口督,因惧孙皓杀害降晋。晋以为骠骑将军、仪同三司,封会稽公。吴平,降为伏波将军。后为赵王伦信赖。赵王伦篡位,以他为谋主。官至侍中、中书监、骠骑将军、仪同三司。赵王伦失败,秀为乱兵所杀。②讨逆弱冠:指孙策。讨逆,曹操曾封策为"讨逆将军";弱冠,策初领兵只有 18 岁。③以一校尉创业:孙策初领兵仅为怀义校尉。④后主:指孙皓。

99. 武帝从容问薛莹[①]曰:"孙皓之所以亡者,何也?"莹对曰:"归命侯臣皓之君吴也,昵近小人,刑罚妄加,大臣大将,无所亲信,人人忧恐,各不自保。危亡之衅,实由于此。"帝遂问吴士存亡者之贤愚,莹各以状对(《三国志·吴书·薛莹传》注)。

注:①薛莹:字道言,沛郡竹邑(今安徽宿州符离集)人。初为吴秘府中书郎,迁散骑中常侍。孙皓初,为左执法,累官少傅。数贬数复,终光禄勋。入晋为散骑常侍。著《新议》。

100. 吴国既灭,江外忘亡(《史通·模拟》)。

101. 王浑愧久造江而王浚先之,乃表浚违诏,不受己节度。浚上书自陈曰:"恶直丑正[①],实繁有徒,欲构南箕[②],成此贝锦[③]。"(《文选·晋纪总论》注)

注:①恶直丑正:将鲠直说成罪恶;将丑陋说成正确。②南箕:《诗经·小雅·大东》:"维南有箕,不可以簸扬。"箕,星宿名,四星联成梯形,形似簸箕。因在北斗之南,故曰"南箕"。③贝锦:《诗·小雅·巷伯》:"萋兮斐兮,成是贝锦。"郑玄笺:"喻谗人集作己过以成于罪,犹女工之集采色以成锦文。"比喻诬陷人的谗言。

102. 武帝自咸宁三年至太康元年[1],木连理八生[2](《类聚》九十八)。

注:①咸宁三年至太康元年:为公元277—280年。②木连理八生:不同根的草木,其枝生在一起,为木连理,旧时看作吉祥的征兆,这里说明此时为太平盛世。

太康二年(公元281年)

103. 鲜卑寇昌黎[1],御史大夫郭钦上书曰:"戎狄强犷,历古为患。今西北郡皆与戎居,若百年之后,有风尘之警,胡骑自平阳[2]、上党[3],不三日至盟津[4]。及平吴之盛,出北地[5]、西河[6]、安定[7],复上郡[8],置冯翊[9]、平阳。"帝弗听(《文选·晋纪总论》注)。

注:①鲜卑寇昌黎:鲜卑,古族名。东胡族的一支。秦汉时,先后附属于匈奴和汉魏。两晋南北朝时,有慕容、秃发、拓拔等部,先后在华北和西北建立政权。昌黎,郡名。治今辽宁义县。此指太康二年(281年),鲜卑慕容涉部侵昌黎郡。②平阳:郡名。治今山西临汾西南。永嘉二年(308年),刘渊反晋,后称汉帝都此。③上党:郡名。西晋时治今山西长治北。④盟津:古黄河津渡名。在今河南孟津东北、孟州西南。⑤北地:郡名。西晋时治今陕西耀县境。⑥西河:郡名。治今山西汾阳。⑦安定:郡名。治今甘肃镇原东南。⑧上郡:郡名。治今榆林东南。⑨冯翊:郡名。治今陕西大荔。

太康三年(公元282年)

104. 正月朔,亲祀南郊,礼毕。上顾谓刘毅曰:"朕方汉何主?"对曰:"桓、灵。"帝曰:"吾虽不及古贤,犹克己为治,方之桓[1]、灵[2],不亦甚乎?"对曰:"桓、灵卖官,钱入于官,陛下卖官,钱入私门,以此言,殆不若也。"(《文选·晋纪总论》注)

编者按:此条揭露了晋武帝卖官鬻爵的丑恶行径,显示了干宝秉笔直书的史学家气概。《晋书》编入《刘毅传》。

注:①桓:为汉桓帝,即刘志。东汉皇帝。146—167年在位。初由梁太后临朝,外戚梁冀掌握朝政。后和宦官单超等合谋诛杀梁冀,朝政又转到宦官手里。太学生起而反对,他又进行残酷地镇压。②灵:为汉灵帝,即刘宏,刘志子。刘志死后,由他即位。168—189年在位。继续由宦官专权,并镇压太学生运动。统治期间,公开标价卖官。支持世家豪族,拉大贫富差距。致使阶级矛盾激化,终于爆发了黄巾大起义。

105. 四月，太尉鲁公贾充薨。初，充用韩谧[①]为贾氏嗣，上特许之。及议谥，博士秦秀曰："充位冠群后，惟民之望而悖礼，弱情以乱大伦（昔鄫外孙莒公子为后，《春秋》书：莒人灭鄫，绝父祖之血食，开朝廷之乱原）。案谥法，昏乱纪度曰荒，充宜谥曰'荒'"。上弗从，赐谥曰"武"（《御览》五百六十二）。

注：①韩谧（mì 密）：字长深，贾充女午子，过继给贾充，故又叫贾谧。官至侍中。与母同时为赵王伦所杀。

106. 武帝太康中，有鲤鱼二见武库屋上。干宝以为"武库，兵府，鱼有鳞甲，亦兵类也（以上亦见《玉海》一百八十三）。鱼既极阴，屋上太阳，鱼见屋上，象至阴以兵革之祸干太阳也。至惠帝初，诛杨骏[①]，废太后[②]，矢交馆阁。元康末，贾后[③]谤杀太子[④]，寻亦诛废。十年之间，母后之难再兴，是其应也。自是祸乱构矣。"京房《易传》曰："鱼去水，飞入道路，兵且作。"（《晋书·五行志》下、《宋书·五行志》四）

编者按：此条为《搜神记》卷七第186条。

注：①杨骏（？—291年）：字文长，弘农华阴（今属陕西）人。因其女为晋武帝皇后，任车骑将军，封临晋侯。惠帝初，为太傅、大都督，总揽朝政，遍树亲党。为贾后（南风）所杀。②太后：即杨芷，字秀兰。骏女。初为晋武帝妃，咸宁二年（276年）立为皇后。惠帝即位，尊为皇太后。父被杀后，贾后废她为庶人，旋又被逼而死。③贾后：即贾南风，充女。惠帝即位，为皇后。她与妹午和宦官董猛相勾结，先后杀杨骏、杨太后、汝南王亮、太保卫瓘、楚王玮等，并废杀太子。后为赵王伦所杀。④太子：即愍怀太子遹（yù 域），字熙祖，惠帝长子，母谢才人。初封广陵王。惠帝即位，被立为太子。为贾南风废杀。

107. 张华免[①]，为冯恢弟紞[②]所构。处士冯恢，志行过人，以为散骑侍郎。张华曰："臣请观之：若不见臣，上也；见而有傲世之容，次也；敬而为宾主者，固俗士也。"及华至，恢待之恭。于是，时人少之[③]（《御览》二百二十四）。

编者按：张华对冯恢的考察是有道理的，说明冯恢并非真正的处士（隐士），而是以"隐"作为当官的阶梯。唐代的所谓"终南捷径"，并非从唐代才有，西晋时的冯恢，可能是唐代走"终南捷径"人的祖师爷。《晋书》编入《张华传》。

注：①张华免：张华因这次考察得罪冯氏兄弟，又因冯紞在武帝前的诋毁，张华曾被免官。②冯紞：字少胄，安平（今山东益都西北）人。与贾充、荀勖亲善，得幸于

武帝。官终散骑常侍。③少之：少有这样的“处士”。

太康六年（公元285年）

108. 晋武帝太康六年，南阳送两足虎，此毛虫之孽也。识者为其文曰：“武形有亏，金虎失仪，圣主应天，斯异何为。”言非乱也。京房《易传》曰：“足少者，下不胜任也。”干宝曰：“虎者阴精，而居于阳。金兽也。南阳，火名也。金精入火，而失其形，王室乱之妖也。六，水数，言水数既极，火匿得作，而金受其败也。至元康九年，始杀太子，距此十四年。二七十四，火始终相乘之数也。自帝受命，至愍怀之废，凡三十五年。”（《宋书·五行志》二、《晋书·五行志》中）

编者按：此条录自《宋书》。《晋书》收入此条，因唐高宗李渊祖名虎，唐初避虎字，而将“虎”字皆改作“兽”字。又此条，内容为《搜神记》卷七第184条，文字缩简，内容却有增加。

太康七年（公元286年）

109. 始制大臣听终丧三年[①]。大鸿胪郑默有母丧，既葬，有司依常使还摄职，默固陈执久，乃许之。于是定令，听大臣得终丧焉（《御览》五百四十五）。

注：①终丧三年：儒学规定：父母丧要守孝三年。

太康八年（公元287年）

110. 太康后，天下为家者，移妇人于东方，空莱北庭，以为园囿。干宝曰：“夫王朝南向，正阳也；后北宫，位太阴也；世子居东宫，位少阳也。今居内于东，是与外俱南面也。亢阳无阴，妇人失位而干少阳之象也。贾后谗戮愍怀，俄而祸败亦及。”（《宋书·五行志》一）

111. 尚书郭启出赴妹葬，疾病不辞，左丞傅咸纠之，尚书弗过（《文选·晋纪总论》注）。

112. 立孙遹（yù 玉）为广陵王，高选僚佐，以刘寔为傅。时礼让未兴，贤者壅滞，少府刘寔因著《崇让论》曰：“季世不能让贤，虚谢见用之恩，莫肯让于胜已”云云（《文选·晋纪总论》注、《御览》四百二十四）。

113. 时又封宗室数。刘颂[①]上疏云云。刘颂在朝忠正，才经正事。

武帝重之，访以治道，悉心陈奏，多所施行（《文选·晋纪总论》注）。

注：①刘颂：字子雅，广陵（今江苏扬州）人。武帝时任尚书三公郎，主管司法。惠帝时升任吏部尚书、廷尉。主张法治，各级官吏必须严格遵守法律。

太康十年（公元289年）

114. 诏（刘）渊领北部都尉（《文选·晋纪总论》注）。

太熙元年（公元290年）

115. 太庙梁折（《占经》）。

编者按：《帝纪》作太康十年十二月。

116. 四月，世祖崩（《占经》一百十四）。

117. 五月，葬我武皇帝（《史通·模拟》）。

编者按：刘知几《史通·模拟》曰："干宝撰《晋纪》，至天子之葬，必云'葬我某皇帝'。"

118. 论晋武帝革命

史臣曰：帝王之兴，必俟[①]天命，苟有代谢[②]，非人事也。文质[③]异时，兴建不同，故古之有天下者，柏皇[④]栗陆[⑤]以前，为而不有，应而不求，执大象[⑥]也。鸿黄世及[⑦]，以一民也。尧舜内禅[⑧]，体文德也。汉魏外禅[⑨]，顺大名也。汤武[⑩]革命，应天人[⑪]也。高光[⑫]争伐，定功业也。各因其运而天下随时，随时之义大矣哉！古者敬其事则命以始，今帝王受命而用其终。岂人事乎？其天意乎？（《文选》卷四十九、《初学记》九）

注：①俟：等待。②代谢：此指改朝换代。③文质：文，文德；质，武略。④柏皇：又作伯皇。传说古帝名，盖远古氏族领袖。⑤栗陆：传说古帝名，在女娲氏之后，盖远古氏族领袖。⑥大象：大道的法象。⑦鸿黄世及：黄帝号帝鸿。世及：父死子继，世代相传。按黄帝时并无继承权，此儒生以今度古之附会。⑧尧舜内禅：尧：陶唐氏，名放勋，父系氏族社会后期的部落联盟首领。都于唐（今山西临汾），史称唐尧。舜：有虞氏，名重华，继尧为部落联盟首领。内禅：内部禅让。⑨外禅：汉魏不同姓，但魏代汉以禅让为名，故称外禅。⑩汤武：汤，成汤，商王朝的建立者；武，周武王，周王朝的建立者。⑪应天人：《易·革》曰："汤武革命，顺乎天而应乎人。"⑫高光：汉高祖刘邦和汉光武帝刘秀。

（五）孝惠皇帝

编者按：孝惠皇帝即司马衷（258—306 年），字正度，炎次子。泰始三年（267 年）立为皇太子。永熙元年（290 年）即位。性愚弱。闻蛤蟆鸣叫，问左右："此鸣者，为官乎？为私乎？"天下饥荒，闻之曰："何不食肉糜？"在位时，皇后贾氏专权淫虐造成"八王之乱"。被东海王越毒死。谥曰孝惠皇帝。

永熙元年（公元 290 年）

编者按：四月即位，改元熙为永熙。

119. 杨骏为太傅，百官总已以听于骏（《文选·西征赋》注）。

120. 永熙初，卫瓘家人炊饭，坠地尽化为螺，出足起行。螺，龟类，近龟孽也。干宝曰："螺被甲，兵象也。于《周易》为《离》，《离》为戈兵。"明年，瓘诛（《宋书·五行志》一）。

永平元年（公元 291 年）

121. 诛太傅杨骏，迁太后杨氏于永宁宫（《文选·晋纪总论》注）。

元康元年（公元 291 年）

编者按：永平元年三月，既诛杨骏改元。

122. 策废（杨氏）为庶人，居于金墉城[①]（《文选·晋纪总论》注）。

注：①金墉城：古城名。三国魏明帝时筑，为当时洛阳城西北角（因洛阳城西迁，位于现洛阳城东）一小城。魏晋时被废的帝后，都安置于此。今名故址为阿斗城。

123. 庶人杨氏幽于金墉城。陈留董仲道游于太学[①]，喟然而叹曰："建斯室也，何为者乎？每见国家赦书，谋反大逆皆除，其杀祖父母、父母者不除，以为道法所不容也。何今日公卿处议文饰典礼以至此事乎？天理之既灭，大乱将作矣。"顾谓谢鲲[②]、阮千里[③]等曰："《易》称知几其神，卿等各可深逃，乃自荷担，妻子推车，以入蜀山，莫知所在。"（《御览》六百五十二）

编者按:董仲道:生平未详。他说国家对造反者格杀勿论,而对不孝子孙却不予惩治。按当时的思想,孝为忠之本,因此,他认为国家很快就会大乱。事实证明,他的预见是正确的。

注:①太学:中国古代的大学。西周已有太学之名。汉代太学生达数万人。魏晋以后或设太学,或设国子学(国子监),或同时设立,均为国家的最高学府。②谢鲲:字幼舆,陈国阳夏(今河南太康)人。西晋时曾任参军、大将军长史、豫章太守等职。为人豁达大度,能歌善鼓琴。《搜神记》卷十八有"谢鲲获鹿怪"的故事。③阮千里:名瞻字千里,咸子,籍侄孙。初为东海王越记室参军,后为太子舍人。善弹琴,好自然。《搜神记》卷十六有其"无鬼论"的故事。

124. 征汝南王亮[①]等辅政。亮专权,御史中丞傅咸谏,亮不从。咸再为郡中正。咸为豫州中正,诠评之职(《书钞》)。

注:①汝南王亮:见《后养议》注。

125.(傅)咸在位,执正,秉一州议(《书钞》)。

126. 六月,贾后杀太宰亮、太保瓘及楚王玮。太子太傅孟观[①]知中宫旨,因谮[②]二公欲行废立之事。楚王玮[③]杀太宰汝南王亮、太保卫瓘。张华以二公既亡,楚必专权,使董猛言于后,遣谒者李云[④]宣诏免玮付廷尉。玮以矫诏[⑤]伏诛(《文选·晋纪总论》注)。

注:①孟观:字叔时,渤海东光(今属河北)人。初为殿中中郎,迁黄门侍郎、积弩将军,后率兵破氐帅齐万年,转右将军。赵王伦拜安南将军。随赵王伦篡权,伦败被杀。②谮(zèn):进谗言;说人的坏话。③楚王玮:即司马玮,字彦度,炎第五子。初封始平王,后徙楚王。累官卫将军、领北军中侯、加侍中,行太子太傅。贾后、张华用计让其先杀汝南王亮和太保卫瓘,然后诬他乱杀朝臣而杀之。④谒者李云:谒者,官名,为国君掌管传达;李云,生平未详。⑤矫诏:诈传圣旨。

127. 司隶校尉傅咸上书曰:"臣以货赂[①]流行,所宜深绝。"(《文选·晋纪总论》注)

注:①货赂:用货物行贿赂。

元康四年(公元294年)

128. 傅咸卒。傅咸兼司隶校尉时,朝廷宽宏,豪右放恣,郡县从容,寇贼充斥,交相请托,朝野溷浊。咸于是数日之间三奏,免送官,奏案蹇谔[①],终无曲挠,有司肃然(《书钞》)。

注:①蹇(jiān 简)谔:正直敢言貌。

129. 元康中，妇人之饰有五兵佩，又以金、银、瑇瑁之属为斧、钺、戈、戟，以当笄。干宝曰："男女之别，国之大节，故服物异等，贽币不同。今妇人而以兵器为饰，又妖之大也。遂有贾后之事，终以兵亡天下。"（《宋书·五行志》一、《晋书·五行志》上）

编者按：此条为《搜神记》卷七第193条。

130. 元康中，妇人结发者，既成，以缯急束其环，名曰擷子紒，始自中宫，天下化之。其后贾后果害太子（《宋书·五行志》一、《晋书·五行志》上）。

编者按：此条为《搜神记》卷七第188条。又《晋书》将以上两条合为一条，此从《宋书》。

元康五年（公元295年）

131. 三月，吕县[①]有流血，东西百余步。此赤祥也。元康末，穷凶极乱，僵尸流血之应也。干宝以为后八载而封云[②]乱徐州，杀伤数万人。是其应也（《宋书·五行志》三、《晋书·五行志》中）。

编者按：此条为《搜神记》卷七第198条。

注：①吕县：治今江苏铜山北。②封云：临淮（今江苏盱眙）人。太安二年（303年）秋，张昌率农民起义，封云举兵应之，自皋陵攻徐州。旋被其司马张统所杀。

元康六年（公元296年）

132. 夏，匈奴郝度元与马兰羌[①]等俱反，征赵王伦[②]还，以梁王肜[③]为征西大将军，西讨氐、羌（《文选·关中诗》注）。

注：①马兰羌：马兰，山名。在今陕西白水北。部分羌族居住此山，故称"马兰羌"。②赵王伦：即司马伦，字子彝，懿第九子。曹魏时，封东安子。入晋封琅玡郡王。后改封赵王。累官征西将军，镇关中。元康六年（296年），被征入京，掌朝政。永康元年（300年），用孙秀计，杀贾后、张华等专权朝政。次年废惠帝，自称皇帝。成都王颖等起兵讨伐，被杀。③梁王肜（róng 绒）：即司马肜，字子徽，懿子。曹魏时，封开平子。入晋封梁王。曾任安东将军，继赵王伦为征西将军。赵王伦专权，为太宰、守尚书令。伦灭，领司徒。

133. 八月，氐、羌齐万年[①]反。十一月，遣周处[②]等讨之。梁王肜为大都督，督关中诸军，屯好畤[③]（《文选·关中诗》注）。

注：①齐万年：氐族。元康六年（296年）帅氐族和羌族反晋，并称帝号。九年（299年）正月，为晋将孟观捕杀。②周处：字子隐，义兴阳羡人。初仕吴为无难督。入晋迁新平太守，累官御史中丞。在西征氐帅齐万年时，因梁王不派援军，力战而死。③好畤（zhì至）：古县名。治今陕西乾县东。

元康八年（公元298年）

134. 十一月，高原陵火。是时贾后凶恣，贾谧擅朝，恶积罪稔[①]，宜见诛绝。天戒若曰：臣妾之不可者，虽亲贵莫比，犹宜忍而诛之，如吾燔高原陵也。帝既眊[②]弱，而张华又不纳裴頠[③]、刘卞[④]之谋，故后遂与谧诬杀太子也。干宝云："高原陵火，太子废，其应也。汉武帝世，高园便殿火，董仲舒[⑤]对与此占同。"（《宋书·五行志》三、《晋书·五行志》上）

注：①稔（rěn忍）：庄稼成熟。引申为事物酝酿成熟。②眊（mào冒）：不明。③裴頠（wěi伟）：字逸民，河东闻喜（今属山西）人。西晋时官至尚书左仆射，为赵王伦S所杀，哲学上反对"贵无"学说，著有《崇有论》。④刘卞：见《后养议》注。⑤董仲舒（前179—前104年）：广川（今河北枣强）人。曾任博士、江都相和胶西王相。汉武帝举贤良文学之士。向汉武帝上"天人之策"，其"罢黜百家，独尊儒术"的思想被纳为国策。开此后两千余年封建社会以儒学为正统的先声。其学以儒学宗法思想为中心，杂以阴阳五行说，把神权、君权、父权、夫权贯穿在一起，形成封建神学体系。体系的中心是所谓"天人感应"说。还提出"三纲五常"的封建伦理，宣扬"黑、白、赤三统"循环的历史观。著《春秋繁露》等。

元康九年（公元299年）

135. 十二月，废太子遹为庶人。阎缵[①]舆棺[②]上书理冤。阎缵为人鲠直，不畏强御，初仕为太傅杨骏舍人（《御览》二百四十九）。

注：①阎缵：字续伯，巴西安汉（今四川南充）人。初为杨骏舍人，转安复令。杨骏被杀，他弃官归，以家财埋葬杨骏。后为河间王西戎校尉司马，因功封平乐乡侯。愍怀太子被废，他上书理冤。后为汉中太守。卒于任。②舆棺：用车装着棺材，表示准备死。

永康元年（公元300年）

136. 三月，杀太子遹。贾庶人未害愍怀太子时（二月丁酉，大风飞沙拔木），有谣曰："南风烈烈吹白沙，千岁髑髅[①]生齿牙。""南风"，庶人名;愍怀小名“沙门”(《御览》三百六十八)。

注:①千岁髑髅:千岁,封建社会皇帝称万岁,太子称千岁;髑髅(dú lóu 独楼),死人的骨头。

137. 初,贾后造首紒,以缯缚其髻,天下化之。名颉子,紒也。紒,户计反(《御览》三百七十三)。

编者按:此条为《搜神记》卷七第188条。

138. 四月,赵王伦废贾氏为庶人,杀之。贾庶人赐死。初,武帝为太子取后,在宫不恭逊而甚妒忌,有孕者辄杀之,或以手戟挺之,子随刃坠(《文选·晋纪总论》注)。

139. 收赵灿、贾午,考竟,韩寿[①]妻贾午,实始助乱(《文选·晋纪总论》注)。

注:①韩寿:字德真,南阳堵阳(今河南方城)人。初与贾午私通,贾充遂以女妻之。官至散骑常侍、河南尹。

140. 八月,赵王伦杀潘岳[①]、石崇[②]。石崇有妓人曰绿珠,美如玉,善舞而工笛。孙秀乃使人求焉。崇别馆北邙下,方登凉观临清水,妇人侍侧,使者以告崇。崇出其婢妾数十人以示之,皆蕴兰麝而被罗縠(hú 斛),曰:“任所择。”使者曰:“君侯服御丽则丽矣,然本受命者指索绿珠也,未识孰是?”崇勃然曰:“绿珠,吾所爱重,不可得也。”使者曰:“君侯博古知今,察远照迩,愿加三思。”崇曰:“不然。”使者已出,又反,崇竟不许(以上亦见《世说》注八)。使者还,以告。故秀劝赵王伦杀之(《类聚》十八、《御览》三百八十)。

注:①潘岳(247—300年):字安仁,荥阳中牟(今属河南)人。曾任河阳令、著作郎、给事黄门侍郎等职。依附于贾谧,后为赵王伦及孙秀所杀。所著《悼亡诗》较为有名。②石崇(249—300年):字季伦,渤海南皮(今河北南皮东北)人。初为修武令。累迁至侍中。永熙元年(290年),出为荆州刺史,以劫掠商贾暴富。曾与王恺斗富。八王之乱,为赵王伦及孙秀所杀。

永宁元年(公元301年)

141. 赵王伦篡位,有鹑入太极殿,有雉集于东堂(《御览》九百二十四)。

编者按:《宋书》、《晋书》之《五行志》均有此内容,较此为详。但均无“干宝”字样。现将《宋书·五行志》所载录此,供参考:“赵王伦篡位,

有鹑入太极殿，雉集东堂。按太极、东堂，皆朝享听政之所，而鹑、雉同日集之者。天意若曰：不当居此之位也。《诗》云：'鹊之强强，鹑之奔奔。人之无良，我以为君。'其此之谓乎。昔殷宗感雉雊，惧而修德，伦睹二物，曾不知戒，故至灭亡也。"

142. 四月，（惠帝）乘舆反正。诛赵王伦、义阳王威[①]。威附赵王伦，伦篡位，使威夺玉玺。上执威，强争，毁上指。及乘舆反正，诏诛威曰："夺吾玺者，正此人也。"（《书钞》）

注：①义阳王威：即司马威，字景曜，懿弟重孙。元康末为散骑常侍。依附赵王伦。伦将篡，使威夺惠帝玺绶。伦以威为中书令。惠帝复位被杀。

143. 元康末至太安间，江淮之域有败编[①]，自聚于道，多者或至四五十量[②]。干宝尝使人散而去之，或投林草，或投坑谷。明日视之，悉复如故。民或云，见狸衔而聚之，亦未察也。宝说曰："夫编者，人之贱服，最处于下，而当劳辱，下民之象也。败者，疲毙之象也。道者，地理四方，所以交通王命所由往来也。故今败编聚于道者，象下民罢病，将相聚为乱，以绝四方而壅王命之象也。在位者莫察。太安中，发壬午兵[③]，百姓嗟怨。江夏男子张昌[④]遂首乱荆楚，从之者如流。于是兵革岁起，天下因之，遂大破坏，此近服妖也。"（《宋书·五行志》一、《晋书·五行志》上）

编者按：此条录自《宋书·五行志》，《晋书·五行志》"败编"作"败屩"，余同。又《北堂书钞》一三六、《开元占经》一一四、《太平御览》六九八引作《搜神记》。此条内容是《搜神记》卷七第205条。

注：①败编：破烂草鞋。②量：双。③发壬午兵：指《壬午诏书》调武勇去益州，称"壬午兵"。④张昌：义阳（今河南新野南）人。少为平氏县（今河南桐柏西）人。太安二年（303年）五月，改名李辰，率巴蜀农民起义，活动于长江中下游地区，屡挫官军。翌年七月，失败被杀。

太安元年（公元302年）

144. 四月癸酉，有人自云龙门入殿前，北面再拜曰："我当作中书监。"即收斩之。干宝曰："夫禁庭，尊秘之处，今贱人径入，而门卫不觉者，宫室将虚，而下人逾之之妖也。是后帝北迁邺，又西迁长安，盗贼蹈藉宫阙，遂亡天下。"（《宋书·五行志》五、《晋书·五行志》上）

编者按：此条与《搜神记》卷七第203条基本相同。

145. 丹阳湖熟县夏架湖有大石，浮二百步而登岸。民惊噪相告曰："石来！"干宝曰："寻有石冰[①]入建业。"（《宋书·五行志》二、《晋书·五行志》中）

编者按：此条为《搜神记》卷七第202条。

注：①石冰：张昌率农民起义，石冰为别将，率义军东入建邺。同年底失败，北依封云，被封云部将张统所杀。

146. 初，洛中名服有白石绮，识者尤之曰："石非缯采之称。"（《御览》八百十六）

太安二年（公元303年）

147. 蜀贼李流[①]攻益州，发武勇以西赴益州。兵不乐西征，李辰[②]因之诳曜百姓，以山都民丘沈为主。石冰应之。石冰略扬州，扬州刺史苏峻[③]降（《文选·晋纪总论》注）。

注：①李流：字玄通，巴西宕渠（今四川渠县东北）人。羌族。初为西晋东羌都，迁奋威将军，封武阳侯。兄特反于蜀，为镇东将军。特被杀后，自称大将军、大都督，益州牧。卒前立侄雄（特子）为成都王。②李辰：即张昌。③苏峻：字子高，长广掖（今属山东）人。永嘉之乱，纠合流民起家。元帝任为安集将军，累官临淮内史。破王敦有功，进寇军将军、历阳内史。咸和二年（327年）叛晋，翌年入建康，自为骠骑将军、录尚书事。温峤等会讨，逆战而死。这里所记苏峻有误：一是苏峻此时尚未起家；二是苏峻未任过扬州刺史。或苏峻另有其人，也未可知。

148. 成都王颖[①]遣陆机[②]等来逼京师。十月，破机于建春门。颖杀机。初，陆抗诛步阐，百口皆尽。有识者尤之。及机、云[③]见害，三族无遗（《世说》注八）。

编者按：陆机之父陆抗杀步阐，"百口皆尽"；成都王颖杀陆机、陆云，"三族无遗"。按当时的思想，这都是"报应"。

注：①成都王颖：即司马颖，字章度，炎第十六子。太康末封。赵王伦篡权，他以镇北将军讨伦。伦被杀，官至宰相、皇太弟。旋被废，为长史刘舆所杀。②陆机（261—303年）：字士衡，吴郡吴县华亭（今上海松江）人。祖逊，父抗，皆三国吴名将。少时仕吴，为牙门将。吴亡，家居勤学。太康末，与弟云至洛阳，文才倾动一时，时称"二陆"。曾官平原内史。及成都王颖讨长沙王乂，以机为先锋。兵败，为颖所杀。③云：即陆云（262—303年），字士龙，机弟。曾官清河内史等职。与兄机同时被杀。

永兴元年(公元304年)

149. 三月,颙[①]请立颖为皇太弟。河间王颙表曰:"成都王颖,明德茂亲,功高勋重。"(《文选·与陈伯之书》注)

注:①颙(yōng庸):即司马颙,字文载,懿侄孙。咸宁三年(277年)封河间王。赵王伦被诛,进位侍中、太尉;及长沙王死,又为太宰、大都督、雍州牧。废皇太子覃,立成都王颖为皇太弟。遂废,又以豫章王炽为皇太弟。永嘉初,为南阳王模所杀。

150. 以太尉颙为太宰,辅政,置行参军不限数,掌使命也(《书钞》)。

151. 以刘寔为太尉。刘寔为太尉,告老,诏以侯就弟,居三司之上,国之大政将诏于宅室也(《书钞》)。

152. 苗愿杀司隶校尉满奋[①](《文选·奏弹王源》注)。

注:①满奋:字武秋,昌邑(今山东巨野东南)人。西晋时官至尚书令、司隶校尉。永兴初(304年),与河南尹周馥、游击将军王瑚共谋杀上官巳,反为所杀。

153. 刘渊自称大单于。刘渊迁离石,遂谋乱。渊在西河、离石,攻破诸郡县(《文选·晋纪总论》注)。

154. 刘渊迁左国城[①],自称王(《文选·晋纪总论》注)。

注:①左国城:古城名。故址在今山西离石东北。

155. 十二月,废太弟颖,诏豫章王炽[①]为皇太弟(《文选·晋纪总论》注)。

注:①豫章王炽:见第六节"编者按"。

156. 以刘弘[①]领荆州。刘弘《教》曰:"太康以来,天下共尚无为,贵谈庄老,少有说事。"(《文选·晋纪总论》注)

注:①刘弘:字和季,沛国相(今河南内黄)人,少居洛阳,与晋武帝为少年朋友。起家太子门大夫,累迁宁朔将军、监幽州诸军事,封宣城公。太安中为荆州刺史,后代镇南将军、都督荆州诸军。累官镇南大将军,卒于任。

157. 言君上之议虚谈[①]也(《文选·晋纪总论》注)。

注:①君上之议虚谈:将皇上的话当做虚谈。

永兴二年(公元305年)

158. 七月,越严兵徐方,将迎大驾。东海王越[①]治兵,召下邳县孙惠[②]为记室,专掌文疏,预参谋画(《书钞》)。

注:①东海王越:见《驳招魂议》注。②孙惠:字德施,三国吴孙氏后裔。永宁初,赴齐王冏讨赵王伦,以功封晋兴县侯。因冏骄,离去。成都王颖以为大将军参军、领奋威将军、白沙督。因颖杀陆机兄弟,惠杀颖牙门将后遁去。东海王越举兵,惠改姓名为秦祕之以应。官至安丰内史,封临湘县公。东晋初,隐居南方卒。

光熙元年(公元306年)

159. 十一月,皇帝崩,太弟即位(《文选·晋纪总论》注)。

160. 十二月,葬我孝惠皇帝(《史通·模拟》)。

161. 时鲁褒,字元道,南阳人,作《钱神论》[1](《文选·晋纪总论》注)。

注:①《钱神论》:载《晋书·鲁褒传》。文中对当世贪鄙好财之风进行了充分揭露和辛辣讽刺。

(六)孝怀皇帝

编者按:孝怀皇帝即司马炽(283—313年),字丰度,炎第25子。永兴元年(304年)立为皇太弟。惠帝卒后即位,由东海王越专权。时中原大乱。永嘉五年(311年),刘聪陷洛阳,被掳至平阳为左光禄大夫,封平阿公。永嘉七年(313年)被杀,谥曰孝怀皇帝。

永嘉元年(公元307年)

162. 太傅东海王越,总兵辅政(《文选·晋纪总论》注)。

163. 二月,王弥[1]反,攻东莞[2]、东安[3]二郡,复攻青州[4](《文选·晋纪总论》注)。

注:①王弥(?—311年),东莱(今山东掖县)人。永兴三年(306年)参加刘伯根起义。伯根死,他转战青、徐二州,攻杀官吏,有众数万,声势浩大。永嘉二年(308年)攻洛阳,失败后归刘渊,任征东大将军。光兴二年(311年),与刘渊、石勒攻洛阳,在回师途中,为石勒所杀。②东莞:郡名。汉建安初置,治今山东莒县。③东安:郡名。治今山东益都北。④青州:东汉后治今山东临淄北。

164. 八月,苟晞[1]大破汲桑[2],后,越加晞青、兖都督。晞用法严峻。苟晞为兖州刺史,从(一作姨)母寡,有一子坐小事,从母向晞流涕叩头,及中外皆乞活,终不得生(四字一作“不听”)。死后,往哭之甚悲,曰:

"杀弟者,兖州刺史;哭卿者,苟道将也。"(《书钞》、《御览》二百五十八)

注:①苟晞:字道将,河内山阳(今河南焦作)人。西晋将领。曾任充州刺史、青兖都督。参与讨伐东海王越,越死,为大将军、大都督,督青、徐、兖、豫、荆、扬六州军事。后石勒攻蒙城,执晞,为左司马。晞欲反勒被杀。②汲桑:魏郡(今河北临漳西南)人。西晋末率牧民起义,曾破邺城,杀新蔡王司马腾。后为晋将苟晞所败,被杀。

165. 永嘉初,有神见兖州甄城民家。免奴为主簿,自号为樊道基。有妪号成夫人,欲迎致,便载车行。当得此免奴主簿,从行为译,以宣所宜。汝南梅颐字仲真,去邺,来经兖州。闻其然,因结羊世茂、阮士公诸宾往观之。成夫人便遣主簿出,当与贵客语。主簿死不肯,避。成夫人因大嗔。索士公马鞭,脱主簿鞭之(《御览》三百五十九)。

编者按:此条为《搜神记》卷四第85条,文字较此为简。这种人也可装神,实为闹剧。其中成夫人如现在的"经纪人",本可捞一把,而"神"不争气,故鞭之。

永嘉五年(公元311年)

166. 琅邪王睿[①]逐周馥[②],华谭[③]依周馥。及琅邪王遣甘卓[④]攻馥,谭先于卓有恩。卓募人入城,求谭。入者至舍,问:"华侯在不,吾甘扬威使也。"谭曰:"不知华侯所在。"抽绢二疋授之,使人还以告卓,曰:"是华侯也。"(《御览》八百十七)

注:①琅邪王睿(276—322年):即司马睿。晋代皇帝。317—322年在位。初袭封琅邪王。永嘉元年(307年)任安东将军、都督扬州江南诸军事,镇建康。建武元年(317年)在建康建立政权,史称东晋。卒谥曰元帝。②周馥:字祖宣,汝南安城(今河南平舆)人。起家诸王文学,历官徐州刺史、河南尹、代镇东将军等。东海王越召之,不应,使兵击之,馥至项,为新蔡王确所拘,忧愤而死。③华谭(244—322年),字令思,广陵(今江苏江都)人。初为扬州刺史周浚从事史,曾任郓城令等职。东晋初,曾任秘书监。④甘卓:字季思,丹杨(今安徽当涂)人。祖与父皆为吴将。吴平,居家。西晋末,先后参与讨石冰,征杜弢,累官安南将军、梁州刺史,镇襄阳。王敦作乱,甘卓先从后讨,被王敦派人暗杀。

167. 贼刘曜入京都,百官失守,杀大将军吴王晏[①]、光禄大夫竟陵王楙[②],其余官僚,僵尸涂地,百不遗一,天子蒙尘于平阳(《文选·晋纪总论》注)。

注:①吴王晏:即司马晏,字平度,炎子。太康十年(289 年)封。参与讨赵王伦,失败贬为宾徒县王。伦诛复封,拜大将军。洛阳沦陷被杀。子邺,即愍帝。②竟陵王楙:见《后养议》注。

永嘉六年(公元 312 年)

168. 关中建秦王业为皇太子,本吴孝王之子,出为秦献王后(《文选·晋纪总论》注)。

永嘉七年(公元 313 年)

169. 正月,皇帝崩,谥曰孝怀皇帝(《文选·晋纪总论》注)。

170. 太子即位于长安(《文选·晋纪总论》注)。

171. 怀帝初诞,有嘉禾[①]生于豫章[②],后竟以豫章王为皇太弟。即位初,望气[③]者言豫章、广陵有天子气(《文选·晋纪总论》注)。

注:①嘉禾:古时以一茎多穗之禾为嘉禾,认为是吉祥的象征。②豫章:郡名。治今江西南昌。③望气:古时方士的一种占候术,以望云气测吉凶征兆。

(七)孝愍皇帝

编者按:孝愍皇帝即司马邺(299—317 年),字彦旗,炎孙,吴孝王晏子,出继伯父秦献王柬,袭封秦王。怀帝卒后即位于长安。建兴四年(316 年),刘聪陷长安,出降,虏至平阳为光禄大夫,封怀安侯。次年被杀,谥曰孝愍皇帝。

172. 洛京倾覆,秦王避难密南,趣许、颍,豫州刺史阎鼎[①],以天下无主,有辅立之计(《文选·晋纪总论》注)。

注:①阎鼎:字台臣,天水人。初为参军,转卷令,行豫州刺史事,屯许昌。秦王邺出奔至许,以鼎为冠军将军、豫州刺史。护送秦王至长安,立为皇太子,鼎为太子詹事,总摄朝政。京兆尹梁综与鼎争权,鼎杀之。后被梁综兄弟攻杀。

建兴元年(公元 313 年)

编者按:怀帝正月被杀,四月即位,改元。

173. 愍帝诏琅邪王叡曰:“今以王为侍中、左丞相,督陕东诸军事,

右丞相南阳王[①]督陕右诸军事。”(《文选·晋纪总论》注)

注:①南阳王:即司马保,字景度,初为南阳国世子,父模遇害,保在上邽,尽有秦州之地。愍帝即位,为右丞相,加侍中,都督陕西诸军事。愍帝被虏,保自称晋王。后在奔逃途中病死。

174. 愍帝诏曰:“群邪作逆,倾荡五都[①]。”(《文选·辨命论》注)

注:①五都:三国魏都洛阳,黄初二年(221年),又以长安(西汉故都)、谯(皇室本贯)、许昌(汉献帝旧都)、邺(曹操时魏都)与洛阳合称五都。

建兴二年(公元314年)

175. 抱罕伎人产一龙子,色似锦文,常就母乳。望之如见神,光在床上,少有就视者。此亦皇之不建,于是帝竟沦没(《御览》三百六十一)。

编者案:此引不全,故依《晋书·五行志》增补,或是干宝之说。

建兴四年(公元316年)

176. 十一月,刘曜寇长安,贼入掠京都。刘粲寇于城下,天子蒙尘于平阳矣(《文选·晋纪总论》注、《劝进表》注)。

177. 丞相睿出师,露次移檄北征。十二月丙寅,丞相府斩督运令史淳于伯,血逆流上柱二丈三尺。此赤祥也。是时后将军褚裒[①]镇广陵,丞相扬声北伐,伯以督运稽留,及役使臧罪,依征军法戮之。其息[②]诉称:“伯督运事讫,无所稽乏,受赇[③]役使,罪不及死。兵家之势,先声后实,实是屯戍,非为征军。自四年以来,运漕稽停,皆不以军法兴论。”僚佐莫之理。及有此变,司直弹劾众官,元帝又无所问。于是频旱三年。干宝以为“冤气之应也”。郭景纯[④]曰:“血者,水类,同属于《坎》,《坎》为法象。水平润下,不宜逆流。此政有咎失之征也。”(《宋书·五行志》三、《晋书·五行志》中)

编者按:此条内容为《搜神记》卷七第216条。

注:①褚裒(pōu 剖):字季野,河南阳翟(今河南禹州)人。初为西阳王掾,累迁黄门侍郎。及女为琅邪王妃,出为豫章太守。女为皇后,迁建威将军,江州刺史。女为皇太后,拜卫将军、领中书令,固让不受,遂为左将军、兖州刺史。后为扬州,录尚书事。永和五年(349年)率兵北伐,兵败而还,忧愤而卒。②息:同“媳”。③赇(qiú):贿赂。④郭景纯(276—324年):名璞,字景纯,河东闻喜(今属山西)人。东

晋文学家、训古学家，又喜阴阳卜筮之术。东晋初为著作郎，后为王敦记室参军。敦欲谋反，令其卜筮，璞谓必败，为敦所杀。著述颇多，其“游仙诗”较有影响。

建兴五年（公元 317 年）

178. 三月丞相睿称晋王，改建武元年。六月，扬州旱。去年十二月，淳于伯冤死，其年即旱，而太兴元年六月又旱。干宝曰：“杀淳于伯之后，旱三年是也。刑罚妄加，群阴不附，则阳气胜之罚也。”（《晋书·五行志》中）

编者按：此条内容与上条重复，文字与《搜神记》卷七第 216 条基本相同。

179. 十二月，愍帝殁于平阳，晋人见者多哭，贼惧帝崩（《史通·模拟》。

180. 太兴元年[①]三月，奉愍帝凶问，晋王即位改元，谥曰孝愍皇帝（《文选·晋纪总论》注）。

注：①太兴元年：公元 318 年。

181. 愍帝之立也，改毗陵为晋陵，时元帝始霸江、扬，而戎翟称制，西都微弱。干宝以为晋将灭于西而兴于东之符也（《宋书·符瑞志》上）。

编者按：此条汤球漏收，据补。

182. 中牟县故魏任城，王台下池中，有汉时铁锥，长六尺，入地三尺，头西南指，不可动。至月朔，自正。以为晋氏中兴之瑞（《水经注》二十二）。

总　　论

史臣曰：昔高祖宣皇帝以雄才硕量，应运而仕，值魏太祖创基之初，筹画军国[①]，嘉谋屡中，遂服舆轸[②]，驱驰三世[③]。性深阻有如城府，而能宽绰以容纳；行任数以御物，而知人善采拔[④]。故贤愚咸怀，小大毕力。尔乃取邓艾于农琐[⑤]，引州泰于行役，委以文武，各善其事。故能西禽孟达，东举[⑥]公孙渊，内夷[⑦]曹爽，外袭王凌，神略独断，征伐四克，维御群

后⑧，大权在已。屡拒诸葛亮节制之兵，而东支吴人辅车之势⑨。世宗承基，太祖继业，军旅屡动⑩，边鄙无亏，于是百姓与能，大象⑪始构矣。

注：①军国：军务和国家政务。②服舆轸：出入乘坐舆轸。③三世：指曹操、魏文帝曹丕、魏明帝曹睿三代。④采拔：取用提拔。⑤农琐：琐谓细小，卑微。邓艾初为典农小吏。⑥举：取。⑦夷：平。⑧ 维御群后：维御，统帅；群后，百官。⑨辅车之势：指蜀汉和东吴互为依赖的关系。⑩军旅屡动：指曹魏末期数次攻吴及蜀。⑪大象：大业。

玄丰乱内，钦诞寇外。潜谋虽密，而在几必兆；淮浦再扰，而许洛不震。咸黜异图，用融前烈。然后推毂①钟邓，长驱庸蜀②，三关③电扫，刘禅入臣，天符人事，于是信矣。始当非常之礼，终受备物之锡④，名器崇于周公⑤，权制严于伊尹⑥。至于世祖，遂享皇极⑦。正位居体，重言慎法，仁以厚下，俭以足用，和而不驰，宽而能断。故民咏惟新，四海悦劝矣（以上亦见《初学记》九）。聿⑧修祖宗之志，思辑战国之苦⑨，腹心⑩不同，公卿异议，而独纳羊祜之策，以从善为众。故至于咸宁之末，遂排群议而杖王、杜之决。泛舟三峡，介马桂阳，役不二时，江湘⑪来同。夷吴蜀之垒垣，通二方⑫之险塞，掩唐虞之旧域⑬，班正朔⑭于八荒。太康之中，天下书同文，车同轨⑮，牛马被野，余粮栖亩，行旅草舍，外闾不闭。民相遇者如亲，其匮乏者，取资于道路，故于时有"天下无穷人"之谚。虽太平未洽，亦足以明吏奉其法，民乐其生，百代之一时矣。

注：①推毂（gǔ 古）：《汉书·冯唐传》："臣闻上古王者遣将也，跪而推毂，曰：'阃（nìe 聂）以内寡人制之，阃以外将军制之，军功爵赏，皆决于外，归而奏之。"指委全权于带兵在外作战的将领。②庸蜀：庸和蜀皆古国名。这里指蜀汉。③三关：指阳平关（在今陕西勉县东北，关与白马塞相对，为汉中屏障）、江关（在重庆今奉节旁）和白水关（在今四川广元白水镇，为古代陕、甘入蜀孔道）。此处以三关泛指蜀汉冲要。④备物之锡：即九锡。⑤名器崇于周公：名，爵号；器，车服；崇，高。周公：西周初的政治家。姓姬，名旦，亦称叔旦。周文王子，武王弟。采邑在周（今陕西岐山北），故称周公。曾助武王灭商。武王卒，成王年幼，由他摄政。管叔、蔡叔、霍叔等不服，联合武庚和东方夷族反叛，他出师东征平定反叛。相传他制礼作乐，建立典章制度，主张"明德慎罚"⑥权制严于伊尹：权制，以权力制治。伊尹：商初大臣。名伊，尹是官名。传为家奴出身，原为有莘氏女的陪嫁之臣，汤用为小臣。后任以国政，助汤攻灭夏桀。汤死后，历佐卜丙、中壬二君。国壬死后，太甲即位，因太甲不遵汤法，不理国政，被他放逐。三年后，太甲悔过，又接回复位。⑦皇极：皇

帝之位。⑧聿：于是。⑨战国之苦：指汉末三国的长期混战给民众带来的疾苦。⑩腹心：指出谋策划之臣。⑪江湘：江水，湘水，此指东吴全境。⑫二方：指蜀汉和东吴。⑬掩唐虞之旧城：唐指唐尧，虞指虞舜，旧城指旧地。这里指全国统一。⑭正朔：正指年始，朔指月初，此指新的朝代的开始。⑮书同文，车同轨：语出《礼记·中庸》。此说明天下一统。

武皇既崩，山陵[①]未干，杨骏被诛，母后废黜，朝士旧臣夷灭者数十族。寻以二公、楚王之变，宗子[②]无维城之助，而阏伯、实沈之郤岁构[③]；师尹[④]无具瞻之贵，而颠坠戮辱之祸日有。至乃易天子以太上之号[⑤]，而有免官之谣。民不见德，唯乱是闻，朝为伊周，夕为桀跖，善恶陷于成败，毁誉胁于势力。于是轻薄干纪之士，役奸智[⑥]以投之，如夜虫之赴火。内外混淆[⑦]，庶官失才，名实反错，天网解纽[⑧]。国政迭移于乱人，禁兵外散于四方，方岳[⑨]无钧石之镇，关门无结草之固。李辰、石冰倾之于荆扬，刘渊、王弥挠之于青冀。二十余年，而河洛[⑩]为墟，戎羯称制[⑪]，二帝失尊，山陵无所[⑫]，何哉？树立失权，托付非才[⑬]，四维[⑭]不张，而苟且之政多也。

注：①山陵：帝王的坟墓。②宗子：帝王的嫡子，此指晋惠帝。③阏（è 厄）伯、实沈之郤岁构：阏伯、实沈，传为高辛氏二子，二人常相征讨。事见《左传·昭公二年》。郤（xì 细），争斗。此句指晋宗室互相残杀，史称“八王之乱”。④师尹：周太师尹氏。此喻在朝之权臣，⑤太上之号：永康元年（299 年），赵王伦逼惠帝禅位，号曰太上皇。⑥役奸智：使奸弄巧。⑦内外混淆：内，指汉族；外，指匈奴等少数民族。由内部的“八王之乱”演变为所谓的“五胡乱华”。⑧天网解纽：天网，国家法律制度；纽，根本。⑨方岳：本指四方大山，此指地方政权。⑩河洛：黄河和洛河。此指朝廷所在的两河流域地区。⑪称制：皇帝的诏令曰制，称制即为称帝。⑫山陵无所：怀帝和愍帝死无葬身之地。⑬托付非才：指杨骏无才，不能制众，遂遭变乱。⑭四维：指礼、义、廉、耻。

夫作法于治，其弊犹乱；作法于乱，谁能救之！故于时天下非暂弱也，军旅非无素也。彼刘渊者，离石之将兵都尉；王弥者，青州之散吏也。盖皆弓马之士，驱走之人，凡庸之才，非有吴先主、诸葛孔明之能也；新起之寇，乌合之众，非吴蜀之敌也；脱[①]耒为兵，裂裳为旗，非战国之利器也；自下逆上，非邻国之势也。然而成败异效，扰天下如驱群羊，举[②]二都如拾遗芥。将相侯王，连头受戮[③]，乞为奴仆而犹不获；后嫔妃主，虏辱于戎卒，岂不哀哉！（以上七句亦见《御览》三百。）夫天下，大器也；群

生,重畜[4]也。爱恶相攻,利害相夺,其势常也。若积水于防,燎火于原,未尝暂静也。器大者,不可以小道治;势重者,不可以争竞扰。古先哲王知其然也,是以扞[5]其大患,而不有其功,御其大灾,而不尸[6]其利。百姓皆知上德之生已,而不谓浚已以生也。是以感而应之,悦而归之,如晨风之郁北林[7],龙鱼之趣渊泽也。顺乎天而亨其运,应乎人而和其义,然后设礼文以治之,断刑罚以威之,谨好恶以示之,审祸福以喻之,求明察以官之,笃慈爱以固之。故众知向方[8],皆乐其生而哀其死,悦其教而安其俗,君子勤礼,小人尽力,廉耻笃于家闾[9],邪僻[10]销于胸怀。故其民有见危以授命[11],而不求生以害义,又况可奋臂大呼,聚之以干纪作乱之事乎!基广则难倾,根深则难拔,理节则不乱,胶结则不迁。是以昔之有天下者,所以长久也。夫岂无僻主[12],赖道德典刑[13],以维持之也。故延陵季子听乐[14],以知诸侯存亡之数、短长之期者,盖民情风教,国家安危之本也。

注:①脱:变易。②举:取。③连头受戮:永嘉五年(311年),刘曜攻克洛阳杀官民3万余人。④重畜:贵重物品。此指群众。⑤扞:同"焊"。⑥尸:私。⑦晨风之郁北林:晨风,鸟名,即鹯;郁积,引申为聚集。《诗·秦风·晨风》:"鴥彼晨风,郁彼北林。"⑧向方:走向正道。⑨家闾:家家户户。⑩邪僻:歪门邪道。⑪授命:献出生命。⑫僻主:搞歪门邪道者。⑬典刑:刑法。⑭延陵季子听乐:春秋吴国季札,封邑延陵,时人因称札为延陵季子。听乐,季札聘鲁,观于周乐,听乐工歌各国之风,札闻而知各国诸侯兴衰存亡之数。事见《左传·襄公二十九年》。

昔周之兴也,后稷[1]生于姜嫄[2],而天命昭显,文武之功,起于后稷,故其诗曰:"思文后稷,克配彼天。"[3]又曰:"立我蒸民,莫匪尔极。"[4]又曰:"实颖实栗,即有邰家室。"[5]至于公刘,遭狄人之乱,去邰之豳[6],身服厥劳。故其诗曰:"乃裹糇粮,于橐于囊。"[7]"陟则在巘。复降在原。"[8]以处其民。以至于太王,为戎翟所逼,而不忍百姓之命,杖策而去之。故其诗曰:"来朝走马,帅西水浒,至于岐下。"[9]周民从而思之,曰:"仁人不可失也!"故从之如归市。居之一年成邑,二年成都,三年五倍其初。每劳来而安集之。故其诗曰:"乃慰乃止,乃左乃右,乃疆乃理,乃宣乃亩。"[10]以至于王季能貊[11]其德音。故其诗曰:"克明克类,克长克君。""载赐之光。"[12]至于文王,备修旧德,而惟新其命。故其诗曰:"惟此文王,小心翼翼,昭事上帝,聿怀多福。"[13]由此观之,周家世积忠厚,仁及草木,内睦九族,外尊事黄耇[14],养老乞言[15],以成其福禄者也。而其妃后,躬行四教[16],尊敬师傅,服浣濯之衣,修烦辱之事,化天下以妇道。故其诗曰:"刑于寡妻,至于兄弟,以御于家邦。"[17]是以汉宾之女,守洁白之志;中林[18]之士,有纯一之德。故曰文武自《天保》[19]以上治内,《采薇》[20]以下治外,始于忧勤,终于逸乐。于是天下三分有二,犹以服事殷[21];诸侯不期而会者八百[22],犹曰天命未至[23]。以三圣之智,伐独夫之纣,犹正其名教,曰逆取[24]顺守;保大定功,安民和众,犹著《大武》[25]之容,曰未尽善[26]也。

注:①后稷:周族始祖。传为姜嫄踏巨人脚迹怀孕而生,因一度被弃,故名弃,善农业,为舜的稷官。②姜嫄(yuán 原):周族始祖后稷之母。有邰氏之女。神话传说她在荒野踏到巨人的脚迹,怀孕生稷。一说是帝喾之妻。③思文后稷,克配彼天:语出《诗·周颂·思文》。克配,能配享。④立我蒸民,莫匪尔极:亦出《思文》。蒸民,众民;匪,通"非";极,至。⑤实颖实栗,即有邰(tái 台)家室:语出《诗·大雅·生民》。邰,地名。在今陕西武功西南,相传周族先祖自后稷至公刘居于此地。⑥之豳(bīn 宾):之,至;豳同邠,地名。在今陕西旬邑、郴县一带。公刘率周族自邰北上,迁徙至此。⑦乃裹糇粮,于橐于囊:语出《诗·大雅·公刘》。糇(hōu 侯)粮:干粮;橐(tuó 驮),口袋。⑧陟则在巘,复降在原:语亦出《公刘》。陟(zhì 志),登;巘(yǎn 演)小山。⑨来朝走马,帅西水浒,至于岐下:语出《诗·大雅·绵》。岐,岐山,在今陕西岐山东北。⑩乃慰乃止四句:语亦出《绵》。慰,安慰;止,安居。理,因地制宜;亩,耕种田亩。⑪貊(mò 莫):通寞,引申为默认。⑫克明克类三句:语出《诗·大雅·皇矣》。⑬惟此文王四句:语出《诗·大雅·大明》。聿,遂;怀,来。⑭黄耇(qǒu 苟):老人。⑮乞言:敬养德高望重的老人,以便向他们求教,叫乞言。⑯四教:即妇德、妇言、妇容、妇功。⑰刑于寡妻三句:语出《诗·大雅·思齐》。刑,仪范;御,治。⑱中林:林中。⑲《天保》:《诗·小雅》篇名。内,内政。⑳采薇:《诗·小雅》篇名。外,外族。㉑服事殷:《论语·泰伯》:"三分天下有其二,以服事殷。"㉒诸侯句:《史记·周本纪》载:武王九年观兵盟津,不约而会盟津者八百诸侯。㉓天命未至:《史记·周本纪》载盟津之会:"诸侯皆曰:'纣可伐矣。'武王曰:'女未知天命,未可也。'乃还师归。"㉔逆取:古人从正统观念出发,称诸侯以武力推翻天子为逆取。㉕《大武》:周武王时的军功舞乐。㉖未尽善:《论语·八佾》:"谓《武》尽美矣,未尽善也。"

及周公遭变[1],陈后稷先公[2]风化之所由,致王业之艰难者,则皆农夫女工衣食之事也。故自后稷之始基静民,十五王而文始平之[3],十六王而武始居之[4],十八王而康克安之[5]。故其积基树本,经纬礼俗,节理人情，恤隐民事，如此之缠绵[⑥]也。爰及上代[⑦]，虽文质异时，功业不同，及其安民立政者，其揆[⑧]一也。

注：①遭变：指武庚、管叔、蔡叔等反周之事。②先公：指公刘。③十五王句：即后稷、不窋、鞠陶、公刘、庆节、皇仆、羌弗、毁俞、公非、高圉、亚圉、公祖、太王、王季和文王。“始平之”，开始成就王业。④十六王句：加上武王。“始居之”，开始登上天子之位。⑤十八王句：再加上周成王、周康王。“克安之”，开始天下安宁。⑥缠绵：细致，久远。⑦上代：指夏、商。⑧揆(kuí 葵)：准则。

今晋之兴也，功烈于百王[①]，事捷于三代[②]，盖有为以为之矣。宣景遭多难之时，务伐英雄、诛庶桀[③]以便事，不及修公刘、太王之仁也。受遗辅政，屡遇废置。故齐王不明，不获思庸于亳[④]；高贵冲人，不得复子明辟[⑤]。二祖逼禅代之期，不暇待三分八百之会[⑥]也，是其创基立本，异于先代者也。又加之以朝寡纯德之士[⑦]，乡乏不二之老[⑧]，风俗淫僻，耻尚失所。学者以庄老为宗而黜六经，谈者以虚薄为辩而贱名检[⑨]，行身者以放浊为通而狭节信，进仕者以苟得为贵而鄙居正[⑩]，当官者以望空为高而笑勤恪[⑪]。是以目三公以萧杌之称，标上议以虚谈之名。刘颂屡言治道，傅咸每纠邪正，皆谓之俗吏；其倚杖虚旷[⑫]，依阿[⑬]无心者，皆名重海内。若夫文王日昃不暇食[⑭]，仲山甫夙夜匪懈[⑮]者，盖共嗤点[⑯]以为灰尘，而相诟病矣。由是毁誉乱于善恶之实，情慝奔于货欲[⑰]之途。选者为人择官，官者为身择利，而秉钧当轴[⑱]之士，身兼官以十数。大极其尊，小录其要，机事之失，十恒八九。而世族[⑲]贵戚之子弟，陵迈超越，不拘资次。悠悠风尘，皆奔竞之士；列官千百，无让贤之举。子真著《崇让》，而莫之省；子雅制九班，而不得用；长虞数直笔，而不能纠。其妇女庄栉[⑳]织纴，皆取成于婢仆，未尝知女工丝枲[㉑]之业，中馈酒食[㉒]之事也。先时而婚，任情而动，故皆不耻淫逸之过，不拘妒忌之恶。有逆于舅姑[㉓]，有反易刚柔[㉔]，有杀戮妾媵，有黩乱上下，父兄弗之罪也，天下莫之非也。又况责之闻四教于古，修贞顺于今，以辅佐君子哉！

注：①百王：历代帝王。②三代：夏、商、周。③庶桀：庶，众；桀，健。庶桀，犹言群豪，指孟达、王凌、李丰等。④思庸于亳：庸，常道；思庸，思行常道。亳(bó 博)，商代早期都城，在今河南偃师西。此指商代天子太甲无道，伊尹将他放逐于亳，三年后太甲悔过，伊尹又迎他复位。⑤不得复子明辟：复，归还；明辟，明君。此指司马昭专魏权，终不归政曹髦。⑥不暇待句：此指晋朝的建立。在个人道德修养和社会群众基础两方面均未做好准备，所以下句说：“创基立本，异于先代。”⑦朝寡纯德

之士:在朝作官者,很少有道德高尚的人。⑧乡乏不二之老:乡下的老百姓很少有忠于朝廷的人。⑨贱名检:看不起名教法度。⑩笑勤恪:讥笑那些勤恳谨慎的人。⑫虚旷:虚语大言,吹牛皮者。⑬依阿:随声附和,拍马屁者。⑭文王日昃不暇食:《史记·周本纪》说周文王"礼下贤者,日中不暇食,士以此多归之"。⑮仲山甫夙夜匪解:仲山甫,周宣王时卿士,佐成中兴之治。尹吉甫作《蒸民诗》以美之"。"夙夜匪解"为该诗第四节的一句。"匪解"同非懈。⑯嗤点:讥笑玷污。⑰货欲:贪图财利。⑱秉钧当轴:比喻官居要职,主持政事。⑲世族:又称士族。指世代为官的大姓豪族,在政治、经济各方面享有特权。⑳庄栉(zhì 质):梳妆。㉑枱(xǐ 徙):麻。㉒中馈酒食:管人吃饭。㉓舅姑:《尔雅》曰:"妇称夫之父曰舅,称夫之母曰姑。"这是古代人的称谓。㉔反易刚柔:反易,颠倒;刚柔,男女。

礼法刑政,于此大坏。如室斯构,而去其凿契[①];如水斯积,而决其堤防;如火斯畜,而离其薪燎也。国之将亡,本必先颠,其此之谓乎?故观阮籍之行,而觉礼教[②]崩驰之所由;察庾纯、贾充之事,而见师尹之多僻;考平吴之功,知将帅之不让;思郭钦之谋,而悟戎狄之有衅;览傅玄、刘毅之言,而得百官之邪;核傅咸之奏、钱神之论,而睹宠赂之彰[③]。民风国势如此,虽以中庸[④]之才、守文之主治之,辛有[⑤]必见之于祭祀,季扎[⑥]必得之于声乐,范燮[⑦]必为之请死,贾谊[⑧]必为之痛哭,又况我惠帝以荡荡之德临之哉!故贾后肆虐于六宫,韩午助乱于外内,其所由来者渐矣,岂特系一妇人之恶乎!

注:①凿契:两木相交构连结处,即榫头,契通"楔"。②礼教:封建社会为维护其等级关系和宗法制度,以儒学为指导思想制定的礼法条规和道德标准。③宠赂之彰:宠,宠络;赂,贿赂。《左传·桓公二年》:"官之失德,宠赂章也。"彰,明显,此谓公行无忌。④中庸:不偏叫中,不变叫庸。儒家以中庸为最高的道德标准。⑤辛有:周平王时人。平王东迁,辛有往伊川,见披发之人祭祀于野地,认为是戎人将占据此地的征兆。事见《左传·僖公二十二年》。⑥季札:当季札听到陈国之乐时,发出感叹:"国无主,其能久乎?"事见《左传·襄公二十九年》。⑦范燮:春秋晋大夫,死谥文子,亦称范文子。《左传·成公十七年》载,燮以晋君骄侈,晋难将作,令其祝宗向神灵祈祷祝咒自己,使自己早死,以免及于晋难。⑧贾谊(前200—前168年):西汉政治家、文学家。洛阳人。自幼以能诗善文著称。先后任博士、太中大夫。后受排挤,贬为长沙王和梁怀王太傅。力主中央集权,重农抑商,抗击匈奴。著有《贾谊集》。

怀帝承乱之后得位,羁于强臣[①];愍帝奔播之后,厕其虚名[②]。天下之政,既已去矣!非命世之雄[③],不能取之矣!然怀帝初载,嘉禾生于南昌;望气者又云:豫章有天子气。及国家多难,宗室迭兴,以愍怀之正、淮南之壮[4]、成都之功、长沙之权[5],皆卒于倾覆,而怀帝以豫章王登天位。刘向之谶云:"灭亡之后,有少如水名者得之,起事者据秦川,西南乃得其朋。"按愍帝,盖秦王之子也,得位于长安,长安,固秦地也;而西以南阳王为右丞相,东以琅邪王为左丞相;上讳业,故改邺为临漳,漳,水名也。由此推之,亦有征祥,而皇极不建,祸辱及身。岂上帝临我,而贰其心?将由人能弘道,非道弘人者乎?淳耀之烈[6]未渝,故大命重集于中宗元皇帝(《文选》)。

注:①强臣:指司马越。他毒死惠帝,挟制怀帝,自任丞相,总揽政事。②厕其虚名:愍帝之时,中原几乎尽为少数民族政权所有,晋室令不出长安,而长安城中户不盈百,故谓愍帝不过虚列晋帝之名而已。③命世之雄:著名的有权有势的当世英雄。④淮南之壮:淮南即淮南王司马允,字钦度,武帝子。封淮南王,领中护军。孙秀既害石崇等以惧允,允遂进围相府。相府越王伦闭门,允兵四胜,陷破无前。伦伪云有诏助淮南王,王下车受诏,遂被害。伦被诛后,追谥忠壮。⑤长沙之权:长沙即长沙王乂,字士度,武帝子。惠帝复位后,为大都督,与河间王颙、成都王颖交战数月,胜多败少。后被东海王越所擒,交河间王颙杀之。⑥淳耀之烈:正大光明的帝业。

附　　录

编者按:干宝《晋纪》所记内容"七帝五十三年":"七帝"为宣、景、文、武、惠、怀、愍;"五十三年"应自泰始元年(265 年)至建兴五年(317 年)。因此,大兴元年(318 年)以后的内容不应纳入《晋纪》,或者出自干宝其他的著作。又因这些内容有一定 参考价值,不应舍弃,故设《附录》以收之。

1. 丞相王导[1]为王协,少有令,乃辟抚军司徒,行参军(《书钞》)。

注:①王导(276—339 年):字茂弘,琅邪临沂(今属山东)人。西晋末,为琅邪王司马睿献策移镇建康。大兴元年(318 年),司马睿称帝,他任丞相。实为东晋王朝建立的谋主,故当时称"王与马,共天下。"历任元、明、成三帝,稳定了东晋的统治。

2. 卞大壶[1]迁太子詹事,世称壶"裁断切实,忠于事上也。"(《书

钞》)

注:①卞壸:字望之,济阴冤句(今山东曹县西北)人。起为著作郎,东晋初为从事中郎,出为明帝东中郎长史。迁太子詹事,累官尚书令。苏峻叛晋,力战而死。

3. 元帝大兴元年四月,西平地震,涌水出;十二月,庐陵、豫章、武昌、西陵地震,山崩。干宝曰:"王敦陵上之应。"(《宋书·五行志》五、《晋书·五行志》下)

编者按:此条为《搜神记》卷七第218条。

4. 大兴中,王敦[①]镇武昌。武昌灾,火起,兴众救之。救于此而发于彼,东西南北数十处俱应,数日不绝。班固所谓滥炎妄起,虽兴师不能救之之谓也。干宝曰:"此臣而君行,亢阳失节之灾也。"(《宋书·五行志》三、《晋书·五行志》上)

编者按:此条为《搜神记》卷七第222条。

注:①王敦(266—324年):字处仲,导堂兄。西晋末,以镇压杜弢起义,升镇东大将军,都督江、扬、荆、湘、交、广六州诸军事,握重兵,屯武昌。西晋亡,与堂弟导等拥护司马叡建立东晋政权,升任大将军、荆州牧。后因司马叡抑制王氏势力,于永昌元年(322年)起兵攻入建康。后回屯武昌。太宁二年(324年),再次进兵建康,在途中病死。

5. 大兴四年,王敦在武昌,铃下仪仗生华[①]如莲华状,五六日而萎落。此木失其性而变也。干宝曰:"铃阁,尊贵者之仪;铃下主威仪之官。今狂花生于枯木,又在铃阁之间,言威仪之富,荣华之盛,皆如狂花之发,不可久也。其后终以逆命,没又加戮,是其应也。"一说此花孽也,于《周易》为"枯杨生华"(《宋书·五行志》一、《晋书·五行志》上)。

编者按:此条录自《宋书·五行志》,《晋书·五行志》将文字稍有改动。又此条为《搜神记》卷七第224条。

注:①华:通"花"。

6. 司马道子于府北园内为酒炉列肆,使姬人酤鬻酒肴,如裨贩者,数游其中,身自贸易,因醉寓寝,动连日夜。汉灵帝尝若此。干宝以为"贵将失位,降在皂隶之象也"。俄而,道子见废,以庶人终(《宋书·五行志》一、《晋书·五行志》上)。

编者按:此条汤球误收,因为干宝不可能见到司马道子执政。

7. 刘蕃为江夏高新令,及卒,百姓如丧父母。将归,不受祭。吏民往往相聚于路侧，望柩设祭，酹而哭之(《书钞》)。

编者按：汤球案"此非刘琨父"。高新令刘蕃卒后能受到百姓如此爱戴，可见是位好官。因不了解其生平，故列于此。

二 《周易注》佚文集注

编者按:《周易》,亦称《易经》,又简称《易》,儒家重要经典之一。相传系周人所作,故名。内容包括《经》和《传》两部分。《经》主要是六十四卦和三百八十四爻,卦、爻各有说明(卦辞、爻辞),作为占卜之用。旧传伏羲画卦,文王作辞,说法不一,其萌芽期可能早在殷周之际。《传》包含解释卦辞、爻辞的七种文辞共十篇,统称《十翼》,旧传孔子作,实为战国或秦汉之际的儒家作品,并非出自一时一人之手。《周易》通过八卦形式(象征天、地、雷、风、水、火、山、泽八种自然现象),推测自然和社会的变化,认为阴阳两种势力的相互作用是产生万物的根源,提出"刚柔相推,变在其中矣"等富有朴素辩证法的观点。但《周易》还有唯心迷信的一面,历代封建统治者,恰恰就是利用和宣扬这一面为其统治服务。

干宝《周易注》著于东晋初期,《御制神道碑》曰:"注《易》象之解而天心以阐。"干宝著此书的目的,就是为东晋王朝的建立和巩固制造舆论。干宝认为《周易》产生于殷末周初,因此他密切联系周朝兴起时的历史事件进行注释。

此以清马国翰《玉函山房辑佚书》为底本,参考明姚士粦辑本(载《盐邑志林》)和唐李鼎祚《周易集解》而校勘。

当代著名学者周振甫在所著《周易译注》(中华书局1991年4月出版)中多次引用干宝的注文。他在《前言》中说:"从'初九'到'上九'都讲'龙',独有'九三'讲'君子',不讲龙,为什么?闻一多、李镜池没有讲,从王弼到朱熹也没有讲。《周易集解》:干宝曰:'爻以气表,繇以龙兴。嫌其不关人事,故著君子焉。阳在九三,正月之时,自《泰》来也。阳气始出地上而接动物,人为灵,故以人事成天地之功者,在于此爻焉。

故君子以之忧深思远,朝夕匪懈。这里干宝指出,爻辞用龙来表阳气,要是都讲龙,好像跟人事无关,所以插入'君子',讲明讲龙也关人事,这是一。又指出'九三'是阴历正月,阳气已出地上,君子正朝夕非懈来成天地之功,所以突出君子。这样,干宝的象数说,在说明'君子'上胜过新说,也胜过义理说。”

周易注(卷上)

周易上经

乾[①](卦一)

初九:潜龙,勿用[②]。

1. 位始,故称“初”;阳重,故称“九”。阳在初九,十一月之时,自《复》[③]来也。初九甲子,天正之位而乾元所始也。阳处三泉之下,圣德在愚俗之中,此文王在羑里[④]之爻也。虽有圣明之德,未被时用,故曰“勿用”(唐李鼎祚《周易集解》,以下简称《集解》)。

注:①《周易》共有六十四卦,“乾”为卦一。②此为“乾”卦爻辞的第一句。以下就是干宝对这句爻辞的注解。③《复》为卦二十四。④羑(yǒu 有)里:古城名,故址位于河南汤阴北。殷纣王曾囚西伯(周文王)于此。

九二:见龙在天[①],利见大人[②]。

2. 阳在“九二”,十二月之时,自《临》[③]来也。二为地上,田在地之表,而有人功者也。阳气将施,圣人将显,此文王免于羑里之日也,故曰“利见大人”(《集解》)。

注:①“天”应为“田”。②此为“乾”卦爻辞第二句。③《临》为卦十九。

九三:君子终日乾乾,夕若惕。厉,无咎[①]。

3. 爻以气表,繇[②]以龙兴,嫌其不关人事,故著“君子”焉。阳在九三,正月之时,自《泰》[③]来也。阳气始出地上而接动物。人为灵,故以人事成天地之功者,在于此爻焉。故君子以之忧深思远,朝夕匪解,仰忧嘉会不序,俯惧义和之不逮,反复天道,谋始反终,故曰“终日乾乾”。此盖文王反国,大厘其政之日也。凡无咎者,忧中之喜,善补过者也。文恨早耀文明之德;以蒙大难,增修柔顺,以怀多福,故曰“无咎”矣(《集解》)。

注:①此为“乾”卦爻辞第三句。②繇(yáo 摇):通“徭”。③《泰》为卦十一。

九四:或跃在渊,无咎[①]。

4. 阳气在“四”,二月之时,自《大壮》[②]来也。“四”虚中也,跃者暂起之言。既不安于地，而未能飞天也。“四”以初为应渊，谓初九甲子，龙之所由升也。“或”之者，疑之也。此武王举兵孟津，观衅而退之爻[3]也。守柔顺则逆天人之应，通权变则违经常之教。故圣人不得已而为之，故其辞疑矣（《集解》、房审权《周易义海》。以下简称《义海》）。

注：①此为“乾”卦爻辞第四句。②《大壮》为卦三十四。③房审权《周易义海》（以下简称《义海》）引此，“举”作“率”；“爻”作“时”。

九五：飞龙在天，利见大人[1]。

5. 阳在九五，三月之时，自《夬》[2]来也。五在天位，故曰“飞龙”。此武王克纣正位之爻也。圣功既就，万物既睹[3]，故曰“利见大人”矣（《集解》、《义海》）。

注：①此为“乾”卦爻辞第五句。②《夬》（guài 怪）为卦四十三。③《义海》引此作“皆睹”。

上九：亢龙，有悔[1]。

6. 阳在上九，四月之时也。亢，过也。乾体既备，上位既终，天之鼓物，寒暑相报，圣人治世，威德相济。武功既成，义[2]在止戈，盈而不反，必陷于悔（《集解》、《义海》）。

注：①此为“乾”卦爻辞第六句。②《义海》引此脱“义”字。

君子以自强不息[1]。

7. 言君子通之于贤也。凡勉强以德，不必须在位也。故尧舜一日万机，文王日昃[2]不暇食，仲尼[3]终夜不寝，颜子[4]欲罢不能。自此以下，莫敢淫心舍力，故曰“自强不息”矣（《集解》）。

注：①此为“乾”卦《象传》中的一句。②昃（zè 仄），日西斜。③孔子：名丘字仲尼。④颜子：即颜渊（前 521—前 490 年），春秋末鲁国人。名回，字子渊，孔子学生。贫居陋巷，箪食瓢饮，而不改其乐。后被封建统治者尊为“复圣”。

君子行此四德者，故曰乾，元、亨、利、贞[1]。

8. 夫纯阳，天之精气；四行[2]，君子懿德。是故，乾冠卦首，辞表篇目，明道义之门在于此矣。犹春秋之备五始也，故夫子留意焉。然则体仁不已，所以化物观运，知时所以顺天气（当做“器”）用，随宜所以利民，守正一业所以定俗也。逾乱则败礼，其教淫逆则拂时，其功否错则妨用，其事废忘则失正，其官败。四德者，文王所由兴；四愆[3]者，商纣所由亡（《集解》）。

注：①此为“乾”卦《文言》中的一句。②四行：即“四德”，就是“元、亨、利、

贞”。③愆(qiān 牵):罪恶。与四德相反为四恶。

“利贞”者,性情也[①]。

9. 以施化,利万物之性;以纯一,正万物之情(《集解》)。

注:①此为“乾”卦《文言》中的一句。

君子以成德为行[①]。

10. 君子之行,动静可观,进退可度;动以成德,无所苟行也(《集解》)。

注:①此为“乾”卦《文言》中的一句。

坤[①](卦二)

《坤》:元亨。利牝马之贞[②]。

11. 阴气之始,妇德之常,故称“元”;与“乾”合德,故称“亨”。行天者莫若龙,行地者莫若马,故乾以龙繇,坤以马象也。坤,阴类,故称“利牝马之贞”矣(《集解》)。

注:①“坤”为《周易》六十四卦之第二卦。②此为“坤”卦之首句。

初六:履霜,坚冰至[①]。

12. 重阴,故称六,刚柔相推故生变,占变故有爻。《系》[②]曰:“爻者,言乎变者也”,故《易·系辞》皆称“九六”也。阳数奇,阴数偶,是以乾用“一”也,坤用“二”也。阴气在初,五月之时,自《姤》[③]来也。阴气始动乎三泉之下,言阴气动矣,则必至于“履霜”;“履霜”,则必至于坚冰,言有渐也。藏器于身,贵其俟时,故阳在潜龙,戒以勿用。防祸之原,欲其先几,故阴在三泉而显以“履霜”也(《集解》)。

注:①此为《坤》卦爻辞的第一句。②《系》:即《周易·系辞》。③《姤》为卦四十四。

六二:直、方、大,不习,无不利[①]。

13. 阴气在二,六月之时,自《遁》[②]来也。阴出地上,佐阳成物,臣道也,妻道也。臣之事君,妻之事夫,义成者也。臣贵其直,义尚其方,地体其大,故曰“直、方、大”。士该九德,然后可以从王事;女躬四教,然后可以配君子。道成于我,而用之于彼,不妨以仕学为政,不妨以嫁学为妇,故曰“不习,无不利”也(《集解》)。

注:①此为《坤》卦爻辞之第二句。②《遁》:为卦三十三。

“不习无不利”,地道光也[①]。

14. 女德光于夫,士德光于国也(《集解》)。

注:①此为“坤”卦《象传》中的一句。

六三:含贞[①],可贞,或从王事,无成有终[②]。

15. 阴气在三,七月之时,自《否》[③]来也。阳降在四,三公位也;阴升在三,三公事也。上失其权,位在诸侯,坤体既具,阴党成群,君弱臣强,戒在二国,唯文德之臣然后可以遭之运,而不失其柔顺之正。坤为文,坤象既成,故曰“含章,可贞”。此盖平襄之王垂拱以赖晋、郑之辅也。苟利社稷,专之则可,故曰“或从王事”。迁都诛亲,疑于专命,故亦或之,失后顺之节,故曰“无成”;终于济国安民,故曰“有终”(《集解》)。

注:①贞:应为“章”。②此为“坤”卦爻辞的第三句。③《否》为卦十二。

“或从王事”,知光大也[①]。

16. 位弥高,德弥广也(《集解》)。

注:①此为“坤”卦《象传》中的一句。

六四:括囊,无咎无誉[①]。

17. 阴气在四,八月之时,自《观》[②]来也。天地将闭,贤人必隐,怀智苟容以观时衅。此盖宁戚蘧[③]瑗与时卷舒之爻也。不艰其身则无咎,功业不建故无誉也(《集解》)。

注:①此为“坤”卦爻辞的第四句。②《观》为卦二十。③蘧(gú 渠)。

六五:黄裳,元吉[①]。

18. 阴气在五,九月之时,自《剥》[②]来也。《剥》者,反常道也。黄中之色,裳下之饰,元善之长也。中美能黄,上美为元,下美则裳。阴登于五,柔居尊位,若成昭之主,周霍之臣也。百官总已,专断万机,虽情体信顺,而貌可以取信于神明,无尤于四海也。故曰“黄裳,元吉”也(《集解》)。

注:①此为“坤”卦爻辞第五句。②《剥》为卦二十三。

《象》曰:“黄裳元吉”,文在中也[①]。

19. 当总已之任,处疑僭之间,而能终元吉之福者,由文德在中也(《集解》)。

注:①此为“坤”卦《象传》中的一句。

上六:龙战于野,其血玄黄[①]。

20. 阴在上六,十月之时也。爻终于酉,而卦成于乾。乾体纯刚,不堪阴盛,故曰“龙战”。戌亥,乾之都也,故称“龙”焉。阴德过度,以逼乾战。郭外曰郊,郊外曰野。坤位未申之维,而气溢酉戌之间,故曰“于野”。未离阴类,故曰“血”。阴阳色杂,故曰“玄黄”。言阴阳,离则异气,合则同功,君臣,夫妻,其义一也。故文王之忠于殷,抑参二之强,以事独夫之纣,盖欲弥缝其阙,而匡救其恶,以祈殷命,以济生民也。纣遂长恶不悛,天命殛之,是以至于武王遂有牧野之事,是其义也(《集解》)。

注:①此为“坤”卦爻辞第六句。

《象》曰:“龙战于野”,其道穷也[①]。

21. 天道穷,至于阴阳相薄也;君德穷,至于攻战受诛也;柔顺穷,至于用权变矣(《集解》)。

注:①此为“坤”卦《象传》中的一句。

用六:利永贞[①]。

22. 阴体其顺臣守其柔,所以秉义之和,履贞之干,唯有推变,终归于正,是周公始于负扆[②]。南面以光王道卒于复子明辟,以终臣节,故曰“利永贞”也矣(《集解》)。

注:①此为“坤”卦爻辞的末句。②扆(yǐ 以):屏风。

含万物而化光[①]。

23. 光,大也。谓坤含藏万物,顺承天施,然后化光也(《集解》)。

注:①此为“坤”卦《文言》中的一句。

屯[①](卦三)

宜“建侯”而不宁[②]。

24. 水运将终,木德将始,殷周际也。百姓盈盈,非君子不宁。天下既遭屯险之难,后王宜荡之以雷雨之政,故封“诸侯”以宁之也(《集解》)。

注:①“屯”为《周易》六十四卦之卦三。②此为“屯”卦《象传》中的一句。

蒙[①](卦四)

《蒙》:亨[②]。

25. 蒙者,离宫阴也。世在四,八月之时,降阳布德,荠麦并生,而息来在寅，故蒙于世。为八月，于消息为正月卦也。正月之时，阳气上达，故《屯》为物之始生，《蒙》为物之稚也。施之于人，则童蒙也。苟得其运，虽蒙必亨，故曰“蒙亨”。此盖以寄成王之遭周公也（《集解》）。

注：①《蒙》为《周易》六十四卦之卦四。②此为《蒙》卦首句。

蒙以养正，圣功也[①]。

26. 武王之崩，年九十三矣，而成王八岁。言天后成王之年。得[②]以养公正之道，而成三圣之功（《集解》）。

注：①此为“蒙”卦《彖传》中之一句。②《集解》为“将”字。

初六：发蒙，利用刑人，用说桎梏，以往吝[①]。《象》曰：“利用刑人”，以正法也[②]。

27. 初六戊寅，平明之时，天光始照，故曰“发蒙”。此成王始觉周公至诚之象也。坎为法律，寅为贞廉，以贞用刑，故“利用刑人”矣。此成王将正四国之象也。说，解也。正四国之罪，宜释周公之党，故曰“用说桎梏”。既感金滕[③]之文，追恨昭德之晚，故曰“以往吝”。初二失位，吝之由也（《集解》）。

注：①此为“蒙”卦爻辞的第一句。②此为《蒙》卦《象传》中的一句。③滕（téng 藤）：封缄。

需[①]（卦五）

《象》曰：云上于[②]天，《需》[③]。

28. 上，升也（陆德明《释文》。以下简称《释文》）。

注：①《需》为《周易》六十四卦之卦五。②“于”应为“乎”字。③此为《需》卦《象传》中的一句。

君子以饮食晏乐[①]。

29. 晏，安也（《影宋本注疏音义》）。

注：①此为《需》卦《象传》中的一句。

初九：需于郊，利用恒，无咎[①]。

30. 郊，乾坎之际也。既已受命，进退[②]北郊，未可以进，故曰“需于郊”。处不避污，出不辞难，臣之常节也。得位有应，故曰“利用恒”。虽小稽留，终于必达，故曰“无咎”（《集解》）

注：①此为《需》卦爻辞的第一句。②“退”：应为“道”。

讼[1]（卦六）

《讼》：有孚，窒[2]。

31.《讼》，离之游魂也。离为戈兵，此天气将刑杀，圣人将用师之卦也。《讼》，不亲也，兆民未识天命，不同之意（《集解》）。

注：①《讼》为《周易》六十四卦之卦六。②此为《讼》卦首句。

君子以作事谋始[1]。

32. 省民之情以制作也。武王故先观兵孟津，盖以卜天下之心，故曰"作事谋始"也（《集解》）。

注：①此为《讼》卦《象传》中的一句。

师[1]（卦七）

以此毒天下，而民从之[2]。

33.《坎》为险；《坤》为顺。兵革、刑狱，所以险民也。毒[3]民于险中，而得顺道者，圣王之所难也。毒，荼苦也。五刑之用，斩刺肌体，六军之锋，残破城邑，皆所荼毒奸凶之人，使服王法者也，故曰"以此毒天下，而民从之"。毒以治民，明不获已而用之，故于《彖》、《象》、六爻皆著戒惧之辞也[4]（《集解》）。

注：①《师》为《周易》六十四卦之卦七。②此为《师》卦《彖传》中的一句。③毒：俞樾曰"毒，读为督，治也"。④《义海》引此，末四句作"兵行荼毒，不得已而用之"。"故"下无"于"字。

上六：大君有命，开国承家，小人勿用[1]。

34. 大君，圣人也；有命，天命也。五常为王位至师之家[2]而变其例者。上为郊也，故易位以见[3]，武王亲征与师人同处于野也。《离》上九曰："王用出征，有嘉折首。"上六为宗庙，武王以文王行故正开国辞于宗庙之爻。明己之受命，文王之德也。故《书·泰》誓曰：予克受[4]，非予武惟朕文考无罪受克予，非朕文考有罪惟予小子无良。"开国"，封诸侯也；"承家"立都邑也。"小人勿用"，非所能矣（《集解》）。

注：①此为《师》卦爻辞的第六句。②《盐邑志林》本"家"为"象"。③《盐邑志林》本"见"为"阳"。④《盐邑志林》本"受"为"纣"。

《象》曰："大君有命"，以正功也[1]。

35. 汤武之事(《集解》)。

注:①此为《师》卦《象传》中的一句。

36. 王执而正之,非私惠也(《义海》)。

“小人勿用”,必乱邦也[①]。

37. 楚灵、齐闵,穷兵之祸也(《集解》)。

注:①此为《师》卦《象传》中的一句。

比[①](卦八)

《比》:吉。原筮元,永贞,无咎。不宁方来,后夫凶[②]。

38.《比》者,坤之归魂也。亦世于七月,而《息》来。在巳,去阴居阳,承乾之命,义与《师》同也。原,卜也。《周礼》三卜,一曰:原兆坤德,变化反归其所。四方既同,万国既亲,故曰“《比》吉”。考之蓍龟,以谋王业,大相东土,卜惟洛食,遂乃定鼎。郏鄏[③]卜世三十,卜年七百,德善长于兆民戬禄于被业,故曰:“原筮元永贞。”逆取顺守,居安如危,故曰“无咎”。天下归德,不唯一方,故曰“不宁方来”。后服之,夫违天,失人必灾其身,故曰“后夫凶也”(《集解》)。

注:①《比》为《周易》六十四卦之卦八。②此为《比》卦首句。③鄏(rǔ辱),古地名。其地在今河南洛阳市境内。《左传·宣公三年》:“成王定鼎于郏鄏。”

六二:比之自内,贞吉[①]。

39. 二在《坤》中,坤国之象也。得位应五,而体宽大。君乐民,人自得之象也,故曰“比之自内,贞吉”矣(《集解》)。

注:①此为《比》卦爻辞第二句。

六三:比之匪人[①]。《象》曰:“比之匪人”,不亦伤乎[②]?

40. 六三乙卯,《坤》之鬼,吏在《比》之象,有土之君也。周为木德,“卯”为木辰,同姓之国也。爻失其位,辰体阴贼,管蔡之象也。《比》建万国,唯去此人,故曰“比之匪人,不亦伤”,王政也(《集解》)。

注:①此为《比》卦爻辞中的一句。②此为《比》卦《象传》中的一句。

六四:外比之,贞吉[①]。《象》曰:“外比”于贤,以从上也[②]。

41. 四为三公在《比》之象,而得其位。上比圣主,下御列国,方伯之象也。能外亲九服,贤德之君,务宣上志,绥万邦也[③],故曰“外比于贤,以从上也”(《集解》、《义海》)。

注:①此为《比》卦爻辞中的一句。②此为《比》卦《象传》中的一句。③《义海》引此条从"上比圣主"至"绥万邦也"。

履[①]（卦十）

九五:夬履,贞厉[②]。《象》曰:"夬履贞厉",位正当也[③]。

42. 夬,決也。居中履,正为履贵,主万方所履一决于前,恐夬失正,恒惧危厉,故曰"夬履贞厉,位正当"也(《集解》)。

注:①《履》为《周易》六十四卦之卦十。②此为《履》卦爻辞的一句。③此为《履》卦《象传》中的一句。

大有[①]（卦十四）

匪其彭[②]。

43. 彭亨,盛满貌(项安《世玩辞》卷三)。

注:①《大有》为《周易》六十四卦之卦十四。②此为《大有》卦爻辞中的一句。《周易集解》"彭"作"尪"(wāng 汪)。

噬嗑[①]（卦二十一）

初九:屦[②]校灭趾,无咎[③]。

44. 趾,足也。屦校,贯械也。初居刚躁之象,体贪狼之性以震掩巽。强暴之男也,行侵陵之罪以陷屦校之刑,故曰"屦校灭趾"。得位于初顾震知,惧小惩大戒以免刑戮,故曰"无咎"矣(《集解》)。

注:①《噬嗑》(shì hē 逝合)咬嚼,引申为辨析。此为《周易》六十四卦之卦二十一。②屦(jù 据):葛麻制成的单底鞋。③此为《噬嗑》卦爻辞的第一句。

《象》曰:"屦校灭趾",不行也[①]。

45. 不敢遂行强也(《集解》)。

注:①此为《噬嗑》卦中《象传》之一句。

贲[①]（卦二十二）

观乎天文以察时变,观乎人文以化成天下[②]。

46. 四时之变,县乎日月,圣人之化成乎文章。观日月而要其会通,观文明而化成天下(《集解》)。

注:①《贲》(bì 闭)卦为《周易》六十四卦之卦二十二。②此为《贲》卦《象传》

中的一句。

《象》曰："白贲无咎"，上得志也[1]。

47. 白，素也。延山林之人，采素士之言，以饰其政，故"上得志"也（《集解》）。

注：①此为"贲"卦《象传》之末句。

坎[1]（卦二十九）

初六：习坎，入于坎，窞[1]，凶[2]。

48. 窞，坎之深者也。江河淮济，百川之流行乎？地中水之正也。及其为灾，则泛溢平地而入于坎。窞，是水失其道也。刑狱之用，必当于理，刑之正也。及其不平，则枉滥无辜，是法失其道也。故曰"入于坎，窞，凶"矣（《集解》）。

注：①窞（dàn 旦）：坑，有陷入意。②此为《坎》卦爻辞的第一句。

《象》曰："来之坎坎"，终无功也[1]。

49. 坎，十一月卦也。又失其位，喻殷之执法者，失中之象也。"来之坎坎"者，斥周人观衅于殷也。枕安也，险且枕者，言安忍以暴政加民而无哀矜之心，淫刑滥罚，百姓无所措手足，故曰"'来之坎坎'，终无功也"（《集解》）。

注：①此为《坎》卦《象传》之一句。

周易注（卷中）

周易下经

明夷[1]（卦三十六）

于出门庭[2]。

50. 一为室，二为户，三为庭，四为门，故曰"于出门庭"矣（《集解》）。

注：①《明夷》为《周易》六十四卦之卦三十六。②此为《明夷》卦爻辞"六四"

后半句。

蹇[1](卦三十九)

九五:大蹇朋来[2]。《象》曰:"大蹇朋来",以中节也[3]。

51. 在险之中而当王位,故曰"大蹇"。此盖以托文王为纣所囚也。承上据四应二,众阴并至,此盖以托四臣能以权智相救也,故曰"以中节也"(《集解》)。

注:①《蹇》卦为《周易》六十四卦之卦三十九。②此为《蹇》卦爻辞之一句。③此为《蹇》卦《象传》中的一句。

益[1](卦四十二)

帝,吉[2]。

52. 圣王先成其民,而后致力于神,故"王用享于帝,吉"[3]。在巽之宫,处蹇之象,是则苍精之帝同始祖矣(《集解》)。

注:①《益》为《周易》六十四卦之四十二。②此为《益》卦爻辞之一句。③《周易集解》脱"吉"。

六三:益之用凶事,无咎。有孚。中行告公用圭[1]。《象》曰:"益用凶事",固有之也[2]。

53. 固有如桓、文之徒,罪近篡弑,功实济世。六三失位而体奸邪,处《震》之动,怀《巽》之权,是矫命之士,争夺之臣,桓,文之爻也,故曰"益之用凶事"。在《益》之象而居《坤》中,能保社稷,爱抚人民,故曰:"无咎"。既乃中行近仁,故曰"有孚中行"。然后俯列盟会,仰致锡命,故曰"告公用圭"(《集解》)。

注:①此为《益》卦爻辞之一段。②此为《益》卦《象传》之一句。

夬[1](卦四十三)

"孚号有厉",其危乃光也[2]。

54. 夬,九五则飞龙在天之爻也。应天顺民以发号令,故曰"孚号"。以刚决柔,以臣伐君,君子危之,故曰"有厉"。德大而心小,功高而意下,故曰"其危乃光"也(《集解》)。

注:①《夬》,为《周易》六十四卦之四十三。②此为《夬》卦《象传》中的一句。

"告自邑"[①]。

55. 殷民告周,以纣无道(《集解》)。

注:①此为《夬》卦《象传》中的半句。

姤[①](卦四十四)

九五:以杞包瓜,含章[②]。

56. 初二体《巽》为草木;二又为田,田中之果柔而蔓者,瓜之象也(《集解》)。

注:①《姤》为《周易》六十四卦之卦四十四。②此为《姤》卦爻辞之一句。

升[①](卦四十六)

九二:孚乃利用禴[②],无咎[③]。《象》曰:"九二"之"孚",有喜也[④]。

57. 刚中而应,故"孚"也。又言乃"利用禴"于春时也。非时而祭曰"禴"。然则文王俭以恤民,四时之祭皆以"禴"礼。神享德与信不求备也,故《既济》。九五曰:"东邻杀牛,不如西邻之禴祭,实受其福。""九五坎坎"为豕,然则禴祭以豕而已。不奢盈于礼,故曰"有喜"矣(《集解》)。

注:①《升》卦为《周易》六十四卦之卦四十六。②禴(yuè 跃):古代祭名。夏殷春祭曰禴,周夏祭曰禴。③此为《升》卦爻辞之一句。④此为《升》卦《象传》中的一句。

困[①](卦四十七)

初六:臀困于株木[②]。

58. "兑"为孔穴,"坎"为隐伏,隐伏在下而漏。孔穴,臀之象也(《集解》)。

注:①《困》卦为《周易》六十四卦之卦四十七。马本漏录,据《周易集解》补录。②此为《困》卦爻辞第一句。

井[①](卦四十八)

改邑不改井,无丧无得。往来井井。汔至,亦未繘[②]井,羸其瓶,凶[③]。

59. 水,殷德也;木,周德也。夫井德之地也,所以养民性命而清洁之主者也。自《震》化行，至于五世。改殷纣比屋之乱俗，而不易成汤昭假之法度也，故曰“改邑不改井”。二代之制，各因时宜，损益虽异，括囊则同，故曰“无丧无得、往来井井”也。当殷之末，井道之穷，故曰“汔至”。至周德虽兴，未及革正，故曰：“亦未潏井”。井泥为秽，百姓无聊比者之间[4]，交受涂炭，故曰“羸其瓶，凶”矣（《集解》）。

注：①《井》卦为《周易》六十四卦之卦四十八。②《周易集解》“潏”（jué 决）及注文均为“繘”（jú 橘）。③此为《井》卦爻辞的第一段。④《周易集解》“比者之间”为“比屋之间”。

初六：井泥不食。旧井无禽[1]。

60. 在井之下体本土爻，故曰“泥”也。井而为泥，则不可食，故曰“不食”。此托纣之秽政，不可以养民也。“旧井”谓殷之未丧师也，亦皆清洁，无水禽之秽，又况泥土乎？故曰“旧井无禽”矣！（《集解》）。

注：①此为《井》卦爻辞中的一段。

九三：井渫不食，为我心恻。可用汲，王明并受其福[1]。《象》曰：“井渫不食”，行“恻”也。求“王明”，“受福”也[2]。

61. 此托殷之公侯，时有贤者，独守成汤之法度而不见任，谓微箕之伦也，故曰：“井渫不食，为我心恻。”“恻”，伤悼也。民乃外附，故曰“可用汲”。周德来被，故曰“王明”。王得其民，民得其王，故曰“求王明受福”也（《集解》）。

注：①此为《井》卦爻辞的一段。②此为《井》卦《象传》中的一句。

六四：井甃[1]，无咎[2]。

62. 以砖垒井曰“甃”（《释文》）。

注：①甃（zhòu 绉）。②此为《井》卦爻辞的一句。

上六：井收网[1]幕，有孚元吉[2]。《象》曰：“元吉”在“上”，大成也[3]。

63. 处井上位，在瓶之水也，故曰“井收幕覆”也。井以养生，政以养德，无覆水泉而不惠民，无蕴典礼而不兴教，故曰“井收网幕”。“网幕”则教信于民，民服教则大化成也（《集解》）。

注：①《周易》原文“网”字为“勿”。②此为《井》卦爻辞的一段。③此为《井》卦《象传》的一段。

革[1]（封四十九）

“巳日乃孚”，革而信之[2]。

64. 天命已至之日也。"乃孚",大信著也。武王陈兵孟津之上,诸侯不期而会者八百国,皆曰:"纣可伐矣"。武王曰:"尔未知天命,未可也。"还归。二年,纣杀比干,囚箕子,尔乃伐之,所谓"巳日乃孚,革而信"也(《集解》)。

注:①《革》卦为《周易》六十四卦之卦四十九。②此为《革》卦《象传》中的一句。

革之时大矣哉[1]。

65. 革天地,成四时;诛二叔,除民害。天下定,武功成,故"大矣哉"也(《集解》)。

注:①此为《革》卦《象传》中的末句。

初九:巩用黄牛之革[1]。

66. "巩",固也。《离》为牝牛;《离》爻本《坤》,黄牛之象也。在《革》之初,而无应据,未可以动,故曰"巩用黄牛之革"。此喻文王虽有圣德,天下归周三分有二,而服事殷,其义也(《集解》)。

注:①此为《革》卦爻辞第一句。

九四:悔亡。有孚改命吉[1]。《象》曰:"改命"之"吉",信志也[2]。

67. 爻入上象,喻纣之郊也。以逆取而四海顺之,动凶器而前歌后舞,故曰"悔亡"也。中流而白鱼入舟,天命信矣,故曰"有孚"。甲子夜,陈雨甚至,水德宾服之祥也,故曰"改命之吉,信志也"(《集解》)。

注:①此为《革》卦爻辞之一段。②此为《革》卦《象传》之一段。

上六:君子豹变,小人革面,征凶,居贞吉[1]。《象》曰:"君子豹变",其文蔚也。"小人革面",顺以从君也[2]。

68. "君子",大贤,次圣之人,(谓)[3]若大公周召之徒也。"虎豹"之属,蔚炳之次也。君圣臣贤,殷之顽民皆改志从化,故曰"小人革面"。天下既定,必倒载干戈,包之以虎皮,将率之士使为诸侯,故曰:"征凶,居贞吉。"得正有应,君子之象也(《集解》)。

注:①此为《革》卦爻辞的一段。②此为《革》卦《象传》的末段。③马本脱"谓"字,据《周易集解》补。

鼎[1](卦五十)

六五:鼎黄耳金铉,利贞[2]。

69. 凡举鼎者，铉也。尚三公者，王也。"金"喻可贵之美也，故曰"金铉"。铉鼎得其物，施令得其道，故曰"利贞"也(《集解》)。

注：①《鼎》为《周易》六十四卦之卦五十。②此为《鼎》卦爻辞之一段。

上九：鼎玉铉，大吉，无不利[①]。

70. 玉，又贵于金者。凡亨饪之事，自镬升于鼎，载于俎；自俎入于口，馨香上达，动而弥贵，故鼎之义上爻愈吉也。鼎，主亨饪不失其和，金玉铉之不失其所。公卿仁贤，天王圣明之象也。君臣相临，刚柔得节，故曰"吉，无不利"也(《集解》)。

注：①此为《鼎》卦爻辞的末段。

震[①]（卦五十一）

"震惊百里"，惊远而惧[②]迩也。"不丧匕鬯[③]，出可以守宗庙社稷，以为祭祖也[④]。

71. 周，木德，《震》之正象也，为殷诸侯。殷诸侯之制，其地百里。是以文王小心翼翼，昭事上帝，聿怀多福，厥德不回，以受方国，故以百里而臣诸侯也。为诸侯，故主社稷；为长子，而为祭主也。祭礼荐陈甚多，而经独言。"不丧匕[⑤]鬯"者，匕牲体，荐鬯酒，人君所自亲也(《集解》)。

注：①《震》为《周易》六十四卦之卦五十一。②《周易》原文"而"为"与"。③《周易集解》和马本均脱"不丧匕鬯"四字，据《周易》补入。④此为《震》卦《彖传》中的一句。⑤马本脱"匕"字，据《周易集解》补。

初九："震来"虩虩[①]，后"笑言哑哑"，吉[②]。

72. 得《震》之正，首震之象者。"震来虩虩"，羑里之厄也；"笑言哑哑"，后受方国也(《集解》。

注：①虩(xì 隙)：虩虩，恐惧貌。②此为《震》卦爻辞的第一句。

六二：震来厉，亿丧贝，跻于九陵，勿逐，七日得[①]。《象》曰："震来厉"，乘刚也[②]。

73. 六二，木爻《震》之身也。得位无应，而以"乘刚"为危。此托文王积德，累功以被囚为祸也，故曰"震来厉"。"亿"，叹辞也；"贝"，宝货也。产乎东方，行乎大涂也。此以喻纣拘文王。闳夭之徒，乃于江淮之浦，求盈箱之贝，而以赂纣也，故曰"亿丧贝"。贝，水物而方升于九陵，今虽丧之，犹外府也，故曰"勿逐，七日得"。"七日得"者，七年之日也，

故《书》曰："诞保文武受命，惟七年是也。"(《集解》)

注：①此为《震》卦爻辞的第二段。②此为《震》卦《象传》中的一段。

渐[①](卦五十三)

上九：鸿渐于陆，其羽可用为仪，吉[②]。《象》曰："其羽可用为仪吉"，不可乱也[③]。

74. 处渐高位，断渐之进。顺《艮》之言，谨《巽》之全，履《坎》之通，据《离》之耀。妇德既终，母教又明，有德而可受，有仪而可象，故曰"其羽可以为仪，不可乱也"(《集解》)。

注：①《渐》卦为《周易》六十四卦之卦五十三。②此为《渐》卦爻辞的末段。③此为《渐》卦《象传》的末段。

归妹[①](卦五十四)

《归妹》，人之终始也[②]。

75.《归妹》者，衰落之女也。父既没矣，兄主其礼，子续父业，人道所以相"终始也"(《集解》)。

注：①《归妹》卦为《周易》六十四卦之卦五十四。②此为《归妹》卦《彖传》中的一句。

《象》曰：泽上有雷，《归妹》。君子以永终知敝[①]。

76. 雷薄于泽，八月九月将藏之时也。君子象之故，不敢恃当今之虞而虑将来祸也(《集解》)。

注：①此为《归妹》卦《象传》中的首段。

丰[①](卦五十五)

勿忧，宜日中[②]。

77.《丰》、《坎》，宫阴世在五，以其宜中而忧其侧(昃)[③]也。《坎》为夜，《离》为昼，以《离》受(变)[④]《坎》，至于天位，日中之象也。殷，水德；《坎》，象昼，败而《离》居之，周伐殷居王位之象也。圣人德大而心小，既居天位，而戒惧不怠。"勿忧"者，劝勉之言也。犹诗曰："上帝临尔(女)[⑤]，无贰尔心。"言周德当天人之心，宜居王位，故曰"宜日中"(《集解》)。

注:①《丰》卦为《周易》六十四卦之卦五十五。②此为《丰》卦爻辞中的一句。③“侧”,《周易集解》为“昃”。④“受”,《周易集解》为“变”。⑤“尔”,《周易集解》为“女”。

九三:丰其韦[1]。

78.“韦”,祭祀之蔽膝(《释文》)。

注:①此为《丰》卦爻辞中的一句。“韦”,《周易》原文为“沛”。

上六:丰其屋,蔀[1]其家,窥其户,阒[2]其无人,三岁不觌[3],凶[4]。

79. 在《丰》之家,居《乾》之位,《乾》为屋宇,故曰“丰其屋”。此盖记纣之侈,造为璇室玉台也[5]。“蔀其家”者,以记纣多倾国之女也。社稷既亡,宫室虚旷,故曰“窥其户,阒其无人”。“阒”,无人貌也。“三”者,天、地、人之数也。凡国于天地有兴亡焉,故王者之亡其家也,必天示其祥,地出其妖,人反其常。非斯三者,亦弗之亡也,故曰:“三岁不觌,凶。”然则,璇室之成,三年而后亡国矣(《集解》)。

注:①蔀(bù 部):遮掩。②阒(qù 去):寂静。③觌(dí 敌):见。④此为《丰》卦爻辞的末段。⑤璇室玉台:为夏桀王和殷纣王建造的极侈华的宫室,后因而亡国。

旅[1](卦五十六)

六五:射雉,一矢亡,终以誉命[2]。《象》曰:“终以誉命”,上逮也[3]。

80.《离》为雉,为矢;《巽》为木,为进退;《艮》为手;《兑》为决。有木在手,进退其体,矢决于外,射之象也。一阴升《乾》,故曰“一矢”。《履》非其位,下又无应,虽复射雉,终亦失之,故曰“一矢亡”也。“一矢亡”者,喻有损而小也。此托禄父为王者,后虽小叛扰,终逮安周室,故曰“终以誉命”矣(《集解》)。

注:①《旅》卦为《周易》六十四卦之卦五十六。②此为《旅》卦爻辞中的一段。誉命:美名。③此为《旅》卦《象传》中的一段。

节[1](卦六十)

上六:苦节,贞凶。悔亡[2]。

81.《象》称“苦节不可贞”,在此爻也。禀险伏之教,怀贪很之志,以苦节之性,而遇甘节之主,必受其诛。华士少正卯之爻也,故曰[3]“贞凶”。苦节既凶，甘节志得，故曰“悔亡”(《集解》)。

注:①《节》卦为《周易》六十四卦之卦六十。②此为《节》卦爻辞的末段。③马本脱“曰”字。

既济[①](卦六十三)

九三：高宗伐鬼方，三年克之，小人勿用[②]。

82. 高宗[③]，殷中兴之君；鬼方，北方国也。高宗尝伐鬼方，三年而后克之。《离》为戈兵，故称伐；“坎”当北方，故称鬼。在《既济》之家，而述先代之功，以明周因于殷有所弗革也(《集解》)。

注:①《既济》卦为《周易》六十四卦之卦六十三。②此为《既济》卦爻辞中的一段。③高宗：这里指商王武丁。

未济[①](卦六十四)

《未济》：亨。小狐汔济，濡其尾，无攸利[②]。

83.《坎》，为狐，《说文》曰：“汔，涸也”。案：刚柔失正，故“未济”也。五居中，应刚，故“亨”也。小狐力弱，汔乃可济；水既未涸，而乃济之，故尾濡而无所利也(《集解》)。

注:①《未济》卦为《周易》六十四卦之卦六十四。②此为《未济》卦爻辞之首段。

“小狐汔济”，未出中也[①]。

84. 狐，野兽之妖者，以喻禄父。中谓二也，困而犹处中故也。此以记(托)[②]纣虽亡国，禄父犹得封矣(《集解》)。

注:①此为《未济》卦《彖传》中的一句。②记：《周易集解》为“托”。

“濡其尾，无攸利”，不续终也[①]。

85. 言禄父不能敬奉天命，以续既终之礼，谓叛而被诛也(《集解》)。

注:①此为《未济》卦《彖传》中的一句。

虽不当位，刚柔应也[①]。

86. 六爻皆相应，故微子更得为客也(《集解》)。

注:①此为《未济》卦《彖传》中的一句。

九二：曳其轮，贞吉[①]。

87.《坎》为轮；《离》为牛，牛曳轮，上以承王命。犹东蕃之诸侯共攻三监，以康周道，故曰“贞吉”也(《集解》)。

注:①此为《未济》卦爻辞中的一段。

六三:未济,征凶。利涉大川[①]。《象》曰:"未济征凶",位不当也[②]。

88."吉凶"者,言乎其失得也。禄父反叛,管、蔡与乱,兵连三年,诛及骨肉,故曰"未济征凶"。平克四国,以济大难,故曰"利涉大川"。"坎"也,以六居三,不当其位,犹周公以臣而君,故流言作矣(《集解》)。

注:①此为《未济》卦爻辞中的一段。②此为《未济》卦《象传》中的一段。

六五:贞吉,无悔。君子之光有孚,吉[①]。

89. 以六居五,周公摄政之象也,故曰:"贞吉,无悔。"制礼作乐,复子明辟,天下乃明其道,乃信其诚,故"君子之光有孚,吉"矣(《集解》)。

注:①此为《未济》卦爻辞中的一段。

周易注(卷下)

系辞上传

悔吝者,忧虞之象也[①]。

90. 悔亡则虞,有小吝则忧。忧虞未至于失得,悔吝不入于吉凶,事有小大,故辞有急缓,各象其意也(《集解》)。

编者按:此条马国翰漏辑,据补。

注:①此为《系辞上传》第二章中的一句。此条马本无,据《周易集解》补。

故神无方,而《易》无体[①]。

91.《否》、《泰》盈虚者,神也;变而周流者,《易》也。言神之鼓,万物无常方,《易》之应变化,无定体也(《集解》)。

注:①此为《系辞上传》第四章的末句。

慎斯术也以往[①]。

92. 慎,时震反。(《释文》云:"郑、干同"[②])。

注:①此为《系辞上传》第八章中的一句。②郑指郑玄,干指干宝。

大衍之数五十[①]。

93. 衍,合也(《释文》、《集解》)。

注:①此为《系辞上传》第九章首句。

神武而不杀者夫[①]。

94. 杀,所戒反(《释文》)。

注:①此为《系辞上传》第十一章中的一句。

是故《易》有太极,是生两仪[①]。

95. 发,初言。"是故",总众篇之义也(《集解》)[②]。

编者按:此条马国翰漏辑,据补。

注:①此为《系辞上传》第一章中的一句。②马本无此条,据《周易集解》补。

系辞下传

重门系柝,以待暴客[①]。

96. 卒暴之客为奸寇也(《集解》)。

注:①此为《系辞下传》第二章中的一句。

是故《易》者,象也[①]。

97. 言"是故",又总结上义也《集解》。

注:①此为《系辞下传》第三章的首句。

精义人神,以致用也[①]。

98. 能精义理之微,以得未然之事,是以涉于神道而逆祸福也(《集解》)。

注:①此为《系辞下传》第五章第一节之一句。其中"人"《周易集解》为"入"。

君子知微知章,知柔知刚,万夫之望[①]。

99. 言君子苟达于此,则"万夫之望"矣。周公闻齐鲁之政,知后世强弱之势;辛有见被发而祭,则知为戎狄之居。凡若此类,可谓知几也,皆称君子。君子则以得几,不必圣者也(《集解》)。

注:①此为《系辞下传》第五章第八节中的一句。

男女构精,万物化生[①]。

100. 男女犹阴阳也,故"万物化生"。不言阴阳而言男女者,以指释《损》卦"六三"之辞,主于人事也(《集解》)。

注:①此为《系辞下传》第五章第十节中的一句。

辩物证言,断辞则备矣[①]。

101.“辩物”，辩物类也；“正言”，言正义也。“断辞”，断吉凶也。如此则备于经矣（《集解》）。

注：①此为《系辞下传》第六章中的一句。

《谦》，德之柄也[①]

102.“柄”，所以持物；“德”，所以持礼者也（《集解》）。

注：①此为《系辞下传》第七章中的一句。

无有师保，如临父母[①]。

103. 言《易》道以戒惧为本。所谓“惧”，以终始归无咎也。外为丈夫之从王事，则夕惕若厉；内谓妇人之居室，则无攸遂也。虽无师保切磋之训，其心敬戒，常如父母之临已者也（《集解》）。

注：①此为《系辞下传》第八章中的一句。

《易》之为书也[①]。

104. 重发《易》者，别殊旨也（《集解》）。

注：①此为《系辞下传》第九章的首句。

六爻相杂，唯其时物也[①]。

105. 一卦六爻，则皆杂有八卦之气。若“初九”为《震》爻；“九二”为《坎》爻也。或若见“辰戌”言《艮》，“己亥”言《兑》也；或若以“甲壬”名《乾》，以“乙癸”名《坤》也；或若以午位名《离》，以子位名《坎》；或若德来为好物，刑来为恶物。王相为兴，休废为衰（《集解》）。

注：①此为《系辞下传》第九章中的一句。

初辞拟之，卒成之终[①]。

106. 初拟议之，故难知；卒终成之，故《易》知本末，势然也（《集解》）。

注：①此为《系辞下传》第九章中的一句。

爻有等，故曰物[①]。

107. 等，群也。爻中之义，群物交集，五星四气，六亲九族，福德刑杀，众形万类，皆来发于爻，故总谓之“物”也。象颐中有物曰《噬嗑》，是其义也（《集解》）。

注：①此为《系辞下传》第十章中的一句。

物相杂，故曰文。文不当，故吉凶生焉[①]。

108. 其辞为文也，动作云为，必考其事，令与爻义相称也。事不称义，虽有吉凶，则非今日之吉凶也。故“元亨利贞”而穆姜以死；“黄裳元吉”南蒯以败，是所谓“文不当”也。故于经则有君子吉，小人否；于古[2]则王相之气，君子以迁官，小人以遇罪也（《集解》）。

注：①此为《系辞下传》第十章的末句。②“古”，《周易集解》为“占”。

说　卦

幽赞于神明而生蓍[1]。

109.“幽”，昧人所未见也；“赞”，求也。言伏羲用明于昧冥之中，以求万物之性。尔乃得自然之神物，能通天地之精，而管御百灵者，始为天下生用蓍之法者也（《集解》）。

注：①此为《说卦》第一章中的一句。

为駹[1]。

110. 駹，杂色（《释文》）。

注：①“（震）为駹”是《说卦》第三章第二节的一句。《周易》其他本为“龙”，虞翻、干宝写作“駹”。

111.“旉”，花之通名。“铺”为花貌，谓之“藪”（《释文》）。

注：①此为《说卦》第三章第七节的一句。旉（fū 敷）。

序　卦

有天地，然后万物生焉[1]。

112. 物有先天地而生者矣。今止取始于天地，天地之先，圣人弗之论也。故其所法象，必至天地而还。老子曰：“有物混成，先天地生，吾不知其名。”强字之曰：“道上系曰：‘法象莫大乎天地’，庄子曰：‘六合之外圣人存而不论’，《春秋·穀梁传》曰：‘不求知所不可知者，智也’。”而今，后世浮华之学，强支离道义之门，求入虚诞之域，以伤正[2]害民，岂非谗说殄行，大舜之所疾者乎？（《集解》）

注：①此为《序卦》第一章首句。②“正”《周易集解》为“政”。

物稚不可养也，故受之以《需》。《需》者饮食之道也[1]。

113.《需》，《坤》之游魂也。云升在天而雨未降，翱翔东西，须之象也。王事未至饮宴之日也。夫《坤》者，地也，妇人之职也。百谷果蓏[2]之所生，禽兽鱼鳖之所托也。而在游魂变化之家，即烹爨[3]腥实以为和味者也。故曰："《需》者，饮食之道也。"（《集解》）

编者按：此条马国翰漏辑，而《集解》误入卦四《蒙》。

注：①此为《序卦》第一章中的两句。明姚士粦辑本有此条，而马本漏此条，《周易集解》将此条辑入《需》卦。据《集解》收录移此。②蓏（luǒ 裸）：瓜类植物的果实。③爨（cuàn 窜）：烧火做饭。

有上下然后礼义有所错[1]。

114. 错，施也。此详言人道三纲、六纪有自来也。人有男女阴阳之性，则自然有夫妇配合之道。有夫妇配合之道，则自然有刚柔尊卑之义。阴阳化生，血体相传，则自然有父子之亲。以父立君，以子资臣，则必有君臣之位。有君臣之位，故有上下之序。有上下之序，则必礼以定其体，义以制其宜，明先王制作，盖取之于情者也。上经始于《乾》、《坤》，有生之本也；下经始于《咸》、《恒》，人道之首也。《易》之兴也，当殷之末世，有妲己之祸，当周之盛德，有三母之功。以言天，不地不生；夫不妇不成。相须之至，王教之端。故诗以《关雎》为国风之始，而《易》于《咸》、《恒》备论礼义所由生也（《集解》）。

注：①此为《序卦》第二章中的一句。

杂　　卦

《晋》，昼也。《明夷》，诛也[1]。

115. 日上中，君道明也。明君在上，罪恶必刑也（《集解》）。

注：①此为《杂卦》中的一句。

《夬》，决也，刚决柔也。君子道长，小人道忧也。

116. 凡《易》既分为六十四卦，以为上下经，天人之事，各有始终。夫子又为《序卦》，以明其相承受之义。然则，文王、周公所遭遇之运；武王、成王所先后之政，苍精受命，短长之期，备于此矣。

而夫子又重为《杂卦》，以易其次第。《杂卦》之末，又改其例，不以两卦反复相酬者，以示来圣后王：明道非常道，事非常事也。化而裁之存乎变，是以终之以决言，能决断其中，唯阳德之主也。故曰："易穷则变，通则久。”总而观之，伏羲、黄帝，皆系世象贤，欲使天下世有常君也。

而尧、舜禅代，非黄、农之化，朱均顽也；汤、武逆取，非唐、虞之迹，桀、纣之不君也；伊尹废立，非从顺之节，使太甲思愆也；周公摄政，非汤、武之典，成王幼年也。凡此，皆圣贤所遭遇异时者也。

夏政尚忠，忠之弊野，故殷自野以教敬；敬之弊鬼，故周自鬼以教文；文之弊薄，故春秋阅诸三代而损益之。颜回问：“为邦？”子曰：“行夏之时，乘殷之辂，服周之冕。”弟子问政者数矣，而夫子不与言三代损益，以非其任也。回则备言王者之佐伊尹之人也，故夫子及之焉。

是以圣人之于天下也，同不是，异不非；百世以俟圣人而不惑，一以贯之矣（《集解》）。

编者按：此条是干宝对《周易》总的评论。唐李鼎祚《周易集解》亦用此条作为该书的总结。

三 《后养议》佚文集注

编者按:《隋志》夹注:“梁有《后养议》五卷,干宝撰。”马国翰《序》曰:“此书芒论列为人后者养亲丧祭之礼,曰‘议’者,集诸儒之议以成书也。”《晋书·礼志》载:王昌父毖与前妻隔绝,更娶昌母。昌闻前母丧,请求平议一节,历述谢衡、许猛等十数人之议,而以宝论为归结,当是书中之一篇。此从《晋书.礼志》节录《王昌事前母议》一篇,为该书仅存者。

王昌事前母议

太康元年①,东平王楙②上言,相③王昌父毖,本居长沙,有妻息,汉末使入中国,值吴叛④,仕魏为黄门郎,与前妻息死生隔绝,更娶昌母。今江表一统⑤,昌闻前母久丧,言疾求平议。

注:①太康元年:公元280年。②东平王楙(“茂”的古体字):即司马楙,字孔伟,河间平王洪三子。怀帝时改封竟陵王。洛阳沦陷,为乱兵所杀。③相:古城名。在今河南内黄东南。④吴叛:吴国建立。晋承魏,故曰“吴叛”。⑤江表一统:晋于太康元年(280年)三月灭吴,统一全国。

守博士谢衡①议曰:“虽有二妻,盖有故而然,不为害于道,议宜更相为服。”

守博士许猛②以为“地绝,又无前母之制,正以在前非没则绝故也。前母虽在,犹不应服。”段畅③、秦秀④、邹冲⑤从猛。

注:①谢衡:陈国阳夏(今河南太康)人。西晋时官至国子祭酒。②许猛:生平未详。③段畅:生平未详。④秦秀:字玄良,新兴云中(今山西原平西南)人。前后

为博士20年，以忠直知名。对权贵污吏深恶痛绝。如他为何曾拟号为“缪丑”，给贾充拟号为“荒公”。⑤邹冲：生平未详。

散骑常侍刘智安[①]议：“礼为常事制，不为非常设也。亡父母不知其死生者，不著于礼。平生不相见，去其加隆，以期为断。”

都令史虞溥[②]议曰：“臣以为礼不二嫡，所以重正，非徒如前议者防妒忌而已。故曰：‘一与之齐，终身不改’，未有遭变而二嫡。苟不二，则昌父更娶之辰，是前妻义绝之日也。使昌父尚存，二妻俱在，必不使二嫡专堂，两妇执祭，同为之齐也。”

秦秀议：“二妾之子，父命令相慈养，而便有三年之恩，便同所生。昌父何义不命二嫡依此礼乎！父之执友有如子之礼，况事兄之母乎！”

许猛又议：“夫少妇稚，则不可许以改娶更适矣。今妻在许以更聘，夫存而妻得改醮[③]者，非绝而何。”

注：①刘智安：应为刘智（“安”为衍字），字子房，平原高唐（今属山东）人。初为吏部郎，加散骑常侍，官至太常。著有《丧服释疑论》。②虞溥：字允源，高平昌邑（今山东金乡西北）人。西晋时著有《江表传》。③醮（jiào 较）：古时结婚时用酒祭神的礼仪。改醮，即改嫁。

侍中领博士张恽[①]议：“昔舜不告而娶，婚礼盖阙，故《尧典》[②]以厘降二女[③]为文，不殊嫡媵。传记以妃夫人称之，明不立正后也。夫以圣人之弘，帝者嫡子，犹权事而变，以定典礼。黄昌[④]之告新妻使避正室，时论许之。推姬氏[⑤]之让，执黄卿之决，宜使各自服其母。”

注：①张恽：西晋末，曾先后为新蔡王司马腾和东海王司马越部将。②《尧典》：《尚书》中的一篇，记载尧舜禅让之事。③“厘降二女”：语见《尧典》。传尧有二女，名娥皇、女英，同嫁舜帝。④黄昌：字圣真，东汉余姚（今属浙江）人。初为郡决曹，迁蜀郡太守，累官大中大夫。⑤姬氏：即赵姬，晋文公女。初赵衰随晋公子重耳奔狄，娶狄女叔隗为妻，生赵盾。及赵衰随重耳返国即位，晋文公又以其女姬妻之，生原同、屏括、楼婴。赵姬请盾与其母。归后，姬以盾贤，请立为嫡子。使自己生的三个儿子排在盾下。又以叔隗为内妇，自己亲自侍奉她。因此，世传为美德。

黄门侍郎崔谅[①]、荀悝[②]、中书监荀勖[③]、领中书令和峤[④]、侍郎夏侯湛[⑤]皆如溥议。侍郎山雄[⑥]、兼侍郎著作陈寿[⑦]以为“溥驳一与之齐，非大夫也，礼无二嫡，不可以并耳。若昌父及二母于今各存者，则前母不废，已有明征也。设令昌父将前母之子来入中国尚在者，当从出母之服。苟昌父无弃前妻之命，昌兄有服母之理，则昌无疑于不服”。

注:①崔谅:生平未详。②荀悝:生平未详。③荀勖(xù序):字公曾,颍川颍阴(今河南许昌)人。初仕魏,入晋领秘书监,进光禄大夫,官终尚书令。④和峤:字长舆,汝南西平(今属河南)人。起家太子舍人。累官光禄大夫。《晋书》说他有"钱癖"。⑤夏侯湛:字孝若,谯(今安徽亳州)人。初为太尉掾,累官散骑常侍。善为诗文,与潘岳齐名。《晋书》说他"生不砥砺名节,死则俭约令终,是深达存亡之理"。⑥山雄:生平未详。⑦陈寿(233—297年):字承祚,安汉(今四川南充北)人。初仕蜀汉,为观阁令史。入晋后,历任著作郎、治书侍御史。著有《三国志》。

贼曹[①]属卞粹[②]议:"昌父当莫审之时而娶后妻,则前妻同之于死而义不绝。若生相及而后妻不去,则妾列于前志矣。死而会乎,则同礼仪祔[③]于葬,无并嫡之实。必欲使子孙于没世之后,追计二母隔绝之时,以为并嫡,则背违死父,追出亡母。议者以为礼无前母之服者,可谓以文害意。愚以为母之不亲,而服三年非一,无异于前母也。"

仓曹属卫恒[④]议:"或云,嫡不可二,前妻宜绝。此为夺旧与新,违母从子,礼律所不许,人情所未安也。或云,绝与死同,无嫌二嫡,据其相及,欲令有服。此为论嫡则死,议服则生,还自相伐,理又不通。愚以为地绝死绝,诚无异也,宜一如前母,不复追服。"

注:①贼曹:主管盗贼之事的官。②卞粹:字玄仁,济阳冤句(今山东曹县西北)人。卞壶父;张华婿。初为尚书郎,官至中书令,封成阳公。为长沙王乂所杀。③祔(fù付):合葬。④卫桓:字巨山,河东安邑(今山西夏县北)人。太保瓘子。初任司空齐王攸府,累官黄门侍郎。与父同时被贾后所杀。

主簿刘卞[①]议:"毖在南为邦族,于北为羁旅,以此名分言之,前妻为元妃,后妇为继室。何至王路既通,更当逐其今妻,废其嫡子!不书姜氏[②],绝不为亲,以其犯至恶也。赵姬虽贵,必推叔隗;原同虽宠,必嫡宣孟[③]。若违礼苟让,何则《春秋》所当善也!论者谓地绝,其情终已不得往来。今地既通,何为故当追而绝之邪!黄昌见美,斯又近世之明比。"

注:①刘卞:字叔龙,东平须昌(今山东东平东)人。初为县小吏,后为吏部令史,迁齐王攸司空主簿,累官雍州刺史。惧贾后迫害自杀。②姜氏:即宣姜。春秋卫宣公夫人。齐侯之女。初,宣公夫人夷姜生伋,以为太子。宣公又娶宣姜,生寿及朔。夷姜卒,宣姜欲立寿为太子,乃使伋去齐,使盗先待于路而杀之。寿窃其节先往,贼杀寿。伋至,又杀之。宣公卒,朔立,是为惠公。卫国此后乱及五世。③宣孟:即赵盾,亦称赵宣子。赵衰之子。春秋时晋国执政。晋襄公七年(前621年),任中军元师,掌握国政。晋灵公十四年(前607年),避灵公杀害出走,未出境,其族

人赵穿杀死灵公。他回来拥立晋成公，继续执政。

司空齐王攸[①]议："《礼记》[②]'生不及祖父母、诸父昆弟，而父税丧，已则否'，诸儒皆以为父以他故子生异域，不及此亲存时归见之，父虽追服，子不从税，不责非时之恩也。但不相见，尚不服其先终，而况前母非亲所生，义不逾祖，莫往莫来，恩绝殊隔，而令追服，殆非称情立文之谓也。以为昌不宜追服。"

司徒李胤[③]议："毖为黄门侍郎，江南已叛。石厚与焉，大义灭亲，况于毖之义，可得以为妻乎！"

大司马骞[④]不议，太尉充[⑤]、抚军大将军汝南王亮[⑥]皆从主者。

注：①齐王攸：即司马攸，字大猷，昭子。出嗣师。曹魏时，官步兵校尉。晋代魏，封齐王。官至司空、太子太傅。②《礼记》：儒家经典之一。相传西汉戴圣编纂，是秦汉以前各种礼仪论著的选集。共49篇。下边引语见该书《丧服小记》。③李胤：字宣伯，辽东襄平（今辽宁辽阳北）人。初举孝廉，累官司徒。④大司马骞：即陈骞（212—292年），临淮东阳（今安徽天长西北）人。曹魏时，官至征南大将军，封郯侯。入晋累官大司马，封高平郡公。⑤太尉充：即贾充（217—282年），字公闾，河东襄陵（今山西临汾）人。逵子。曹魏时，官至大将军司马、廷尉。参与司马氏代魏的密谋。西晋初，官至太尉、尚书令。其女贾南风，为惠帝皇后。⑥汝南王亮：即司马亮，字子翼，懿四子。曹魏时，官至镇西将军；入晋累官大将军。为楚王玮所杀。

溥又驳粹曰："丧从宁戚，谓丧事尚哀耳，不使服非其亲也。夫死者终也，终事已故无绝道。分居两存，则离否由人。夫妇以判合为义，今土隔人殊，则配合理绝。彼已更娶代己，安得自同于死妇哉！伯夷让孤竹[①]，不可以为后王法也。且既已为嫡后服，复云为妾，生则或贬或离，死则同祔于葬，妻专一以事夫，夫怀二以接己，开伪薄之风，伤贞信之教，于以纯化笃俗，不亦难乎！今昌二母虽土地殊隔，据同时并存，何得为前母后母乎！设使昌母先亡，以嫡合葬，而前母不绝，远闻丧问，当复相为制何服邪！夫制不应礼，动而愈失。夫孝子不纳亲于不义，贞妇不昧进而苟容。今同前嫡于死妇，使后妻居正而或废，于二子之心，曾无恧[②]乎！而云诬父弃母，恐此文致之言，难以定臧否[③]也。礼，违诸侯适天子，不服旧君，然则昌父绝前君矣，更纳后室，废旧妻矣，又何取于宜诛宜抚乎！且妇人之有恶疾，乃慈夫之所愍[④]也，而在七出[⑤]，诚以人理应绝故也。今夫妇殊域，与无妻同，方之恶疾，理无以异。据已更娶，有绝前之证，而云应服，于义何居？"

注:①伯夷让孤竹:伯夷,商末孤竹君长子。初孤竹君以次子叔齐为继承人。孤竹君死后,叔齐让位,他不受,后二人都投奔到周,又反对武王伐纣。武王灭纣,二人至首阳山,不食周粟而死。②恧(nǜ 衄):惭。③臧否:臧,善;否,坏。犹言好坏。④愍:通"悯"。⑤七出:封建时代休弃妻子的七种理由,即无子、淫、不顺从父母、口舌、盗窃、妒忌、恶疾。

尚书八座[①]以为:"设令有人于此,父为敦煌太守,而子后任于洛,若父娶妻,非徒不见,乃可不知,及其死亡,不得不服。但鞠养已者情哀,而不相见名制,虽戚念之心殊,而为之服一也。又两后匹嫡,自谓违礼,不谓非常之事而以常礼处之也。昔子思[②]哭出母于庙,其门人曰:'庶氏[③]之女死,何为哭于孔氏之庙!'子思惧,改哭于他室。若昌不制服,不得不告其父祖,掘其前母之尸,徙之他地。若其不徙,昌为罪人。何则?异族之女不得祔于先姑,藏其墓次故也。且夫妇人牵夫,犹有所尊,赵姬之举,礼得权通,故先史详之,不讥其事耳。今昌之二母,各已终亡,尚无并主轻重之事也。昌之前母,宜依叔隗为比。若亡在昌未生之前者,则昌不应复服。生及母存,自应如礼以名服三年。辄正定为文,章下太常报楙奉行。"

注:①尚书八座:东汉至唐,以尚书令、仆射和六曹(部)为八座。②子思:姓孔,名伋,孔丘之孙。相传《中庸》是他的著作。③庶氏:老百姓。

制[①]曰:"凡事有非常,当依准旧典,为之立断。今议此事,称引赵姬、叔隗者粗是也。然后狄与晋和,故姬氏得迎叔隗而下之。吴寇隔塞,毖与前妻,终始永绝。必义无两嫡,则赵衰[②]可以专制隗氏。昌为人子,岂得擅替其母。且毖二妻并以绝亡,其子犹后母之子耳,昌故不应制服也。"

注:①制:帝王的命令。②赵衰:即赵成子,字子余,亦称成季、孟子余。春秋晋人。从晋公子重耳(即晋文公)流亡19年,并助重耳回国即位。回国后,任原(今河南济源北)大夫,亦称原季。佐文公创建霸业,襄公时佐中军。

太兴初[①],著作郎干宝论之曰:"礼有经有变有权,王毖之事,有为为之也。有不可责以始终之义,不可求以循常之文,何群议之纷错!同产者无嫡侧之别,而先生为兄;诸侯同爵无等级之差,而先封为长。今二妻之入,无贵贱之礼,则宜以先后为秩,顺序义也。今生而同室者寡,死而同庙者众,及其神位,固有上下也。故《春秋》贤赵姬遭礼之变而得礼情也。且夫吉凶哀乐,动乎情者也,五礼[②]之制,所以叙情而即事也。今二母者，本他人也，以名来亲，而恩否于时，敬不及生，爱不及丧，夫何追服之道哉！张恽、刘卞，得其先后之节，齐王、卫恒，通于服绝之制，可以断矣。朝廷于此，宜导之以赵姬，齐之以诏命，使先妻恢含容之德，后妻崇卑让之道，室人达长少之序，百姓见变礼之中。若此，可以居生，又况于死乎！古之王者，有以师友之礼待其臣，而臣不敢自尊。今令先妻以一体接后，而后妻不敢抗，及其子孙交相为服，礼之善物也。然则王昌兄弟相得之日，盖宜祫祭二母，等其礼馈，序其先后，配以左右，兄弟肃雍，交酬奏献，上以恕先父之志，中以高二母之德，下以齐兄弟之好，使义风弘于王教，慈让洽乎急难，不亦得礼之本乎！”

注：①太兴初：218 年。②五礼：古代指吉礼、凶礼、军礼、宾礼、嘉礼五种礼制。

四 《春秋序论》佚文集注

编者按：刘知几在《史通·烦省第三十三》引干宝《史议》云云。所谓《史议》，可能就是《春秋序论》。若如此，刘知几所引为该书仅存者。

《春秋序论》佚文

丘明①能以三十卷之约，括囊二百四十年之事②，靡有孑遗。斯盖立言之高标③，著作为良模④也。

刘知几《史通·烦省第三十三》

注：①丘明：即左丘明。春秋时鲁国的太史。相传孔子根据鲁国史书删定《春秋》，体裁为编年体，记事上起鲁隐公元年（前722年），下讫哀公十四年（前481年）西狩获麟，计242年。由于《春秋》言简意繁，很难理解，左丘明用大量史料来阐释、补充、订正《春秋》，称《春秋左氏传》，亦称《左氏春秋传》，简称《左传》。其书共30卷。②括囊句：《左传》所记史实延及鲁悼公十四年，比《春秋》多27年。③高标：高的标准。④良模：优良的楷模。

五 《春秋左氏函传义》佚文集注

编者按:《隋志》有《春秋左氏函传义》十五卷,晋干宝撰。《旧唐志》作《春秋义函传》;《新唐志》作《春秋函传》,并16卷。亡。清马国翰《玉函山房辑佚书》有辑本,仅此两节。

隐公十有一年[①]

十盈则更始[②],以奇从盈数,故言“有”也。经备文传从略,故传不言有(孔颖达《正义》)。

庄公二十有五年[③]

夏六月辛未朔[④],日有食之。鼓,用牲于社[⑤],非常也。唯正月之朔,慝未作,日有食之,于是乎用币于社,伐鼓于朝。

秋,大水。鼓,用牲于社,于门,亦非常也。凡天灾,有币无牲。非日月之眚[⑥],不鼓。

朱丝萦社:社,太阴也;朱,火色也。丝属离,天子伐鼓于社,责群阴也;诸侯用币于社,请上公也;伐鼓于朝,退自责也。此圣人厌胜之术[⑦]。(杜佑《通典》卷四十二引干宝据补)

编者按:《后汉书·礼仪志》引干宝“朱丝萦社’:“丝属离”为“丝维属”;“退自责”为“退自攻”;“厌胜之术”为“厌胜之法也”。余同。

注:①隐公十有一年:前712年。②十盈则更始:盈,满;更始,重新开始。③庄公二十有五年:前669年。④朔:夏历每月初一为朔日。凡日食均发生在朔日,或提前一日。⑤鼓用牲于社:鼓,击鼓;牲,指祭品;社,庙。古人迷信,凡发生日食,都要敲锣击鼓,并到庙里去祭祀。⑥眚(shěng 省):眼睛生翳,引申为日食。古人将日食视为灾异。⑦厌胜之术:厌胜,犹压胜。本为巫术,谓能以诅咒制服人或物。这里指统治者往往以欺骗手腕制伏被统治者。

六　《司徒仪》佚文集注

编者按:《南齐书·百官志》曰:"晋世王导为司徒,右长史干宝撰立官府职仪已具"云云。所谓"官府职仪",即指《司徒仪》。说明此书是干宝任右长史时所著,主要论述官职的设置,以及各种官职的权力和义务。清马国翰《玉函山房辑佚书》有目无书。

1. 从事[①]中郎之职,分曹纲纪,维正大体。

2. 掾属[②]之职,敦明教义,肃历清风,以训郡吏,以重朝望。

3. 佐长史[③]之职,掌差次九品,铨衡人伦,佐公修文政,掌察郡吏。

4. 司马[④]之职,佐公修武政,简其军旅,饬其器械。

5. 录事之职,掌总录众曹,管其文案。

6. 录事参军[⑤],掌举直错枉。

7. 记室[⑥]之职,凡有表章、杂记之书,掌创其草。

8. 中兵参军,掌督帐内牙门将及军器,给其军事。凡在军者,以时科其器械,综其人数,罚奸诈,均劳逸。

(以上录自《北堂书钞·设官部》)

9. 右长史之职,掌检其法宪,明其分职。

10. 行参军[⑦]之职,掌凡使命及督察履行之事,弹劾逋违,献纳闻见,以达视听。

(以上录自《太平御览·职官部》)

11. 体仁正己,所以化物。

(以上见《太平御览》卷二九引干宝《司徒仪》)

注:①从事:汉代以后三公及州郡长官皆自辟僚属,多以"从事"为称,如从事史,从事郎中等。②掾属:汉代以后职权较重的长官都有掾属,分曹治事。③佐长史:为司徒的属官。"司徒"为行政长官,所以"佐公修文政"。④司马:军府之官,

在将军之下。⑤录事参军:晋代骠骑将军及诸大将军不开府,非持节都督的属官。⑥记室:主管文书和记录的官吏。⑦行参军:代理参军的职权。参军,相当后来的参谋。

七 《周官礼注》佚文集注

编者按:《周礼》,亦称《周官》、《周官经》或《周官礼》,儒家经典之一。搜集周王室官制和战国时代各国制度,添附儒家政治理想,增减排比而成的汇编。古传周公所作,实为战国时代的作品。全书共有《天官冢宰》、《地官司徒》、《春官宗伯》、《夏官司马》、《秋官司寇》、《冬官司空》等6篇。《周官礼注》当为干宝任司徒右长史时所著。此据马国翰《玉函山房辑佚书》校注。

天官冢宰(第一)

编者按:天官冢宰为百官之首,仅次于天子。后称宰相为"冢宰",称吏部尚书为"天官"。

惟国建王。

1. 王,天子号,三代所称(陆德明《释文》,以下简称《释文》)。

辨方正位。

2. "辨方",谓别东西南北之名,以表阴阳也;"正位",谓君南面当阳,臣北面即阴。居后于北宫,以体太阴;居太子于东宫,以位少阳之类(《太平御览》卷百四十六)。

体国经野。

3. "体",形体(《释文》)。

乃立天官冢宰。

4. 济其清浊,和其刚柔,而纳之中和曰"宰"(《释文》)。

治官之属。

5. 凡言司者,总其领也;凡言师者,训其徒也;凡言职者,主其业也;凡言衡者,平其政也;凡言掌者,主其事也;凡言氏者,世其官也;凡言人者,终其身也。不氏不人,权其材也。通权其材者,既云不世,又不终身随其材,而权暂用也(《礼记·曲礼下》、孔颖达《正义》)。

大宰

以佐王治邦国。

6. 国,天子,诸侯所理也;邦,强国之境(《释文》)。

以诘邦国。

7. "诘",弹正纠察也(《释文》)。

五曰:"赋贡以驭其用。"

8. "赋",上之所求于下;"贡",下之所纳于上(《释文》)。

币余之赋。

9. "币",必世反(《释文》)。财也(《集韵、去声十三"祭币"字注引《周礼》干宝读)。

羞服之式。

10. "羞",饮食也;"服",车服也。服(应为"羞")或作"膳"(《释文》)。

薮以富得民。

11. "薮",宜作叟(《释文》)。

正月之吉。

12. 周正,建子之月;吉,朔日也(《唐会要》卷十二、《文苑英华》卷七百六十二)。

币日而敛之(币,其他本为"挟")。

13. "币",子合反(《释文》)。

设其参。

14. "参",三分也(《释文》)。

前期十日。

15. "前",如字(《释文》)。

及纳亨。

16. "纳亨",纳牲将告杀,谓向祭之辰也(《后汉书·礼仪志》刘昭

注）。

小宰之职。

17. 小宰，若今御史中丞（《后汉书·百官志》注）。

掌建邦之宫刑。

18. 宫，如字（《释文·宫刑》郑如字，干同）。

小事则专达。

19. “达”，决也（《释文》）。

宰夫

凡失财用物辟名者。

20. “辟”，不当也（《释文》）。

宾赐掌其飧牵。

21. 一本作“宾赐掌其飧牵”。干本同。案：今本作“宾赐之飧牵”（《释文》）。

膳夫

以乐侑食，膳夫授祭品。

22. 祭五行、六阴之神，与民起居（《释文》）。

庖人

掌共六畜、六兽、六禽，辨其名物。

23. 六兽：麋、鹿、貆、獐、野豕、兔；六禽：雁、鹑、雉、鸠、鸽、鷃（《释文》云：六兽，司农云：麋、鹿、熊、麇、野豕、兔。干注“麇”作“獐”、“熊”作“貆”。六禽引司农及干）。

夏行腒（jū 居，鸟类的肝脯）鱐（sù 肃，干鱼）膳膏臊。

24. “膏臊”，豕膏也（《释文》引司农及干云）。

秋行犊麛（mí 迷，小鹿）膳膏腥。

25. 膏腥，鸡膏也（《释文》引郑、干云）。

内饔

牛，夜鸣则庮。

26. 庮（yǒu 酉），病也（《释文》）。

马黑脊，而般臂蝼。

27. 蝼，音漏，内病也（《释文》、贾昌朝《群经音辨》卷五）。

甸师

而耕耨王藉。

28. 古之王者，贵为天子，富有四海，而必私置藉田。盖其义有三焉：一曰："以奉宗庙，亲致其孝也"；二曰："以训于百姓在勤，勤则不匮也"；三曰："闻之子孙躬知稼穑之艰难，无违也"(《后汉书・礼仪志》注)。

鳖人

掌取互物。

29. "互"，对也(《释文》)"

以时籍鱼鳖龟蜃。

30. "蜃"，鳅类(《释文》)。

笾人

羞笾之实，糗饵粉糍。

31. "糗饵"者，豆末、屑米而蒸之，以枣豆之味，今"饵 䭔也"。方言"饵"，谓之"糕"，或谓之"糍"(徐坚《初学记》卷四。冯鉴《续事始》、高承《事物纪原》卷九，引上二句作"或屑而蒸之，与枣豆之味同食)。

醢(hǎi 海)人

茆(mǎn 卯)菹(zū 租)

32. "茆"，今之鳧葵草，堪为菹，江东有之(《"诗・鲁颂"释文》引干宝)。

内宰

而生穜(tóng 童)稑(lù 陆)之种。

33. "穜"，晚粳稻之属；"稑"，陵谷黍稷之属(《后汉书・礼仪志》注)。

地官司徒(第二)

编者按：地官司徒主要掌管土地和人民。后为行政长官。

司门下大夫二人；上士四人；中士八人；下士十有六人。

34. 司门，如今校尉(《后汉书・百官志》注)。

35. 每门下士三人，如今门侯(同上)。

鼓人

以金 錞(chún,古代乐器)和鼓。

36. 去地一尺,灌之以水,又以其器盛水于下,以芒当心跪注,以手震芒,其声如雷〔董逌(you 由)《广川书跋》卷三〕。案:沈约《宋书》:广汉什邡人段祚,以錞于献始兴王鉴,其器高三尺六寸六分,围二尺四寸。圆如筒铜,色黑如漆,甚薄,上有铜马,后周平蜀得之,斛斯征观曰:"此錞于也,依干宝《周礼注》:以绳悬焉,去地尺余"云云。又《后周书·斛斯征传》引干宝注云:"以芒筒捋之,其声极振。"此董氏之所据也。

充人

展牲则告牲。

37."展牲",若今夕牲(《后汉书·礼仪志》注)。

保氏

六曰九数。

38. 今有重差、夕桀各为二篇(《礼记·少仪》孔颖达《正义》引马融、干宝重考二字。据《周礼》贾疏引马融补)。

掌节。

山国用虎节,土国用人节,泽国用龙节,皆金也。

39. 汉之铜虎符,则其制也(《后汉书·百官志》注)。

以英荡辅之。

40."英",刻书也;"荡",竹萌也。刻而书其所使之事,以助三节之信,则汉之竹使符者,亦取则于故事也(《后汉书·百官志》注)。

春官宗伯(第三)

编者按:春官宗伯掌典礼。后通称礼部。

大司乐

凡乐园钟为宫,黄钟为角,大蔟为征,姑洗为羽。

41. 不言商,商为臣,王者自谓,故著其实而去其名,若曰:"有天地人物,无德以主之,谦以自牧也。"(《隋书·音乐志》)

翟车贝面组总有幄(其他本作"有握")。

42.“幄”，乌学反(《释文》)。

辇车组挽有翣(shà 霎)羽盖。

43. 对舆曰辇(《后汉书·祭祀志》注)。

大祭祀鸣铃，以应鸡人。

44. 和鸾皆以金为铃(《后汉书·舆服志》注)。

夏官司马(第四)

编者按：夏官司马掌管军政和军赋。后称兵部尚书为司马。

太仆

45. 若汉侍中(《后汉书·百官志》注)。

司弓矢

献矢箙(fú 服)

46.“箙”，今谓之“步义”(《后汉书·舆服志》注)。

秋官司寇(第五)

编者按：秋官司寇掌管刑狱。后称刑部尚书为“司寇”或“秋官”。

条狼氏

47. 今卒辟车之属(《后汉书·舆服志》注)。

象胥

48. 若今鸿胪(《后汉书·百官志》注，杜佑《通典》卷二十六)。

朝士

外朝之法

49. 礼，司徒府中有百官朝会殿，天子与丞相决大事，是外朝之存者(《后汉书·百官志》注)。

司寤氏

以诏夜士

50.“夜士”，今都侯之属(《后汉书·百官志》注、《通典》卷二十五）。

冬官考工记（第六）

编者按：原为“冬官司空”，早佚，汉时补为“考工记”。主要掌管工程制作。后称工部尚书为“冬官”或“司空”。

輈（zhōu 舟）人

弧旌枉矢以象弧也。

51. 枉矢象妖星非其义也。“枉”，盖应为“枉直”，谓“枉矢”于弧（《后汉书·舆服志》注）。

鲍人

则是以博为残也（“残”，其他本为“帴（jiǎn 剪）”）。

52.“残”与《周易》“戋戋”之字同，亦音素干反（《释文》）。

梓人

以骨鸣者（“骨”，其他本为“胸”）。

53. 敝，屁属也（《释文》）。

八 《干子》佚文集注

编者按:《隋志》儒家注载,梁有《干子》18卷,亡。清马国翰《玉函山房辑佚书》有辑本。马国翰《干子》序曰:《干子》1卷,晋干宝撰。宝有《易注》、《周礼注》、《司徒仪》已各著录。《隋志》儒家注载:梁有《干子》18卷,亡。《唐志》有于宝《正言》10卷,又《立言》10卷。今佚。洪迈《容斋随笔》载马总《意林》引用子书之目,有《干子》,今《意林》中亦缺。考杜佑《通典》载宝《驳招魂议》1篇,又《荆楚岁时记》、《太平御览》并引干宝《变化论》。佚说之存仅此,兹据辑录。题依《隋志》,改"于"为"干"者,"于"本"干"字之讹也。说具于《易》注录中。历城马国翰、竹吾甫。

驳招魂议

时有招魂葬,考之经传,则无闻焉。近太傅[①]公既属寇乱,尸柩不反,时亦大议招魂葬。

东海国学官、今鲁国周生以为宜尔,盛陈其议,皆多无证实。以为人死,神浮归天,形沉归地,故为宗庙,以宾其神。衣衾以表其形,棺周于衣,椁周于棺。今形失于彼,穿冢于此,知亡者不可以假存,而无者独可以伪有哉?未若之遭祸之地,备迎神之礼,宗庙以安之,哀敬以尽之。

周生议云:"魂堂几筵设于窆寝[②],岂唯敛尸,亦以迎神也。"答者曰:

"古人有言,夫礼者,其事可陈也,其义难知也。是以君子重于义礼,夫别嫌明疑原情得旨者,不亦微乎?故其为制,有以顺鬼神之性,有以达生者之情,然则冢圹之间,有馈席本施骸骨,未有为魂神也。若乃钉魂于棺,闭神于椁,居浮精于沉魄之域,匿游气于壅塞之室[③],岂顺鬼神之性,而合圣人之意乎?则葬魂之名,亦几于逆矣。"

周生又云:"昔黄帝体仙登遐[④],其臣扶微等敛其衣冠,殡而葬焉,则其证也。"答曰:"孔子论黄帝[⑤]曰:'生而人利其化百年,死而人畏其神百年,亡而人用其教百年。'此黄帝亦死,言仙谬也。就使必仙,何议于葬?"

注:①太傅:即司马越,字元超,高密王泰子。初为骑都尉,累官奉车都尉,封东海王。永康初,领中书监。太安初,为大都督。惠帝末,以太傅录尚书事。怀帝即位,专权朝政。永嘉五年(311 年)卒于项。其尸柩为石勒所焚。其妃裴氏,为人所略,卖与吴氏。太兴中(318 年)得渡江,欲招魂葬越。元帝不许,裴不奉诏,遂葬于广陵。②窆(biǎn 贬)寝:墓穴。③壅(yāng 雍)塞之室:指棺椁。④体仙登遐:体仙,身体成仙,升天而去。⑤黄帝:姬姓,号轩辕氏、有熊氏。传为中原各族的共同祖先。孔子论黄帝的话见《大戴记》。

阴阳自然变化论

1. 稻成蛬,麦成蛱蝶。

(宗懔《荆楚岁时记》、《太平御览》卷二十三并引干宝《变化论》;陆佃《埤雅·释虫》引干宝)

2. 骊龙之眸见百里纤芥。

(《埤雅·释鱼》引《阴阳自然变化论》)

3. 龙能变水,人能变火。

4. 龙不见石,人不见风,鱼不见水,鬼不见地。

(并同上)

5. 蟾蜍掷粪,自其口出。

(同上引《自然论》)

6. 雎鸠不再匹。

(《埤雅·释鸟》)

7. 鹭目成而受胎，鹳影接而怀卵，鸳鸯交颈，野鹊交枝。

（《埤雅·释鸟》）

8. 蜂无王而尽死。

（《埤雅·释虫》）

9. 螣蛇听而有孕，白鹭视而有胎。

10. 蝙蝠夜值，庚申乃伏。

（并同上）

11. 鹄之为猿，蛇之为鳖。

（同上引《变化序》）

九 《干宝集》佚文集注

编者按:《干宝集》4卷。《七录》、《隋志》、两《唐志》均有著录。两《唐志》作10卷。亡。严可均从《晋书》、《通典》、《文选》、《初学记》、《太平御览》等辑得遗文9篇,载《全晋文编》。因其内容与其他重复,故从略。又宋裴骃在《史记·楚世家》"集解"中引干宝关于妇女异产的论述,唐张守节在《史记·孔子世家》"正义"中引"干宝《三日纪》",宋苏易简《文房四谱》卷四引"干宝表曰",应为本书之内容。标题为编者所拟。

论异产

先儒学士多疑此事。谯允南[①]通才达学,精核数理者也,作《古史考》,以为作者妄记,废而不论。余亦尤其生之异也。然按六子之世[②],子孙有国,升降六代,数千年间,迭至霸王[③],天将兴之,必有尤物[④]乎?若夫前志所传,修已背坼而生禹[⑤],简狄胸剖而生契[⑥],历代久远,莫足相证。近魏黄初五年[⑦],汝南屈雍妻王氏生男儿从右胳下水腹上出,而平和自若,数月创合,母子无恙,斯盖近事之信也。以今况古,固知注记者之不妄也。天地云为,阴阳变化,安可守之一端,概以常理乎?《诗》[⑧]云:"不坼不副,无灾无害。"原诗人之旨,明古之妇人尝有坼副而产者矣。又有因产而遇灾害者,故美其无害也。

(宋裴骃《史记·楚世家》集解)

编者按:裴骃引此段是对《史记·楚世家》中"坼剖而产焉"的解释。

干宝此段是论述妇女难产自古有之。

注:①谯允南:即谯周(201—270年),字允南,巴西西充(今四川阆中西南)人。蜀汉著名经学家。诸葛亮领益州牧,任为劝学从事,后任中散大夫、光禄大夫。炎兴元年(263年),劝蜀主刘禅降魏,受魏封为阳城侯。入晋任骑都尉、散骑常侍。著有《古史考》。②六子之世:当为尧、舜、禹、夏、商、周六世。③霸王:即项羽(前232—前202年),名籍,字羽。下相(今江苏宿迁西南)人。秦末农民起义领袖。秦亡后,自立为西楚霸王。在楚汉战争中失败自杀。④尤物:特别突出的人物。⑤修己背坼而生禹:语见《帝王世纪》。修己为鲧妻,禹母。坼(chè 彻),分裂,剖开。禹即大禹,姒姓,亦称夏禹、戎禹,一说名文命。原为夏后氏部落领袖。因治水有功,被舜选为继承人。舜死后担任部落联盟的领袖。其子启建立了中国历史上第一个奴隶制国家,即夏代。⑥简狄胸剖而生契:简狄,帝喾次妃,契之母。契,助禹治水有功,被舜封为司徒,封于商(今河南商丘南),为殷商之始祖。⑦魏黄初五年:公元224年。⑧《诗》:指《诗经》。下边所引诗句,今本无,可能散失。

女陵山

徵在[①]生孔子空桑之地,今名空窦,在鲁南山之空窦中。无水,当祭时洒扫以告,辄有清泉自石门出,足以周用,祭讫泉枯。今俗名女陵山。

编者按:本条见《史记·孔子世家》,唐张守节《正义》引作"干宝《三日纪》云"。

注:①徵在:春秋时鲁国颜氏女,大夫叔梁纥之妻,孔子之母。

为《搜神记》请纸表

臣前聊欲撰记古今怪异非常之事,会聚散逸,使自[①]一贯,博访知古[②]者。片纸残行,事事各异。又乏纸笔,或书故纸。诏答云:"今赐纸二百枚。"

编者按:本条见北宋苏易简《文房四谱》卷四引作"干宝表曰"。《初学记》卷二一、《太平御览》卷六〇一亦引,无"诏答"等九字。

注:①自:《初学记》引为"同"。②古:《初学记》引为"之"。

十　《搜神记》及佚文集注

编者按:《搜神记》原著30卷,传至唐代亡。宋代有《搜神总记》10卷本流传,明代人可能以《搜神总记》为底本,搜集散佚,辑录成20卷本《搜神记》,流传至今。《搜神记》,又称《搜神录》、《搜神异记》、《搜神传记》、《搜神摭记》,均为本书。

这里,以1979年中华书局版本(汪绍楹校注)为基础,并参考《盐邑志林》(景明刻本)、1989年7月岳麓书社出版的《搜神记·世说新语》(钱振民校点)及1991年1月贵州人民出版社出版的《搜神记全译》(黄涤明译注)而校勘。

从引文得知,《搜神记》原著分若干篇,其中有《神化》、《感应》、《志怪》、《变化》诸篇名。干宝在每篇前均写有序,流传下来的有《变化论》、《论妖怪》、《论山移》等。干宝就是用这些序文,指导读者正确理解《搜神记》。笔者提醒读者,阅读时应注意"剔除其封建性的糟粕,吸收其民主性的精华"。为此,在卷前和条目后加了《编者按》,对其内涵加以阐释,供读者参考。

搜神记序

晋散骑常侍新蔡干宝令升撰

虽考先志于载籍，收遗逸于当时，盖非一耳一目之所亲闻睹也，又安敢谓无失实者哉！卫朔失国，二传互其所闻①，吕望事周，子长存其两说②，若此比类，往往有焉。从此观之，闻见之难，由来尚矣。夫书赴告之定辞，据国史之方册，犹尚若兹，况仰述千载之前，记殊俗之表，缀片言于残阙，访行事于故老，将使事不二迹，言无异途，然后为信者，固亦前史之所病。然而国家不废注记之官，学士不绝诵览之业，岂不以其所失者小，所存者大乎？今之所集，设有承于前载者，则非余之罪也。若使采访近世之事，苟有虚错，愿与先贤前儒分其讥谤。及其著述，亦足以发明神道之不诬也。群言百家不可胜览，耳目所受不可胜载，今粗取足以演八略③之旨，成其微说④而已。幸将来好事之士录其根体，有以游心寓目而无尤焉。

编者按：此《序》《津逮秘书》本无，《盐邑志林》本、《学津讨原》本有，当均据《晋书·干宝传》补。但并非全文，另有雷居士和孔氏所引“建武中，有所感起，是用发愤焉”，就是《晋书》编者删掉的内容。

注：①卫朔失国，二传互其所闻：卫朔，春秋时卫国国君名朔，即卫惠公；失国，周庄王元年（前696年），卫朔失国，流亡齐国。关于这件史实，《左传》记载的是国内作乱，而《公羊传》和《穀梁传》的记载却是“得罪于天子”。②吕望事周，子长存其两说：事见司马迁《史记·齐太公世家》。吕望即吕尚，字子牙；子长即司马迁，字子长。吕望事周：一说是周文王出猎，遇吕望在渭水垂钓，遂聘为军师；一说吕望曾事殷纣王，因纣王无道而离开，又游说诸侯无所遇，而归周文王。司马迁将两种说法同时录载。③演八略：演，推演；略，类。西汉刘歆将图书分为七大类，称“七略”；干宝要以《搜神记》推演第“八略”。④微说：即微言大义，隐微的语言中包含着深意。

《搜神记》卷一

编者按:本卷共31条,主要记述古代各种神仙。所谓“神仙”,又称“仙人”,说明“仙”亦为“人”。但不是一般的人,而是超出常人所具有的本领和修养的人,故称“神仙”。因为道家追求长寿,文中往往夸大仙人的寿命;又因道家主张“无为”,大多数的仙人在统治者与被统治者之间倾向人民大众。这就是于吉、介琰、徐光被杀的原因。因此,鲁迅说:“人往往憎和尚,憎尼姑,憎回教徒,憎耶教徒,而不憎道士。懂得此理者,懂得中国大半。”古代仙女(织女、杜兰香、知琼)在追求爱情和幸福时,是那样的大胆和直率,说明当时封建礼教对女子的压抑和毒害,还不像后来那样深重。干宝在《驳招魂议》中说:“此黄帝亦死,言仙谬也。”说明干宝并不相信人能长生不死。

1. 神农①以赭②鞭鞭百草,尽知其平毒寒温之性,臭味所主。以播百谷。故天下号“神农”也。

编者按:汪绍楹曰:“本条见《太平御览》六〇九引作《搜神记》。”凡此,以下均为汪绍楹先生的考证。神农氏发明中草药,说明中国医学之悠久。今湖南炎陵有炎帝陵。

注:①神农:又称炎帝神农氏,神话传说中南方的天帝,是农业和医药的发明者。②赭(zhě 者):赤色。

2. 赤松子者①,神农时雨师也。服冰玉散②,以教神农。能入火不烧。至昆仑山,常入西王母③石室中。随风雨上下。炎帝少女追之,亦得仙,俱去。至高辛时,复为雨师,游人间。今之雨师本是焉。

编者按:本条见《法苑珠林》七九(《据《四部丛刊》影径山寺本)引作《搜神记》。雨师是中国最早的水神;后来又让位于河伯;佛教传入以后,河伯又让位于龙王。这就是中国水神的演变。

注:①赤松子:传说中的仙人。雨师,司雨之神。②冰玉散:传说吃了不死的仙药。③西王母:传说中的西天仙圣。

3. 赤将子舆者,黄帝①时人也。不食五谷,而啖百草华。至尧②时,为木工。能随风雨上下。时于市门中卖缴③,故亦谓之“缴父”。

编者按：本条见《法苑珠林》七九引作《搜神记》。此条歌颂木工。

注：①黄帝：传说为中原各族的共同祖先。姬姓，号轩辕氏、有熊氏。今陕西黄陵有黄帝陵。②尧：传说为黄帝之后的部落联盟领袖。陶唐氏，名放勋，史称唐尧。今山西临汾有尧庙和尧陵。③缴（zhuó 酌）：系在箭上的生丝绳。

4. 宁封子[①]，黄帝时人也。世传为黄帝陶正[②]。有异人过之，为其掌火，能出入五色烟，久则以教封子。封子积火自烧，而随烟气上下。视其灰烬，犹有其骨。时人共葬之宁北[③]山中，故谓之“宁封子”。

编者按：本条见《法苑珠林》一一五引作《搜神记》。此条歌颂陶工。“火化登仙”可能是远古火葬风俗的反映。

注：①宁封子：古传说中的仙人。②陶正：古代管理陶器制作的官。③宁北：宁，古邑名，在今河南修武一带。

5. 偓佺[①]者，槐山采药父也。好食松实。形体生毛，长七寸。两目更方[②]。能飞行，逐走马。以松子遗尧，尧不暇服。松者，简松也。时受服者，皆三百岁。

编者按：本条见《法苑珠林》七八引作《搜神记》。此条歌颂采药工。

注：①偓佺（wò quán 握全）：古仙人名，唐尧时人。事见《史记·司马相如列传》。②两目更方：两只眼睛能轮流各看一方。

6. 彭祖者，殷时大夫也。姓钱，名铿。（帝）颛顼[①]之孙，陆终氏之中子[②]。历夏[③]而至商末，号七百岁。常食桂芝[④]。历阳[⑤]有彭祖仙室。前世云：祷请风雨，莫不辄[⑥]应。常有两虎在祠左右。今日祠之讫，地则有两虎迹。

编者按：本条见《法苑珠林》七八、《史记·始皇本纪》《正义》引作《搜神记》。

注：①颛顼（zhuā nxù 专序），上古帝王。传说为黄帝的玄孙，昌意的儿子。号高阳氏。②陆终氏：颛顼的后代。中子，中间之子。③夏：我国历史上第一个朝代，约公元前2070年建国，后为商汤所灭。④桂芝：灵芝的别称。古代以为是仙草，吃了可以长生不老。⑤历阳：古地名，位于今安徽和县。⑥祷（dǎo 岛）：祷告；辄（zhé 哲）：立刻。

7. 师门者[①]，啸父弟子也。能使火。食桃葩。为孔甲龙师[②]。孔甲不能修其心意，杀而埋之外野。一旦，风雨迎之，山木皆燔[③]。孔甲祠而祷之，未还而死。

编者按：文中的“啸父”，《列仙传》说他“少在西周市上补履”。其弟子是夏朝人，而他却是“西周”人，不可信。

注：①师门：古仙人，传为夏朝人。②孔甲：夏朝之帝；龙师：驯养龙的人。③燔（fán 凡）：焚烧。

8. 前周葛由[①]，蜀羌人也。周成王[②]时，好刻木作羊卖之。一旦，乘木羊入蜀中。蜀中王侯贵人追之，上绥山。绥山多桃，在峨眉山西南，高无极也。随之者不复还，皆得仙道。故里谚曰：“得绥山一桃，虽不能仙，亦足以豪。”山下立祠数十处。

编者按：本条见《法苑珠林》七六引作《搜神记》。此条歌颂木刻工人。

注：①葛由：古仙人名。②周成王：西周帝王，周武王之子。

9. 崔文子者[①]，泰山人也。学仙于王子乔[②]。子乔化为白蜺，而持药与文子。文子惊怪，引戈击蜺[③]，中之，因堕其药。俯而视之，王子乔之尸[④]也。置之室中，覆以敝筐。须臾，化为大鸟。开而视之，翻然飞去。

编者按：本条见《太平御览》三五一引作《搜神记》。此条宣扬服药登仙，同时说明学道不诚是难以成功的。

注：①崔文子：《列仙传》曰：“好黄老事，卖药都市，自言三百岁。后有疫气，民死者万计，文子以药救愈之，治者无数，实近于神焉。”②王子乔：据《列仙传》，名晋，为周灵王太子。好吹笙，作凤鸣。后遇道士浮丘生，接引上嵩山，修炼成仙。③蜺（ní 倪），蝉的一种。④尸：当做“履”。

10. 冠先[①]，宋人也。钓鱼为业。居睢水[②]旁百余年。得鱼，或放，或卖，或自食之。常冠带。好种荔，食其葩实焉。宋景公[③]问其道，不告，即杀之。后数十年，踞宋城门上，鼓琴，数十日乃去。宋人家家奉祠之。

编者按：本条见《法苑珠林》四一引作《搜神异记》。此条歌颂冠先以自食其力为乐，不与统治者为伍的高贵品质，同时揭露宋景公的残暴。

注：①冠先：古仙人名。②睢水：流经豫、皖、苏北部。③宋景公：宋国君，公元前 516—前 453 年在位。

11. 琴高，赵人也。能鼓琴，为宋康王舍人[①]。行涓、彭之术[②]，浮游冀州、涿郡间[③]二百余年。后辞入涿水中，取龙子。与诸弟子期之，曰：“明日皆洁斋[④]，候于水旁，设祠屋。”果乘赤鲤鱼出，来坐祠中。且有万人观之。留一月，乃复入水去。

编者按：本条见《法苑珠林》四一引作《搜神异记》。此条歌颂琴师。

注：①宋康王：名偃，战国时宋国君。舍人：官名，为王公贵官的属官。②涓彭

之术：即神仙之术。涓，指涓子。《列仙传》曰："涓子者，齐人也。好饵术，接食其精，至三百年，仍常见于齐地。著《天人经》四十八篇。后钓鱼于菏泽，得鲤鱼，腹中有符，能致风雨。后得仙去。"彭，指彭祖。③冀州：古九州之一，辖境相当于今陕西和山西黄河以东、河南和山东黄河以北、辽宁辽河以西地区。涿郡，即今河北省涿州治。④洁斋：清洁斋戒。古人祭祀前洁身清心素食，以示庄重。

12. 陶安公者，六安[①]铸冶师也。数行火，火一朝散上，紫色冲天。公伏冶下求哀。须臾，朱雀[②]止冶上，曰："安公安公，冶与天通。七月七日，迎汝以赤龙。"至时，安公骑之，从东南去。城邑数万人，豫[③]祖安送之，皆辞诀。

编者按：乘龙升天，万人欢送。场面之壮观，想象之大胆，令人赞叹。这是对铸冶工人的歌颂。

注：①六安：今属安徽。②朱雀：神鸟名。③豫：通"预"。

13. 有人入焦山[①]七年，老君[②]与之木钻，使穿一盘石，石厚五尺。曰："此石穿，当得道。"积四十年，石穿，遂得神仙丹诀[③]。

编者按：人生在世，只有经过艰苦曲折地磨炼，才能悟出人生的道理。后有李白遇人磨铁杵的故事，即受此启发。

注：①焦山：在江苏丹徒东长江中，和金山对峙。②老君：《老子内传》曰："太上老君，姓李名耳，字伯阳，一名重耳。生而白发，故号老子。耳有三漏，又号老聃。"③神仙丹诀：道家炼丹成仙的秘诀。

14. 鲁少千者，山阳人也。汉文帝尝微服怀金过之[①]，欲问其道。少千拄金杖，执象牙扇，出应门[②]。

编者按：本条见《北堂书钞》一三三、一三四，《太平御览》七〇二、七一〇、八一一，《事类赋》注十四引作《搜神记》。"少千拄金杖，执象牙扇，出应门"说明他比皇帝还要富有。

注：①汉文帝：西汉皇帝，名刘恒。微服：王公贵族改穿平民服装，隐藏自己的身份。②应门：谓有人叩门，出来应接。

15. 淮南王安[①]好道术，设厨宰以候宾客。正月上辛，有八老公诣门求见。门吏白王，王使吏自以意难之，曰："吾王好长生，先生无驻衰之术[②]，未敢以闻。"公知不见，乃更形为八童子，色如桃花。王便见之，盛礼设乐，以享八公。援琴而弦歌曰："明明上天照四海兮，知我好道公来下兮。公将与余生羽毛兮，升腾青云蹈梁甫兮。观见三光遇北斗兮，驱乘风云使玉女兮。"今所谓《淮南操》[③]是也。

编者按:本条见《太平御览》五七三引作《搜神记》。

注:①淮南王安:即刘安(前178—前122年)。《神仙传》曰:"刘安,汉高帝孙,袭父封为淮南王。读书鼓琴,好神仙术。折节下士,尝招致宾客方士。作《内书》二十篇又八章,言神仙黄白之事,与变化之道。一日有八公诣门,王迎之,待之以礼。八公授王丹经,教以修炼。后白日升天,鸡犬随之。"实际是刘安在汉武帝逼迫下自杀。②驻衰之术:指停止衰老,长生不死之术。③《淮南操》:又题《八公操》。《古今乐录》曰:"淮南好道,正月上辛,八公来降,王作此歌。"所录歌词末尾尚有:"含精吐气嚼芝草兮,悠悠将将天相保兮。"

16. 刘根字君安,京兆长安人也。汉成帝[①]时,入嵩山学道,遇异人,授以秘诀,遂得仙。能召鬼。颍川太守史祈以为妖,遣人召根,欲戮之。至府,语曰:"君能使人见鬼,可使形见,不者加戮。"根曰:"甚易。借府君[②]前笔砚书符。"因以叩几。须臾,忽见五六鬼,缚二囚于祈前。祈熟视,乃父母也。向根叩头曰:"小儿无状,分当万死。"[③]叱祈曰:"汝子孙不能光荣先祖,何得罪神仙,乃累亲如此!"祈哀惊悲泣,顿首请罪。根默然忽去,不知所之。

编者按:诸如此类的故事,表面上说明神鬼的存在,实际上是歌颂人民群众的聪明机智,讽刺统治者的愚昧昏庸。

注:①汉成帝:西汉皇帝,名刘骜。前32年—前7年在位。②府君:汉代对太守的称呼。③无状:没有礼貌。分:通"忿"。

17. 汉明帝[①]时,尚书郎河东王乔为邺令[②]。乔有神术,每月朔,尝自县诣台[③]。帝怪其来数而不见车骑,密令太史[④]候望之。言其临至时,辄有双凫[⑤]从东南飞来。因伏伺,见凫,举罗张之,但得一双舄[⑥]。使尚书识视,四年中所赐尚书官属履也。

编者按:本条见《水经注·汝水》篇引作《搜神记》。

注:①汉明帝:东汉皇帝,即刘庄,光武帝子。58—75年在位。②河东:古地区名。指今山西西南部,位在黄河东。"邺"《风俗通》、《水经注》、《后汉书》均为"叶",古县名,在今河南叶县南。③诣台:犹言入朝。魏晋时谓朝廷禁省为台。④太史:官名。负责记载史事,编写史书,兼管天文历法、祭祀等。⑤凫(fú扶):泛指野鸭。⑥舄(xì戏):鞋的通称。

18. 蓟子训[①],不知所从来。东汉时,到洛阳,见公卿数十处,皆持斗酒片脯候之,曰:"远来无所有,示致微意。"坐上数百人,饮啖终日不尽。去后皆见白云起,从旦至暮。时有百岁公说:"小儿时,见训卖药会稽市,

颜色如此。"训不乐住洛,遂遁去。正始中[②],有人于长安东霸城[③],见与一老公共摩娑[④]铜人,相谓曰:"适见铸此,已近五百岁矣。"见者呼之曰:"蓟先生小住。"并行应之。视若迟徐,而走马不及。

编者按:本条见《艺文类聚》一、《太平御览》八、《事类赋注》二引作《搜神记》。此条说明蓟子训最少活了500多岁。道教所以夸张其仙人的寿命,因为其教义就是追求长寿。

注:①蓟(jì 计)子训:东汉齐人。②正始:魏齐王曹芳年号(240—249年)。③霸城:古地名。汉文帝九年(前171年)于此建县,名霸陵,三国魏更名霸城。治今陕西西安东北。④摩娑(mó　suā 模缩):用手抚摸。

19. 汉阴生者[①],长安渭桥下乞小儿也。常于市中丐[②]。市中厌苦,以粪洒之。旋复在市中乞,衣不见污如故。长吏[③]知之,械收系,著桎梏[④],而续在市乞。又械欲杀之,乃去。洒之者家,屋室自坏,杀十数人。长安中谣言曰:"见乞儿,与美酒,以免破屋之咎[⑤]。"

编者按:本条见《法苑珠林》七一引作《搜神记》。此条对穷人予以深切同情,而对为富不仁者予以警告。

注:①汉阴生:汉时人,名阴生。②丐(gài 盖):乞丐,即讨饭的人。③长吏:高级官吏。④桎梏(zhì　gù 质固):古代拘系罪人的刑具。郑玄曰:"在手曰梏,在足曰桎。"⑤咎(jiù 救):灾祸或罪过。

20. 谷城乡平常生[①],不知何所人也。数死而复生。时人为不然。后大水出,所害非一。而平辄在缺门山上大呼,言:"平常生在此。"云:"复雨,水五日必止。"止则上山求祠之,但见平衣杖革带。后数十年,复为华阴市门卒[②]。

编者按:本条见《法苑珠林》七一引作《搜神异记》。

注:①谷城:故城在今山东省平阴西南。平常生,据《列仙传》,"平"作"卒"。意为门卒名常生。②门卒:看守城门的兵卒。

21. 左慈[①]字元放,庐江人也。少有神通,尝在曹公座[②],公笑顾众宾曰:"今日高会,珍羞略备,所少者,吴松江[③]鲈鱼为脍。"放云:"此易得耳。"因求铜盘,贮水,以竹竿饵钓于盘中。须臾,引一鲈鱼出。公大拊掌[④],会者皆惊。公曰:"一鱼不周坐客,得两为佳。"放乃复饵钓之。须臾,引出,皆三尺余,生鲜可爱。公便自前脍之,周赐座席。

公曰:"今既得鲈,恨无蜀中生姜耳。"放曰:"亦可得也。"公恐其近道买，因曰："吾昔使人至蜀买锦，可敕人告吾使，使增市二端[⑤]。"人去，须臾还，得生姜。又云："于锦肆下见公使，已敕增市二端。"后经岁余，公使还，果增二端。问之，云："昔某月某日，见人于肆下，以公敕敕之。"

后公出近郊，士人从者数百。放乃赍酒一罂，脯一片，手自倾罂，行酒百官，百官莫不醉饱。公怪，使寻其故。行视沽酒家，昨悉亡其酒脯矣。公怒，阴欲杀放。放在公座，将收之，却入壁中，霍然不见。乃募取之。或见于市，欲捕之，而市人皆放同形，莫知谁是。后人遇放于阳城山[⑥]头，因复逐之，遂走入羊群。公知不可得，乃令就羊中告之曰："曹公不复相杀，本试君术耳。今既验，但欲与相见。"忽有一老羝[⑦]，屈前两膝，人立而言[⑧]曰："遽如许。"人即云："此羊是。"竟往赴之。而群羊数百，皆变为羝，并屈前膝，人立云："遽如许。"于是遂莫知所取焉。

老子曰："吾之所以为大患者，以吾有身也。及吾无身，吾有何患哉！"若老子之俦[⑨]，可谓能无身矣。岂不远哉也。

编者按：本条见《北堂书钞》一四五、《法苑珠林》四三、《太平御览》八六二引作《搜神记》。左慈的神奇变化，曹操的豪爽狡诈，彼此衬托，相得益彰。《搜神记》对神仙法术的描写，对我国后世小说的影响很大。不论是唐代的传奇，还是明清时代的神魔，均受其影响。《三国演义》改编为第六十八回《左慈掷杯戏曹操》。

注：①左慈：东汉末人。庐江，古郡名，治所在今安徽庐江县西。②曹公：即曹操(155—220年)字孟德，东汉献帝时丞相。其子曹丕建立魏朝，追尊为魏武帝。③吴松江：即今吴淞江，一称苏州河，以产鲈鱼著名。④拊(fǔ 抚)掌：高兴地鼓掌拍手。⑤增市二端：市，购买；端，古代布帛的长度单位，六丈为一端。⑥阳城山：俗名车岭，在今河南登封东北，东汉时属阳城县。⑦羝(dī 低)：公羊。⑧人立而言：像人一样站立着说话。⑨俦(chóu 仇)：同辈人。

22. 孙策欲渡江袭许[①]，与于吉俱行。时大旱，所在熇励[②]。策催诸将士，使速引船。或身自早出督切，见将吏多在吉许[③]。策因此激怒，言："我为不如吉耶，而先趋附之？"便使收吉。至，呵问之曰："天旱不雨，道路艰涩，不时得过，故自早出。而卿不同忧戚，安坐船中，作鬼物态，败吾部伍。今当相除。"令人缚置地上，暴之，使请雨。若能感天，日中雨者，当原赦[④]；不尔，行诛。俄而云气上蒸，肤寸[⑤]而合。比至日中，大雨总至，溪涧盈溢。将士喜悦，以为吉必见原，并往庆慰。策遂杀之。

将士哀惜,藏其尸。天夜,忽更兴云覆之。明旦往视,不知所在。策既杀吉,每独坐,仿佛见吉在左右。意深恶之,颇有失常。后治疮方差[⑥],而引镜自照,见吉在镜中;顾而弗见。如是再三。扑镜大叫,疮皆崩裂,须臾而死。(吉,琅邪人,道士。)

编者按:本条见《吴志》一、《北堂书钞》一三五、《建康实录》一、《太平御览》七一七引作《搜神记》。　孙策杀于吉,以及后边孙权杀介琰、孙綝杀徐光,揭露统治者嫉贤妒能,乱杀无辜的罪行。篇末关于孙策照镜而死的描述,为《红楼梦》描述贾瑞之死所效法。《三国演义》改编为第二十九回《小霸王怒斩于吉》。于吉,琅邪(今山东胶南)人。据传《太平经》是他著的。毛泽东说:"汉末北方的黄巾运动,规模极大,称为太平道。在南方,有于吉领导的群众运动,也是道教。"(《毛泽东读 文史古籍批语集》)

注:①孙策(175—200年):字伯策,三国吴郡富春(今浙江富阳)人。孙权之兄,是东吴孙氏政权的创立者,后追封为长沙桓王。许,指许昌。当时曹操挟汉献帝迁都许昌。②熇(hè 贺):火势炽盛。③身自:亲自。督切:督促迫切。许:处所。④原赦:原谅赦免。⑤肤寸:肤,古代长度单位,一肤为四寸。肤寸,说明距离很小。⑥差(chài 拆),同"瘥":病愈。

23. 介琰者[①],不知何许人也。住建安[②]方山。从其师白羊公杜,受玄一无为之道,能变化隐形。尝往来东海,暂住秣陵[③],与吴主[④]相闻。吴主留琰,乃为琰架宫庙。一日之中,数遣人往问起居。琰或为童子,或为老翁;无所食啖,不受饷遗。吴主欲学其术,琰以吴主多内御[⑤],积月不教。吴主怒,敕缚琰,著甲士引弩射之。弩发,而绳缚犹存,不知琰之所之。

编者按:本条见《初学记》十八引作《搜神记》。

注:①介琰(yǎn 演):三国时人,从白羊公杜学道,后传授京兆人杜契。②建安:郡名,三国吴置。治今福建建瓯,辖境相当今福建。③秣陵:古县名,秦置,治今江苏江宁南秣陵关。④吴主:指孙权(182—252年),继其兄策据江东称帝,国号吴。⑤内御:妃嫔。

24. 吴时有徐光者,尝行术于市里。从人乞瓜,其主勿与。便从索瓣,杖地种之。俄而瓜生蔓延,生花成实。乃取食之。因赐观者。鬻者[①]反视所出卖,皆亡耗矣。凡言水旱,甚验。过大将军孙綝[②]门,褰衣而趋[③],左右唾践。或问其故,答曰:"流血臭腥,不可耐。"綝闻,恶而杀之。斩其首,无血。及綝废幼帝[④],更立景帝[⑤],将拜陵,上车,有大风荡綝车,车为之倾。见光在松树上,拊手指挥,嗤笑之。綝问侍从,皆无见者。俄而景帝诛綝。

编者按:本条见《艺文类聚》八七、《太平御览》九七八、《事类赋注》二七引作《搜神记》。受此影响,蒲松龄《聊斋志异》创作有《种梨》。

注:①鬻(yù 玉)者:卖瓜人。②孙綝,字子通,东吴景帝时以大将军为丞相,权倾朝阁,后为景帝诛杀。③褰衣而趋:褰(qiān 牵),揭起。趋,快步而行。④幼帝:即孙亮,字子明,孙权少子。在位 7 年(252—258 年),被孙綝废为会稽王,后自杀。⑤景帝:即孙休,字子烈,孙权第六子,在位 6 年(258—263 年)。

25. 葛玄,字孝先[①],从左元放受《九丹液仙经》[②]。与客对食,言及变化之事,客曰:"事毕,先生作一事特戏者。"玄曰:"君得无[③]即欲有所见乎?"乃嗽口中饭,尽变大蜂数百,皆集客身,亦不螫人。久之,玄乃张口,蜂皆飞入。玄嚼食之,是故饭也。又指虾蟆及诸行虫燕雀之属使舞,应节如人。冬为客设生瓜枣,夏致冰雪。又以数十钱,使人散投井中,玄以一器于井上呼之,钱一一飞从井出。为客设酒,无人传杯,杯自至前;如或不尽,杯不去也。尝与吴主坐楼上,见作请雨土人。帝曰:"百姓思雨,宁可得乎?"玄曰:"雨易得耳。"乃书符著社中[④],顷刻间,天地晦冥,大雨流淹。帝曰:"水中有鱼乎?"玄复书符掷水中,须臾,有大鱼数百头。使人治之。

编者按: 道士的种种法术,反映了人们认识自然,征服自然,掌握自然规律的愿望,同时也反映了人们丰富的想象。

注:①葛玄:《三洞群仙录》曰:"葛玄,字孝先,三国·吴丹阳人。慕神仙术,学炼气保形之道,人称葛仙翁。先后于阁皂山灵宝法坛上,白日飞升,证位太极左宫,天机内相。宋封常道冲应孚佑真君,流传天台派。"东晋葛洪是他的侄孙。②《九丹液仙经》:《神仙传》和《抱朴子》均作《九丹金液仙经》,相传是道家炼金丹的秘笈。③得无:意为"是否"。④社:祭祀社神(土地神)的地方,如后世的土地庙。

26. 吴猛[①],濮阳人。仕吴,为西安[②]令。因家分宁。性至孝。遇至人[③]丁义,授以神方。又得秘法神符,道术大行。尝见大风,书符掷屋上,有青鸟[④]衔去,风即止。或问其故,曰:"南湖有舟,遇此风,道士求救。"验之果然。西安令干庆[⑤],死已三日,猛曰:"数未尽,当诉之于天"。遂卧尸旁。数日,与令俱起。后将弟子回豫章,江水大急,人不得渡。猛乃以手中白羽扇画江水,横流,遂成陆路,徐行而过。过讫,水复。观者

骇异。尝守浔阳[⑥]，参军周家有狂风暴起，猛即书符掷屋上，须臾风静[⑦]。

编者按：本条白羽扇画江事见《太平御览》七〇二，守浔阳事见《北堂书钞》一〇三，皆引作《搜神记》。

注：①吴猛：字世云，晋豫章（今江西南昌）人。文中称"濮阳人"，有误。时称吴真人，师事南海太守鲍靓，为许旌阳真君师。②西安：古县名。三国吴置。晋更名为豫宁，隋并入建昌，唐长安四年（704年）又析置武宁。③至人：有至德之人。④青鸟：《汉武故事》曰："七月七日，上（汉武帝）于承华殿斋，正中，忽有一青鸟从西方来，集殿前。上问东方朔，朔曰：'此西王母欲来也。'有顷，王母至。"郭璞注："皆西王母所使也。"后因称传信的使者为"青鸟"。⑤西安令干庆：干庆，字源长，干宝胞兄，曾任豫宁县令。西安故治在今江西武宁西。⑥浔阳：古县名，治今江西九江。⑦风静：《北堂书钞》所引"静"下尚有"人问之，答曰'西湖有遭此风者。跪道求福，呼天求救，故以止风'"24字。

27. 园客者，济阴[①]人也。貌美。邑人多欲妻之，客终不娶。尝种五色香草，积数十年，服食其实。忽有五色神蛾，止香草之上。客收而荐之以布，生桑蚕焉。至蚕时，有神女夜至，助客养蚕。亦以香草食蚕，得茧百二十头，大如瓮。每一茧，缫六七日乃尽。缫[②]讫，女与客俱仙去，莫知所如[③]。

编者按：此条歌颂缫丝工人。　以上主要记述道教的仙人及其法术。由于道教追求长寿，客观上推动了中国医学的发展；道教的炼丹术是中国实验化学的起源。

注：①济阴：郡名，治今山东定陶西北。②缫（sāo 骚）：缫丝，即从热水浸泡的蚕茧中抽丝。③如：这里用作动词，往也。

28. 汉董永，千乘[①]人。少偏孤[②]，与父居。肆力[③]田亩，鹿车[④]载自随。父亡，无以葬[⑤]，乃自卖为奴，以供丧事。主人知其贤，与钱一万，遣之[⑥]。永行三年丧毕[⑦]，欲还主人，供其奴职。道逢一妇人，曰："愿为子妻。"遂与之俱。主人谓永曰："以钱与君矣。"永曰："蒙君之惠，父丧收藏。永虽小人，必欲服勤[⑧]致力，以报厚德。"主曰："妇人何能？"永曰："能织。"主曰："必尔者[⑨]，但令君妇为我织缣[⑩]百匹。"于是永妻为主人家织，十日而毕。女出门，谓永曰："我，天之织女也。缘[⑪]君至孝，天帝令我助君偿债耳。"语毕，凌空而去，不知何在。

编者按：本条见《太平广记》五九引作《搜神记》。董永的勤劳、朴实、孝敬，经后人反复加工、补充，已成为中国文学中著名的艺术形象（见

《辞海》)。但此种故事,只是反映了人们的理想和愿望。现实社会中,既不存在"天帝",也不可能派其女助人"偿债"。正如《国际歌》说的"从来就没有什么救世主,也不靠神仙皇帝。要创造人类的幸福,全靠我们自己"。

注:①千乘:地名,在今山东高青高苑镇北。②偏孤:幼年丧母。③肆力:尽力。④鹿车:古代的一种小车。⑤无以葬:没有钱埋葬。⑥遣之:让他回家。⑦三年丧毕:古代的礼仪,父母死后,儿子要在家守孝三年。⑧服勤:勤劳服事。⑨必尔者:你一定报德的话。必,一定;尔,你。⑩缣(jiān 兼):双丝细绢。⑪缘:因为。

29. 初,钩弋[①]夫人有罪,以谴死。既殡,尸不臭,而香闻十余里。因葬云陵[②]。上哀悼之,又疑其非常人,乃发冢开视。棺空无尸,惟双履存。一云:昭帝[③]即位,改葬之,棺空无尸,独丝履存焉。

编者按:本条见《太平御览》五四九、九八一引作《搜神记》。此条宣扬尸解登仙,同时揭露汉武帝的残暴。

注:①钩弋(yì 易)夫人:汉武帝的婕妤(jié yú 捷于),昭帝之母,后追尊为太后。②云陵:钩弋夫人陵,在陕西淳化北。前汉曾在此置县,后汉废。③昭帝:汉武帝子,即刘弗陵。公元前86—前74年在位。

30. 汉时有杜兰香[①]者,自称南康人氏。以建业四年[②]春,数诣张传。传年十七。望见其车在门外,婢通言:"阿母所生,遣授配君,可不敬从!"传先名改硕[③]。硕呼女前视,可十六七,说事邈然久远。有婢子二人,大者萱支,小者松支。钿车[④]青牛,上饮食皆备。作诗曰:"阿母处灵岳,时游云霄际。众女侍羽仪,不出墉[⑤]宫外。飘轮送我来,岂复耻尘秽。从我与福俱,嫌我与祸会。"至其年八月旦,复来,作诗曰:"逍遥云汉间,呼吸发九嶷。流汝不稽路,弱水[⑥]何不之。"出薯蓣[⑦]子三枚,大如鸡子,云"食此,令君不畏风波,辟寒温。"硕食二枚,欲留一。不肯,令硕食尽。言:"本为君作妻,情无旷远。以年命未合,其小乖。大岁[⑧]东方卯,当还求君"。兰香降时,硕问:"祷祀何如?"香曰:"消魔[⑨]自可愈疾,淫祀无益。"香以药为"消魔"。

注:①杜兰香:古仙女。唐杜光庭《墉城集仙录》曰:"杜兰香者,有渔父于湘江之岸,见而举之。十余岁,灵颜姝莹。忽有青童下,携女去。其后降于洞庭邑山张硕家。"②建业四年:《艺文类聚》作"建兴四年",为晋愍帝司马邺年号。汪绍楹以为文中的"汉时"及"南康",当是后人增改。③名改硕:《艺文类聚》作"改名硕"。④钿车:用金片做花装饰的车。⑤墉(yōng 庸)宫:神仙所居墉城中的宫殿。⑥弱

水：水名。传说昆仑仙境"其下有弱水之渊环之"。⑦薯蓣：植物名。俗称山药。⑧大岁：《艺文类聚》"大"作"太"⑨消魔：《真诰》曰："仙真并呼药为消摩。"

31. 魏济北郡从事掾①弦超，字义起。以嘉平②中夜独宿，梦有神女来从之。自称天上玉女，东郡人，姓成公，字知琼。早失父母，天帝哀其孤苦，遣令下嫁从夫。超当其梦也，精爽感悟，嘉其美异，非常人之容，觉寤钦想③，若存若亡。如此三四夕。一旦，显然来游，驾辎軿④车，从八婢，服绫罗绮绣之衣，姿颜容体，状若飞仙。自言年七十，视之如十五六女。车上有壶、榼⑤、青白琉璃五具。饮啖奇异，馔具醴酒，与超共饮食。谓超曰："我，天上玉女。见遣下嫁，故来从君。不谓君德，宿时感运⑥，宜为夫妇。不能有益，亦不能为损。然往来常可得驾轻车，乘肥马，饮食常可得远味异膳，缯素常可得充用不乏。然我神人，不为君生子，亦无妒忌之性，不害君婚姻之义。"遂为夫妇。赠诗一篇，其文曰："飘摇浮勃逢⑦，敖曹云石滋⑧。芝英不须润，至德与时期⑨。神仙岂虚感，应运来相之。纳我荣五族，逆我致祸灾。"此其诗之大较。其文二百余言，不能悉录。兼注《易》七卷，有卦有象，以象为属⑩。故其文言，既有义理，又可以占吉凶，犹扬子之《太玄》，薛氏之《中经》⑪也。超皆能通其旨意，用之占候。

作夫妇经七八年，父母为超娶妇之后，分日而燕，分夕而寝，夜来晨去，倏⑫忽若飞，唯超见之，他人不见。虽居暗室，辄闻人声，常见踪迹，然不睹其形。后人怪问，漏泄其事。玉女遂求去，云："我，神人也。虽与君交，不愿人知。而君性疏漏，我今本末已露，不复与君通接。积年交结，恩义不轻，一旦分别，岂不怆恨。势不得不尔，各自努力。"又呼侍御，下酒饮啖。发簏⑬，取织成裙衫两副遗超，又赠诗一首。把臂告辞，涕泣流离，肃然升车，去若飞迅。超忧感积日，殆至委顿⑭。

去后五年，超奉郡使至洛，到济北鱼山下陌上，西行遥望，曲道头有一车马，似知琼。驱驰前至，果是也。遂披帷相见，悲喜交切。控左援绥，同乘至洛，遂为室家，克复旧好。至太康中犹在，但不日日往来，每于三月三日、五月五日、七月七日、九月九日、旦、十五日辄下往来，经宿而去。张茂先⑮为之作《神女赋》。

编者按：本条见《法苑珠林》八、《艺文类聚》七九、《太平御览》六七七引作《搜神记》。无论是张传和杜兰香，还是弦超和知琼，都反映了人们对美满婚姻和幸福生活的追求,同时也折射出对现实社会的不满。又《太平御览》卷七二八引《智琼传》曰:“弦超为神女所降,论者以为神仙,或以为鬼魅,不可得正也。著作郎干宝以《周易》筮之,遇《颐》之《益》,以示同寮郎,郭璞曰:‘《颐》贞吉,正以养身,雷动山下,气性唯新。变而之《益》,延寿永年,乘龙衔风,乃升于天,此仙人之卦也。’”

注:①济北从事掾:济北,郡名。故城在今山东长清县南。从事掾,州郡长官的僚属。②嘉平:魏齐王曹芳年号(249—254 年)。③钦想:思念不已。④辎軿(zī píng 资平)车:古代一种有帷盖、帷幕的小车。⑤榼(kē 科):古代盛酒或贮水的器具。⑥宿时感运:神仙家语,意思是前世缘份应运而生。⑦勃逢:指渤海蓬莱山仙境。勃,通“渤”;逢,通“蓬”。⑧敖曹云石滋:敖曹,即嗷嘈,乐声喧闹。云石,指云板、石磬等乐器。滋,发出。这句意思是:云板与石磬等乐器,发出嗷嘈喧闹的乐声。⑨至德与时期:这句意思是最高的德行正等待时机相会。⑩兼注《易》七卷,有卦有象,以彖为属:《易》,即《周易》。卦,《周易》中象征自然现象和人事变化的一套符号。象,是《周易》中说明卦爻等符号的象征意义的文辞。彖(tuàn),《周易》中总论各卦基本意义的文辞。⑪扬子:即扬雄,汉代学者。《太玄》,是扬雄仿《周易》的著作。薛氏之《中经》,未详。⑫倏(shū 书):忽,忽然。⑬发簏(lù 鹿):打开箱子。簏,用竹、藤编成的箱子。⑭殆至委顿:委顿,极度疲困,到了不能支持的地步。⑮张茂先:即张华,字茂先。晋代文学家,著有《博物志》等。

《搜神记》卷二

编者按:本卷共17条,主要记述道家的法术。法术是道家呼风唤雨、惩恶扬善的手段,但法术不是每个人都可以掌握的,只有修炼得"道"的人才能施用。其中有几条并非法术,而是最早的关于魔术的记载。以上两卷,在歌颂神仙、道士的同时,也揭露了统治阶级乱杀无辜的凶恶和荒淫。

32. 寿光侯者,汉章帝[①]时人也。能劾[②]百鬼众魅,令自缚见形。其乡人有妇为魅所病,侯为劾之,得大蛇数丈,死于门外,妇因以安。又有大树,树有精,人止其下者死,鸟过之亦坠。侯劾之,树盛夏枯落,有大蛇长七八丈,悬死树间。章帝闻之,征问,对曰:"有之。"帝曰:"殿下有怪:夜半后,常有数人,绛衣披发,持火相随。岂能劾之?"侯曰:"此小怪,易消耳。"帝伪使三人为之。侯乃设法,三人登时仆地无气。帝惊曰:"非魅也。朕相试耳。"即使解之。或云:"汉武帝时,殿下有怪,常见朱衣披发相随,持烛而走。帝谓刘凭[③]曰:"卿可除此否?"凭曰:"可。"乃以青符[④]掷之,见数鬼倾地。帝惊曰:"以相试耳。"解之而苏。

编者按:本条见《法苑珠林》四二引作《搜神记》。《后汉书》将此条编入《方术传》。此条说明人定胜妖,并塑造了降妖英雄刘凭的形象。

注:①汉章帝:东汉皇帝,明帝第五子,名刘炟。公元76—89年在位。②劾(hé核):以法治罪。③刘凭:《神仙传》曰:"刘凭者,沛人也。有军功,封寿光金乡侯。学道于稷丘子,常服石桂英及石硫黄。"④青符:道士用来驱鬼召神的符箓。

33. 樊英隐于壶山,尝有暴风从西南起,英谓学者曰:"成都市火甚盛。"因含水嗽之。乃命记其时日。后有从蜀来者云:"是日大火,有云从东起,须臾大雨,火遂灭。"

编者按:《后汉书》将此条编入《樊英传》。

34. 闽中[①]有徐登者,女子化为丈夫。与东阳赵昞[②],并善方术。时遭兵乱,相遇于溪,各矜[③]其所能。登先禁溪水为不流,昞次禁杨柳为生稊[④]。二人相视而笑。登年长,昞师事之。后登身故,昞东入长安[⑤],百姓未知。昞乃升茅屋,据鼎而爨。主人惊怪,昞笑而不应,屋亦不损。

编者按：《后汉书》将此条编入《徐登传》。

注：①闽中：古郡名，秦置，治今福建福州。徐登，东汉人。②赵昞（bǐng 丙），东汉东阳（今浙江金华）人。③矜（jīn 今）：施展。④稊（tí 题）：植物的幼芽。⑤长安：《后汉书》作"章安"。章安，县名，治今浙江临海章安镇。

35. 赵昞尝临水求渡，船人不许。昞乃张帷盖，坐其中，长啸呼风，乱流而济。于是百姓敬服，从者如归。长安令恶其惑众，收杀之。民为立祠于永康[①]，至今蚊蚋[②]不能入。

编者按：本条见《艺文类聚》十九、《太平御览》三九二、《类说》七、《绀珠集》七引作《搜神记》。《后汉书》将此条编入《徐登传》。

注：①永康：古县名。治今浙江金华东南。②蚋（ruì 锐）：小虫。

36. 徐登、赵昞，贵尚清俭，祀神以东流水，削桑皮以为脯。

编者按：本条见《北堂书钞》一四五引作《搜神记》。《后汉书》将此条编入《徐登传》。

37. 陈节访诸神，东海君以织成青襦一领遗之。

编者按：本条见《太平御览》八一六引作《搜神记》。

38. 宣城边洪为广阳领校[①]，母丧归家，韩友[②]往投之。时日已暮，出告从者："速装束，吾当夜去。"从者曰："今日已暝，数十里草行，何急复去？"友曰："此间血覆地，宁可复住？"苦留之，不得。其夜，洪欻[③]发狂，绞杀两子，并杀妇，又斫父婢二人，皆被创。因走亡。数日，乃于宅前林中得之，已自经死[④]。

编者按：边洪发狂杀人，可能是"母丧"有因，或者是神经错乱疾病发作的表现。韩友看到苗头，不是救死扶伤，而是一走了之，实在不够朋友。《晋书》将此条编入《韩友传》。

注：①广阳领校：广阳，郡名。治今北京西南。领校，郡的军事 长官。②韩友：字景先，晋庐江（今属安徽）人。《晋书》有传，说他"善占卜"，曾任广武将军。③欻（xū 须）：突然。④自经：自缢。

39. 鞠道龙善为幻术。尝云："东海人黄公，善为幻，制蛇御虎。常佩赤金刀。及衰老，饮酒过度。秦末，有白虎见于东海，诏遣黄公以赤刀往厌之。术即不行，遂为虎所杀。"

编者按：此条应作寓言读，说明本领和学识不能有半点虚假，虚张声势，往往受害。

40. 谢纠尝食客[①]。以朱书符投井中[②]。有一双鲤鱼跳出。即命作脍,一坐皆得遍。

编者按:本条见《北堂书钞》一四五引作《搜神记》。

注:①尝食客:《搜神后记》作"大瓮盛水"。可能是"尝食客"后脱漏"大瓮盛水"四字。纠(jiǔ 酒),同"纠"。②井中:《北堂书钞》为"井水"。

41. 晋永嘉中[①],有天竺胡人[②]来渡江南。其人有数术,能断舌复续、吐火,所在人士聚观。将断时,先以舌吐示宾客。然后刀截,血流覆地。乃取置器中,传以示人。视之,舌头半舌犹在。既而还,取含续之,坐有顷,坐人见舌则如故,不知其实断否。其续断,取绢布,与人各执一头,对剪,中断之。已而取两断合视,绢布还连续,无异故体。时人多疑以为幻,阴乃试之,真断绢也。其吐火,先有药在器中,取火一片,与黍糖合之,再三吹呼,已而张口,火满口中,因就爇[③]取以炊,则火也。又取书纸及绳缕之属投火中,众共视之,见其烧爇了尽。乃拨灰中,举而出之,故向物[④]也。

编者按:本条见《艺文类聚》十七,《太平御览》三六七、七二七、八一七引作《搜神记》;《法苑珠林》七六引,漏书名;《太平广记》二八四引作《法苑珠林》,文句稍有不同。此条很可能是干宝目睹的,不然很难写的如此生动逼真。此种魔术,笔者幼年亦曾目睹。

注:①永嘉:晋怀帝司马炽年号(307—313 年)。干宝于永嘉元年任盐官(今属浙江海宁)州别驾。其时正在江南。此当为干宝记目睹之事。②天竺胡人:天竺,古代对印度及巴基斯坦的称呼。胡人,泛指外国人。③爇(rè 热):焚烧。④向物:原来的东西。

42. 扶南[①]王范寻养虎于山,有犯罪者,投与虎不噬,乃宥之[②]。故山名大虫,亦名大灵。又养鳄鱼十头,若犯罪者,投与鳄鱼,不噬,乃赦之。无罪者皆不噬。故有鳄鱼池。又尝煮水令沸,以金指环投汤中,然后以手探汤。其直者,手不烂;有罪者,入汤即焦。

编者按:本条见《太平寰宇记》一六四引作《搜神记》。扶南王的愚昧和残暴跃然纸上。笔者幼年亦闻睹咒下油锅之说。

注:①扶南:南方古国,位于今柬埔寨境。②不噬乃宥之:噬(shì 式):咬;宥(yòu 又):赦免,原谅。

43. 戚夫人[①]侍儿贾佩兰,后出为扶风人段儒妻。说在宫内时,尝以弦管歌舞相欢娱,竞为妖服,以趋良时。十月十五日,共入灵女庙,以豚黍乐神,吹笛击筑,歌《上灵》之曲。既而相与连臂,踏地为节,歌《赤凤皇来》。乃巫俗也。至七月七日,临百子池,作于阗乐。乐毕,以五色缕相羁,谓之相连绶。八月四日,出雕房北户,竹下围棋。胜者终年有福,负者终年疾病;取丝缕,就北辰星[②]求长命,乃免。九月,佩茱萸,食蓬饵,饮菊花酒,令人长命。菊花舒时,并采茎叶,杂黍米镶[③]之,至来年九月九日始熟,就饮焉。故谓之菊花酒。正月上辰,出池边盥濯[④],食蓬饵,以祓[⑤]妖邪。三月上巳,张乐于流水。如此终岁焉。

编者按:本条见《初学记》三、《太平御览》二七、《岁时广记》三引作《搜神记》。此条毫无神鬼可言,而是深刻揭露宫廷内的淫乐生活。

注:①戚夫人:汉高祖刘邦的宠姬,生赵隐王如意。刘邦死后,被吕后所杀。②北辰星:即北极星。③镶:通"酿"。④盥濯(guàn zhuó 贯浊):浇水洗手。⑤祓(fú 弗):免除灾祸。

44. 汉武帝时,幸李夫人[①]。夫人卒后,帝思念不已。方士齐人李少翁[②],言能致其神。乃夜施帷帐,明灯烛,而令帝居他帐,遥望之。见美女居帐中,如李夫人之状,还幄坐而步,又不得就视。帝愈益悲感,为作诗曰:"是耶?非耶?立而望之,偏[③]。娜娜[④]何冉冉其来迟!"令乐府知音家弦歌之。

编者按:本条见《法苑珠林》一一六引作《搜神记》。以下几条写道士能通鬼神,完全是道教自神其教的吹嘘,且不可信以为真。

注:①李夫人:汉武帝宠姬。李延年之妹。早卒。②李少翁:汉武帝时方士,因求祀不应被杀。③偏:通"翩"。④娜娜:《汉书·外戚传》无此二字,汪绍楹疑释"偏"字注文,误入正文。

45. 汉北海营陵[①]有道人,能令人与已死人相见。其同郡人,妇死已数年,闻而往见之,曰:"愿令我一见亡妇,死不恨矣。"道人曰:"卿可往见之。若闻鼓声,即出勿留。"乃语其相见之术。俄而得见之。于是与妇言语,悲喜恩情如生。良久,闻鼓声恨恨[②],不能得住。当出户时,忽掩其衣裾户间,掣绝而去。至后岁余,此人身亡。家葬之,开冢,见妇棺盖下有衣裾[③]。

编者按:本条见《法苑珠林》一一六、《太平御览》五五一、《太平广记》二八四引作《搜神记》。这是一则宗教迷信故事,但却写的妙笔生

辉。故应注意批判其迷信思想，学习其艺术技巧。

注：①汉北海营陵：北海郡，治营陵（今山东乐昌东南）。②㫰㫰（lǎng 郎）：鼓声。原作“恨恨”，据《太平御览》改。③裾（jū 居）：衣襟。

46. 吴孙休有疾，求觋[①]视者。得一人，欲试之。乃杀鹅而埋于苑中，架小屋，施床几，以妇人屐[②]履服物著其上。使觋视之，告曰：“若能说此冢中鬼妇人形状者，当加厚赏，而即信矣。”竟日无言。帝推问之急，乃曰：“实不见有鬼，但见一白头鹅立墓上。所以不即白之，疑是鬼神变化作此相。当候其真形，而定不复移易。不知何故，敢以实上。”

注：①觋（xí 习）：男巫。②屐（jī 机）履：鞋。

47. 吴孙峻杀朱主[①]，埋于石子冈。归命[②]即位，将欲改葬之。冢墓相亚，不可识别，而宫人颇识主亡时所著衣服。乃使两巫各住一处，以伺其灵，使察鉴之[③]，不得相近。久时，二人俱白：“见一女人，年可三十余，上著青锦束头，紫白袷裳，丹绨[④]丝履，从石子冈上。半冈而以手抑膝，长太息，小住须臾，更进一冢上便止，徘徊良久，奄然[⑤]不见。”二人之言，不谋而合。于是开冢，衣服如之。

编者按：本条见《吴志》五《朱夫人传》注、《建康实录》四引作《搜神记》。

注：①朱主：孙权女，即公主鲁育，左将军朱据之妻。后为孙峻所杀。②归命：吴末帝孙皓，归晋后封归命侯。③使察鉴之：《建康实录》作“使察战鉴之”。“察战”，吴官职名。④绨（tí 题）：古代丝织品。⑤奄（yǎn 衍）然：忽然。

48. 夏侯弘自云见鬼，与其言语。镇西谢尚[①]所乘马忽死，忧恼甚至。谢曰：“卿若能令此马生者，卿真为见鬼也。”弘去，良久还，曰：“庙神乐君马，故取之。今当活。”尚对死马坐。须臾，马忽自门外走还，至马尸间便灭，应时能动，起行。谢曰：“我无嗣，是我一身之罚。”弘经时无所告。曰：“顷所见，小鬼耳，必不能辨此源由。”后忽逢一鬼，乘新车，从十许人，著青丝布袍。弘前提牛鼻。车中人谓弘曰：“何以见阻？”弘曰：“欲有所问。镇西将军谢尚无儿。此君风流令望，不可使之绝祀。”车中人动容曰：“君所道，正是仆儿。年少时，与家中婢通，誓约不再婚，而违约。今此婢死，在天诉之。是故无儿。”弘具以告。谢曰：“吾少时诚有此事。”弘于江陵，见一大鬼，提矛戟[②]，有随从小鬼数人。弘畏惧，下路避之。大鬼过后，捉得一小鬼，问：“此何物？”曰：“杀人以此矛戟。若中心腹者，无不辄死。”弘曰：“治此病有方否?”鬼曰：“以乌鸡薄之，即差。”弘曰：“今欲何行?”鬼曰：“当至荆、扬二州。”尔时比日行心腹病，无有不死者。弘乃教人杀乌鸡以薄之，十不失八九。今治中恶，辄用乌鸡薄之者，弘之由也。

编者按：此条有人怀疑非本书原有，是误收。主要依据是谢尚任“镇西将军”在干宝卒后。但谢尚任“安西将军”在干宝卒前，而“安西”与“镇西”仅一字之差，是否后人误改，不得而知。

注：①谢尚：东晋阳夏（今河南太康）人，字仁祖。官拜尚书仆射，出为豫州刺史，永和四年（348 年），晋安西将军（在干宝卒前 3 年）；永和十一年（355 年）进号镇西将军（在干宝卒后 4 年）；卒于升平元年（357 年）。②戟（jǐ 己）：古代兵器。

《搜神记》卷三

编者按：本卷共22条，主要记述巫卜。中国巫卜源远流长，在安阳出土的甲骨文大都为卜词。巫卜反映了古代人民在生产斗争和阶级斗争中，想认识客观规律，掌握自己命运的强烈愿望。但巫卜还有愚昧、迷信的一面，成为少数人愚弄群众的手段。条内所记，虽多为巫卜者的自我吹嘘，其中也包含一些哲理（如《隗炤》），耐人寻味。末两条，关于华陀的记述属医术，在古代医术和巫术是同源的。

49. 汉永平[①]中，会稽钟离意[②]字子阿，为鲁相。到官，出私钱万三千文，付户曹孔䜣[③]，修夫子车。身入庙，拭几席剑履。男子张伯，除堂下草，土中得玉璧七枚。伯怀其一，以六枚白意。意令主簿安置几前。孔子教授堂下床首有悬瓮，意召孔䜣，问："此何瓮也？"对曰："夫子瓮也。背有丹书，人莫敢发也。"意曰："夫子，圣人。所以遗瓮，欲以悬示后贤。"因发之，中得素书，文曰："后世修吾书，董仲舒[④]。护吾车，拭吾履，发吾笥[⑤]，会稽钟离意。璧有七，张伯藏其一。"意即召问："璧有七，何藏一耶？"伯叩头出之。

编者按：此条编者意在神化孔子，并非真有其事。

注：①永平：东汉明帝刘庄年号（58—75年）。②钟离意：会稽山阴（今浙江绍兴）人。明帝时征为尚书，出为鲁相。③孔䜣（xī 西）：人名。④董仲舒：西汉武帝时经学大师。"罢黜百家，独推儒术"的倡导者。⑤笥（sì 饲）：盛东西的竹器。此指悬瓮。

50. 段医[①]字元章，广汉新都[②]人也。习《易经》，明风角。有一生来学积年，自谓略究要术，辞归乡里。医为合膏药，并以简书封于筒中，告生曰："有急，发视之。"生到葭萌，与吏争度[③]。津吏挝破从者头。生开筒得书，言："到葭萌，与吏斗，头破者，以此膏裹之。"生用其言，创者即愈。

编者按：　以上两条是汉代流行的谶纬神学的反映。"谶"是一种"诡为隐语，预决吉凶"的宗教预言；"纬"是以神学迷信解释儒家经典。谶纬神学兴于西汉，盛于东汉，至隋禁毁，但其影响未绝。《三国演义》

中诸葛亮的所谓“锦囊妙计”，就是运用谶纬神学的写作手法，将诸葛亮描述成亦儒亦道的神仙。

注:①段医：医，其他本作“翳(yì 易)”。②广汉新都：即广汉郡新都县，故城在今四川广汉东。③葭萌：故城在今四川昭化东南。度，通“渡”。

51. 右扶风臧仲英，为侍御史①。家人作食，设案，有不清尘土投污之。炊临熟，不知釜处。兵弩自行。火从箧簏中起，衣物尽烧，而箧簏②故完。妇女婢使，一旦尽失其镜，数日，从堂下掷庭中，有人声言：“还汝镜。”女孙年三四岁，亡之，求不知处，两三日，乃于圊③中粪下啼。若此非一。汝南许季山④者，素善卜卦，卜之曰：“家当有老青狗物，内中侍御者名益喜，与共为之。诚欲绝，杀此狗，遣益喜归乡里。”仲英从之，怪遂绝。后徙为太尉长史，迁鲁相。

编者按:本条见《太平广记》三五九、《类说》七引作《搜神记》。

注:①侍御史：官名。次于御史。②箧簏(qiè lù 怯鹿)：盛东西的竹箱子。③圊(gīng 青)：厕所。④许季山：名峻，东汉汝南(今河南平舆)人，善占卜之术。

52. 太尉①乔玄，字公祖，梁国②人也。初为司徒长史③。五月末，于中门卧，夜半后，见东壁正白，如开门明。呼问左右，左右莫见。因起自往，手扪摸之，壁自如故。还床复见。心大怖恐。其友应劭④适往候之，语次相告。劭曰：“乡人有董彦兴者，即许季山外孙也。其探赜⑤索隐，穷神知化，虽眭孟、京房⑥无以过也。然天性褊狭，羞于卜筮者。”间来候师王叔茂⑦请往迎之，须臾便与俱来。公祖虚礼盛馔，下席行觞。彦兴自陈：“下土诸生，无他异分，币重言甘，诚有踧踖⑧颇能别者，愿得从事。”公祖辞让再三，尔乃听之。曰：“府君当有怪，白光如门明者，然不为害也。六月上旬鸡鸣时，闻南家哭，即吉。到秋节，迁北行郡，以金为名。位至将军三公。”公祖曰：“怪异如此，救族不暇，何能致望于所不图。此相饶耳。”至六月九日未明，太尉杨秉⑨暴薨。七月七日，拜钜鹿太守。钜边有金。后为度辽将军，历登三事⑩。

编者按:本条见《太平御览》七二八引作《搜神记》。

注:①太尉：最高军事首脑，东汉时与司徒、司空并称三公。②梁国：故治在今河南商丘南。③司徒长史：司徒的属官。司徒为最高行政首脑。④应劭(shào 绍)：东汉汝南南顿(今河南项城西南)人，字仲远。官拜泰山太守。著有《风俗通》(一作《风俗通议》)30卷。⑤探赜(zé 责)：赜，深奥。⑥眭(suī 虽)孟：名弘，西汉人。习《公羊春秋》，以推测后事。京房：字君明，治《易》以说灾变。《汉书》有传。

⑦王叔茂：名畅，山阳高平人。王粲祖父。《后汉书》有传。⑧踧踖（cù jí 促籍）：局促不安的样子。⑨杨秉：字叔节，震子。东汉延熹八年（165 年）卒。《后汉书》有传。⑩三事：即三公。

53. 管辂[1]字公明，平原[2]人也。善《易》卜。安平[3]太守东莱王基[4]，字伯舆，家数有怪，使辂筮之。卦成，辂曰："君之卦，当有贱妇人，生一男，堕地便走，入灶中死。又床上当有一大蛇衔笔者，大小共视，须臾便去。又乌来入室中，与燕共斗，燕死乌去。有此三卦。"基大惊曰："精义之致，乃至于此。幸为占其吉凶。"辂曰："非有他祸，直客舍以远，魑魅罔两，共为怪耳。儿生便走，非能自走，直宋无忌[5]之妖，将其入灶也。大蛇衔笔者，直老书佐[6]耳。乌与燕斗者，直老铃下[7]耳。夫神明之正，非妖能害也。万物之变，非道所止也。久远之浮精，必能之定数也。今卦中见象而不见其凶，故知假托之数，非妖咎之征，自无所忧也。昔高宗之鼎，非雉所雊[8]；太戊[9]之阶，非桑所生。然而野鸟一雊，武丁为高宗；桑谷暂生，大戊以兴。焉知三事不为吉祥？愿府君安身养德，从容光大，勿以神奸污累天真。"后卒无他。迁安南督军。后辂乡里乃太原[10]问辂："君往者为王府君论怪。云'老书佐为蛇，老铃下为乌'。此本皆人，何化之微贱乎？为见于爻象，出君意乎？"辂言："苟非性与天道，何由背爻象而任心胸者乎？夫万物之化，无有常形；人之变异，无有定体。或大为小，或小为大，固无优劣。万物之化，一例之道也。是以夏鲧，天子之父；赵王如意，汉高之子。而鲧为黄能[11]，意为苍狗，斯亦至尊之位，而为黔喙[12]之类也。况蛇者协辰巳之位，乌者栖太阳之精[13]，此乃腾黑之明象，白日之流景。如书佐、铃下，各以微躯，化为蛇乌，不亦过乎！"

编者按：本条见《太平广记》三五九引作《搜神记》。条内"夫神明之正，非妖能害也。万物之变，非道所止也"。查《管辂别传》和《魏志·管辂传》均无此二句。而这二句最富哲理，在条内如画龙点睛，可能是干宝改编时所加。大意是：思想清明纯正，不是任何妖怪能够伤害的。万物的变化，不是任何道术所能阻止的。

注：①管辂（lù 路）：三国魏人。《三国志·魏书》有传，说他精通《周易》，善卜。②平原：郡名，治今山东平原西南。③安平：古邑名，故城在今山东益都西北。④东莱王基：东莱，位于今山东掖县境；王基，《三国志·魏书》有传。⑤宋无忌：《白泽图》曰："火之精曰宋无忌，盖其火仙也。"⑥书佐：官名，即书记。⑦铃下：门卫或护

卫之卒。⑧雊(gòu 够):野鸡鸣叫。⑨太戊:亦作“大戊”,殷中宗。⑩乃太原:汪绍楹疑为“刘原”之误。刘原,渤海人,为河东太守。⑪黄能:能应为“熊”。⑫黔喙(huì 会):指山上的野兽。⑬太阳之精:传说太阳中有神乌,故称乌为“太阳之精。”

54. 管辂至平原,见颜超貌主[1]夭亡。颜父乃求辂延寿。辂曰:“子归,觅清酒一榼、鹿脯一斤。卯日,刈[2]麦地南大桑树下,有二人围棋次。但酌酒置脯,饮尽更斟,以尽为度。若问汝,汝但拜之,勿言。必合有人救汝。”颜依言而往,果见二人围棋。颜置脯斟酒于前。其人贪戏,但饮酒食脯,不顾。数巡,北边坐者忽见颜在,叱曰:“何故在此?”颜唯拜之。南边坐者语曰:“适来饮他酒脯,宁无情乎?”北坐者曰:“文书已定。”南坐者曰:“借文书看之。”见超寿止可十九岁。乃取笔挑上,语曰:“救汝至九十年活。”颜拜而回。管语颜曰:“大助子,且喜得增寿。北边坐人是北斗,南边坐人是南斗。南斗注生,北斗注死。凡人受胎,皆从南斗过北斗。所有祈求,皆向北斗。”

编者按:开后门“延寿”,可见开后门之风源远流长。少许酒肉即可延寿,古人穷矣。受此影响,《西游记》第十回创作有《唐太宗地府还魂》。

注:①主:预兆。②刈(yì 义):割。

55. 信都[1]令家,妇女惊恐,更互疾病,使辂筮之。辂曰:“君北堂西头有两死男子,一男持矛,一男持弓箭,头在壁内,脚在壁外。持矛者主刺头,故头重痛不得举也;持弓箭者主射胸腹,故心中悬痛不得饮食也。昼则浮游,夜来病人,故使惊恐也。”于是掘其室中,入地八尺,果得二棺。一棺中有矛,一棺中有角弓[2]及箭。箭久远,木皆消烂,但有铁及角完耳。乃徙骸骨,去城二十里埋之。无复疾病。

注:①信都:县名。治今河北冀县。②角弓:用角装饰的弓。

56. 利曹[1]民郭恩,字义博。兄弟三人,皆得躄[2]疾。使辂筮其所由。辂曰:“卦中有君本墓,墓中有女鬼,非君伯母,当叔母也。昔饥荒之世,当有利其数升米者,排著井中,啧啧有声,推一大石下,破其头。孤魂冤痛,自诉于天耳。”

编者按:以上4条《三国演义》综合为第六十九回《卜周易管辂知机》。

注:①利漕:曹操所凿之渠名,引漳水入白沟。位于今河北南部。②躄(bì

壁)：瘸腿。

57. 淳于智[①]字叔平，济北庐[②]人也。性深沉，有思义。少为书生，能《易》筮，善厌胜之术[③]。高平刘柔夜卧，鼠啮[④]其左手中指，意甚恶之。以问智，智为筮之，曰："鼠本欲杀君而不能，当为使其反死。"乃以朱书手腕横文后三寸，为田字，可方一寸二分。使夜露手以卧，有大鼠伏死于前。

编者按：本条见《太平御览》八八五、《太平广记》四四〇引作《搜神记》。此条是道教吹嘘"神符"之术的威力，纯属骗人。

注：①淳于智：《晋书》有传。②庐：当为"卢"。济北郡治卢县，故城在今山东长清南。③厌胜之术：用咒诅之术压伏妖邪。④啮(niè 聂)：咬。

58. 上党[①]鲍瑗，家多丧病，贫苦。淳于智卜之，曰："君居宅不利，故令君困尔。君舍东北有大桑树。君径至市，入门数十步，当有一人卖新鞭者，便就买还，以悬此树，三年，当暴[②]得财。"瑗承言诣市，果得马鞭。悬之三年，浚井，得钱数十万，铜铁器复二万余。于是业用既展，病者亦无恙。

编者按：本条见《太平御览》七二七引作《搜神记》。"居宅不利"，属勘舆术，亦称青鸟术，俗称风水。风水先生将住宅称为阳宅，把坟地称为阴宅。其中阳宅讲究生态环境，有一定科学道理。但将阴阳二宅与人的生老病死，子孙后代、升官发财相联系，就陷入了迷信。蒲松龄说："青鸟之术，或有其理；而癖而信之，则痴矣。"唐代吕才在《阴阳书》中说："官爵弘之在人，不由安葬所致。"郭璞是风水之祖，他在《葬书》中说风水最坏的地方是"气散风冲"，而他自己死后即被埋在这等地方。所以后人作诗嘲笑他："气散风冲哪可居？先生埋骨理何如？日中尚未难兵解，世人今犹信《葬书》。"

注：①上党：郡名，治壶关(今山西长治北)。②暴：突然。

59. 谯[①]人夏侯藻，母病困，将诣智卜。忽有一狐，当门向之嗥叫。藻大愕惧，遂驰诣智。智曰："其祸甚急。君速归，在狐嗥处拊心啼哭，令家人惊怪，大小毕出。一人不出，啼哭勿休。然其祸仅可免也。"藻还，如其言。母亦扶病而出。家人既集，堂屋五间拉然[②]而崩。

编者按：本条见《太平御览》八八五、《太平广记》四四七引作《搜神记》。

注:①谯:郡名,治谯(今安徽亳州)。②拉然:如被拉倒的样子。

60. 护军张劭[①],母病笃。智筮之,使西出市沐猴,系母臂,令傍人搥拍,恒使作声,三日放去。劭从之。其猴出门,即为犬所咋[②]死。母病遂差。

注:①护军张劭:护军,官名,掌军职的选用。张劭为杨骏甥,骏引为中护军。后与骏一起被杀。②咋(zé 责):咬。

61. 郭璞[①]字景纯,行至庐江,劝太守胡孟康急回南渡。康不从。璞将促装[②]去之,爱其婢,无由得,乃取小豆三斗,绕主人宅散之。主人晨起,见赤衣人数千围其家,就视则灭,甚恶之。请璞为卦。璞曰:"君家不宜畜此婢,可于东南二十里卖之,慎勿争价,则此妖可除也。"璞阴令人贱买此婢。复为投符于井中,数千赤衣人一一自投于井。主人大悦。璞携婢去。后数旬而庐江陷。

编者按:此条揭露郭璞卜卦故弄玄虚,同时也揭穿了占卜的虚伪本质。而郭璞撒豆成兵,对后世法术的描述颇有影响。《晋书》编入《郭璞传》。

注:①郭璞:晋河东闻喜(今属山西)人。博学高才,诗文俱佳。晋元帝任为著作佐郎,迁尚书郎。后为王敦所杀。《晋书》有传。②促装:收拾行装。

62. 赵固所乘马忽死,甚悲惜之。以问郭璞,璞曰:"可遣数十人持竹竿,东行三十里,有山林陵树,便搅打之,当有一物出,急宜持归。"于是如言,果得一物,似猿。持归,入门见死马,跳梁走往死马头。嘘吸其鼻。顷之,马即能起,奋迅嘶鸣,饮食如常,亦不复见向物。固奇之,厚加资给。

编者按:本条见《艺文类聚》九三、《太平广记》四三五引作《搜神记》。《晋书》编入《郭璞传》。

63. 扬州别驾顾球姊[①],生十年便病,至年五十余。令郭璞筮,得"大过"之"升"[②]。其辞曰:"大过卦者义不嘉,冢墓枯杨无英华[③]。振动游魂见龙车,身被重累婴妖邪。法由斩祀杀灵蛇,非己之咎先人瑕[④]。案卦论之可奈何?"球乃迹访其家事。先世曾伐大树,得大蛇杀之,女便病。病后,有群鸟数千,回翔屋上。人皆怪之,不知何故。有县农行过舍边,仰视,见龙牵车。五色晃烂,其大非常,有顷遂灭。

编者按:本条见《太平广记》二一六引作《搜神记》。　这是道教"承负说”思想的反映。“承负说”是说：人有灾难，并非已为，而是前代人作有错事。

注：①扬州别驾顾球姊：扬州，州名。晋时治建业(今江苏南京)。别驾，官名。为刺史的副职。顾球，东晋初年为尚书郎。姊，姐。②“大过”之“升”：“大过”和“升”均为《易》卦名。③华：通“花”。《易·大过》爻辞有“枯杨生华”之语。④先人瑕：这首辞的中心意思是讲先人曾有杀蛇的过失。

64. 义兴[①]方叔保得伤寒，垂死，令璞占之，不吉。令求白牛厌[②]之。求之不得。唯羊子元有一白牛，不肯借。璞为致之，即日有大白牛从西来，径往临。叔保惊惶，病即愈。

编者按：使人惊慌，吓出一身冷汗，也是医病的一种手段。

注：①义兴：郡名。治阳羡(今江苏宜兴)。②厌：通“压”。

65. 西川费孝先，善轨革，世皆知名。有大若人[①]王旻，因货殖至成都，求为卦。孝先曰：“教住莫住，教洗莫洗。一石谷捣得三斗米。遇明即活，遭暗即死。”再三戒之，令诵此言足矣。旻志之。及行，途中遇大雨，憩一屋下，路人盈塞。乃思曰：“教住莫住，得非此耶？”遂冒雨行。未几，屋遂颠覆，独得免焉。旻之妻已私邻比[②]，欲媾终身之好，俟旋归，将致毒谋。旻既至，妻约其私人曰：“今夕新沐者，乃夫也。”将晡[③]，呼旻洗沐，重易巾帢[④]。旻悟曰：“教洗莫洗，得非此也。”坚不从。妻怒，不省，自沐。夜半反被害。既觉，惊呼，邻里共视，皆莫测其由。遂被囚系拷讯。狱就，不能自辨。郡守录状，旻泣言：“死即死矣。但孝先所言，终无验耳。”左右以是语上达。郡守命未得行法。呼旻问曰：“汝邻比何人也？”曰：“康七。”遂遣人捕之。“杀汝妻者，必此人也。”已而果然。因谓僚佐曰：“一石谷捣得三斗米，非康七乎？”由是辨雪。诚遇明即活之效。

注：①大若人：若，善。②邻比：邻居。③晡(bū 逋)：天近晚。④帢(jié 节)：巾类。

66. 隗炤[①]，汝阴鸿寿亭民也。善《易》。临终书板，授其妻曰：“吾亡后，当大荒。虽尔，而慎莫卖宅也。到后五年春，当有诏使来顿此亭，姓龚。此人负吾金，即以此板往责之。勿负言也。”亡后，果大困，欲卖宅者数矣。忆夫言，辄止。至期，有龚使者果止亭中。妻遂赍板责之。使者执板，不知所言，曰：“我平生不负钱，此何缘尔邪？”妻曰：“夫临亡，手书板，见命如此，不敢妄也。”使者沉吟，良久而悟，乃命取蓍筮之。卦成，抵掌叹曰："妙哉隗生，含明隐迹而莫之闻，可谓镜穷达而洞吉凶者也。"于是告其妻曰："吾不负金。贤夫自有金，乃知亡后当暂穷，故藏金以待太平。所以不告儿妇者，恐金尽而困无已也。知吾善《易》，故书板以寄意耳。金五百斤，盛以青罂，覆以铜柈[②]，埋在堂屋东头，去地一丈[③]，入地九尺。"妻还掘之，果得金，皆如所卜。

编者按：此条编入《晋书·隗炤传》。

注：①隗炤：《晋书》有传。炤，"照"的异体字。②柈：通"盘"。③去地一丈：《晋书·隗炤传》，"地"作"壁"。

67. 韩友字景先，庐江舒人也。善占卜，亦行京房厌胜之术。刘世则女病魅积年，巫为攻祷，伐空冢故城间，得狸鼍[①]数十，病犹不差。友筮之，命作布囊，俟女发时，张囊著窗牖间。友闭户作气，若有所驱。须臾间，见囊大胀如吹，因决败之。女仍大发。友乃更作皮囊二枚，沓[②]张之，施张如前，囊复胀满。因急缚囊口，悬著树，二十许日，渐消。开视，有二斤狐毛。女病遂差。

编者按："厌胜之术"是方士的一种巫术，就是利用各种不同的手段制服"鬼怪"。这也是骗人的把戏。但它可以从思想上给人以安慰，使人静心养病，而有些小病，不治自愈；遇有真正的大病，也会延误治疗，后果不堪设想。此条编入《晋书·韩友传》。

注：①鼍（tuó 驼）：动物名，即扬子鳄。②沓（tà 榻）：重叠。

68. 会稽严卿，善卜筮。乡人魏序欲东行，荒年多抄盗，令卿筮之。卿曰："君慎不可东行，必遭暴害，而非劫也。"序不信。卿曰："既必不停，宜有以禳之。可索西郭外独母家白雄狗，系著船前。"求索止得驳狗，无白者。卿曰："驳者亦足。然犹恨其色不纯，当余小毒，止及六畜辈耳。无所复忧。"序行半路，狗忽然作声甚急，有如人打之者。比视已死，吐黑血斗余。其夕，序墅上白鹅数头，无故自死，序家无恙。

编者按：此条编入《晋书·严卿传》。

69. 沛国华佗[①]，字元化，一名旉。琅邪刘勋为河内[②]太守，有女年几二十，苦脚左膝里有疮，痒而不痛，疮愈数十日复发。如此七八年。迎佗使视，佗曰："是易治之。当得稻糠黄色犬一头，好马二匹。"以绳系犬颈，使走马牵犬，马极辄易。计马走三十余里，犬不能行。复令步人拖曳，计向五十里。乃以药饮女，女即安卧，不知人。因取大刀，断犬腹近后脚之前。以所断之处向疮口，令二三寸停之[3]。须臾，有若蛇者从疮中出，便以铁椎横贯蛇头。蛇在皮中动摇良久，须臾不动，乃牵出，长三尺许，纯是蛇，但有眼处，而无瞳子，又逆鳞耳。以膏散著疮中，七日愈。

注：①华佗：一名旉（同敷）。东汉谯人。著名医学家。因不从曹操征召被杀。《后汉书》、《三国志》均有传。②河内：郡名。治今河南武陟西南。③令二三寸停之：《华佗别传》"令"后有"去"字。

70. 华佗行道，见一人病咽，嗜食不得下。家人车载，欲往就医。佗闻其呻吟声，驻车往视，语之曰："向来道边，有卖饼家蒜齑大酢[1]，从取三升饮之，病自当去。"即如佗言，立吐蛇[2]一枚。

编者按：单方治大病，从古至今，屡见不鲜。用大蒜和醋治病，有科学道理，并非迷信。江苏徐州有华佗墓；安徽亳州有华佗庵。此条编入《后汉书·华佗传》。

注：①蒜齑大酢：齑（jī 跻），碎末。蒜齑当为蒜汁。酢，"醋"的异体字。②蛇：当指像蛇一样的寄生虫。

《搜神记》卷四

编者按:本卷共21条,主要记述人与神的关系。神在哪里?神是由人的意识形态所产生,也存在于人的意识形态之中,所谓“信则有,不信则无。”戴氏小女将一块小石当神敬,结果治好了自己的病。这就是“神”的力量。这里的“神”都带有浓厚的人情味。实际上,不管神话,鬼话,还是怪话,都是人类社会的曲折反映。

71. 风伯、雨师[1],星也。风伯者,箕星也;雨师者,毕星也[2]。郑玄谓司中、司命,文昌第四、第五星也[3]。雨师一曰屏翳,一曰屏号,一曰玄冥。

注:①风伯、雨师:即风神和雨神。②风伯句:箕星属人马座;毕星属金牛座。③郑玄原注为“司中、司命,文昌第五、第四星也。”

72. 蜀郡张宽,字叔文,汉武帝时为侍中。从祀甘泉,至渭桥,有女子浴于渭水,乳长七尺。上怪其异,遣问之。女曰:“帝后第七车者,知我所来。”时宽在第七车,对曰:“天星主祭祀者。斋戒不洁则女人见。”

73. 文王以太公望[1]为灌坛令。期年,风不鸣条[2]。文王梦一妇人,甚丽,当道而哭。问其故,曰:“吾泰山之女,嫁为东海妇[3]。欲归,今为灌坛令当道有德,废我行。我行必有大风疾雨。大风疾雨,是毁其德也。”文王觉,召太公问之。是日果有疾风暴雨,从太公邑外而过。文王乃拜太公为大司马。

编者按:干宝曰:“夫神明之正,非妖能害也。”因太公望“有德”,神鬼都不敢去扰乱他管辖的地方,可见正气凛然。

注:①太公望:即姜太公。原姓吕,吕侯伯夷裔孙。名尚,又名望,字子牙,因辅佐周武王灭商有功,封于齐,为吕姓齐国的始祖。②期年:周年。风不鸣条,风不吹响树枝,说明风调雨顺。③东海妇:《太平广记》引《博物志》作“西海妇”。宋真宗封为碧霞元君,并在泰山极顶南侧建碧霞元君祠,至今犹存。俗称泰山娘娘,为中国北方的著名女神。

74. 胡母班[1]字季友,泰山人也。曾至泰山之侧,忽于树间逢一绛衣驺[2],呼班云:“泰山府君[3]召。”班惊愕,逡[4]巡未答。复有一驺出,呼之。

遂随行数十步，驺请班暂瞑。少顷，便见宫室，威仪甚严。班乃入阁拜谒。主为设食，语班曰："欲见君，无他，欲附书与女婿耳。"班问："女郎何在？"曰："女为河伯妇。"班曰："辄当奉书，不知缘何得达？"答曰："今适河中流，便扣舟呼青衣[5]，当自有取书者。"班乃辞出。昔驺复令闭目，有顷，忽如故道。

遂西行，如神言而呼青衣。须臾，果有一女仆出，取书而没。少顷复出，云："河伯欲暂见君。"婢亦请瞑目。遂拜谒河伯。河伯乃大设酒食，词旨殷勤。临去，谓班曰："感君远为致书，无物相奉。"于是命左右："取吾青丝履来。"以贻班。班出，瞑然，忽得还舟。

遂于长安经年而还。至泰山侧，不敢潜过。遂扣树，自称姓名："从长安还，欲启消息。"须臾，昔驺出，引班如向法而进。因致书焉。府君请曰："当别再报。"班语讫，如厕。忽见其父著械徒作，此辈数百人。班进拜流涕，问："大人何因及此？"父云："吾死不幸，见遣[6]三年，今已二年矣，困苦不可处。知汝今为明府所识，可为吾陈之，乞免此役，便欲得社公[7]耳。"班乃依教，叩头陈乞。府君曰："生死异路，不可相近，身无所惜。"班苦请，方许之。于是辞出，还家。

岁余，儿子死亡略尽。班惶惧，复诣泰山，扣树求见。昔驺遂迎之而见。班乃自说："昔辞旷拙，及还家，儿死亡至尽，今恐祸故未已，辄来启白，幸蒙哀救。"府君拊掌大笑曰："昔语君'死生异路，不可相近'故也。"即敕外召班父。须臾，至庭中，问之："昔求还里社[8]，当为门户作福，而孙息死亡至尽，何也？"答云："久别乡里，自欣得还，又遇酒食充足，实念诸孙，召之。"于是代之。父涕泣而出。班遂还。后有儿皆无恙。

编者按：本条见《太平广记》二九三、《三国志·袁绍传》裴松之注引作《搜神记》。　胡母班为泰山府君传书河伯，为中华文化打开了水府的大门，并启发了龙王的传说，影响深远。

注：①胡母班：东汉末名士。官至执金吾，后为王匡所杀。②降衣驺（zōu 邹）：穿大红衣的随从骑士。③泰山府君：传说中的神，掌握人间生死及召收鬼魂。后封为东岳大帝。④逡（qūn 囷）巡：迟疑徘徊。⑤青衣：即婢女，因其多穿青色衣，故名。⑥遣：同"谴"。⑦社公：社神，即土地神。⑧里社：祭祀社神的地方。

75. 宋时[1]，弘农冯夷，华阴潼乡隄首人也。以八月上庚日渡河，溺死。天帝署为河伯。又《五行书》[2]曰："河伯以庚辰日死。不可治船远行，溺没不返。"

编者按：本条见《法苑珠林》九二引作《搜神记》。

注：①宋时：汪绍楹以为是"《法苑珠林》增入"。②《五行书》：东汉时书名。

76. 吴余杭县[1]南有上湖，湖中央作塘[2]。有一人乘马看戏，将三四人至岑村饮酒，小醉，暮还。时炎热，因下马入水中，枕石眠。马断走归，从人悉追马，至暮不返。眠觉，日已向晡，不见人马。见一妇来，年可十六七，云："女郎再拜。日既向暮，此间大可畏。君作何计？"因问："女郎何姓？那得忽相闻？"复有一少年，年十三四，甚了了[3]，乘新车，车后二十人，至，呼上车。云："大人暂欲相见。"因回车而去。道中绎络把火，见城郭邑居。既入城，进厅事上，有信幡，题云"河伯信"。俄见一人，年三十许，颜色如画，侍卫繁多。相对欣然，敕行酒笑[4]，云："仆有小女，颇聪明，欲以给君箕帚。"此人知神，不敢拒逆。便敕备办，会[5]就郎中婚。承白已办。遂以丝布单衣及纱袷、绢裙、纱衫裈、履屐，皆精好。又给十小吏，青衣数十人。妇年可十八九，姿容婉媚。便成。三日，经大会客拜阁。四日，云："礼既有限，发遣去。"妇以金瓯、麝香囊与婿别，涕泣而分。又与钱十万、药方三卷，云："可以施功布德。"复云："十年当相迎。"此人归家，遂不肯别婚。辞亲，出家作道人。所得三卷方：一卷脉经，一卷汤方，一卷丸方。周行救疗，皆致神验。后母老兄丧，因还婚宦。

注：①吴余杭县：《法苑珠林》九二引漏"吴"字。余杭，古县名，秦置。②塘：浙江沿海一带将海堤称作"塘"，至今沿用。③了了：明白。④笑：《法苑珠林》作"炙"。⑤会：《法苑珠林》等作"令"。

77. 秦始皇三十六年，使者郑容[1]从关东来，将入函关[2]。西至华阴，望见素车白马，从华山上下。疑其非人，道住，止而待之。遂至。问郑容曰："安之？"答曰："之咸阳。"车上人曰："吾华山使也。愿托一牍书，致镐池[3]君所。子之咸阳，道过镐池，见一大梓，有文石[4]，取款[5]梓，当有应者，即以书与之。"容如其言，以石款梓树，果有人来取书。明年，祖龙[6]死。

编者按："明年，祖龙死"属谶讳神学之言，可见谶纬迷信，秦末已有。"祖龙"，即秦始皇。毛泽东说："劝君少骂秦始皇，焚坑事业要商量。祖龙魂死秦犹在，孔学名高实秕糠。百代都行秦政法，《十批》不是好文章。熟读唐人《封建论》，莫从子厚返文王。"(《读〈封建论〉呈郭

老》）毛泽东认为：秦始皇作为一个历史人物，评论要一分为二。秦始皇在历史发展过程中的进步作用要肯定，但他在统一六国以后，丧失了进取的方向，志得意满，耽于佚乐，求神仙，修宫室，残酷地压迫人民，到处游走，消磨岁月，无聊得很。

注：①郑容：一作"郑客"，当为笔误。②函关：即古函谷关，在今河南灵宝东北。③镐池：古地名。故址在今陕西西安丰镐村西北。④文石：有花纹的石头。⑤款：通"叩"。⑥祖龙：秦始皇的别称。

78. 张璞字公直，不知何许人也。为吴郡①太守。征还，道由庐山。子女观于祠室②，婢使指像人以戏曰："以此配汝。"其夜，璞妻梦庐君致聘曰："鄙男不肖，感垂采择，用致微意。"妻觉，怪之。婢言以情。于是妻惧，催璞速发。中流，舟不为行，阖船震恐。乃皆投物于水，船犹不行。或曰："投女则船为进。"皆曰："神意已可知也，以一女而灭一门，奈何？"璞曰："吾不忍见之。"乃上飞庐③卧，使妻沉女于水。妻因以璞亡兄孤女代之。置席水中，女坐其上，船乃得去。璞见女之在也，怒曰："吾何面目于当世也！"乃复投已女。及得渡，遥见二女在下。有吏立于岸侧，曰："吾庐君主簿也。庐君谢君，知鬼神非匹，又敬君之义，故悉还二女。"后问女，言："但见好屋、吏卒，不觉在水中也。"

编者按：本条见《水经注》三九、《太平广记》二九二引作《搜神记》。按《水经注》云："故干宝书之于《感应》焉。"据此，《搜神记》应有《感应》篇。　同为戏言，庐山神就不像蒋子文（见95条）那样，而是"悉还二女"。可见，土地神也有好的。

注：①吴郡：治今江苏苏州。②祠室：供奉神灵的祠庙。③飞庐：船舱上面的小楼。

79. 建康①小吏曹著，为庐山使所迎，配以女婉。著形意不安，屡屡求请退。婉潸然②垂涕，赋诗③序别，并赠织成裈衫。

编者按：人人都说神仙好，其实不然。张璞二女不愿做神的媳妇，曹著不愿做神的女婿。任何美好的地方都不如人间，只有人间才有斗争，有幸福，也有希望。

注：①建康：晋建兴三年（315年）为避愍帝司马邺讳改建邺为建康。②潸（shān 衫）然：流泪的样子。③赋诗：《志怪》有诗如下："登庐山兮郁嵯峨，晞阳风兮拂紫霞，招若人兮濯灵波。欣良运兮畅云柯，弹鸣琴兮乐莫过，云龙会兮乐太和。"

80. 宫亭湖[①]孤石庙，尝有估客至都，经其庙下，见二女子，云："可为买两量[②]丝履，自相厚报。"估客至都，市好丝履，并箱盛之。自市书刀亦内[③]箱中。既还，以箱及香，置庙中而去。忘取书刀。至河中流，忽有鲤鱼跳入船内。破鱼腹，得书刀焉。

编者按：本条见《北堂书钞》一三七，《太平御览》三四五、六九七、九三六引作《搜神记》。"估客"和"二女子"（不论是神是鬼），相互守诺言，讲信用。

注：①宫亭湖：即彭泽湖，今名鄱阳湖。②量：通"緉"，今曰"双"。③内：通"纳"。

81. 南州人有遣吏献犀簪于孙权者，舟过宫亭庙而乞灵焉。神忽下教曰："须汝犀簪。"吏惶遽不敢应。俄而犀簪已前列矣。神复下教曰："俟汝至石头城，返汝簪。"吏不得已，遂行。自分失簪且得死罪。比达石头，忽有大鲤鱼，长三尺，跃入舟。剖之得簪。

编者按：宫亭庙神通人情，讲信用。

82. 郭璞过江，宣城太守殷祐引为参军。时有一物，大如水牛，灰色，卑脚，脚类象，胸前尾上皆白，大力而迟钝，来到城下。众咸怪焉。祐使人伏而取之。令璞作卦，遇"遁"之"蛊"[①]，名曰"驴鼠"。卜适了，伏者以戟刺，深尺余。郡纪纲[②]上祠请杀之。巫云："庙神不悦。此是邛亭驴山君[③]使，至荆山，暂来过我。不须触之。"遂去，不复见。

编者按：此条《晋书》编入《郭璞传》。

注：①"遁"之"蛊"：遁和蛊均为卦名。②郡纪纲：泛指郡里属官。③邛（gōng 宫）亭：即宫亭湖。驴山君："驴"应为"庐"。

83. 庐陵欧明，从贾客，道经彭泽湖。每以舟中所有，多少投湖中，云："以为礼。"积数年。后复过，忽见湖中有大道，上多风尘。有数吏，乘车马来候明，云："是青洪君使要。"须臾达，见有府舍，门下吏卒，明甚怖。吏曰："无可怖，青洪君感君前后有礼，故要君。必有重遗君者。君勿取，独求如愿耳。"明既见青洪君，乃求如愿。使逐明去。如愿者，青洪君婢也。明将归，所愿辄得，数年，大富。

编者按："如愿"者，一切都如愿望。《录异传》录此又加写一段，说什么"不复爱如愿"、"如愿乃走"。续文纯属画蛇添足，因为续者未能真正理解"如愿"的含义。世界上最难得到的恐怕就是"如愿"，人们也不

可能得到她。真正得到"如愿",只有在文学作品和神话传说里。后来民间故事有《宝葫芦》,《天方夜谭》里有《阿拉丁和神灯》。

84. 益州之西,云南之东,有神祠。克山石为室,下有神[①]奉祠之。自称黄公[②]。因言此神,张良所受黄石公之灵也。清净不宰杀。诸祈祷者,持一百钱[③]、一双笔、一丸墨,置石室中。前请乞。先闻石室中有声,须臾,问来人何欲。既言,便具语吉凶,不见其形。至今如此。

编者按:本条见《北堂书钞》九十,《法苑珠林》七八,《初学记》二、一,《太平广记》二九四,《文房四谱》一、四、五引作《搜神记》。

注:①下有神:《北堂书钞》、《法苑珠林》"神"均作"民"。②黄公:《北堂书钞》、《初学记》、《文房四谱》均为"黄石公"。③钱:《北堂书钞》、《法苑珠林》、《初学记》、《文房四谱》均作"纸"。

85. 永嘉中,有神见兖州,自称樊道基。有妪,号成夫人。夫人好音乐,能弹箜篌。闻人弦歌,辄便起舞。

编者按:本条见《艺文类聚》四四引作《搜神记》。《晋纪》第165条较此为详。

86. 沛国戴文谋[①],隐居阳城山中。曾于客堂食际,忽闻有神呼曰:"我天帝使者。欲下凭君,可乎?"文[②]闻甚惊。又曰:"君疑我也?"文乃跪曰:"居贫,恐不足降下耳。"既而洒扫设位,朝夕进食甚谨。后于室内窃言之。妇曰:"此恐是妖魅凭依耳。"文曰:"我亦疑之。"及祠飨[③]之时,神乃言曰:"吾相从,方欲相利。不意有疑心异议。"文辞谢之际,忽堂上如数十人呼声。出视之,见一大鸟五色,白鸠数十随之,东北入云而去,遂不见。

编者按:本条见《艺文类聚》九二、《太平广记》二九四引作《搜神记》。

注:①戴文谋:一本引文"谋"作"谌"。②文:下漏"谋"或"谌"字。③祠飨:祠神时上祭品。

87. 麋竺[①]字子仲,东海朐[②]人也。祖世货殖,家资巨万。常从洛归,未至家数十里,见路次有一好新妇,从竺求寄载。行可二十余里,新妇谢去,谓竺曰:"我天使[③]也。当往烧东海麋竺家。感君见载,故以相语。"竺因私请之。妇曰:"不可得不烧。如此,君可快去,我当缓行。日中必火发。"竺乃急行归,达家,便移出财物。日中而火大发。

编者按:本条见《蜀志·麋竺传》注《艺文类聚》八十,《李翰蒙求》注下《太平御览》八六四、八六八,《事类赋注》八引作《搜神记》。

注:①麋竺:三国时蜀将。②朐(qú 渠):古县名,治今江苏连云港西南。③天使:天帝的使者。

88. 汉宣帝[1]时,南阳阴子方[2]者,性至孝,积恩好施,喜祀灶。腊日晨炊,而灶神形见。子方再拜受庆。家有黄羊[3],因以祀之。自是已后,暴至巨富,田七百余顷,舆马仆隶,比于邦君[4]。子方尝言:"我子孙必将强大。"至识三世,而遂繁昌。家凡四侯,牧守数十[5]。故后子孙尝以腊日祀灶[6],而荐黄羊焉。

编者按:本条见《玉烛宝典》十二,《北堂书钞》一五五,《艺文类聚》五、九四,《初学记》四,《太平御览》三三、九〇二,《岁时广记》三九引作《搜神记》。

注:①汉宣帝:即刘询。西汉皇帝,公元前74—前49年在位。②阴子方:据《后汉书·阴识传》,为阴识三世祖。③黄羊:《荆楚岁时记》曰:"以黄犬祭之,谓之黄羊。"④邦君:"泛指地方长官,如太守、刺史等。⑤家凡四侯牧守数十:据《后汉书·阴识传》,阴识及弟兴,兴子庆、博,四人皆封侯。牧守,州官称牧,郡官称守。⑥腊日祀灶:腊日为农历腊月二十三日。灶,灶神,《杂五行书》曰:"灶神名禅,字子郭,衣黄衣。"

89. 吴县张成,夜起,忽见一妇人立于宅南角。举手招成曰:"此是君家之蚕室,我即此地之神。明年正月十五,宜作白粥,泛膏于上。"以后年年大得蚕。今之作膏糜像此。

编者按:此条反映农民盼丰收的愿望。笔者幼年也曾受老人指使,将米粥涂在柿、枣树上,希望果实丰收。

90. 豫章有戴氏女,久病不差。见一小石,形像偶人。女谓曰:"尔有人形,岂神?能差我宿疾者,吾将重汝。"其夜,梦有人告之:"吾将祐汝。"自后疾渐差。遂为我立祠山下。戴氏为巫,故名戴侯祠。

编者按:本条见《事始》、《太平广记》二九四、《太平寰宇记》一〇六引作《搜神记》。戴氏病女,将一块似人的石头当神敬,使自己的精神有所寄托,竟然病愈。由此可见,人的精神(信仰)的力量多么巨大。当然,信仰有正确与错误之分。但不管正确与错误,从古至今,为信仰而献身的人不计其数。这些人的行为,是昏庸之辈难于理解的。有人将精神的力量比作原子弹,并不为过。

91. 汉阳羡[①]长刘玘,尝言:“我死当为神。”一夕饮醉,无病而卒。风雨失其柩。夜闻荆山,有数千人喊声。乡民往视之,则棺已成冢。遂改为君山[②]。因立祠祀之。

编者按:阴间之“神”,犹如阳间之“官”。有权者称“神”,无权者称“鬼”。阳间可以用钱买官,阴间也是一样。所谓阴间,不过是阳间的一面镜子而已。

注:①阳羡:县名。汉置。故城在今江苏宜兴南。刘玘(qǐ 起),他书作“袁玘”。②君山:《太平寰宇记》曰:“常州宜兴县君山,在县南二十里,旧名荆南山,在荆溪之南。”

《搜神记》卷五

编者按：本卷共10条，主要记述人和鬼神的交往。蒋子文是中华文化最早有关地方神的记载。这位地方神，欺男霸女，无恶不作，是现实社会中地霸（地方官吏）的象征。其中《周式》条最能迷惑人，似乎真有勾魂鬼；而紧接着《张助》条，又批判了鬼神的存在。这说明干宝并非真正信鬼神，《搜神记》也不是仅为证明“神道之不诬”而创作的。

92. 蒋子文者，广陵[①]人也。嗜酒好色，挑达[②]无度。常自谓己骨清，死当为神。汉末为秣陵[③]尉，逐贼至钟山下。贼击伤额，因解绶缚之，有顷遂死。及吴先主之初，其故吏见文于道，乘白马，执白羽，侍从如平生。见者惊走，文追之，谓曰：“我当为此土地神，以福尔下民。尔可宣告百姓，为我立祠。不尔，将有大咎。”是岁夏，大疫，百姓窃相恐动，颇有窃祠之者矣。文又下巫祝：“吾将大启佑孙氏，宜为我立祠。不尔，将使虫入人耳为灾。”俄而小虫如尘虻[④]，入耳皆死，医不能治。百姓愈恐。孙主未之信也。又下巫祝：“若不祀我，将又以大火为灾。”是岁，火灾大发，一日数十处。火及公宫。议者以为鬼有所归，乃不为厉，宜有以抚之。于是使使者封子文为中都侯，次弟子绪为长水校尉。皆加印绶，为立庙堂。转号钟山为蒋山，今建康东北蒋山是也。自是灾厉止息，百姓遂大事之。

编者按：本条见《北堂书钞》七七，《事始》，《艺文类聚》七九，《法苑珠林》七八，《太平御览》二六九、八八二，《太平广记》二九三、四七三引作《搜神记》。这里记载的蒋子文，是中华文化中最早的土地神（地方神）。蒋子文自封为神，并威逼百姓承认（立祠供奉），不然就为灾祸民。这样的地霸，三国吴大帝孙权竟封他为中都侯。看来统治者为了维护自己的政权，不管官吏好坏，更不顾百姓的死活。这样，社会怎能不乱？古今中外，凡社会混乱，其根源都在统治集团内部。

注：①广陵：郡名。治今江苏扬州。②挑达：轻薄放纵。③秣陵：县名。在今江苏南京附近。④尘虻：比蚊小的蠓（měng 猛）虫。

93. 刘赤父者，梦蒋侯召为主簿。期日促，乃往庙陈请：“母老子弱，情事过切，乞蒙放恕。会稽魏过，多材艺，善事神，请举过自代。”因叩头流血。庙祝曰：“特愿相屈。魏过何人，而有斯举？”赤父固请，终不许。寻而赤父死焉。

编者按：本条见《太平广记》二九三“出《搜神记》、《幽明录》、《志怪》等书。”蒋侯，即前条蒋子文。他召活人刘赤父为主簿。刘赤父不愿意，向他请求，“叩头流血”，“终不许”。蒋子文连一点人情味都没有，真是一个坏神。

94. 咸宁中，太常卿韩伯子某、会稽内史王蕴子某、光禄大夫刘耽子某，同游蒋山庙。庙有数妇人像，甚端正。某等醉，各指像以戏，自相配匹。即以其夕，三人同梦蒋侯遣传教相闻，曰：“家子女并丑陋，而猥垂荣顾。辄刻某日，悉相奉迎。”某等以其梦指适异常，试往相问，而果各得此梦，符协如一。于是大惧。备三牲，诣庙谢罪乞哀。又俱梦蒋侯亲来降己，曰：“君等既已顾之，实贪会对。克期垂及，岂容方更中悔。”经少时并亡。

编者按：本条见《太平广记》二九三“出《搜神记》、《幽明录》、《志怪》”等书。一句戏言，送掉三人性命。土地神（地方官）蒋子文，真是一位土皇帝。

95. 会稽鄮县[①]东野，有女子，姓吴，字望子。年十六。姿容可爱。其乡里有解鼓舞神者，要[②]之便往。缘塘行，半路，忽见一贵人，端正非常。贵人乘船，挺力[③]十余，皆整顿。令人问望子：“欲何之？”具以事对。贵人云：“今正欲往彼，便可入船共去。”望子辞不敢。忽然不见。望子既拜神座，见向船中贵人，俨然端坐，即蒋侯[④]像也。问望子：“来何迟？”因掷两桔与之。数数形见，遂隆情好。心有所欲，辄空中下之。尝思啖鲤，一双鲜鲤随心而至。望子芳香，流闻数里，颇有神验，一邑共事奉。经三年，望子忽生外意，神便绝往来。

编者按：本条见《北堂书钞》一四五引作《搜神记》。 土地神蒋子文，对年少貌美的女子最“情好”，是他“嗜酒好色”的本性。崇拜神灵的人应注意，神并非都好。

注：①鄮（mào 贸）县：汉代县名。属会稽郡，以县南有鄮山而名。故址在今浙江鄞县境。②要：通“邀”。③挺力：亦称“人力”。④蒋侯：《续搜神记》作“苏侯”。

96. 陈郡谢玉为琅邪内史，在京城。所在虎暴[①]，杀人甚众。有一人,以小船载年少妇,以大刀插著船,挟暮[②]来至逻所[③]。将出语云:“此间顷来甚多草秽[④],君载细小,作此轻行,大为不易,可止逻宿也。”相问讯既毕,逻将适还去,其妇上岸,便为虎将去。其夫拔刀大唤,欲逐之。先奉事蒋侯,乃唤求助。如此当行十里,忽如有一黑衣为之导。其人随之,当复二十里,见大树。即至一穴,虎子闻行声,谓其母至,皆走出。其人即其所杀之。便拔刀隐树侧,住良久,虎方至。便下妇着地,倒牵入穴。其人以刀当腰斫断之。虎既死,其妇故活,向晓能语。问之,云:“虎初取,便负着背上,临至而后下之。四体无他,止为草木伤耳。”扶归还船,明夜,梦一人语之曰:“蒋侯使助,汝知否?”至家,杀猪祠焉。

编者按:本条见《太平广记》二九三引作“出《搜神记》、《幽明录》、《志怪》等书”。土地神不维护地方平安,仅做点指路的好事就邀功请赏,可见社会之动乱,政治之黑暗。

注:①所在虎暴:《太平广记》“所在”作“其年”。②挟暮:赶在天黑之前。③逻所:巡逻人的住所。④草秽:草中的秽物,指虎。

97. 淮南全椒县[①]有丁新妇者,本丹阳[②]丁氏女。年十六,适全椒谢家。其姑[③]严酷,使役有程,不如限者,仍便笞捶不可堪。九月九日[④],乃自经死。遂有灵响,闻于民间。发言于巫祝曰:“念人家妇女,作息不倦,使避九月九日,勿用作事。”见形,著缥衣,戴青盖,从一婢,至牛渚津[⑤],求渡。有两男子,共乘船捕鱼,仍呼求载。两男子笑,共调弄之,言:“听我为妇,当相渡也。”丁妪曰:“谓汝是佳人,而无所知。汝是人,当使汝入泥死。是鬼,使汝入水。”便却入草中。须臾,有一老翁乘船载苇,妪从索渡。翁曰:“船上无装,岂可露渡。恐不中载耳。”妪言:“无苦。”翁因出苇半许,安处著船中,径渡之至南岸。临去,语翁曰:“吾是鬼神,非人也,自能得过。然宜使民间粗相闻知。翁之厚意,出苇相渡,深有惭感,当有以相谢者。若翁速还去,必有所见,亦当有所得也。”翁曰:“愧燥湿不至[⑥],何敢蒙谢?”翁还西岸,见两男子覆水中。进前数里,有鱼千数,跳跃水边,风吹至岸上。翁遂弃苇,载鱼以归。于是丁妪遂还丹阳。江南人皆呼为丁姑。九月九日,不用作事,咸以为息日也。今所在祠之。

编者按:本条见《太平广记》二九二、《太平寰宇记》一二九、《方舆纪胜》四二引作《搜神记》。丁姑死后并不为个人复仇,而是惩恶扬善,为妇女争得九月九日休息日,显示了劳动人民的高贵品质。所谓“恶有恶

报，善有善报”，只有借助鬼才能兑现，可见社会之黑暗。鬼能“见形”，属道教，是具有中国特色的。

注：①全椒县：魏晋时属淮南郡，今属安徽。新妇，魏晋时对已婚女子的通称。②丹阳：古县名。干宝父莹曾任丹阳丞。治今安徽当涂东。③姑：婆母。④九月九日：汪绍楹以为应是“九月七日”。⑤牛渚津：长江著名渡口之一，位于安徽当涂西北牛渚山下。⑥燥湿不至：意思是照顾不周。

98. 散骑侍郎王祐[①]，疾困，与母辞诀。既而闻有通宾者，曰：“某郡某里某人。”尝为别驾，祐亦雅闻其姓字。有顷，奄然来至，曰：“与卿士类，有自然之分，又州里，情便款然[②]。今年国家有大事，出三将军，分布征发。吾等十余人，为赵公明府[③]参佐。至此仓卒，见卿有高门大屋，故来投。与卿相得，大不可言。”祐知其鬼神，曰：“不幸疾笃，死在旦夕。遭卿，以性命相托[④]。”答曰：“人生有死，此必然之事。死者不系生时贵贱。吾今见领兵三千，须卿，得度簿相付。如此地难得，不宜辞之。”祐曰：“老母年高，兄弟无有，一旦死亡，前无供养。”遂欷歔不能自胜。其人怆然曰：“卿位为常伯，而家无余财。向闻与尊夫人辞诀，言辞哀苦，然则卿国士也，如何可令死。吾当相为。”因起去：“明日更来。”其明日又来。祐曰：“卿许活吾，当卒恩否？”答曰：“大老子业已许卿，当复相欺耶！”见其从者数百人，皆长二尺许，乌衣军服，赤油为志。祐家击鼓祷祀，诸鬼闻鼓声，皆应节起舞，振袖，飒飒有声。祐将为设酒食，辞曰：“不须”。因复起去，谓祐曰：“病在人体中，如火，当以水解之。”因取一杯水，发被灌之。又曰：“为卿留赤笔十余枝，在荐下，可与人，使簪之，出入辟恶灾，举事皆无恙。”因道曰：“王甲、李乙，吾皆与之。”遂执祐手与辞。时祐得安眠，夜中忽觉，乃呼左右，令开被：“神以水灌我，将大沾濡。”开被而信有水，在上被之下、下被之上，不浸，如露之在荷。量之，得三升七合。于是疾三分愈二，数日大除。凡其所道当取者，皆死亡，唯王文英半年后乃亡。所道与赤笔人，皆经疾病及兵乱，皆亦无恙。初有妖书[⑤]云：“上帝以三将军赵公明、钟士季[⑥]，各督数万鬼下取人。”莫知所在。祐病差，见此书，与所道赵公明合焉。

编者按：本条见《太平御览》六〇五、《太平广记》二九四、《事类赋注》十五、《文房四谱》一引作《搜神记》。王祐为官清廉，鬼也为他说情，不让其死。

注:①王祐:汪绍楹以为脱"汝南"二字,应为汝南王祐。②款然:融洽的样子。③赵公明:温鬼名。后世传为财神。④以性命相托:明钞本《太平广记》,"托"作"乞"。⑤妖书:《晋书》:"太宁二年,术人李脱造妖书惑众,斩于建康市。"疑即指此。⑥钟士季:即钟会,字士季。魏时为将,后人以为鬼将。

99. 汉下邳周式,尝至东海,道逢一吏,持一卷书,求寄载。行十余里,谓式曰:"吾暂有所过,留书寄君船中,慎勿发之。"去后,式盗发视书,皆诸死人录。下条有式名,须臾,吏还,式犹视书。吏怒曰:"故以相告,而忽视之。"式叩头流血。良久,吏曰:"感卿远相载,此书不可除卿名。今日已去,还家,三年勿出门,可得度也。勿道见吾书。"式还不出,已二年余,家皆怪之。邻人卒亡,父怒,使往吊之。式不得已,适出门,便见此吏。吏曰:"吾令汝三年勿出,而今出门,知复奈何?吾求不见,连累为鞭杖。今已见汝,无可奈何。后三日日中,当相取也。"式还。涕泣具道如此。父故不信,母昼夜与相守。至三日日中,果见来取,便死。

编者按:本条见《法苑珠林》五九、《太平御览》八八四引作《搜神记》。 这是有关勾魂鬼的原型故事。鬼吏将人的"魂"取走,人就死了。后世勾魂吏的故事大都由此衍化出来。东晋初期,虽然佛教的影响已深入人心,但关于阎罗王地狱的概念尚未形成,主宰冥界的还是泰山府君。因此,勾魂吏是地道的中国鬼。

100. 南顿张助,于田中种禾,见李核,欲持去。顾见空桑中有土,因植种,以余浆溉灌。后人见桑中反复生李,转相告语。有病目痛者,息阴下,言:"李君令我目愈,谢以一豚。"目痛小疾,亦行自愈。众犬吠声[①],盲者得视,远近翕赫[②]。其下车骑常数千百,酒肉滂沱[③]。间一岁余,张助远出来还,见之惊云:"此有何神,乃我所种耳。"因就斫之。

编者按:此条是对迷信观念的有力批判。受此影响,唐代皇甫氏在《原化记》中创作有《画琵琶》。其故事情节及主题思想基本相同,只是将张助种李,改为书生画琵琶。笔者近年不断外出,每见旧庙换新颜,新庙巍然屹立,善男信女,大小官员,成千上万,香烟冲天,"酒肉滂沱",内心感慨万千!

注:①众犬吠声:"一犬吠形,百犬吠声"的省说。比喻人云亦云。②翕(xī 希)赫:轰动。③滂沱(páng tuó 乓驼):雨大,引伸酒肉很多。

101. 王莽[①]居摄,刘京[②]上言:"齐郡临淄县亭长辛当,数梦人谓曰:

‘吾天使也，摄皇帝当为真。即不信我，此亭中当有新井出。’亭长起视，亭中果有新井，入地百尺。”

编者按：道士刘京制造假象，迷惑人心，目的是拍王莽的马屁，邀功请赏。后果封侯。刘京是道士的败类，但拍马得官却后继有人。

注：①王莽：字巨君，汉元帝皇后的侄子。元始五年（5 年）毒死平帝而摄政。初始元年（8 年）称帝，改国号为新，年号始建国。在位 15 年。②刘京：道士，封广饶侯。

《搜神记》卷六

编者按:本卷共77条,记述儒家的天人感应观。所列之事,以时为序,从夏桀至三国。天人感应论是汉儒董仲舒根据儒家天人合一的观点提出的一种唯心主义的神学目的论。他在《春秋繁露》中说:"灾者,天之谴也,异者,天之威也。谴之而不知,乃畏之 以威。凡灾异之本,尽生于国家之失。国家之失乃始萌芽,而天出灾异以谴告之。警骇之尚不知畏恐,其殃咎乃至。"君主的政治行为符合天意,天就会降下"祥瑞"。这样就使天上的神权和地上的皇权密切联系起来,使自然和人事融通为一。董仲舒的天人感应论成为汉代的官方哲学,对后世有深远的影响。从班固的《汉书》开始,此后的史书都设置《五行志》和《祥瑞志》,就是受董仲舒天人感应论的影响。《晋书·干宝传》曰:"性好阴阳术数,留思京房、夏侯胜等传。"京房和夏侯胜均为西汉人,二人都是董仲舒天人感应论的继承和发挥者,均以阴阳灾异推论时政得失。由此可见,干宝著《搜神记》,并非仅为娱乐之笔,而是针对"时政"的,故应作政治寓言读。

102. 妖怪者,盖精气之依物者也。气乱于中①,物变于外。形神气质,表里之用也。本于五行②,通于五事③。虽消息升降,化动万端,其于休咎④之征,皆可得域而论矣。

编者按:本条见《法苑珠林》四二引作《搜神记》。汪绍楹按:《法苑珠林》引此于《妖怪》篇首,云:"妖怪者。干宝记云。"似宝书有《妖怪》篇,此盖篇首叙论。

注:①气乱于中,物变于外:这里有内因外因的意思。内乱才使外变。这是干宝的重大发现。②五行:即金、木、水、火、土。③五事:即貌、言、视、听、思。④休咎:吉凶、祸福。

103. 夏桀之时,厉山亡①。秦始皇之时,三山亡②。周显王三十二年,宋大邱社亡③。汉昭帝之末,陈留昌邑社亡④。京房《易传》曰:"山默然自移,天下兵乱,社稷亡也。"故会稽山阴琅邪中有怪山⑤,世传本琅邪东武⑥海中山也。时天夜,风雨晦冥,旦而见武山在焉。百姓怪之,因名曰怪山。时东武县山,亦一夕自亡去。识其形者,乃知其移来。今怪山下见有东武里，盖记山所自来，以为名也。又交州脆州山移至青州。凡山徙，皆不极之异也。此二事，未详其世。《尚书·金縢》[7]曰："山徙者，人君不用道士，贤者不兴。或禄去公室，赏罚不由君，私门成群，不救，当为易世变号。"说曰："善言天者，必质于人；善言人者，必本于天。故天有四时，日月相推，寒暑迭代。其转运也，和而为雨，怒而为风，散而为露，乱而为雾，凝而为霜雪，立而为蚔蜺[8]。此天之常数也。人有四肢五脏，一觉一寐，呼吸吐纳，精气往来，流而为荣卫，彰而为气色，发而为声音。此亦人之常数也。若四时失运，寒暑乖违，则五纬盈缩，星辰错行，日月薄蚀，彗孛流飞，此天地之危诊也。寒暑不时，此天地之蒸否也。石立土踊，此天地之瘤赘也。山崩地陷，此天地之痈疽也；冲风暴雨，此天地之奔气也。雨泽不降，川渎涸竭，此天地之焦枯也。"

编者按：本条见《法苑珠林》八二引作《搜神记》。

注：①厉山亡：见《尚书·中候》。厉山，在湖北随州北。山有一穴，相传是炎帝神农出生地，故号厉山氏。②三山亡：见《论衡》。三山指蓬莱、方丈、瀛洲三仙山。③大邱社亡：见《史记》。大丘，古地名，亦作"太丘"、"泰丘"。故城在今河南永城西北。④昌邑社亡：见《宋书·符瑞志》。昌邑，古地名，在今山东巨野东南。⑤怪山：见《吴越春秋·勾践归国外传》。⑥东武：古县名，在今山东诸城。⑦《尚书·金縢》：《尚书》，亦称《书经》；《金縢》为《尚书》中的一篇。但引文并非出自《金縢》，而是《洪范》五行家说。⑧立而为蚔蜺：《谭宾录》作"张而为虹蜺"。蚔虫兒，当为虹。

104. 商纣之时，大龟生毛，兔生角。兵甲将兴之象也。

编者按："商纣"即纣王帝辛。毛泽东说："把纣王、秦始皇、曹操看作坏人是错误的，其实纣王是个很有本事、能文能武的人。他经营东南，把东夷和中原的统一巩固起来，在历史上是有功的。"（1958 年 11 月读斯大林《苏联社会主义经济问题》的谈话）

105. 周宣王[1]三十三年，幽王生[2]。是岁有马化为狐。

编者按：本条见《法苑珠林》四三引作《搜神记》。

注：①周宣王：西周国王，即姬静。三十三年为公元前 795 年。②幽王：宣王子，名宫涅。公元前 781—前 771 年在位。后被申侯攻杀于骊山下。

106. 晋献公二年[1]，周惠王[2]居于郑。郑人入王府[3]，多脱化为蜮[4]，射人。

编者按：本条见《法苑珠林》四三引作《搜神记》。

注:①晋献公二年:前675年。②周惠王:即姬阆,西周国王。③王府:《感应经》作"玉府"。玉府,官府名。《周礼·天官·玉府》曰:"掌王之金玉、玩好、兵器"。④多脱化为蜮:《太平御览》引《汲冢纪年》作"多取玉,玉化为蜮"。

107. 周隐王[①]二年四月,齐地暴长,长丈余,高一尺五寸。京房《易妖》曰:"地四时暴长。占,春夏多吉,秋冬多凶。"历阳之郡,一夕沦入地中而为水泽,今麻湖是也。不知何时。《运斗枢》[②]曰:"邑之沦,阴吞阳,下相屠焉。"

编者按:本条见《法苑珠林》八十引作《搜神记》。

注:①隐王:《汲冢纪年》注:"《史记》作赧王。"周赧王二年为公元前313年。②《运斗枢》:书名,已亡。

108. 周哀王[①]八年,郑有一妇人,生四十子。其二十人为人,二十人死。其九年,晋有豕生人。吴赤乌七年[②],有妇人,一生三子。

编者按:本条见《法苑珠林》八七引作《搜神异记》。这些生理现象,现在看来平常,古人不知,故以为怪。

注:①周哀王:西周第二十九代王,名去疾。在位仅三月(前441年),为其北思王袭杀。②赤乌:吴大帝孙权年号。赤乌七年为公元244年。

109. 周烈王六年[①],林碧阳君之御人[②],产二龙。

编者按:本条见《法苑珠林》八七引作《搜神异记》。

注:①周烈王(姬喜)六年:前370年。②御人:侍女。

110. 鲁严公[①]八年,齐襄公田于贝丘[②]。见豕,从者曰:"公子彭生也。"公怒,射之。豕人立而啼。公惧,坠车伤足,丧履。刘向[③]以为近豕祸也。

注:①严公:应为"庄公"。汉代人为避明帝刘庄之讳,改"庄"为"严"。鲁庄公八年为公元前686年。②田于贝邱:田,在田里打猎。贝邱,齐地。③刘向:西汉经学家。著有《洪范五行传》、《列女传》、《新序》、《说苑》等书。

111. 鲁严公时,有内蛇与外蛇斗郑南门中,内蛇死。刘向以为近蛇孽也。京房《易传》曰:"立嗣子疑,厥妖蛇居国门斗。"

编者按:将自然现象,牵强附会于人事,是天人感应论的主要特点。

112. 鲁昭公十九年,龙斗于郑时门之外洧渊。刘向以为近龙孽也。京房《易传》曰:"众心不安,厥妖龙斗其邑中也。"

编者按:本条见《法苑珠林》四二引作《搜神记》。

113. 鲁定公元年[①],有九蛇绕柱。占以为九世庙不祀。乃立炀宫。

编者按：本条见《开元占经》一二〇、《太平御览》九三四、《事类赋注》二八引作《搜神记》。

注：①鲁定公元年，为公元前509年。

114. 秦孝公二十一年[①]，有马生人。昭王二十年[②]，牡马生子而死。刘向以为皆马祸也。京房《易传》曰："方伯分威[③]，阙妖牡马生子。上无天子，诸侯相伐，阙妖马生人。"

编者按：本条见《法苑珠林》八七引作《搜神异记》。

注：①秦孝公二十一年：公元前341年。②昭王二十年：即秦昭王二十年，为公元前287年。③方伯分威：方伯，地方长官。后汉称刺史为方伯。"威"，《法苑珠林》为"灭"。

115. 魏襄王十三年[①]，有女子化为丈夫。与妻，生子。京房《易传》曰："女子化为丈夫，兹谓阴昌，贱人为王；丈夫化为女子，兹谓阴胜阳，阙咎亡。"一曰："男化为女，宫刑[②]滥；女化为男，妇政行也。"

编者按：本条见《法苑珠林》四三引作《搜神记》。

注：①魏襄王十三年：公元前306年。②宫刑：亦称"腐刑"，五刑之一，是破坏生殖器的刑罚。

116. 秦孝文王五年[①]，游朐衍[②]，有献五足牛。时秦世大用民力，天下叛之。京房《易传》曰："兴繇[③]役，夺民时，厥妖牛生五足。"

编者按：本条见《法苑珠林》八七引作《搜神异记》。此条借"牛生五足"，警告统治者不要乱兴徭役，贻误农时，影响生产。

注：①秦孝文王五年：当为秦惠文王。五年，指更元五年，为公元前320年。②朐(qú渠)衍：战国时为北戎之地。③繇：通"徭"。

117. 秦始皇二十六年[①]，有大人，长五丈，足履六尺，皆夷狄[②]服。凡十二人，见于临洮[③]。乃作金人十二，以象之。

编者按：此条似古代陵墓前翁仲的传说。

注：①秦始皇二十六年：前221年。②夷狄：古代对中原以外各族的蔑称。③临洮(táo逃)：古县名，秦置。治今甘肃岷县。

118. 汉惠帝二年[①]，正月癸酉旦，有两龙现于兰陵[②]廷东里温陵井中。至乙亥夜去。京房《易传》曰："有德遭害，厥妖龙见井中。"又曰："行刑暴恶，黑龙从井出。"

编者按：本条见《法苑珠林》四二引作《搜神记》。此条借"龙现井中"，警告统治者不要"行刑暴恶。"

注:①汉惠帝二年:前193年。②兰陵:古县名,治今山东苍山县西南兰陵镇。

119. 汉文帝十二年[①],吴地有马生角,在耳前,上向。右角长三寸,左角长二寸,皆大二寸。刘向以为马不当生角,犹吴不当举兵向上[②]也。吴将反之变云。京房《易传》曰:“臣易上,政不顺,厥妖马生角。兹谓贤士不足。”又曰:“天子亲伐,马生角。”

编者按:本条见《法苑珠林》八七引作《搜神异记》。

注:①汉文帝十二年:公元前168年。②吴举兵向上:当指汉景帝时吴王刘濞发动七国之乱。

120. 文帝后元五年[①]六月,齐雍城[②]门外有狗生角。京房《易传》曰:“执政失,下将害之,厥妖狗生角。”

编者按:本条见《法苑珠林》八七引作《搜神记》。

注:①文帝后元五年:公元前159年。②雍城:古县名。治今陕西凤翔南。

121. 汉景帝元年[①]九月,胶东下密[②]人年七十余,生角。角有毛。京房《易传》曰:“冢宰专政,厥妖人生角。”《五行志》以为人不当生角,犹诸侯不敢举兵以向京师也。其后遂有七国之难。至晋武帝泰始五年[③],元城[④]人年七十,生角。殆赵王伦[⑤]篡乱之应也。

编者按:本条见《法苑珠林》四三引作《搜神记》。

注:①汉景帝元年:公元前156年。②胶东下密:胶东,汉置封国,治即墨(今山东平度东南)。下密,古县名,故城在今山东昌邑东南。③晋武帝泰始五年:公元269年。④元城:县名,故城在今河北大名东。⑤赵王伦:即司马伦,封赵王。永康元年(300年)起兵杀贾后,废惠帝自立。后为齐王冏、成都王颖所杀。

122. 汉景帝三年[①],邯郸有狗与彘[②]交。是时赵王[③]悖乱,遂与六国反,外结匈奴以为援。《五行志》以为犬兵革失众之占,豕北方匈奴之象。逆言失听,交于异类,以生害也。京房《易传》曰:“夫妇不严,厥妖狗与豕交,兹谓反德,国有兵革。”

编者按:本条见《法苑珠林》四十引作《搜神记》。

注:①汉景帝三年:公元前154年。②彘(zhì 至):猪。③赵王:即刘遂,景帝时参与吴楚七国之乱,兵败被杀。

123. 景帝三年十一月,有白颈乌与黑乌,群斗楚国[①]吕县。白颈不胜,堕泗水中,死者数千。刘向以为近白黑祥也。时楚王戊[②]暴逆无道,刑辱申公[③],与吴谋反。乌群斗者,师战之象也。白颈者小,明小者败也。堕于水者,将死水地。王戊不悟,遂举兵应吴,与汉大战,兵败而走,至于丹徒，为越人所斩。堕泗水之效也。京房《易传》曰："逆亲亲，厥妖白黑乌斗于国中。"燕王旦之[4]谋反也，又有一乌一鹊，斗于燕宫中池上，乌堕池死。《五行志》以为楚、燕皆骨肉藩臣，骄恣而谋不义，俱有乌鹊斗死之祥。行同而占合，此天人之明表也。燕阴谋未发，独王自杀于宫，故一乌而水色者死。楚炕阳举兵，军师大败于野，故乌众而金色者死。天道精微之效也。京房《易传》曰："颛[5]征劫杀，厥妖乌鹊斗。"

注：①楚国：汉置封国，治今江苏铜山。②楚王戊：即刘戊，高帝孙，封楚王。后与吴王等反，兵败而死。③申公：鲁人，名培。文帝时博士，为《诗》作传，号"鲁诗"。④燕王旦：即刘旦，武帝第四子，封燕王。与上官桀等谋杀霍光，废昭帝，谋泄自杀。⑤颛（zhuān 专）：通"专"。

124. 景帝十六年[1]，梁孝王[2]田北山，有献牛足上出背上者。刘向以为近牛祸。内则思虑霿乱[3]，外则土功过制，故牛祸作。足而出于背，下奸上之象也。

注：①景帝十六年：《汉书·五行志》作"中六年"。②梁孝王：即刘武，汉文帝次子。③霿（méng 萌）乱：愚蒙混乱。

125. 汉武帝太始四年[1]七月，赵[2]有蛇从郭外入，与邑中蛇斗孝文庙下，邑中蛇死。后二年秋，有卫太子事[3]，自赵人江充起。

编者按：本条见《法苑珠林》四二、《太平御览》八八五引作《搜神记》。

注：①汉武帝太始四年：公元前93年。②赵国：汉置封国，治今河北邯郸。③卫太子事：即刘据，武帝长子。赵人江充诬告卫太子宫中埋木人以巫蛊武帝，太子大惧，杀江充。武帝发兵追捕，太子兵败自杀。

126. 汉昭帝元凤元年[1]九月，燕有黄鼠，衔其尾，舞王宫端门中。王往视之，鼠舞如故。王使吏以酒脯祠，鼠舞不休，一日一夜死。时燕王旦谋反，将死之象也。京房《易传》曰："诛不原情[2]，厥妖鼠舞门。"

注：①汉昭帝元凤元年：公元前180年。②原情：实情。

127. 昭帝元凤三年正月，泰山芜莱山[1]南，汹汹有数千人声。民往视之，有大石自立。高丈五尺，大四十八围，入地深八尺，三石为足。石立后，有白乌数千集其旁。宣帝中兴之瑞也。

注：①芜莱山：当为"徂徕山"。

128. 昭帝时，上林苑中大柳树断，仆地。一朝起立，生枝叶。有虫食其叶，成文字，曰："公孙病已立。"[1]

注:①公孙病已立:暗喻宣帝中兴。

129. 昭帝时,昌邑王贺[①]见大白狗冠方山冠[②]而无尾。至熹平[③]中,省内冠狗带绶,以为笑乐。有一狗突出,走入司空府门。或见之者,莫不惊怪。京房《易传》曰:"君不正,臣欲篡,厥妖狗冠出朝门。"

注:①昌邑王贺:即刘贺,汉武帝孙。昭帝崩,霍光迎立,即位27日被废。②方山冠:汉代祀宗庙时乐人戴的帽子。③熹平:汉灵帝年号(172—178年)。

130. 汉宣帝黄龙元年[①],未央殿辂铃[②]中雌鸡化为雄,毛衣变化,而不鸣不将,无距。元帝初元元年[③],丞相府史家,雌鸡伏子,渐化为雄,冠距鸣将。至永光中,有献雄鸡生角者。《五行志》以为王氏之应[④]。京房《易传》曰:"贤者居明夷之世,知时而伤,或众在位,厥妖鸡生角。"又曰:"妇人专政,国不静;牝鸡雄鸣,主不荣。"

编者按:本条见《法苑珠林》四三引作《搜神记》。

注:①汉宣帝黄龙元年:公元前49年。②辂铃:当做"辂軨",汉代所置厩名。③元帝初元元年:公元前48年。④王氏之应:指元帝皇后王氏及其侄王莽掌握政权。

131. 宣帝之世,燕、岱之间,有三男共娶一妇,生四子。及至将分妻子而不可均,乃至争讼。廷尉范延寿[①]断之曰:"此非人类,当以禽兽,从母不从父也。请戮三男,以儿还母。"宣帝嗟叹曰:"事何必古?若此,则可谓当于理而厭[②]人情也。"延寿盖见人事而知用刑矣,未知论人妖将来之验也。

编者按:本条见《北堂书钞》五三、《法苑珠林》五七、《太平御览》六四七引作《搜神记》。皇帝及官员妻妾成群,老百姓"三男共娶一妇",这是社会贫富悬殊造成的。说老百姓是"禽兽",皇帝及官员不如禽兽。但是,法律却要杀老百姓,这就是封建专制制度制定的法律的阶级本质。

注:①范延寿:字子路,安成人。河平二年(前27年)为廷尉。②厭(yàn 厌):通"厌"。

132. 汉元帝永光二年[①]八月,天雨草而叶相樛[②]结,大如弹丸。至平帝元始三年[③]正月,天雨草,状如永光时。京房《易传》曰:"君吝于禄,信衰贤去,厥妖天雨草。"

编者按:"天雨草"是巨风从彼地卷至空中,至此地又随雨水落到地上。这种自然现象,古人不理解,故以为怪。

注:①元帝永光二年:公元前42年。②樛(jiū 鸠),通"樛",缠结。③平帝元始

三年:公元3年。

133. 元帝建昭五年[①],兖州刺史浩赏,禁民私所自立社。山阳[②]橐茅乡社,有大槐树,吏伐断之。其夜,树复立故处。说曰:"凡枯断复起,皆废而复兴之象也。是世祖[③]之应耳。"

编者按:本条见《法苑珠林》八十引作《搜神记》。

注:①元帝建昭五年:公元前34年。②山阳:郡名,治昌邑(今山东金乡西北)。③世祖:指东汉光武帝刘秀。

134. 汉成帝建始四年[①]九月,长安城南,有鼠衔黄稿、柏叶,上民冢柏及榆树上为巢。桐柏[②]为多。巢中无子,皆有干鼠矢数升。时议臣以为恐有水灾。鼠,盗窃小虫,夜出昼匿。今正昼去穴而登木,象贱人将居贵显之占。桐柏,卫思后[③]园所在也。其后赵后[④]自微贱登至尊,与卫后同类。赵后终无子而为害。明年,有鸢[⑤]焚巢杀子之象云。京房《易传》曰:"臣私禄罔干[⑥],厥妖鼠巢。"

编者按:本条见《法苑珠林》四二引作《搜神记》。

注:①成帝建始四年:公元前29年。②桐柏:古地名,在长安城南。③卫思后:初为歌女,后入宫,生戾太子,为汉武帝的皇后。太子自杀,她亦被废而自杀。④赵后:即赵飞燕。初为歌女,成帝时入宫,后立为皇后。平帝即位后被废为庶人,自杀身亡。⑤鸢(yuān冤):老鹰。⑥私禄罔干:私分俸禄,妄自侵占。罔通"妄"。

135. 成帝河平元年[①],长安男子石良、刘音相与同居。有如人状在其室中,击之,为狗,走出。走后,有数人披甲持弓弩至良家。良等格击,或死或伤,皆狗也。自二月至六月乃止。其于《洪范》[②],皆犬祸,言不从之咎也。

编者按:本条见《艺文类聚》九四引作《搜神记》。

注:①成帝河平元年:公元前28年。②《洪范》:书名。即《洪范五行传》,刘向撰。解说阴阳五行变化及占应,多附会人事。

136. 成帝河平元年二月庚子,泰山山桑谷[①],有鸢[②]焚其巢。男子孙通等,闻山中群鸟鸢鹊声,往视之,见巢然,尽堕池中,有三鸢鷇[③]烧死。树大四围,巢去地五丈五尺。《易》曰:"鸟焚其巢,旅人先笑后号咷。"后卒成易世之祸云。

注:①山桑谷:泰山谷名。②鸢(yuán缘):鸟名,即鸱,俗名鹞鹰。③鷇(gòu够):待哺食的雏鸟。

137. 成帝鸿嘉四年[①]秋,雨鱼于信都,长五寸以下。至永始元年春,北海出大鱼,长六丈,高一丈,四枚。哀帝建平三年[②],东莱平度出大鱼,长八丈,高一丈一尺,七枚。皆死。灵帝熹平二年[③],东莱海[④]出大鱼二枚,长八九丈,高二丈余。京房《易传》曰:"海数见巨鱼,邪人进,贤人疏。"

编者按:天雨鱼及大(鲸)鱼现,均为自然现象,古人不知,故以为怪。

注:①成帝鸿嘉四年:公元前17年。②哀帝建平三年:公元前4年。③灵帝熹平二年:公元173年。④东莱海:指今渤海莱州湾。

138. 成帝永始元年二月,河南[①]街邮樗[②]树生枝如人头。眉目须皆具,亡发耳。至哀帝建平三年十月,汝南西平遂阳乡有材仆地,生枝如人形,身青黄色,面白,头有髭发,稍长大,凡长六寸一分。京房《易传》曰:"王德衰,下人将起,则有木生为人状。"其后有王莽之篡。

编者按:本条自"汝南西平遂阳乡"以下见《法苑珠林》八十引作《搜神记》。"下人"所以"将起"造反,是因为"王德衰"。这对统治者是警告。

注:①河南:郡名。治今河南洛阳东北。②樗(chū 初):臭椿树。

139. 成帝绥和二年[①]二月,大厩马生角,在左耳前,围长各二寸。是时王莽为大司马,害上之萌,自此始矣。

编者按:此条利用"马生角",说明王莽早有"害上之萌"。其实"马生角"是生理现象,而王莽"害上"是政治斗争,从因果上并没有必然联系。古人所以曲为说者,不过是借题发挥而已。

注:①成帝绥和二年:公元前7年。

140. 成帝绥和二年三月,天水平襄[①],有燕生雀,哺食至大,俱飞去。京房《易传》曰:"贼臣在国,厥咎燕生雀,诸侯销。"又曰:"生非其类,子不嗣世。"

编者按:本条见《法苑珠林》八七引作《搜神异记》。

注:①天水:郡名,治平襄(今甘肃通渭西北)。

141. 汉哀帝建平三年[①],定襄[②]有牡马生驹,三足,随群饮食。《五行志》以为:马,国之武用;三足,不任用之象也。

编者按:本条见《法苑珠林》八七引作《搜神异记》。

注:①建平三年:《汉书·五行志》作"二年"。②定襄:郡名,汉置。治成乐(今

内蒙古和林格尔西北土城子)。

142. 哀帝建平三年,零陵[①]有树僵地,围一丈六尺,长十丈七尺。民断其本,长九尺余,皆枯。三月,树卒自立故处。京房《易传》曰:“弃正作淫,厥妖木断自属[②]。妃后有颛,木仆反立,断枯复生。”

编者按:本条见《法苑珠林》八十引作《搜神记》。

注:①零陵:郡名,治今广西全州西南。②属(zhǔ 主):连接。

143. 哀帝建平四年四月,山阳方与[①]女子田无啬生子。未生二月前,儿啼腹中。及生,不举[②],葬之陌上。后三日,有人过,闻儿啼声,母因掘收养之。

编者按:本条见《法苑珠林》一一六引作《搜神记》。

注:①方与:古县名,属山阳郡。故城在今山东鱼台北。②举:抚养。

144. 哀帝建平四年夏,京师郡国民,聚会里巷阡陌,设张博具[①]歌舞,祠西王母。又传书曰:“母告百姓,佩此书者不死。不信我言,视门枢[②]下,当有白发。”至秋乃止。

注:①设张博具:《汉书·五行志》作“祭张”。博具,赌博的工具。②枢:转轴。

145. 哀帝建平中,豫章有男子化为女子,嫁为人妇,生一子。长安陈凤曰:“阳变为阴,将亡继嗣,自相生之象。”一曰:“嫁为人妇,生一子者,将复一世乃绝。”故后哀帝崩,平帝没,而王莽篡焉。

编者按:本条见《法苑珠林》四三引作《搜神记》。

146. 汉平帝元始元年[①]二月,朔方广牧[②]女子赵春病死,即棺殓,积七日,出在棺外。自言见夫死父,曰:“年二十七,汝不当死。”太守谭以闻。说曰:“至阴为阳,下人为上,厥妖人死复生。”其后王莽篡位。

编者按:本条见《法苑珠林》一一六、《太平御览》八八七引作《搜神记》。

注:①汉平帝元始元年:公元1年。②朔方广牧:朔方,郡名,治今内蒙古杭锦旗北。广牧,县名,在朔方故城西。

147. 汉平帝元始元年六月,长安有女子生儿,两头两颈,面俱相向,四臂共胸,俱前向,尻[①]上有目,长二寸所。京房《易传》曰:“‘睽孤,见豕负涂[②]。’厥妖人生两头。下相攘善[③],妖亦同。人若六畜首目在下,兹谓亡上,政将变更。厥妖之作,以谴失正,各象其类。两颈,下不一也;手多,所任邪也;足少,下不胜任,或不任下也。凡下体生于上,不敬也;上体生于下，媟渎[④]也；生非其类，淫乱也；人生而大，上速成也；生而能言，好虚也。群妖推此类。不改，乃成凶也。”

编者按：本条见《法苑珠林》八七引作《搜神异记》。

注：①尻阴（kāo 考）：臀部。②睽孤，见豕负涂：此为《周易》六十四卦之卦三十八；“睽”（kuí 葵）卦的爻辞，意思是旅人孤单地走路，见大猪伏在道中。③攘善：掠取他人的功绩为己有。④媟渎（xiè dú 屑读）：轻慢冒失。

148. 汉章帝元和元年[①]，代郡[②]高柳乌生子，三足，大如鸡，色赤，头有角，长寸余。

注：①汉章帝元和元年：公元 84 年。②代郡：东汉时治高柳（今山西阳高西南）。

149. 汉桓帝即位[①]，有大蛇见德阳殿上。洛阳市令[②]淳于翼曰：“蛇有鳞，甲兵之象也。见于省中，将有椒房[③]大臣受甲兵之象也。”乃弃官遁去。到延熹二年[④]，诛大将军梁冀[⑤]，捕治家属，扬兵京师也。

编者按：本条见《续汉书·五行志》五刘昭注、《法苑珠林》四二引作《搜神记》。

注：①汉桓帝即位：在公元 147 年。②市令：掌管市场的官员。③椒房：皇后所居之殿。亦代指皇后。④延熹二年：公元 159 年。⑤梁冀：字伯卓。东汉大将军，专断朝政近 20 年。桓帝要灭梁氏，冀自杀。

150. 汉桓帝建和三年[①]，秋七月，北地廉[②]雨肉，似羊肋，或大如手。是时梁太后[③]摄政，梁冀专权，擅杀诛太尉李固、杜乔[④]，天下冤之。其后梁氏诛灭。

编者按：天“雨肉”与“梁氏诛灭”并没有必然联系；乱杀无辜可能是原因之一。

注：①建和三年：公元 149 年②北地廉：北地，郡名，汉置。廉，县名，属北地郡，治今甘肃固原东北。③梁太后：汉顺帝皇后，梁冀之妹。顺帝崩，立冲帝，她临朝摄政。④李固、杜乔：均为东汉大臣。

151. 汉桓帝元嘉[①]中，京都妇女作愁眉、啼妆、堕马髻、折腰步、龋齿笑。愁眉者，细而曲折；啼妆者，薄拭目下，若啼处；堕马髻者，作一边；折腰步者，足不在下体[②]；龋齿笑者，若齿痛，乐不欣欣。始自大将军梁冀妻孙寿所为，京都翕然，诸夏效之。天戒若曰：“兵马将往收捕，妇女忧愁，踧眉啼哭，吏卒掣顿，折其腰脊，令髻邪倾。虽强语笑，无复气味也。”到延熹二年，冀举宗合诛。

注:①元嘉:汉桓帝年号(151—153年)。②足不在下体:《风俗通》"在"作"任"。

152. 桓帝延熹五年,临沅县[①]有牛生鸡,两头四足。

编者按:本条见《法苑珠林》八七引作《搜神记》。

注:①临沅县:汉置,故城在今湖南常德西。

153. 汉灵帝[①]数游戏于西园中,令后宫采女为客舍主人,身为估服,行至舍间,采女下酒食,因共饮食,以为戏乐。是天子将欲失位,降在皂隶之谣也。其后天下大乱。古志有曰:"赤厄三七。"三七者,经二百一十载,当有外戚之篡,丹眉之妖。篡盗短祚,极于三六,当有飞龙之秀,兴复祖宗。又历三七,当复有黄首之妖,天下大乱矣。自高祖建业,至于平帝之末,二百一十年,而王莽篡。盖因母后之亲。十八年而山东贼樊子都[②]等起,实丹其眉,故天下号曰"赤眉"。于是光武[③]兴祚,其名曰秀。至于灵帝中平元年而张角[④]起,置三十六万[⑤],徒众数十万,皆是黄巾,故天下号曰"黄巾贼"。至今道服由此而兴。初起于邺,会于真定,诳惑百姓曰:"苍天已死,黄天立。岁名甲子年,天下大吉。"起于邺者,天下始业也;会于真定也,小民相向跪拜趋信,荆、扬尤甚。乃弃财产,流沉道路,死者无数。角等初以二月起兵,其冬十二月悉破。自光武中兴,至黄巾之起,未盈二百一十年,而天下大乱,汉祚废绝,实(方)应三七之运。

编者按:本条见《法苑珠林》五七引作《搜神记》。此条是对"赤厄三七"谶纬之说的解释。实际上"赤厄三七"是三国时谶纬神学所编造的,而将其编造时间提前至汉代之前,以迷惑人心。由此条对赤眉、黄巾农民起义的记述可以看出,干宝的基本观点还是站在统治阶级的立场上。毛泽东说:"在中国封建社会里,只有这种农民的阶级斗争,农民的起义和农民的战争,才是历史发展的真正动力。"(《中国革命和中国共产党》)

注:①汉灵帝:即刘宏,东汉皇帝。公元168—189年在位。②樊子都,即樊崇,西汉末琅邪(今山东诸城)人。新莽末年聚众数万起义,用赤色染眉为标识,史称"赤眉起义"。③光武:东汉光武帝刘秀。公元25—57年在位。原为西汉皇族,王莽末年农民大起义,乘机起兵,加入绿林起义军。后来力量逐渐壮大,收编其他队伍,镇压赤眉起义军,削平各地割据势力,建立东汉王朝。④张角:东汉末钜鹿(今河北平乡西南)人。创立太平道教,信徒达数十万,分三十六方,灵帝中平元年(184年)在各地同时起义。起义军以黄巾裹头,史称"黄巾起义"。⑤三十六万:"万"当

为“方”。

154. 灵帝建宁[①]中，男子之衣，好为长服，而下甚短。女子好为长裾，而上甚短。是阳无下而阴无上，天下未欲平也。后遂大乱。

注：①建宁：汉灵帝年号(168—172 年)。

155. 灵帝建宁三年[①]春，河内[②]有妇食夫，河南有夫食妇。夫妇阴阳二仪，有情之深者也。今反相食，阴阳相侵，岂特日月之眚[③]哉！灵帝既没，天下大乱，君有妄诛之暴，臣有劫弑之逆，兵革相残，骨肉为仇，生民之祸极矣。故人妖为之先作。恨而不遭辛有、屠乘[④]之论，以测其情也。

编者按：本条见《法苑珠林》五七引作《搜神记》。　统治阶级的腐败、残暴，是造成人吃人的根本原因。

注：①灵帝建宁三年：公元 170 年。②河内：指黄河以北；河外，指黄河以南。③眚(shěng 省)：此指日食。《左传》杜注：“眚，犹灾也。月侵日为眚。”④辛有、屠乘：辛有，周朝大夫。平王东迁，辛有往伊川，见人披发在野外祭祀，说：“不到一百年，这里是异族居住的地方。”屠乘，当为“屠黍”，晋太史，见晋乱而出奔周。其事见《吕氏春秋》。

156. 灵帝熹平二年六月，洛阳民讹言：虎贲寺[①]东壁中有黄人，形容须眉良是。观者数万，省内悉出，道路断绝。到中平元年二月，张角兄弟起兵冀州，自号“黄天”。三十六方，四面出和[②]，将帅星布，吏士外属[③]。因其疲馁[④]，牵而胜之。

注：①虎贲寺：古寺名，在洛阳。②出和：出来响应。③外属：有外心，属他人。指一些官吏做黄巾军的内应。④馁(něi 馁)：同“馁”，饥饿。

157. 灵帝熹平三年，右校别作[①]中，有两樗树，皆高四尺许。其一株，宿昔暴长，长一丈余，粗大一围，作胡人状，头目鬓须发俱具。其五年十月壬午，正殿侧有槐树，皆六七围，自拔倒竖，根上枝下。又中平中[②]，长安城西北六七里，空树中有人面，生鬓。其于《洪范》，皆为木不曲直[③]。

编者按：本条见《法苑珠林》八十引作《搜神记》。

注：①右校别作：谓右校官署附属的工地。右校，官署名。秦汉置左校、右校管理工徒。②中平：汉灵帝年号(184—189 年)。③木不曲直：《后汉书·五行志》曰：“谓木失其性而为灾。”

158. 灵帝光和元年[①]，南宫侍中寺[②]，雌鸡欲化为雄，一身毛皆似雄，但头冠尚未变。

注:①光和元年:公元178年。②侍中寺:侍中的官署。

159. 灵帝光和二年,洛阳上西门外女子生儿,两头,异肩共胸,俱向前。以为不详,堕地弃之。自是之后,朝廷霿乱,政在私门[1],上下无别,二头之象。后董卓[2]戮太后,被以不孝之名,放废天子,后复害之。汉元以来,祸莫逾此。

编者按:“天子”也好,“百姓”也好,都是人。封建思想故意将人做“高低贵贱”之分,是为了巩固其封建统治的需要。

注:①政在私门:国家政权由擅权之臣专断。②董卓:东汉权臣。率兵入洛阳,戮太后,废少帝,挟献帝西迁长安,专断朝政。

160. 光和四年,南宫中黄门寺[1],有一男子,长九尺,服白衣。中黄门解步呵问:“汝何等人!白衣妄入宫掖!”曰:“我,梁伯夏后[2]。天使我为天子。”步欲前收之,因忽不见。

注:①中黄门寺:为宦官官署。②梁伯夏后:伯益之后秦仲有功,周平王封其少子康于夏阳梁山(今陕西韩城南),称为梁伯。

161. 光和七年,陈留济阳、长垣[1],济阴[2],东郡[3],冤句,离狐[4]界中,路边生草,悉作人状,操持兵弩,牛马龙蛇鸟兽之形,白黑各如其色。羽毛、头目、足翅皆备,非但仿佛,像之尤纯。旧说曰:“近草妖也。”是岁有黄巾贼起,汉遂微弱。

编者按:本条见《法苑珠林》八十引作《搜神记》。

注:①陈留济阳、长垣:陈留,郡名。济阳、长垣均为县名,属陈留郡。济阳治今河南兰考东北。长垣即今河南长垣县治。②济阴:郡名,治今山东定陶西北。③东郡:郡名,治今河南濮阳西南。④冤句、离狐:均古县名。冤句(qú 渠)治今山东曹县西北。离狐治今山东东明东南。

162. 灵帝中平元年,六月壬申,洛阳男子刘仓,居上西门外。妻生男,两头共身。至建安中,女子生男,亦两头共身。

编者按:两头共身之人,虽然稀少,现在人并不奇怪,古人迷信,以为不祥。

163. 中平三年八月中,怀陵[1]上有万余雀,先极悲鸣,已因乱斗相杀,皆断头,悬著树枝枳[2]棘。到六年,灵帝崩。夫陵者,高大之象也。雀者,爵也。天戒若曰:“诸怀爵禄而尊厚者,还自相害,至灭亡也。”

编者按:本条见《法苑珠林》七二引作《搜神记》。

注:①怀陵:汉冲帝陵,在河南洛阳东北。②枳(zhǐ 纸):带刺的灌木。

164. 汉时,京师宾婚嘉会,皆作魁梓。酒酣之后,续以挽歌。魁梓,丧家之乐[①];挽歌,执绋[②]相偶和之者。天戒若曰:"国家当急殄悴[③],诸贵乐皆死亡也。"自灵帝崩后,京师坏灭,户有兼尸虫而相食者。魁梓、挽歌,斯之效乎?

编者按:本条见《北堂书钞》九二引作《搜神记》。

注:①魁梓(lěi 垒),即"傀儡"。木丧家乐,后发展为木偶戏。②绋(fú 弗):下葬时引柩入穴的绳索。③殄悴(tiǎn cuì 舔萃):困苦。

165. 灵帝之末,京师谣言曰:"侯非侯,王非王,千乘万骑上北邙[①]。"到中平六年,史侯[②]登蹑至尊,献帝[③]未有爵号,为中常侍段珪所执,公卿百僚,皆随其后,到河上[④],乃得还。

编者按:社会动乱,谣言四起,追根求源,都是统治集团内部造成的。

注:①北邙:即河南洛阳北邙山。据《后汉书》载,汉少帝及陈留王被劫至此。②史侯:即汉少帝刘辩。③献帝:即刘协。④河上:黄河边上。

166. 汉献帝初平[①]中,长沙有人姓桓氏,死,棺敛月余,其母闻棺中有声,发之,遂生。占曰:"至阴为阳,下人为上。"其后曹公[②]由庶士起。

编者按:本条见《法苑珠林》一一六引作《搜神记》。"曹公"即曹操。毛泽东说:"曹操结束汉末豪族混战的局面,恢复了黄河两岸的广大平原,为后来的西晋统一铺平了道路。……《三国演义》的作者罗贯中不是继承司马迁的传统,而是继承朱熹的传统。南宋时,异族为患,所以朱熹以蜀为正统,明朝时,北部民族经常为患,所以罗贯中也以蜀为正统。"(龚育之、逄先之、石仲泉《毛泽东的读书生活》)

注:①初平:汉献帝年号(190—193 年)。②曹公:指曹操。

167. 献帝建安七年[①],越嶲[②]有男子化为女子。时周群上言:"哀帝时亦有此变,将有易代之事。"至二十五年[③],献帝封山阳公。

编者按:本条见《法苑珠林》四三引作《搜神记》。

注:①建安七年:公元 202 年。②越嶲(xī 西):郡名,治邛都(今四川西昌东南)。③二十五年:公元 220 年。时曹丕称帝,废献帝为山阳公。

168. 建安初,荆州童谣曰:"八九年间始欲衰,至十三年无孑遗。"言自中兴以来,荆州独全,及刘表[①]为牧,民又丰乐,至建安九年当始衰,始衰者,谓刘表妻死,诸将并零落也。十三年无孑遗者,表又当死,因以丧败也。是时华容有女子,忽啼呼曰:"将有大丧。"言语过差,县以为妖言，系狱。月余，忽于狱中哭曰："刘荆州今日死。"华容去州数百里，即遣马里[2]验视，而刘表果死。县乃出之。续又歌吟曰："不意李立为贵人。"后无几，曹公平荆州，以涿郡李立字建贤为荆州刺史。

编者按：本条见《续汉书·五行志》一刘昭注引作《搜神记》。这些童谣和故事，都是事后编写的，而将时间提前至"建安初"，就使人感到神秘了。

注：①刘表：字景升。东汉远支皇族。曾任荆州刺史、荆州牧。②马里：应为"马吏"，掌马之官。

169. 建安二十五年正月，魏武[1]在洛阳起建始殿，伐濯龙[2]树而血出。又掘徙梨，根伤而血出。魏武恶之，遂寝疾，是月崩。是岁为魏武黄初元年[3]。

编者按：将曹操之死，与伐树相联系，可见其牵强附会。

注：①魏武：《宋志》作"魏文帝"。②濯龙：即濯龙池。③黄初元年：公元220年。又"黄初"为魏文帝曹丕年号。

170. 魏黄初元年，未央宫中，有鹰生燕巢中，口爪俱赤。至青龙[1]中，明帝为凌霄阁，始构，有鹊巢其上。帝以问高堂隆[2]，对曰："《诗》云：'惟鹊有巢，惟鸠居之。'今兴起宫室，而鹊来巢，此宫室未成，身不得居之象也。"

编者按：本条见《法苑珠林》八七引作《搜神异记》。

注：①青龙：魏明帝年号(233—236年)。②高堂隆：字升平，平阳人。明帝时官散骑常侍。

171. 魏齐王嘉平[1]初，白马河[2]出妖马，夜过官牧边鸣呼，众马皆应。明日，见其迹大如斛，行数里，还入河。

编者按：马者，司马也。此暗示司马氏称帝。

注：①嘉平：魏齐王曹芳年号(249—254年)。②白马河：在今河北饶阳南。

172. 魏景初[1]元年，有燕生巨鷇于卫国[2]李盖家，形若鹰，吻似燕。高堂隆曰："此魏室之大异，宜防鹰扬之臣于萧墙之内。"其后宣帝[3]起，诛曹爽，遂有魏室。

编者按：此条是说司马氏在魏室长大，然后代魏称帝。

注：①景初：为魏明帝年号(237—239年)。②卫国：古县名，故城在今山东观城西。③宣帝：即司马懿。其孙炎称帝建立晋朝，追尊为宣帝。

173. 蜀景耀五年[1]，宫中大树无故自折。谯周[2]深忧之，无所与言，乃书柱曰："众而大，期之会；具而授，若何复？"言曹者，大也[③]。众而大，天下其当会也。具而授，如何复有立者乎？蜀既亡，咸以周言为验。

编者按：此条反映谯周看到曹魏政权强大（众而大）；而国家终究要统一（期之会）。三国之中只有曹魏有力量统一；而要统一，蜀国必然亡国。这是大势所趋，不是任何力量所能扭转的。

注：①蜀景耀五年：公元 262 年。景耀，三国蜀后主刘禅年号（258—263 年）。②谯周：三国蜀臣，后降魏，入晋，官至散骑常侍。③曹者大也：《宋志》作"曹者，众也；魏者，大也"。

174. 吴孙权太元元年[①]八月朔，大风。江海涌溢，平地水深八尺。拔高陵[②]树二千株，石碑差动，吴城两门飞落。时年，权死。

注：①太元元年：公元 251 年。太元，吴大帝孙权年号（251—252 年）。②高陵：魏武帝曹操陵，在河北临漳西。

175. 吴孙亮五凤元年[①]六月，交趾稗草化为稻。昔三苗[③]将亡，五谷变种。此草妖也。其后亮废。

编者按：本条见《法苑珠林》八十引作《搜神记》。

注：①五凤元年：为公元 254 年。五凤为吴孙亮年号（254—256 年）。②三苗：古代南方部族。

176. 吴孙亮五凤二年五月，阳羡县离里山大石自立。是时，孙皓承废故之家，得复其位之应也。

编者按：此条为《晋纪》第 36 条。

177. 吴孙休永安四年[①]，安吴民陈焦，死七日复生，穿冢出。乌程[②]孙皓承废故之家，得位之详也。

编者按：此条为《晋纪》第 46 条。

注：①永安四年：公元 261 年。永安，吴景帝孙休年号（258—264 年）。②乌程：《宋志》作"乌程侯"。

178. 孙休后，衣服之制，上长下短。又积领五六，而裳居一二。盖上饶奢，下俭逼；上有余，下不足之象也。

编者按：本条见《开元占经》一一四引作《搜神记》。此条实际上是揭露统治阶级的穷奢极欲，而造成广大劳苦群众的贫困。《宋书》和《晋书·五行志》所记，尚有"至孙皓，果奢暴恣情于上，而百姓雕困于下，卒以亡国，是其应也"。由此可见干宝记述本条的用意。

《搜神记》卷七

编者按:本卷共48条,是上卷的继续,所列之事全为晋代的时事。上卷虽多达77条,但时间跨度为两千多年;此卷虽只有48条,而西晋王朝仅有50多年。由此可见,天帝警告之频繁。但统治者仍执迷不悟,结果"殃咎乃至"(灭亡)。天人感应论带有浓厚的封建迷信色彩,但它在中国历史上也曾起过积极的作用,儒士们就是利用这种观点,不断警告统治者,使他们的荒淫残暴有所收敛。因此,这里的所谓天帝,说到底是当时的儒士们。那么,统治者为什么要支持这种观点呢?归根结底,这种观点是为统治者服务的。

179. 初,汉元、成之世[①],先识之士有言曰:"魏年有和[②],当有开石于西三千余里,系五马,文曰'大讨曹'。"及魏之初兴也,张掖[③]之柳谷有开石焉。始见于建安,形成于黄初,文备于太和。周围七寻,中高一仞。苍质素章,龙马、麟鹿、凤皇、仙人之象,粲然咸著。此一事者,魏、晋代兴之符也。至晋泰始三年,张掖太守焦胜上言:"以留郡本国图[④]校今石文,文字多少不同,谨具图上。"案其文有五马象:其一有人平上帻,执戟而乘之;其一有若马形而不成。其字有"金",有"中",有"大司马",有"王",有"大吉",有"正",有"开寿";其一成行,曰"金当取之"。

编者按:本条见《魏志》三注引作《搜神记》。

注:①汉元、成之世:即汉元帝、汉成帝年间,公元前48年—前7年。②魏年有和:魏国的年号有"和"字。此附会魏明帝"太和"年号。③张掖:郡名,治今甘肃张掖西北。④留郡本国图:即《张掖郡玄石图》1卷,高堂隆撰。

180. 晋武帝泰始初,衣服上俭下丰,著衣者皆厌腰[①]。此君衰弱、臣放纵[②]之象也。至元康[③]末,妇人出两裆,加乎交领之上,此内出外也。为车乘者,苟贵轻细,又数变易其形,皆以白篾为纯,盖古丧车之遗象。晋之祸征也。

编者按:此条为《晋纪》第71条。

注:①厌腰:在腰身处把上衣掩进下衣里。②放纵:《宋书》下有"下掩上"三字。③元康:晋惠帝年号(291—299年)。

181. 胡床、貊槃[①]，翟[②]之器也；羌煮[③]、貊炙[④]，翟之食也。自太始[⑤]以来，中国尚之。贵人富室，必畜[⑥]其器，吉享嘉宾，皆以为先。戎、翟侵中国之前兆也。

编者按：本条见《北堂书钞》一四五、《太平御览》八五九引作《搜神记》。此条由商品流通观察政治走向，在中华文化中可能是最早的。

注：①貊槃（mò pán 陌盘）：一种盛水的盘子。传说是北方人所创造。貊，古代北方的民族。②翟（dí 敌）：通“狄”，古代对北方各族的泛称。③羌煮：是羌族的烹饪技术。④貊炙：是北方民族的烧烤技术。⑤太始：汉武帝年号（前 96—前 93 年）。《宋书·五行志》作“晋武帝泰始”。⑥畜：通“蓄”。

182. 晋太康四年[①]，会稽郡蟛蚑[②]及蟹，皆化为鼠。其众覆野，大食稻为灾。始成，有毛肉而无骨；其行不能过田塍[③]。数日之后，则皆为牝[④]。

编者按：本条见《法苑珠林》四三，《太平御览》九一一、九四二、九四三引作《搜神记》。

注：①晋太康四年：公元 283 年。太康，晋武帝年号（280—289 年）。②蟛蚑（péng qí 彭歧）：一种螃蟹。③田塍（chéng 成）：即田畦。④牝（pìn 聘）：雌性。

183. 太康五年正月，二龙见武库井中。武库者，帝王威御之器所宝藏也。屋宇邃密[①]，非龙所处。是后七年，藩王相害。二十八年，果有二胡僭窃神器[②]，皆字曰“龙”。

注：①邃密：幽深。②二胡僭窃神器：二胡，指石勒（字世龙）及其侄石虎（字季龙），羯族，上党武乡（今山西榆社北）人，十六国时为后赵的国君。神器，指国家政权。

184. 晋武帝太康六年，南阳获两足虎。虎者，阴精而居乎阳，金兽也。南阳，火名也。金精入火而失其形，王室乱之妖也。其七年十一日景辰[①]，四角兽见于河间。天戒若曰：“角，兵象也；四者，四方之象。当有兵革起于四方。”后河间王遂[②]连四方之兵，作为乱阶。

编者按：本条见《法苑珠林》四三引作《搜神记》。此为《晋纪》第 108 条。

注：①景辰：当做“丙辰”。②河间王遂：即司马遂。

185. 太康九年，幽州塞北有死牛头语。时帝多疾病，深以后事为念，而付托不以至公，思瞀乱[①]之应也。

注：①瞀（mào 冒）乱：精神错乱。

186. 太康中，有鲤鱼二枚现武库屋上。武库兵府，鱼有鳞甲，亦是兵之类也。鱼既极阴，屋上太阳，鱼现屋上，象至阴以兵革之祸干太阳也。及惠帝[①]初，诛皇后父杨骏[②]，矢交宫阙。废后为庶人，死于幽宫[③]。元康[④]之末，而贾后[⑤]专制，谤杀太子，寻亦诛废。十年之间，母后之难再兴，是其应也。自是祸乱構矣。京房《易妖》曰："鱼去水，飞入道路，兵且作。"

编者按：本条见《法苑珠林》四二引作《搜神记》。此为《晋纪》第106条。

注：①惠帝：即司马衷。晋武帝子。公元290—306年在位。②杨骏：字文长。其女为晋武帝皇后。惠帝时为太傅、大都督，总揽朝政。后为惠帝皇后贾氏所杀。③死于幽宫：指武帝杨皇后被废为庶人，幽禁宫中而死。④元康：晋惠帝年号(292—299年)。⑤贾后：惠帝皇后，晋初大臣贾充女。她先专朝政，先后杀杨骏、杨皇后、汝南王司马亮等，后又为赵王司马伦所杀。

187. 初作屐者，妇人园头，男子方头。盖作意欲别男女也。至太康中，妇人皆方头屐，与男无异。此贾后专妒之征也。

编者按：本条见《开元占经》一一四、《太平御览》六九八引作《搜神记》。

188. 晋时，妇人结发者，既成，以缯急束其环，名曰"撷子髻"。始自宫中。天下翕然化之也。其末年，遂有怀、愍之事。

编者按：本条见《太平御览》三七三引作《搜神记》。此条内容为《晋纪》第137条。

189. 太康中，天下为《晋世宁》之舞。其舞，抑手以执杯盘而反覆之。歌曰："晋世宁，舞杯盘。"反覆，至危也。杯盘，酒器也。而名曰"晋世宁"者，言时人苟且饮食之间，而其智不可及远，如器在手也。

编者按：本条见《太平御览》五七四、《乐府诗集》五六引作《搜神记》。

190. 太康中，天下以毡为絈头[①]及络带[②]、袴口。于是百姓咸相戏曰："中国其必为胡所破也。"夫毡，胡之所产者也，而天下以为絈头、带身、袴口，胡既三制之矣，能无败乎！

编者按：本条见《北堂书钞》一三四、《文选·鲍照拟古诗》注、《太平御览》七〇八引作《搜神记》。此条亦是由商品流通观察政治走向。

注:①帞(mò 墨)头:古代男子束发的头巾。②络带:即腰带。③袴:套裤。

191. 太康末,京洛为《折杨柳》之歌,其曲始有兵革苦辛之辞,终以擒获斩截之事。自后杨骏被诛,太后幽死,杨柳之应也。

编者按:本条见《水经注》一六、《太平御览》五五三引作《搜神记》。

192. 晋武帝太熙元年[①],辽东有马生角,在两耳下,长三寸。及帝晏驾[②],王室毒于兵祸。

注:①太熙元年;公元 290 年。②晏驾:帝王死亡。

193. 晋惠帝元康中,妇人之饰有五佩兵。又以金、银、象角、玳瑁之属,为斧、钺、戈、戟而载之,以当笄[①]。男女之别,国之大节,故服食异等。今妇人而以兵器为饰,盖妖之甚者也。于是遂有贾后之

编者按:本条见《太平御览》三三九、六九二引作《 。此为《晋纪》第 129 条。

注:①笄(jī 机):插头发的簪子。

194. 晋元康三年闰二月,殿前六钟皆出 后杀杨太后于金墉城,而贾后为恶不悛,故钟

195. 惠帝之世,京洛有人,一身 而性尤好淫。天下兵乱,由男女气乱

编者按:本条见《法苑珠

196. 惠帝元康中, 十七八,而气性成。女

编者按:本

197. 元康五年 蛇,入城北门,径从市入汉阳城景王祠[②]中,不见。

注:①临淄:古邑名,遗址在今山东淄博东北。②汉阳城:城名,在临淄古邑城内。景王祠,祀春秋齐景公(姜杵臼)之祠。

198. 元康五年三月,吕县[①]有流血,东西百余步。其后八载,而封云[②]乱徐州,杀伤数万人。

编者按:此条为《晋纪》第 131 条。

注:①吕县:春秋时宋邑,汉置吕县。故城在今江苏铜山北。②封云:西晋张昌起义军将领。

199. 元康七年,霹雳破城南高禖石[①]。高禖,宫中求子祠也。贾后

妒忌，将杀怀愍，故天怒贾后，将诛之应也。

注：①高禖石：禖（méi 媒），媒神。

200. 元康中，天下始相效为乌杖，以柱掖[①]。其后稍施其镦[②]，住则植之。及怀、愍之世，王室多故，而中都丧败。元帝以藩臣，树德东方，维持天下，柱掖之应也。

注：①柱掖：柱，通"拄"；掖，通"腋"，胳肢窝。②镦（duì 兑）：杖末的金属套。

201. 元康中，贵游子弟相与为散发倮[①]身之饮，对弄婢妾。逆之者伤好，非之者负讥，希世之士，耻不与焉[②]。胡、狄侵中国之萌也。其后遂有二胡之乱。

注：①倮：通"裸"。②耻不与焉：以不参与为耻。

202. 惠帝太安元年[①]，丹阳湖熟县[②]夏架湖，有大石，浮二百步而登岸。百姓惊叹，相告曰："石来！"寻而石冰[③]入建邺。

编者按：此条为《晋纪》第145条。

注：①太安元年：公元302年。②湖熟县：故治今江苏江宁湖熟镇。③石冰：西晋张昌起义军将领。

203. 太安元年四月，有人自云龙门入殿前，北面再拜曰："我当作中书监。"即收斩之。禁庭尊秘之处，今贱人竟入，而门卫不觉者，宫室将虚，下人逾上之妖也。是后帝迁长安，宫阙遂空焉。

编者按：此条为《晋纪》第144条。

204. 太安中，江夏[①]功曹张聘所乘牛忽言曰："天下方乱，吾甚极为[②]，乘我何之？"聘及从者数人皆惊怖，因绐[③]之曰："令汝还，勿复言。"乃中道还。至家，未释驾，又言曰："归何早也？"聘益忧惧，秘而不言。安陆县有善卜者，聘从之卜。卜者曰："大凶。非一家之祸，天下将有兵起，一郡之内，皆破亡乎！"聘还家，牛又人立而行。百姓聚观。其秋，张昌[④]贼起，先略江夏，诳曜百姓。以汉祚复兴，有凤凰之瑞，圣人当世，从军者皆绛抹头，以彰火德之祥。百姓波荡，从乱如归，聘兄弟并为将军都尉，未几而败。于是一郡破残，死伤过半，而聘家族矣。京房《易妖》曰："牛能言，如其言，占吉凶。"

编者按：本条见《开元占经》一一七、《太平广记》三九五引作《搜神记》。牛能说话是寓言和童话的写作手法。

注：①江夏：郡名。晋改名武昌，治安陆（今湖北云梦）。②吾甚极为：明钞本

《太平广记》"为"作"焉"。③绐(dài代):欺骗。④张昌:西晋农民起义首领。太安二年(303年)率数万人起义,占据江夏,得到各地百姓的响应。永兴元年(304年)失败,张昌被杀。

205. 元康、太安之间,江淮之域,有败屩[1]自聚于道,多者至四五十量。人或散去之[2],投林草中。明日视之,悉复如故。或云见狸衔而聚之。世之所说:"蜗者,人之贱服,而当劳辱,下民之象也。败者,疲弊之象也。道者,地理,四方所以交通,王命所由来往也。今败蜗聚于道者,象下民疲病,将相聚为乱,绝四方而壅王命也。"

编者按:本条见《北堂书钞》一三六、《开元占经》一一四、《太平御览》六九八引作《搜神记》。此条内容与《晋纪》第143条相同,但文字缩减。

注:①败屩(jué脚):破烂草鞋。②人或散去之:《北堂书钞》作"余尝亲将人散之"。《宋书·五行志》作"干宝尝使人散而去之"。《开元占经》作"余尝视之,时人散而去之"。

206. 晋惠帝永兴元年,成都王之攻长沙也,反军于邺,内外陈兵。是夜,戟锋皆有火光,遥望如悬烛,就视则亡焉。其后终以败亡。

编者按:本条见《太平御览》三五三引作《搜神记》。

207. 晋怀帝永嘉元年,吴郡吴县万详婢生一子,鸟头,两足马蹄,一手,无毛,尾黄色,大如碗。

208. 永嘉五年,抱罕[1]令严根婢产一龙、一女、一鹅。京房《易传》曰:"人生他物,非人所见者,皆为天下大兵。"时帝承惠帝之后,四海沸腾,寻而陷于平阳[2],为逆胡所害。

编者按:此条为《晋纪》第175条。文字稍异。

注:①抱罕:古县名。秦置。故治在今甘肃临夏东北。②平阳:县名,治今山西临汾西南。

209. 永嘉五年,吴郡嘉兴张林家,有狗忽作人言云:"天下人俱饿死。"于是果有二胡之乱,天下饥荒焉。

210. 永嘉五年十一月,有蝘鼠出延陵[1]。郭璞筮之,遇《临》之《益》[2]。曰:"此郡之东县,当有妖人欲称制者,寻亦自死矣。"

编者按:本条见《法苑珠林》八十引作《搜神记》。

注:①延陵:古县名。治今江苏丹阳西南。②《临》之《益》:均为《周易》卦名。

211. 永嘉六年正月,无锡县欻有四枝茱萸树相樛而生,状若连理。

先是，郭璞筮延陵蝘鼠，遇《临》之《益》，曰："后当复有妖树生，若瑞而非，辛螫[①]之木也。倘有此，东西数百里，必有作逆者。"及此生木，其后吴兴徐馥[②]作乱，杀太守袁琇。

注：①辛螫：辛辣而刺激。②徐馥：原为吴兴郡功曹，作乱后被杀。

212. 永嘉中，寿春[①]城内有豕生人，两头，而不活。周馥[②]取而观之。识者云："豕，北方畜，胡、狄象。两头者，无上也。生而死，不遂也。"天戒若曰："易生专利之谋，将自致倾覆也。"俄为元帝所败。

注：①寿春：古邑名。秦置县，治今安徽寿县。②周馥：字祖实，晋将军。

213. 永嘉中，士大夫竞服生笺[①]单衣。识者怪之，曰："此古练缞[②]之布，诸侯所以服天子也。今无故服之，殆有应乎？"其后怀、愍晏驾。

编者按：本条见《太平御览》六九一引作《搜神记》。

注：①生笺：即生绢。②练缞：《晋书·五行志》作"缌衰"，一种丧服。

214. 昔魏武军中，无故作白帢[①]。此缟素凶丧之征也。初，横缝其前以别后，名之曰"颜帢"[②]，传行之。至永嘉之间，稍去其缝，名"无颜帢"。而妇人束发，其缓弥甚，紒[③]之坚不能自立，发被于额，目出而已。无颜者，愧之言也。覆额者，惭之貌也。其缓弥甚者，言天下亡礼与义，放纵情性，及其终极，至于大耻也。其后二年，永嘉之乱，四海分崩，下人悲难，无颜以生焉。

编者按：本条见《太平御览》六八七引作《搜神记》。

注：①白帢（qiā 恰）：白色的帽子。②颜帢：指有檐的帽子。颜通"檐"。③紒（jì 计）：指发髻。

215. 晋愍帝建兴四年[①]，西都倾覆，元皇帝始为晋王，四海宅心。其年十月二十二日，新蔡县吏任乔妻胡氏，年二十五，产二女，相向，腹心合，自腰以上，脐以下，各分。此盖天下未一之妖也。时内史吕会上言："按《瑞应图》云：'异根同体，谓之连理；异亩[②]同颖，谓之嘉禾。'草木之属，犹以为瑞，今二人同心，天垂灵象，故《易》云：'二人同心，其利断金。'休显见生于陈东[③]之国，盖四海同心之瑞。不胜喜跃，谨画图上。"时识者哂之。君子曰："知之难也。以臧文仲[④]之才，犹祀爰居[⑤]焉。布在方册，千载不忘。故士不可以不学。古人有言：'木无枝谓之瘣[⑥]，人不学谓之瞽[⑦]。'当其所蔽，盖阙如[⑧]也。可不勉乎！"

编者按：本条见《法苑珠林》八七引作《搜神异记》。

注:①晋愍帝建兴四年:公元316年。②亩:《宋书》作“苗”。③陈东:《宋书》作“陕东”。④臧文仲:春秋时鲁国执政。⑤爰居:海鸟之名。据《鲁语》云,爰居止于鲁东门之外三日,臧文仲命国人祭祀它。孔子认为臧文仲此举是“不知”(不知爰居只是一种海鸟)。⑥瘣(huì 秽):病。⑦瞽(gǔ 鼓):瞎眼。⑧阙如:阙,通:“缺”。缺乏有关知识。

216. 晋元帝建武元年六月,扬州大旱。十二月,河东地震。去年十二月,斩督运令史淳于伯,血逆流,上柱二丈三尺,旋复下流四尺五寸。是时,淳于伯冤死,遂频旱三年。刑罚妄加,群阴不附,则阳气胜之。罚又冤气之应也。

编者按:此条为《晋纪》第177条。此情节为元代关汉卿创作《窦娥冤》时所吸收。

217. 晋元帝建武元年七月,晋陵[①]东门有牛生犊,一体两头。京房《易传》曰:“牛生子,二首一身,天下将分之象也。”[②]

编者按:本条见《开元占经》一一七引作《搜神作》。

注:①晋陵:古县名,治今江苏常州。②《晋书·五行志》此后有“是时,愍帝蒙尘于平阳,寻为胡所杀。元帝即位江东,天下分为二,是其应也”诸文。《开元占经》引文较此详。

218. 元帝太兴元年四月,西平[①]地震,涌水出。十二月,庐陵、豫章、武昌、西陵地震,涌水出,山崩。此王敦陵[②]上之应也。

编者按:此条为《晋纪·附录》第3条。

注:①西平:郡名,治西都(今青海西宁)。②王敦:字处仲,东晋大臣。陵,通“凌”。

219. 太兴元年三日,武昌太守王谅有牛生子,两头八足,两尾共一腹。不能自生,十余人以绳引之。子死,母活。其三年,后苑中有牛生子,一足三尾,生而即死。

编者按:本条见《法苑珠林》八七引作《搜神异记》。《初学记》二九、《太平御览》九〇〇引作《搜神记》。

220. 太兴二年,丹阳郡吏濮阳演马生驹,两头,自项前别。生而死。此政在私门,二头之象也。其后王敦陵上。

221. 太兴初,有女子,其阴在腹,当脐下。自中国[①]来自江东。其性淫而不产。又有女子,阴在首,居在扬州,亦性好淫。京房《易妖》曰:“人生子,阴在首,则天下大乱;若在腹,则天下有事;若在背,则天下无后[②]。”

编者按:本条见《法苑珠林》四三引作《搜神记》。

注:①中国:指中原地区。②天下无后:指皇帝无子。

222. 太兴中,王敦镇武昌。武昌灾,火起,兴众救之,救于此而发于彼,东西南北数十处俱应,数日不绝。旧说所谓“滥灾妄起,虽兴师不能救”之谓也。此臣而行君,亢[①]阳失节。是时王敦陵上,有无君之心,故灾也。

编者按:此条为《晋纪·附录》第4条。

注:①亢(kàng抗):高,盛大。

223. 太兴中,兵士以绛囊缚纷。识者曰:“纷在首为乾,君道也。囊者为坤,臣道也。今以朱囊缚纷,臣道侵君之象也。”为衣者,上带短,才至于掖;著帽者,又以带缚项:下逼上,上无地也。为袴者,直幅为口,无杀,下大之象也。寻而王敦谋逆,再攻京师。

编者按:本条见《开元占经》一一四、《太平御览》九五引作《搜神记》。

224. 太兴四年,王敦在武昌,铃下仪仗生花,如莲花,五六日而萎落。说曰:“《易》说:‘枯杨生花,何可久也?’今狂花生枯木,又在铃阁之间,言威仪之富,荣华之盛,皆如狂花之发,不可久也。”其后王敦终以逆命,加戮其尸。

编者按:本条见《艺文类聚》八二、《太平御览》九九九引作《搜神记》。此条为《晋纪·附录》第5条。

225. 旧为羽扇柄者,刻木象其骨形,列羽用十,取全数也。初,王敦南征,始改为长柄,下出可捉,而减其羽,用八。识者尤之曰:“夫羽扇,翼之名也。创为长柄,将执其柄,以制其羽翼也;改十为八,将未备夺已备也。此殆敦之擅权,以制朝廷之柄,又将以无德之材,欲窃非据也。”

226. 晋明帝太宁初[①],武昌有大蛇,常居故神祠空树中。每出头,从人受食。京房《易传》曰:“蛇见于邑,不出三年,有大兵,国有大忧。”寻有王敦之逆。

注:①晋明帝太宁:晋明帝,即司马绍。元帝之子,在位三年卒。太宁,晋明帝年号(323—326年)。

《搜神记》卷八

编者按：本卷共10条，主要记述儒家的天命观，就是干宝说的“帝王之兴，必俟天命”。天命论是一种唯心论，是统治阶级对广大劳动人民的欺骗术。但它在中国历史中也曾起过积极的作用，商汤就是打着天命的旗号推翻了夏桀王朝。从此以后的改朝换代，造反者大都举着天命的旗号进行斗争。这里所讲的故事有一个共同的特点：就是将时间提前，假托前人所为，如将预测刘邦得天下的事提前至春秋，假托孔子所为。诸如此类，故弄玄虚，为“君权神授”制造舆论，以迷惑人心。后人继承并发展了这种为文方法，杜撰出《推背图》一书，流毒甚广。但作为文艺创作的一种技巧，却能大大增强作品的艺术魅力。

227. 虞舜耕于历山，得玉历于河际之岩。舜知天命在己，体道不倦。舜龙颜大口，手握褒。宋均[①]注曰：“握褒，手中有‘褒’字。喻从劳苦[②]，受褒饬[③]，致大祚[④]也。”

编者按：本条见《初学记》九引作《搜神记》。只有吃大苦，耐大劳，才能成大事。浙江绍兴有大舜庙；广西桂林有虞山。

注：①宋均：魏博士，东汉经学大师郑玄的弟子。②劳苦：《艺文类聚》“苦”下有“起”字。③褒饬（chì 斥）：褒，嘉奖；饬，告诫。④大祚：即帝位。

228. 汤既克夏，大旱七年，洛川竭。汤乃以身祷于桑林，剪其爪发，自以为牺牲，祈福于上帝。于是大雨即至，洽于四海。

编者按：本条见《太平御览》十一引作《搜神记》。汤以身祈雨，可见其一心为民的思想。因此，才得天下。山西沁水县东有汤王庙；安徽亳州有汤陵。

229. 吕望钓于渭阳，文王出游猎。占曰：“今日猎得一兽，非龙非螭[①]，非熊非罴。合得帝王师。”果得太公于渭之阳。与语，大悦，同车载而还。

编者按：此条叙述周文王得到姜太公。后来姜太公辅助文王之子周武王，推翻殷纣王，建立周朝。

注：①螭（chì 痴）：传说中的动物，蛟龙之类。

230. 武王伐纣，至河上。雨甚，疾雷，晦冥，扬波于河[1]。众甚惧，武王曰："余在 天下谁敢干余者！"风波立济[2]。

编者按：本条见《太平御览》十引作《搜神记》。正义：任何力量都不可阻挡。

注：①河：这里指黄河。②济：风浪停息。

231. 鲁哀公十四年[1]，孔子[2]夜梦三槐之间，丰、沛之邦，有赤氤气起，乃呼颜回、子夏同往观之。驱车到楚西北范氏街[3]，见刍儿打麟，伤其左前足，束薪而覆之。孔子曰："儿来，汝姓为谁？"儿曰："吾姓为赤松，名时乔，字受纪。"孔子曰："汝岂有所见乎？"儿曰："吾所见一禽，如麕[4]，羊头，头上有角，其末有肉。方以是西走。"孔子曰："天下已有主也。为赤刘[5]。陈、项为辅。五星入井，从岁星。"儿发薪下麟，示孔子。孔子趋而往。麟向孔子，蒙其耳，吐三卷图，广三寸，长八寸，每卷二十四字。其言："赤刘当起日周亡。赤气起，火耀兴，玄丘[6]制命，帝卯金。"

编者按：本条见《初学记》二九、《太平御览》十四引作《搜神记》。毛泽东说："一部二十四史，写符瑞、迷信的文字，就占了不少，各朝各代的史书里都有。像《史记·高祖本纪》和《汉书·高帝纪》里，都写了刘邦斩白蛇的故事，又写了刘邦藏身的地方，上面常有云气，这一切都是骗人的鬼话。"（芦荻《毛泽东读二十四史》）

注：①鲁哀公十四年：公元前481年，孔子71岁。②孔子：名丘，字仲尼，儒学的创始者。③范氏街：各书作"范氏之庙"。④麕（jūn 军）：亦作"麇"，即獐子。⑤赤刘：暗指刘邦。⑥玄丘：指孔子。

232. 孔子修《春秋》，制《孝经》，既成，斋戒，向北辰而拜，告备于天。天乃洪郁起白雾，摩地，赤虹自上而下，化为黄玉，长三尺，上有刻文。孔子跪受而读之，曰："宝文出，刘季[1]握。卯金刀[2]，在轸北。字禾子，天下服。"

编者按：本条见《初学记》二，《太平御览》十四、八〇五，《类说》七，《绀珠集》七引作《搜神记》。以上两条是说刘邦应得天下。

注：①刘季：即刘邦，字季。"季"字拆开为"禾子"。②卯金刀："刘"字的繁体字拆开。

233. 秦穆公[1]时，陈仓[2]人掘地得物，若羊非羊，若猪非猪。牵以献穆公，道逢二童子。童子曰"此名为媪，常在地食死人脑。若欲杀之，以柏插其首。”媪曰：“彼二童子名为陈宝，得雄者王，得雌者伯。”陈仓人舍媪，逐二童子。童子化为雉，飞入平林。陈仓人告穆公。穆公发徒大猎，果得其雌。又化为石，置之汧[③]、渭之间。至文公时[④]，为立祠陈宝。其雄者飞至南阳，今南阳雉县[⑤]是其地也。秦欲表其符，故以名县。每陈仓祠时，有赤光长十余丈，从雉县来，入陈仓祠中，有声殷殷如雄雉。其后光武起于南阳。

编者按：本条见《史记·秦本纪·正义》引作《搜神记》。此条说刘秀得天下。

注：①秦穆公：春秋时秦国君。名任好。公元前659—前621年在位。②陈仓：古县名，秦置。治今陕西宝鸡东。③汧（qiān 牵）：指汧水。④文公时：此记录年代有误。秦文公于公元前765—前716年在位，早于秦穆公。⑤雉县：古县名。治今河南南召南。

234. 宋大夫邢史子臣[①]明于天道。周敬王之三十七年[②]，景公问曰：“天道其何祥？”对曰：“后五十年，五月丁亥，臣将死。死后五年，五月丁卯，吴将亡。亡后五年，君将终。终后四百年，邾[③]王天下。”俄而皆如其言。所云“邾王天下”者，谓魏之兴也。邾，曹姓，魏亦曹姓，皆邾之后。其年数则错，未知邢史失其数耶？将年代久远，注记者传而有谬也？

编者按：本条见《魏志》二注引作《搜神记》。此条说曹氏王天下。

注：①邢史子臣：人名，复姓“邢史”。②周敬王之三十七年：公元前483年。③邾：春秋时国名，即“邹”。

235. 吴以草创之国，信不坚固，边屯守将，皆质其妻子，名曰“保质”[①]。童子少年，以类相与娱游者，日有十数。孙休永安三年三月，有一异儿，长四尺余，年可六七岁，衣青衣，忽来从群儿戏。诸儿莫之识也，皆问曰：“尔谁家小儿，今日忽来？”答曰：“见尔群戏乐，故来耳。”详而视之，眼有光芒，爚爚[②]外射。诸儿畏之，重问其故，儿乃答曰：“尔恐我乎？我非人也，乃荧惑星[③]也。将有以告尔：三公归于司马[④]”。诸儿大惊。或走告大人。大人驰往观之。儿曰：“舍尔去乎！”耸身而跃，即以化矣。仰而视之，若曳一匹练以登天。大人来者，犹及见焉。飘飘渐高，有顷而没。时吴政峻急，莫敢宣也。后四年而蜀亡，六年而魏废，二十一年而吴平，是归于司马也。

编者按：本条见《吴志》三注引作《搜神记》。此条说司马氏得天下。

又此条与《晋纪》第45条内容相同，文字稍异。

注：①保质：屯戍边境的将领留妻子儿女于都城作人质担保。②爚(yào跃)：火光闪亮。③荧惑星：火星的别称。④三公归于司马：《三国志·吴志》等作"三公锄，司马如。"

236. 都水马武举戴洋为都水令史[①]。洋请急[②]还乡。将赴洛，梦神人谓之曰："洛中当败，人尽南渡。后五年，扬州必有天子。"洋信之，遂不去。既而皆如其梦。

编者按：此条说东晋的建立也是天意。

注：①都水令史：据《晋书·职官志》，晋武帝司马炎置都水使者，掌舟航及运部，属有参军二人，谒者一人，令史减置无常员。②请急：请假。晋人谓假曰"急"。

《搜神记》卷九

编者按:本卷共14条,主要记述吉凶祸福,皆有预兆。前5条说吉,后9条说凶。趋吉避凶是人们的共同心理,也是巫卜存在的社会基础。任何事物在其孕育和发展过程中都应有征兆,如果选择正确的方法,是可以认识的。但巫卜者用宿命论的方法预见未来,完全是骗人的。即使真正的预言家,也只能预见事物的发展趋势,决不可能预见事物的细微末节。

237. 后汉中兴初,汝南有应妪[①]者,生四子而寡[②]。见神光照社。妪见光,以问卜人。卜人曰:"此天祥也。子孙其兴乎?"乃探得黄金。自是子孙宦学,并有才名。至玚,七世通显[③]。

编者按:本条见《北堂书钞》八七、《艺文类聚》三九、《初学记》十三、《太平御览》五三二、《类说》七、《绀珠集》七引作《搜神记》。

注:①妪:一作"枢"。②寡:一作"尽"。③至玚七世通显:《后汉书·应劭传》李贤注:"应啧,将作大匠;子叠,江夏太守;叠生彬,武陵太守;彬生奉,从事中郎;奉生劭,车骑将军掾;邵弟珣,司空掾;珣子玚,曹操辟为丞相掾。"

238. 车骑将军巴郡冯绲,字鸿卿。初为议郎,发绶笥,有二赤蛇,可长二尺,分南北走。大用忧怖。许季山孙宪,字宁方,得其先人秘要。绲请使卜。云:"此吉祥也。君后三岁,当为边将,东北四五千里,官以东为名。"后五年,从大将军南征。居无何,拜尚书郎、辽东太守、南征将军。

编者按:以上两条说明占卜(算命)的灵验。这些故事大都出自占卜者的自我吹虚。

239. 常山张颢,为梁州牧[①]。天新雨后,有鸟如山鹊,飞翔入市,忽然坠地。人争取之,化为园石。颢椎破之,得一金印,文曰"忠孝侯印"。颢以上闻,藏之秘府。后议郎汝南樊衡夷上言:"尧舜时旧有此官,今天降印,宜可复置。"颢后官至太尉。

编者按:本条见《艺文类聚》九十,《后汉书·灵帝纪》注,《初学记》五、二十六,《太平御览》五一、二〇一、九二一,《事类赋注》十七、十九引作《搜神记》。

注：①梁州牧：梁州治沔阳（今陕西勉县东）。东汉无梁州牧，当为"梁相"。

240. 京兆长安，有张氏，独处一室。有鸠自外入，止于床。张氏祝曰："鸠来，为我祸也，飞上承尘[①]；为我福也，即入我怀。"鸠飞入怀。以手探之，则不知鸠之所在，而得一金钩。遂宝之。自是子孙渐富，资财万倍。蜀贾至长安，闻之，乃厚赂婢，婢窃钩与贾。张氏既失钩，渐渐衰耗。而蜀贾亦数罹穷厄，不为己利。或告之曰："天命也，不可力求。"于是赍钩以反张氏。张氏复昌。故关西称"张氏传钩"云。

编者按：本条见《北堂书钞》一三二，《艺文类聚》九二，《太平御览》三五四、四七二、七〇一、七六七、九二一，《太平广记》四六三，《类说》七，《绀珠集》七引作《搜神记》。

注：①承尘：亦称藻井，即天花板。

241. 汉征和三年[①]三月，天大雨。何比干[②]在家，日中，梦贵客车骑满门。觉以语妻，语未已，而门有老妪，可八十余，头白，求寄避雨。雨甚而衣不沾渍。雨止，送至门。乃谓比干曰："公有阴德，今天锡君策，以广公之子孙。"因出怀中符策，状如简，长九寸，凡九百九十枚，以授比干，曰："子孙佩印绶者，当如此算。"

注：①汉征和三年：公元前90年。征和，汉武帝年号（前92—前89年）。一作"延和"。②何比干：字少卿。武帝时为廷尉正。其六世孙何敞为东汉大臣。

242. 魏舒[①]字阳元，任城樊人[②]也。少孤。尝诣野王[③]，主人妻夜产，俄而闻车马之声，相问曰："男也？女也？"曰："男。""书之，十五以兵死。"复问："寝者为谁？"曰："魏公。"舒后十五载，诣主人，问所生儿何在，曰："因条桑[④]，为斧伤而死。"舒自知当为公[⑤]矣。

编者按：此条与卷十九第448条《陈仲举》及《列异传》中《华歆》条，其中心内容基本相同，说明此种宿命论的故事流传甚广。

注：①魏舒：西晋大臣。《晋书》有传。②任城：郡、国名，治今山东济宁。樊，县名，故城在今山东滋阳西南。③野王：古县名，即今河南沁阳治。④条桑：砍桑条而采其叶。⑤公：指三公。据《晋书·魏舒传》，魏舒官至司徒，为三公之一。

243. 贾谊[①]为长沙王太傅，四月庚子日，有鹏[②]鸟飞入其舍，止于坐隅，良久乃去。谊发书占之，曰："野鸟入室，主人将去。"谊忌之，故作《鹏鸟赋》，齐死生而等祸福，以致命定志焉。

编者按：本条见《法苑珠林》四二引作《搜神记》。

注:①贾谊:西汉政治家、文学家,洛阳人。曾被贬为长沙王太傅。②服鸟(fū 夫):类似猫头鹰的一种鸟。

244. 王莽居摄。东郡太守翟义[①],知其将篡汉,谋举义兵。兄宣,教授,诸生满堂。群鹅雁数十,在中庭,有狗从外入,啮之,皆死。惊救之,皆断头。狗走出门,求不知处。宣大恶之。数日,莽夷[②]其三族。

编者按:本条见《太平御览》八八五、《太平广记》三五九引作《搜神记》。

注:①翟义:字文仲,以父任为郎。王莽摄政,举兵讨莽,兵败死。②夷:诛。

245. 魏司马太傅懿,平公孙渊[①],斩渊父子。先时,渊家数有怪,一犬著冠帻绛衣上屋;欻有一儿蒸死甑中。襄平[②]北市生肉,长围各数尺,有头目口喙[③],无手足而动摇。占者曰:"有形不成,有体无声,其国灭亡。"

编者按:本条见《太平御览》八八五、《太平广记》三五九引作《搜神记》。

注:①公孙渊:三国魏辽东太守,后自立为燕王。魏派大将军司马懿征辽东斩公孙渊父子。②襄平:古县名,治今辽宁辽阳。③喙(huì 会):嘴。

246. 吴诸葛恪[①]征淮南归,将朝会之夜,精爽扰动,通夕不寐。严[②]毕趋出,犬衔引其衣。恪曰:"犬不欲我行也。"出仍入坐。少顷复起,犬又衔衣,恪令从者逐之。及入,果被杀。其妻在室,语使婢曰:"尔何故血臭?"婢曰:"不也。"有顷,愈剧。又问婢曰:"汝眼目瞻视,何以不常?"婢蹶然[③]起跃,头至于栋,攘臂切齿而言曰:"诸葛公乃为孙峻所杀。"于是大小知恪死矣,而吏兵寻至。

编者按:本条见《艺文类聚》三五、《吴志·诸葛恪传》注、《太平御览》五〇〇引作《搜神记》。

注:①诸葛恪(què 却):三国吴大将军。辅立孙亮,专国政。后为孙峻所杀。②严:严装。③蹶(guì 贵)然:急遽的样子。

247. 吴戍将邓喜[①],杀猪祠神,治毕悬之。忽见一人头,往食肉。喜引弓射,中之,咋咋作[②]声。绕屋三日。后人白喜谋叛,合门被诛。

编者按:以上5条所记,均是宣扬宿命论思想。这种命中注定论,有两方面的作用:一是为统治者的残暴作辩护;二是对被害者在心理上是安慰。

注:①邓喜:《宋书·五行志》作“邓嘉”。②咋咋(zhā 扎):感叹吆喝声。

248. 贾充[①]伐吴时,常屯项城,军中忽失充所在。充帐下都督周勤,时昼寝,梦见百余人录充,引入一径。勤惊觉,闻失充,乃出寻索,忽睹所梦之道,遂往求之,果见充。行至一府舍,侍卫甚盛,府公南面坐,声色甚厉,谓充曰:“将乱吾家事者,必尔与荀勖[②]。即惑吾子,又乱吾孙。间使任恺[③]黜汝而不去,又使庾纯[④]詈汝而不改,今吴寇当平,汝方表斩张华[⑤]。汝之暗戆,皆此类也。若不悛慎,当旦夕加诛。”充因叩头流血。府公曰:“汝所以延日月而名器若此者,是卫府之勋耳。终当使系嗣[⑥]死于钟虡[⑦]之间,大子毙于金酒之中,小子困于枯木之下。荀勖亦宜同。然其先德小浓,故在汝后。数世之外,国嗣亦替。”言毕命去。充忽然得还营,颜色憔悴,性理昏错,经日乃复。至后,谧死于钟下,贾后服金酒而死,贾午考竟[⑧],用大杖终。皆如所言。

编者按:此条用梦话,借司马昭之口,斥责贾充及其女贾南凤的种种罪恶。《晋纪》编入《贾充传》。

注:①贾充:字公闾,平阳襄陵(今山西襄汾东北)人。参与司马氏代魏密谋。西晋初权倾朝阁。②荀勖(xù 序):西晋大臣。官至尚书令。③任恺:西晋大臣,官侍中。④庾纯:西晋大臣,官中书令。⑤张华:西晋大臣,官散骑常侍,力主伐吴统一。⑥系嗣:指韩谧,贾充外孙。⑦虡(jù 据):悬挂钟、磬的木架。⑧考竟:考问死于狱中。

249. 庾亮字文康[①],鄢陵人。镇荆州。登厕,忽见厕中一物,如方相[②],两眼尽赤,身有光耀,渐渐从土中出。乃攘臂以拳击之,应手有声,缩入地。因而寝疾。术士戴洋曰:“昔苏峻[③]事,公于白石祠中祈福,许赛其牛,从来未解[④],故为此鬼所考,不可救也。”明年,亮果亡。

编者按:本条“术士戴洋”以下见《世说新语·伤逝》篇注引作《搜神记》。说庾亮卒于见怪事,当然可笑,但也对那些背信弃义之徒提出警告。

注:①庾亮:字元规;“文康”为卒后的谥号。东晋大臣。其妹为明帝皇后。历仕元帝、明帝、成帝三朝,辅成帝,执朝政,握重兵。《晋书》记见怪为其弟庾翼事。②方相:驱疫避邪之神。③苏峻:东晋将领。后与祖约联合叛晋,失败被杀。④未解:未还愿。

250. 东阳刘宠,字道弘(和),居于湖熟。每夜,门庭自有血数升,不知所从来。如此三四。后宠为折冲将军,见遣北征。将行,而炊饭尽变为虫。其家人蒸炒[1],亦变为虫。其火愈猛,其虫愈壮。宠遂北征,军败于坛丘[2],为徐龛所杀。

编者按:本条见《法苑珠林》四二,《太平御览》八八五、九四四,《太平广记》三五九引作《搜神记》。

注:①家人蒸炒:《太平御览》"炒"作"粆"。②军败于坛丘:据《晋书·蔡豹传》,刘宠从蔡豹征徐龛,被杀。

《搜神记》卷十

编者按:本卷共12条,主要记述各种梦幻。梦是一种生理现象,古人不理解,将梦神秘化。其实,身份不同,其梦各异。首两条为帝王梦,是为"君权神授"服务的。其次是升官梦,只有当官的才做这样的梦。其它还有富贵梦、孝子梦、死亡梦等,都与做梦人的身份相符。此种写法,对后世影响较大,很多人将现实社会不易表达的思想写入梦中,产生了大量的"梦文学",如《南柯梦》、《邯郸梦》、《红梦楼》等;大诗人李白将诗也写入梦中,如《梦游天姥吟留别》。

251. 汉和熹邓皇后[①],尝梦登梯以扪天,体荡荡正清滑,有若钟乳[②]状,乃仰噏[③]饮之。以讯诸占梦,言:"尧梦攀天而上,汤梦及天舐之,斯皆圣王之前占也。吉不可言。"

编者按:本条见《太平御览》七六五引作《搜神记》。

注:①汉和熹邓皇后:东汉和帝皇后,即邓绥。和帝死后,她先后迎立殇帝、安帝,临朝执政,死后谥熹。②钟乳:钟面隆起的饰物,状如乳。③噏:同"吸"。

252. 孙坚夫人吴氏,孕而梦月入怀,已而生策。及权在孕,又梦日入怀。以告坚曰:"妾昔怀策,梦月入怀;今又梦日,何也?"坚曰:"日月者,阴阳之精,极贵之象。吾子孙其兴乎?"

编者按:本条见《吴志》五注、《太平御览》三和四、《事类赋注》一引作《搜神记》。以上两条是帝王梦。凡此,都是为君权神授制造舆论。在古代史志中,为名人出生制造神秘气氛,成了一种通病。

253. 汉蔡茂[①]字子礼,河内怀人也。初在广汉,梦坐大殿,极上有禾三穗,茂取之,得其中穗,辄复失之,以问主薄郭贺,贺曰:"大殿者,官府之形象也。极而有禾,人臣之上禄也;取中穗,是中台之象也。于字,禾失为秩,虽曰失之,乃所以得禄秩也。衮职有阙,君其补之。"旬月而茂征焉。

编者按:此为升官梦。由此可见,利用测(或"拆")字算命,汉代已盛行。这种算命方法,应是中国的专利,因为它是利用汉字的组合规律,拆、合、增、减附会人事。撇开迷信,拆字也是一种艺术,它促进了字谜的制作和发展。

注:①蔡茂:西汉和东汉大臣,官至太傅。《后汉书》有传。

254. 周擥[①]啧者,贫而好道。夫妇夜耕,困息卧,梦天公过而哀之,敕外有以给与。司命[②]按录籍,云:“此人相贫,限不过此。唯有张车子应赐钱千万,车子未生,请以借之。”天公曰:“善。”曙觉言之。于是夫妇戮力,昼夜治生,所为辄得,资至千万。先时有张妪者,尝往周家佣赁,野合有身。月满当孕,便遣出外,驻车屋下,产得儿。主人往视,哀其孤寒,作粥糜[③]食之。问:“当名汝儿作何?”妪曰:“今在车屋下而生,梦天告之,名为车子。”周乃悟曰:“吾昔梦从天换钱,外白以张车子钱贷我,必是子也。财当归之矣。”自是居日衰减。车子长大,富于周家。

编者按:本条见《初学记》十八,《文选·思玄赋》李善注,《琱玉集》十二,《太平御览》三九九、四七二引作《搜神记》。这是穷富命中注定的宿命论,但也包涵贫富转换的道理。大抵创业者多贫苦出身,而败家子多出富家。受此影响,凌濛初《拍案惊奇》创作有《诉穷汉暂掌别人钱》。

注:①周擥(lǎn 揽):一本“擥”作“犨”。②司命:神名。主管人的生死贫富。③粥糜:“糜”,通“糜”。煮米使糜烂。

255. 夏阳[①]卢汾,字士济,梦入蚁穴,见堂宇三间,势甚危豁[②]。题其额曰“审雨堂”。

编者按:本条见《类说》七、《绀珠集》七引作《搜神记》。受此启发,唐李公佐创作出传奇《南柯太守传》;清蒲松龄创作有《莲花公主》。

注:①夏阳:古县名。治今陕西韩城南。②危豁:房屋高大宽阔。

256. 吴选曹令史[①]刘卓,病笃,梦见一人,以白越[②]单衫与之,言曰:“汝著衫污,火烧便洁也。”卓觉,果有衫在侧。污辄火浣之。

编者按:一般的衣服,以水洗为净;而火浣布,以火烧为净,古人不解,故奇之。

注:①选曹令史:官名。主管选官吏的选曹属官。②白越:一种细布。

257. 淮南书佐刘雅,梦见青蜥蜴从屋落其腹内,因苦腹痛病。

编者按:本条见《北户录》一,《太平御览》七四一、九四六引作《搜神记》。这是心理作用。或许原有腹痛病,梦里以为有虫入腹中。

258. 后汉张奂为武威[①]太守。其妻梦带奂印绶,登楼而歌。觉以告奂,奂令占之,曰:“夫人方生男,后临此郡,命终此楼。”后生子猛。建安中，果为武威太守，杀刺史邯郸商[②]，州兵围急，猛耻见擒，乃登楼自焚而死。

编者按：本条见《太平广记》二七六、《类说》七引作《搜神记》。古往今来，巧合之事多矣，有迷信观念的，就用迷信演绎之。

注：①武威：郡名。东汉治姑臧（今甘肃武威）。②邯郸商：人名。邯郸为复姓。

259：汉灵帝梦见桓帝[①]怒曰："宋皇后有何罪过，而听用邪孽，使绝其命？渤海王悝[②]既已自贬，又受诛毙。今宋氏及悝，自诉于天，上帝震怒，罪在难救。"梦殊明察。帝既觉而恐，寻亦崩。

编者按：此条的编者是借桓帝（灵帝之父）并用梦话斥责汉灵帝乱杀无辜的罪行。

注：①汉灵帝：即刘宏，东汉皇帝，168—189 年在位。桓帝，即刘志，东汉皇帝，147—168 年在位。②渤海王悝：即刘悝，为桓帝之弟。

260. 吴时，嘉兴徐伯始病，使道士吕石安神座。石有弟子戴本、王思二人，居住海盐，伯始迎之以助。石昼卧，梦上天北斗门下[①]，见外鞍马三匹，云："明日当以一迎石，一迎本，一迎思。"石梦觉，语本、思云："如此死期至，可急还，与家别。"不卒事而去。伯始怪而留之。曰："惧不得见家也。"间一日，三人同时死。

编者按：本条见《太平御览》四〇〇引作《搜神记》。此为死亡梦，古人云："不愿同年同月同日生，但愿同年同月同日死。"此条将这种友谊的誓词形象化。

注：①北斗门下：古说"南斗注生，北斗注死"。参见本书卷三第 54 条。

261. 会稽谢奉与永嘉太守郭伯猷善。谢忽梦郭与人于浙江上争樗蒲钱，因为水神所责，堕水而死，已营理郭凶事。及觉，即往郭许[①]，共围棋。良久，谢云："卿知吾来意否？"因说所梦。郭闻之怅然，云："吾昨夜亦梦与人争钱，如卿所梦。何期太的的也！"须臾如厕，便倒气绝。谢为凶具，一如其梦。

编者按：二人同梦，或有巧合。故事虽然荒诞，却是对友谊的歌颂。

注：①许：处所，指郭家。

262. 嘉兴徐泰，幼丧父母，叔父隗养之，甚于所生。隗病，泰营侍甚勤。是夜三更中，梦二人乘船持箱，上泰床头，发箱，出簿书示曰："汝叔应死。"泰即于梦中叩头祈请。良久，二人曰："汝县有同姓名人否？"泰思得,语二人云:“有张隗。不姓徐。”二人云:“亦可强逼。念汝能事叔父,当为汝活之。”遂不复见。泰觉,叔病乃差。

编者按:本条见《太平广记》一六一、二七六引作《搜神记》。徐泰虽获一个“孝”字,却丢一个“德”字。

《搜神记》卷十一

编者按:本卷共37条,主要记述中华民族的传统美德:做人者正气凌然,作官者清正廉洁,为子者孝敬父母,交谊者严守信义。其中的传世名篇,如《三王墓》、《东海孝妇》、《韩凭妻》、《头语》等,在歌颂人民群众真、善、美的同时,也揭露了统治阶级的假、恶、丑。

263. 楚熊渠[①]子夜行,见寝石,以为伏虎,弯弓射之,没金铩羽。下视知其石也。因复射之,矢摧无迹。汉世复有李广,为右北平太守,射虎得石,亦如之。刘向曰:"诚之至也,而金石为之开,况于人乎!夫唱而不和,动而不随,中必有不全者也。夫不降席而匡天下者,求之己也。"

编者按:本条见《法苑珠林》三六引作《搜神记》。人在精神高度集中、高度紧张之际,所发出的能量是惊人的;这种能量之大是平常状态下难于达到的。因此,连自已都不敢相信,难于理解。

注:①熊渠:西周时楚国之善射者。

264. 楚王[①]游于苑,白猿在焉。王令善射者射之,矢数发,猿搏矢而笑。乃命由基[②]。由基抚弓,猿即抱木而号。及六国时,更羸[③]谓魏王曰:"臣能为虚发而下鸟。"魏王曰:"然则射可至于此乎?"羸曰:"可。"有顷,闻雁从东方来 ,更羸虚发而鸟下焉。

编者按:本条见《法苑珠林》八十引作《搜神记》。

注:①楚王:指春秋时楚共王。公元前590—前560年在位。②由基,即养由基,楚大夫,神射手。③更羸(lé 雷):战国时魏人,著名射手。

265. 齐景公[①]渡于江沅之河,鼋衔左骖[②]没之,众皆惊惕。古冶子[③]于是拔剑从之,邪行五里,逆行三里,至于砥柱之下。杀之,乃鼋也。左手持鼋头,右手挟左骖,燕跃鹄[④]踊而出。仰天大呼,水为逆流三百步,观者皆以为河伯也。

编者按:本条见《水经注》十四,《太平御览》四二、九三四引作《搜神记》。这里虽然有夸张,但古冶子的勇敢和气概还是令人吃惊。

注:①齐景公:春秋时齐国国君,公元前547—前490年在位。②左骖:驾车左边的边马。③古冶子:齐国三勇士之一。后为晏婴所杀。④鹄(hú 胡):天鹅。

266. 楚干将、莫邪[1]为楚王作剑，三年乃成。王怒，欲杀之。剑有雌雄，其妻重身[2]当产，夫语妻曰："吾为王作剑，三年乃成。王怒，往必杀我。汝若生子是男，大，告之曰：'出户望南山，松生石上，剑在其背。'"于是即将雌剑，往见楚王。王大怒，使相[3]之："剑有二，一雄一雌。雌来雄不来。"王怒，即杀之。

莫邪子名赤，比后壮，乃问其母曰："吾父所在？"母曰："汝父为楚王作剑，三年乃成，王怒杀之。去时嘱我：'语汝子，出户望南山，松生石上，剑在其背。'"于是子出户南望，不见有山，但睹堂前松柱下石低[4]之上。即以斧破其背，得剑。日夜思欲报楚王。

王梦见一儿，眉间广尺，言欲报仇。王即购之千金。儿闻之，亡去[5]，入山行歌。客[6]有逢者，谓："子年少，何哭之甚悲耶？"曰："吾干将、莫邪子也。楚王杀吾父，吾欲报之！"客曰："闻王购子头千金，将子头与剑来，为子报之。"儿曰："幸甚！"即自刎，两手捧头及剑奉之，立僵。客曰："不负子也。"于是尸乃仆。

客持头往见楚王，王大喜。客曰："此乃勇士头也。当于汤镬[7]煮之。"王如其言。煮头三日三夕不烂。头踔[8]出汤中，踬[9]目大怒。客曰："此儿头不烂，愿王自往临视之，是必烂也。"王即临之。客以剑拟[10]王，王头随堕汤中。客亦自拟己头，头复堕汤中。三首俱烂，不可识别。乃分其汤肉葬之，故通名"三王墓"。今在汝南北宜春[11]县界。

编者按：本条见《法苑珠林》三六、《太平御览》三四三引作《搜神记》。　这是《搜神记》中的名篇之一。鲁迅据此改编为短篇小说《铸剑》（一名《眉间尺》）。两者的主题思想是一致的，就是表现抗暴除恶的斗争精神和立志复仇的英雄气概。因干将为剑师，后又代称宝剑。韩翃《送刘侍御赴陕州》："金羁映骕骦，后骑佩干将。"（见《辞海》）

注：①干将：春秋时铸剑名匠。莫邪为其妻。浙江德清县有莫干山。有以为"干将莫邪"为一人，非也。②重（chóng 从）身：身中有身，即怀孕。③相（xiàng 象）：察看。④石低："低"通"砥"。石砥，即柱下石础。⑤亡去：逃走。⑥客：侠客。⑦汤镬（huò 获）：汤锅，大如鼎而无足。⑧踔（zhuō 卓）：跳跃。⑨踬目：踬（zhì 至），"踬"通"瞋"。瞋目，睁大眼睛。⑩拟王：意思是用剑对准楚王的头砍去。⑪北宜春：古县名，在今河南汝南西南。

267. 汉武时，苍梧[1]贾雍为豫章太守，有神术。出界讨贼，为贼所

杀，失头，上马回。营中咸走来视雍。雍胸中语曰："战不利，为贼所伤。诸君视有头佳乎？无头佳乎？"吏涕泣曰："有头佳。"雍曰："不然，无头亦佳。"言毕，遂死。

编者按："无头亦佳"表现了贾雍宁死不屈的英雄气概。

注：①苍梧：古郡名，治广信（今广西梧州）。

268. 渤海太守史良好一女子，许嫁而不果。良怒，杀之，断其头而归，投于灶下，曰："当令火葬。"头语曰："使君，我相从，何图当尔！"后梦见曰："还君物。"觉而得昔所与香缨金钗之属。

编者按：本条见《太平御览》三六四、九八一引作《搜神记》。"头语"是对渤海太守史良的无情控诉。世界名著《天方夜谭》里有《国王尤南和智者鲁扬》的故事，讲述国王尤南残酷地杀死神医鲁扬，鲁扬的头颅张开嘴巴吟诗一首，怒斥国王尤南。《天方夜谭》中的头语，应是本条"头语"的继承和发展。

269. 周灵王①时，苌宏②见杀。蜀人因藏其血，三年乃化而为碧③。

编者按：本条见《法苑珠林》四三引作《搜神记》。苌宏的血化为碧玉，是对周灵王乱杀无辜的揭露和讽刺。

注：①周灵王：东周国君，公元前571—前545年在位。②苌宏：周朝大夫。③碧：碧玉。

270. 汉武帝东游，未出函谷关，有物当道，身长数丈，其状象牛，青眼而曜睛，四足入土，动而不徙。百官惊骇。东方朔①乃请以酒灌之。灌之数十斛而物消。帝问其故，答曰："此名为患，忧气之所生也。此必是秦之狱地，不然，则罪人徒作之所聚。夫酒忘忧，故能消之也。"帝曰："吁！博物之士，至于此乎！"

编者按：本条见《法苑珠林》十二引作《搜神传记》，《太平御览》六四三、《太平广记》三五九引作《搜神记》。

注：①东方朔：字曼倩，平原厌次（今山东惠民）人。西汉文学家。博学多识，武帝时为太中大夫。山东陵县神头镇有东方朔墓和东方朔画赞碑。

271. 后汉谅辅①，字汉儒，广汉新都人。少给佐吏，浆水不交②。为从事，大小毕举，郡县敛手③。时夏枯旱，太守自曝中庭，而雨不降。辅以五官掾④，出祷山川，自誓曰："辅为郡股肱，不能进谏纳忠，荐贤退恶，和调百姓，至令天地否隔，万物枯焦，百姓喁喁⑤，无所控诉，咎尽在辅。

今郡太守内省责己，自曝中庭，使辅谢罪，为民祈福，精诚恳到，未有感彻。辅今敢自誓，若至日中无雨，请以身塞无状[6]。”乃积薪柴，将自焚焉。至日中时，山气转黑，起雷，雨大作，一郡沾润。世以此称其至诚。

编者按：本条见《北堂书钞》七七，《艺文类聚》八〇、一〇〇，《太平御览》三五引作《搜神记》。 谅辅清正廉洁，不惜以身为民祈福，是干宝心目中的好官。

注：①谅辅：东汉人。《后汉书》有传。②浆水不交：谓为官清廉，浆水都不受。③敛手：犹言拱手，表示敬重。④五官掾：官名，为郡国的属官。⑤喁喁（yóng）：鱼口向上，出水呼吸。⑥塞无状：弥补罪过。

272. 何敞，吴郡人。少好道艺，隐居。里以大旱，民物憔悴，太守庆洪[1]遣户曹椽致谒，奉印绶，烦守无锡。敞不受。退，叹而言曰：“郡界有灾，安能得怀道。”因跋涉之县，驻明星屋中。蝗蝝[2]消死，敞即遁去。后举方正、博士，皆不就。卒于家。

编者按：本条见《北堂书钞》三五、七八，《艺文类聚》一〇〇引作《搜神记》。何敞是位道德高尚，且清正廉洁的隐士。

注：①庆洪：洛阳人。《后汉书》作“庆鸿”，说他“慷慨有义节，位至琅邪、会稽二郡太守，所在有异迹。”②蝗蝝（yuǎn 缘）：指蝗虫。蝝，幼蝗。《北堂书钞》“蝗”上有“敞修殷汤天下事之术”九字。

273. 后汉徐栩，字敬卿，吴由拳[1]人。少为狱吏，执法详平。为小黄[2]令。时属县大蝗，野无生草，过小黄界，飞逝不集。刺史行部，责栩不治。栩弃官，蝗应声而至。刺史谢，令还寺舍，蝗即飞去。

编者按：本条见《太平御览》二六引作《搜神记》。政治清明，注意防治，害虫不能滋生；政治黑暗，官员腐败，害虫就要横行。

注：①由拳：古县名，治今浙江嘉兴南。②小黄：古县名，治今河南开封东北。

274. 王业，字子香，汉和帝[1]时，为荆州刺史。每出行部，沐浴斋素，以祈于天地：“当启佐愚心，无使有枉百姓。”在州七年，惠风大行，苛慝不作，山无豺狼。卒于湘江[2]，有二白虎低头曳尾，宿卫其侧。及丧去，虎逾州境，忽然不见。民共为立碑，号曰“湘江白虎墓”。

编者按：本条见《北堂书钞》三五、《太平御览》二六八引作《搜神记》。官吏好坏谁评说？人民群众心里最清楚。

注：①汉和帝：即刘肇，东汉皇帝，公元 89—105 年在位。②湘江：《陈留耆旧传》作“枝江”。

275. 吴时,葛祚为衡阳太守。郡境有大槎[1]横水,能为妖怪。百姓为立庙。行旅祷祀,槎乃沉没;不者槎浮,则船为之破坏。祚将去官,乃大具斧斤,将去民累。明日当至。其夜,闻江中汹汹有人声,往视之,槎乃移去,沿流下数里,驻湾中。自此行者无复沉覆之患。衡阳人为祚立碑,曰:"正德祈禳[2],神木为移。"

编者按:本条见《法苑珠林》八〇、《独异志》中引作《搜神记》。官风凛然,神鬼皆惧。

注:①槎(chá 察):筏。②祈禳(ráng 瓤):祭禳消灾。

276. 曾子[1]从仲尼在楚而心动,辞归问母。母曰:"思尔啮指。"孔子曰:"曾参之孝,精感万里。"

编者按:本条见《太平御览》三七〇引作《搜神记》。

注:①曾子:即曾参。孔子的弟子,以孝著称。

277. 周畅[1],性仁慈。少至孝,独与母居。每出入,母欲呼之,常自啮其手,畅即觉手痛而至。治中从事[2]未之信,候畅在田,使母啮手,而畅即归。元初[3]二年,为河南尹,时夏大旱,人祷无应。畅收葬洛阳城旁客死骸骨万余,为立义冢,应时澍雨。

编者按:本条见《太平御览》三五、三七〇引作《搜神记》。周畅孝义,感天动地。

注:①周畅:字伯持,东汉人,官至光禄勋。②治中从事:官名,为州刺史助理。③元初:汉安帝年号(114—120 年)。

278. 王祥[1]字休征,琅邪人。性至孝。早丧亲,继母朱氏不慈,数谮之。由是失爱于父,每使扫除牛下。父母有疾,衣不解带。母常欲生鱼,时天寒冰冻,祥解衣,将剖冰求之,冰忽自解,双鲤跃出,持之而归。母又思黄雀炙[2],复有黄雀数十入其幕,复以供母。乡里惊叹,以为孝感所致。

编者按:所谓"情之所至,金石为开"是也。

注:①王祥:晋代人,官至太保。《晋书》有传。②黄雀炙:烤熟的黄雀肉。

279. 王延[1],性至孝。继母卜氏,尝盛冬思生鱼,敕延求而不获,杖之流血。延寻汾[2],叩凌而哭。忽有一鱼,长五尺,跃出冰上。延取以进母。卜氏食之,积日不尽。于是心悟,抚延如己子。

编者按:从古至今,继母与子女的关系是最难相处的,能做到母慈子孝，真是百不抽一。这里只强调“子孝”，其实母慈更为重要，因为继母毕竟是大人，能视子女如同己出，子女也会视她如亲母。当然，事情是两方面，只强调任何一面都是片面的。

注：①王延：字延之，西河(今山西离石)人。仕刘聪官至金紫光禄大夫。《晋书》有传。②汾：即汾河，在山西中部。

280. 楚僚早失母，事后母至孝。母患痈肿，形容日悴，僚自徐徐吮之，血出，迨夜即得安寝。乃梦一小儿语母曰：“若得鲤鱼食之，其病即差，可以延寿。不然，不久死矣。”母觉而告僚。时十二月冰冻，僚乃仰天叹泣，脱衣上冰卧之。有一童子，决僚卧处，冰忽自开，一双鲤鱼跃出。僚将归奉其母，病即愈，寿至一百三十三岁。盖至孝感天神，昭应如此。此与王祥、王延事同。

编者按：孝敬父母，理所当然。这是中华民族的传统美德。

281. 盛彦[①]字翁子，广陵人。母王氏，因疾失明，彦躬自侍养。母食，必自哺之。母疾既久，至于婢使，数见捶挞。婢忿恨，闻彦暂行，取蛴螬炙饴[②]之。母食以为美，然疑是异物，密藏以示彦。彦见之，抱母恸哭，绝而复苏。母目豁然即开，于此遂愈。

编者按：不知蛴螬是否能医眼疾，但食用生物以医病确是事实。中医就是在不断探索、不断发现的过程中前进的。

注：①盛彦：《晋书》有传。②蛴螬：金龟子的幼虫。饴(sì 四)，通“饲”，给人吃。

282. 颜含[①]字宏都，次嫂樊氏，因疾失明。医人疏方，须蚺蛇[②]胆，而寻求备至，无由得之。含忧叹累时。尝昼独坐，忽有一青衣童子，年可十三四，持一青囊授含。含开视，乃蛇胆也。童子逡巡出户，化成青鸟飞去。得胆药成，嫂疾即愈。

编者按：此条说明：人只要努力，就可达到目的。

注：①颜含：琅邪莘(今山东莘县北)人。《晋书》有传。②蚺(rán 然)蛇：即蟒蛇。

283. 郭巨，隆虑[①]人也，一云河内温[②]人。兄弟三人，早丧父。礼毕，二弟求分。以钱二千万，二弟各取千万。巨独与母居客舍，夫妇佣赁，以给供养。居有顷，妻产男。巨念与儿妨事亲，一也；老人得食，喜分儿孙，减馔，二也。乃于野凿地，欲埋儿。得石盖，下有黄金一釜，中有丹书，

曰："孝子郭巨，黄金一釜，以用赐汝。"于是名振天下。

编者按：本条见《艺文类聚》八三引作《搜神记》。孝敬父母，慈爱子女，两者不可偏废。因孝废慈，或因慈废孝，均不可取。儒家的"父父子子"，并不符合中华民族的传统美德。

注：①隆虑：古县名，治今河南林州。②河内温：河内郡温县，即今河南温县东。

284. 新兴刘殷[1]，字长盛，七岁丧父，哀毁[2]过礼。服丧三年，未尝见齿。事曾祖母王氏，尝夜梦人谓之曰："西篱下有粟。"寤而掘之，得粟十五钟[3]。铭曰："七年粟百石，以赐孝子刘殷。"自是食之，七岁方尽。及王氏卒，夫妇毁瘠，几至灭性。时柩在殡而西邻失火，风势甚猛，殷夫妇叩殡号哭，火遂灭。后有二白鸠来，巢其庭树。

编者按：孝敬老人，道德高尚，就会有神予以奖励和关照，这反映了人们的美好愿望。

注：①新兴刘殷：新兴，郡名，治今湖北江陵东。刘殷，曾任新兴郡太守。《晋书》有传。②哀毁：悲哀过度而瘦损。③钟：古代量器名。圆形壶状，十釜为一钟。

285. 杨公[1]伯雍，洛阳县人也。本以侩卖[2]为业，性笃孝。父母亡，葬无终山[3]，遂家焉。山高八十里，上无水。公汲水，作义浆[4]于坂头，行者皆饮之。三年，有一人就饮，以一斗石子与之，使至高平好地有石处种之，云："玉当生其中。"杨公未娶，又语云："汝后当得好妇。"语毕不见。乃种其石。数岁，时时往视，见玉子生石上，人莫知也。有徐氏者，右北平著姓[5]，女甚有行，时人求，多不许。公乃试求徐氏，徐氏笑以为狂，因戏云："得白璧一双来，当听为婚。"公至所种玉田中，得白璧五双，以聘。徐氏大惊，遂以女妻公。天子闻而异之，拜为大夫。乃于种玉处，四角作大石柱，各一丈，中央一顷地，名曰"玉田"。

编者按：本条见《水经注》十四，《艺文类聚》八三，《初学记》八，李翰《蒙求注》下、《敦煌石室古籍丛残唐人类书》一，《太平御览》四五、四七九、五一九、八〇五、《太平寰宇记》七十，《事类赋注》九，《类说》七，《绀珠集》七引作《搜神记》。杨伯雍孝义双全，聘得好妇，为穷人争了脸。天子拜杨伯雍为大夫，并不是因为他道德高尚，而是因为他有价值连城的"玉田"。"有奶便是娘"，这是古今赃官的共同特点。

注： ①杨：《水经注》等作"阳"。②侩卖：作中间人介绍买卖。③无终山：在今河北玉田西北。④义浆：免费供应茶水。⑤著姓：即望族。

286. 衡农字剽卿，东平人也。少孤，事继母至孝。常宿于他舍，值雷风，频梦虎啮其足。农呼妻相出于庭，叩头三下，屋忽然而坏，压死者三十余人，唯农夫妻获免。

编者按：本条见《太平御览》五一一引作《搜神记》。这是"善有善报"的思想反映。

287. 罗威字德仁，八岁丧父，事母性至孝。母年七十。天大寒，常以身自温席，而后授其处。

编者按：本条见《初学记》三、《太平御览》七〇九、《岁时广记》四引作《搜神记》。罗威温席事母，是行孝的一种表现。

288. 王裒[①]字伟元，城阳营陵人也。父仪，为文帝[②]所杀。裒庐于墓侧，旦夕常至墓所拜跪，攀柏悲号。涕泣著树，树为之枯。母性畏雷，母没，每雷，辄到墓曰："裒在此。"

编者按：此条歌颂王裒的孝敬，同时也是对司马昭乱杀无辜的批判。

注：①王裒（póu 抔）：王修之孙，隐居不仕。《晋书》有传。②文帝：即司马昭。

289. 郑弘迁临淮太守。郡民徐宪，在丧致哀，有白鸠巢户侧。弘举为孝廉，朝廷称为"白鸠郎。"

编者按：能推举道德高尚的人为官，说明郑弘是个好官。

290. 汉时，东海孝妇，养姑甚谨。姑曰："妇养我勤苦。我已老，何惜余年，久累年少？"遂自缢死。其女告官云："妇杀我母。"官收系之，拷掠毒治。孝妇不堪苦楚，自诬服之。时于公为狱吏，曰："此妇养姑十余年，以教闻彻，必不杀也。"太守不听。于公争不得理，抱其狱词，哭于府而去。自后郡中枯旱，三年不雨。后太守至，于公曰："孝妇不当死，前太守枉杀之，咎当在此。"太守即时身祭孝妇冢，因表其墓。天立雨，岁大熟。长老传云："孝妇名周青。青将死，车载十丈竹竿，以悬五幡。立誓于众曰：'青若有罪，愿杀，血当顺下；青若枉死，血当逆流。'既行刑已，其血青黄，缘幡竹而上标，又缘幡而下云。"

编者按：本条见《法苑珠林》六二引作《搜神记》。此条揭露官府乱杀无辜的罪行。周青的冤案，仅是无数冤案的代表而已。受此影响，关汉卿创作有代表作《窦娥冤》；王实甫等创作有杂剧《于公高门》。

291. 犍为叔先[①]泥和，其女名雄。永建三年[②]，泥和为县功曹。县长赵祉，遣泥和拜檄[③]谒巴郡太守。以十月乘船，于城湍堕水死，尸丧不

得。雄哀恸号啕,命不图存,告弟贤及夫人,令勤觅父尸:"若求不得,吾欲自沉觅之。"时雄年二十七,有子男贡,年五岁;贳,年三岁。乃各作绣香囊一枚,盛以金珠环,预婴二子。哀号之声,不绝于口,昆族私忧。至十二月十五日,父丧不得。雄乘小船,于父堕处,哭泣数声,竟自投水中,旋流没底。见梦告弟云:"至二十一日,与父俱出。"至期,如梦,与父相持,并浮出江。县长表言,郡太守肃登承上尚书,乃遣户曹掾为雄立碑,图像其形,令知至孝。

编者按:本条见《法苑珠林》六二引作《搜神记》。此条与浙江东部曹娥江的曹娥故事相似。作为子女,孝敬父母,天经地义。但是,真理超过限度,就成了谬误。这种"至孝",不宜提倡。

注:①犍为:郡名,治今贵州遵义西。叔先,复姓。②永建三年:公元128年。永建,东汉顺帝年号(126—132年)。③拜檄(xí 习):拜,敬词;檄,公文。

292. 河南乐羊子之妻者,不知何氏之女也。躬勤养姑[①]。尝有他舍鸡谬入园中,姑盗杀而食之。妻对鸡不食而泣。姑怪问其故,妻曰:"自伤居贫,使食有他肉。"姑竟弃之。后盗 有欲犯之者,乃先劫其姑,妻闻,操刀而出。盗曰:"释汝刀。从我者可全,不从我者,则杀汝姑!"妻仰天而叹,刎颈而死 。盗亦不杀姑。太守闻之,捕杀盗贼,赐妻缣帛,以礼葬之。

编者按:从古至今,婆媳之间的关系,也是比较难处的。乐羊妻为维护婆婆而牺牲,当然可歌可敬。过去只强调媳妇孝敬婆婆是片面的。

注:①姑:古称婆婆为姑。

293. 庾衮字叔褒。咸宁中,大疫,二兄俱亡,次兄毗复殆。疠气方盛,父母诸弟,皆出次于外,衮独留不去。诸父兄强之,乃曰:"衮性不畏病。"遂亲自扶持,昼夜不眠。间复抚柩,哀临不辍。如此十余旬。疫势既退,家人乃返。毗病得差,衮亦无恙。

编者按:庾衮冒着生命危险照顾卧病的兄长,其精神可嘉可敬。

294. 宋康王[①]舍人韩凭,娶妻何氏,美,康王夺之。凭怨,王囚之,论为城旦。妻密遗凭书,缪其辞[②]曰:"其雨淫淫,河大水深,日出当心。"既而王得其书,以示左右,左右莫解其意。臣苏贺对曰:"其雨淫淫,言愁且思也;河大水深,不得往来也;日出当心,心有死志也。"俄而凭乃自杀。其妻乃阴腐其衣。王与之登台,妻遂自投台下,左右揽之,衣不中手而死。遗书于带曰:“王利其生,妾利其死。愿以尸骨,赐凭合葬。”王怒,弗听。使里人埋之,冢相望也。王曰:“尔夫妇相爱不已,若能使冢合,则吾弗阻也。”宿昔之间,便有大梓木生于二冢之端,旬日而大盈抱,屈体相就,根交于下,枝错于上。又有鸳鸯,雌雄各一,恒栖树上,晨夕不去,交颈悲鸣,音声感人。宋人哀之,遂号其木曰“相思树”。相思之名,起于此也。南人谓此禽即韩凭夫妇之精魂。今睢阳[3]有韩凭城,其歌谣[4]至今犹存。

编者按:本条见《艺文类聚》四十,《法苑珠林》三六,《独异志》中,《北户录》三,《岭南录异》中,《太平广记》四六三,《太平御览》五五九、九二五、《太平寰宇记》十四引作《搜神记》。 此条无情揭露封建统治者的残暴及欺男霸女的丑恶嘴脸,歌颂了韩凭妻不慕富贵、不畏强暴的刚烈意志和忠于爱情的高尚品质。最后,浪漫主义的结尾,不仅反映了人民群众的愿望,而且使主题更加突出、鲜明。这一表现手法和艺术技巧,启发了《梁山伯与祝英台》化双蝶的结尾。

注:①宋康王:战国时宋国国君。公元前318—前286年在位。②缪其辞:故意把话说得隐晦。③睢阳:古县名。治今河南商丘南。④歌谣:即“南山有鸟”歌,经干宝改写后编入卷十六《紫玉》条,故此省略。

295. 汉末,零陵郡[1]太守史满有女,悦门下书佐,乃密使侍婢,取书佐盥[2]手残水饮之,遂有妊。已而生子。至能行,太守令抱儿出,使求其父。儿匍匐直入书佐怀中。书佐推之,仆地化为水。穷问之,具省前事。遂以女妻书佐。

编者按:本条见《艺文类聚》八、《独异志》中、《太平御览》五九、《太平广记》三五九引作《搜神记》。此条反映古代青年男女追求婚姻自主的强烈愿望。史满能“以女妻书佐”,说明他是一位开明的太守。

注:①零陵:原为“零阳”,据《太平御览》等引改。②盥(guàn 贯)手:洗手。

296. 鄱阳西有望夫冈。昔县人陈明,与梅氏为婚,未成而妖魅诈迎妇去。明诣卜者,决云:“行西北五十里求之。”明如言,见一大穴,深邃无底。以绳悬入,遂得其妇。乃令妇先出。而明所将邻人秦文,遂不取明。其妇乃自誓执志,登此冈首而望其夫,因以名焉。

编者按:这是一曲忠于爱情的颂歌,对后世颇有影响。故有“望夫石”之类。

297. 后汉南康[①]邓元义，父伯考，为尚书仆射。元义还乡里，妻留事姑，甚谨。姑憎之，幽闭空室，节其饮食。羸露[②]日困，终无怨言。时伯考怪而问之，元义子郎，时方数岁，言母不病，但苦饥耳。伯考流涕曰："何意亲姑，反为此祸?"遣归家，更嫁为华仲[③]妻。仲为将作大匠[④]，妻乘朝车出。元义于路旁观之，谓人曰："此我故妇，非有他过，家夫人[⑤]遇之实酷。本自相贵。"其子郎，时为郎，母与书，皆不答，与衣裳，辄以烧之。母不以介意。母欲见之，乃至亲家李氏堂上，令人以他词请郎。郎至见母，再拜涕泣，因起出。母追谓之曰："我几死，自为汝家所弃，我何罪过，乃如此耶?"因此遂绝。

编者按：男子可以随意休妻，而女子不能改嫁；男子妻亡可以再娶，而女子夫亡只能守贞节。这是对封建婚姻制度的控诉。又此条并非"怪异非常"之事，疑为误收。

注：①南康：郡名，治雩都(今江西于都东北)。②羸露：瘦弱露出骨头。③华仲：庆顺，字华仲。④将作大匠：官名。职掌宫室、宗庙、陵寝及其他土木营建。⑤夫人：原作"天人"，依《汝南记》改。

298. 严遵为扬州刺史，行部，闻道旁女子哭声不哀。问所哭者谁，对云："夫遭烧死。"遵敕吏舁[①]尸到，与语讫，语吏云："死人自道不烧死。"乃摄女，令人守尸，云："当有枉。"吏白："有蝇聚头所。"遵令披视，得铁锥贯顶。考问，以淫杀夫。

编者按：封建官吏且能主动惩办罪犯，所谓"民不告，官不纠"，连封建官吏都不如。

注：①舁(yú 于)：抬。

299. 汉范式[①]，字巨卿，山阳金乡人也。一名汜。与汝南张劭为友，劭字元伯，二人并游太学。后告归乡里，式谓元伯曰："后二年当还，将过拜尊亲，见孺子焉。"乃共克期日。后期方至，元伯具以白母，请设馔以候之。母曰："二年之别，千里结言，尔何相信之审耶?"曰："巨卿信士，必不乖违[②]。"母曰："若然，当为尔酝酒。"至期果到。升堂拜饮，尽欢而别。后元伯寝疾甚笃，同郡郅君章[③]、殷子征晨夜省视之。元伯临终，叹曰："恨不见我死友。"子征曰："吾与君章，尽心于子，是非死友，复欲谁求?"元伯曰："若二子者，吾生友耳；山阳范巨卿，所谓死友也。"寻而卒。式忽梦见元伯，玄冕垂缨[④]，屣履而呼曰："巨卿，吾以某日死，当以尔时葬，永归黄泉。子未忘我,岂能相及?”式恍然觉悟,悲叹泣下,便服朋友之服,投其葬日,驰往赴之。未及到而丧已发引。既而圹,将窆[5],而柩不肯进。其母抚之曰:“元伯,岂有望耶?”遂停柩。移时,乃见素车白马,号哭而来。其母望之曰:“是必范巨卿也。”既至,叩丧言曰:“行矣元伯,死生异路,永从此辞。”会葬者千人,咸为挥涕。式因执绋而引,柩于是乃前。式遂留止冢次,为修坟树,然后乃去。

编者按:这是一首友谊的颂歌。宋代改编为话本,元代宫天挺改编为杂剧,书名均为《生死交范张鸡黍》。讲究信义,是中华民族的传统美德;背信弃义,搞阴谋诡计的人,是不得人心的。

注:①范式:东汉人。官至庐江太守。②乖违:违背诺言。③郅君章:名恽,汝南西平人。官至长沙太守。郅,原为“到”,误。④垂缨:其他版本,有作“乘缨”,有作“重缨”,均错。⑤窆(biǎn 贬):下葬。

《搜神记》卷十二

编者按:本卷共19条,主要记述人兽变异的故事,是作者“五气变化论”的具体实例。其来源多系民间故事和传说,如《池阳小景》、《落头民》、《亭长化虎》、《猳国马化》等。这些作品反映了人民群众丰富的想像和卓越的艺术表现力。卷首的《变化论》,反映了干宝朴素的唯物观和辩证观。

300. 天有五气[①],万物化成。木清则仁,火清则礼,金清则义,水清则智,土清则思[②]。五气尽纯,圣德备也。木浊则弱,火浊则淫,金浊则暴,水浊则贪,土浊则顽。五气尽浊,民之下也。中土多圣人,和气所交也;绝域多怪物,异气所产也。苟禀此气,必有此形;苟有此形,必生此性。故食谷者智慧而文,食草者多力而愚,食桑者有丝而蛾,食肉者勇墩[③]而悍,食土者无心而不息,食气者神明而长寿,不食者不死而神。大腰无雄,细腰无雌。无雄外接,无雌外育。三化之虫,先孕后交;兼爱之兽,自为牝牡。寄生因夫高木,女萝托乎茯苓。木株于土,萍植于水。鸟排虚而飞,兽跖实而走,虫土闭而蛰,鱼渊潜而处。本乎天者亲上,本乎地者亲下,本乎时者亲旁:各从其类也[④]。千岁之雉,入海为蜃;百年之雀,入海为蛤;千岁龟鼋,能与人语;千岁之狐,起为美女;千岁之蛇,断而复续;百年之鼠,而能相卜:数之至也。春分之日,鹰变为鸠;秋分之日,鸠变为鹰[⑤]:时之化也。故腐草之为萤也,朽苇之为蛬[⑥]也,稻之为蛩[⑦]也,麦之为蝴蝶也,羽翼生焉,眼目成焉,心智在焉,此自无知化为有知而气易也。鹤之为獐也,蛇之为鳖也,蛬之为虾也,不失其血气而形性变也。若此之类,不可胜论。应变而动,是为顺常;苟错其方,则为妖眚。故下体生于上,上体生于下,气之反者也;人生兽,兽生人,气之乱者也;男化为女,女化为男,气之贸者也。鲁牛哀得疾,七日化而为虎,形体变易,爪牙施张,其兄启户而入,搏而食之。方其为人,不知其将为虎也;方其为虎,不知其常为人也。故晋太康中,陈留阮士瑀伤于虺[⑧],不忍其痛,数嗅其疮,已而双虺成于鼻中。元康中,历阳纪元载,客食道龟,已而成瘕,医以药攻之,下龟子数升,大如小钱,头足彀(kū 哭)备,文甲皆具,惟中药已死。夫妻非化育之气，鼻非胎孕之所，享道非下物之具。从此观之，万物之生死也，与其变化也，非通神之思，虽求诸己，恶识所自来？然朽草之为萤，由乎腐也；麦之为蝴蝶，由乎湿也。尔则万物之变，皆有由也。农夫止麦之化者，沤之以灰[9]；圣人理万物之化者，济之以道。其与不然乎？

编者按：本条见《荆楚岁时记》，《法苑珠林》四三，《艺文类聚》八二，《初学记》三十，《穷神秘苑》，《太平广记》四五七，《太平御览》七四二、八八四、九三四、九四五引作《搜神记》。

注：①五气：即火、水、木、金、土。②《礼记·中庸》郑玄注："木神则仁，金神则主，火神则礼，水神则信，土神则知。"以五行之气生成人之五德。③憸（xiàn现）：怒也。这里说气势强盛。④《易·文言》曰："本乎天者亲上，本乎地者亲下，则各从其类也。"⑤《礼记·月令》疏引《夏小正》云："正月鹰化为鸠，五月鸠化为鹰。"⑥蛬（gǒng巩）：蟋蟀的别名。⑦蛪（jiā加）：米中小黑甲虫。⑧虺（huǐ毁）：一种毒虫。⑨《荆楚岁时记》："夏至日，取菊为灰，以止小麦生蠹。"

301. 季桓子穿井，获如土缶，其中有羊焉。使问之仲尼曰："吾穿井而获狗，何耶？"仲尼曰："以丘所闻，羊也。丘闻之，木石之怪，夔[1]蝄蜽[2]；水中之怪，龙、罔象[3]；土中之怪，曰贲羊。"《夏鼎志》[4]曰："罔象，如三岁儿。赤目，黑色，大耳，长臂，赤爪，索缚则可得食。"王子曰："木精为游光，金精为清明也。"

编者按：本条见《法苑珠林》十一引作《搜神记》。

注：①夔（kuì癸）：如龙样的一足怪物。②蝄蜽：山精名。③罔象：《国语》韦注云："罔象，食人，一名沐湩。"④《夏鼎志》：说明夏鼎所铸怪异物图的书籍。

302. 晋惠帝元康中，吴郡娄县[1]怀瑶家，忽闻地中有犬声隐隐。视声发处，上有小窍，大如蚓穴。瑶以杖刺之，入数尺，觉有物，乃掘视之。得犬子，雌雄各一，目犹未开，形大于常犬。哺之而食，左右咸往观焉。长老或云："此名犀犬，得之者令家富昌，宜当养之。"以目未开，还置窍中，覆以磨砻。宿昔发视，左右无孔，遂失所在。瑶家积年无他祸福。至太兴中，吴郡太守张懋，闻斋内床下犬声 ，求而不得。既而地坼，有二犬子。取而养之，皆死。其后懋为吴兴兵沈充所杀。《尸子》[2]曰："地中有犬，名曰地狼；有人，名曰无伤。"《夏鼎志》曰："掘地而得狗，名曰贾；掘地而得豚，名曰邪；掘地而得人，名曰聚。聚，无伤也。此物之自然，无谓鬼神而怪之。然则贾与地狼，名异，其实一物也。”《淮南万毕》[3]曰：“千岁羊肝，化为地宰；蟾蜍得菇，卒时为鹑。”此皆因气化以相感而成也。

编者按：本条见《法苑珠林》十一、《太平御览》四七二、《太平广记》三五九引作《搜神记》。

注：①娄县：古县名，治今江苏昆山东北。②《尸子》：书名，战国楚人尸佼撰。原书已佚。③《淮南万毕》：书名，即《淮南万毕术》。

303. 吴诸葛恪为丹阳太守，尝出猎，两山之间，有物如小儿，伸手欲引人。恪令伸之，乃引去故地。去故地即死。既而参佐问其故，以为神明。恪曰：“此事在《白泽图》[1]内，曰：‘两山之间，其精如小儿，见人则伸手欲引人，名曰“傒（xī 希）囊”。引去故地则死。’无谓神明而异之，诸君偶未见耳。”

编者按：本条见《法苑珠林》八〇、《太平御览》八八六、《太平寰宇记》八九引作《搜神记》。

注：①白泽图：书名，记载鬼神的图籍。

304. 王莽建国四年[1]，池阳有小人景，长一尺余，或乘车，或步行，操持万物，大小各自相称，三日乃止。莽甚恶之。自后盗贼日甚，莽竟被杀。《管子》[2]曰：“涸泽数百岁，谷之不徙，水之不绝者，生庆忌。庆忌者，其状若人，其长四寸，衣黄衣，冠黄冠，戴黄盖，乘小马，好疾驰。以其名呼之，可使千里外一日反报。”然池阳之景者，或庆忌也乎？又曰：“涸小水精，生蚳[3]。蚳者，一头而两身，其状若蛇，长八尺。以其名呼之，可使取鱼鳖。”

编者按：本条见《法苑珠林》八、《太平广记》一三九引作《搜神记》。

注：①王莽建国四年：公元 12 年。②《管子》：书名。传为管仲撰，实系伪托。本条所引，见《水地篇》。③蚳（chí 迟）：毒蛇。

305. 晋扶风杨道和，夏于田中（获），值雨，至桑树下。霹雳下击之，道和以锄格，折其股，遂落地，不得去。唇如丹，目如镜，毛角长三寸余，状似六畜，头似猕猴。

编者按：本条见《北堂书钞》一五二，《开元占经》一〇二，《太平御览》十三、七六四，《太平广记》三九三，《类说》七引作《搜神记》。　这是最早关于雷神形象的描述，其格式成为雷神故事的基本模式，后来的小说都改头换面加以利用。

306. 秦时,南方有落头民,其头能飞。其种人部有祭祀,号曰“虫落”,故因取名焉。吴时,将军朱桓得一婢,每夜卧后,头辄飞去,或从狗窦,或从天窗中出入,以耳为翼。将晓复还,数数如此。旁人怪之,夜中照视,唯有身无头,其体微冷,气息裁属。乃蒙之以被。至晓头还,碍被,不得安,两三度坠地,噫咤甚愁,体气甚急,状若将死。乃去被,头复起,傅颈,有顷和平。桓以为大怪,畏不敢畜,乃放遣之。既而详之,乃知天性也。时南征大将,亦往往得之。又尝有覆以铜盘者,头不得进,遂死。

编者按:本条见《法苑珠林》四三,《艺文类聚》十七,《太平御览》三六四、八八八引作《搜神记》。

307. 江汉之域,有貙[①]人。其先,禀君[②]之苗裔也。能化为虎。长沙所属蛮县[③]东高居民,曾作槛捕虎。槛发,明日,众人共往格之,见一亭长[④],赤帻大冠,在槛中坐。因问:“君何以入此中?”亭长大怒曰:“昨忽被县召,夜避雨,遂误入此中。急出我。”曰:“君见召,不当有文书耶?”即出怀中召文书。于是即出之。寻视,乃化为虎,上山走。或云:“貙虎化为人,好著紫葛衣,其足无踵。虎有五指者,皆是貙。”

编者按:本条见《太平御览》八九二、《太平广记》四二六引作《搜神记》。这是最早官吏变成猛虎的记载,后来的一大批化虎故事都受其影响。《齐谐记》中殿中令史师道宣,《异苑》中太守侍从郑袭、豫章郡吏易拔,《五行志》中的郴州佐史,《潇湘记》中的富绅杨真,《宣室志》中的进士调补江南尉李征,《广异记》中的涪陵里正范端等,一个个化成猛虎,捕食百姓。这自然是“苛政猛于虎”的形象化。在中国历史中,官吏变成猛虎者,真是罄竹难书。南朝宋代东阳无疑在《齐诣记》中创作有《薛道恂》,进一步说明只有变为虎,然后才能做官。

注:①貙(chū 出)。②禀君:传为汉江间一支少数民族的始祖。③蛮县:少数民族聚居的县。④亭长:县下的行政长官。

308. 蜀中西南高山之上,有物,与猴相类,长七尺,能作人行。善走逐人,名曰“猳[①]国”,一名“马化”,或曰“玃猿[②]”。伺道行妇女有美者,辄盗取将去,人不得知。若有行人经过其旁,皆以长绳相引,犹故不免。此物能别男女气臭,故取女,男不取也。若取得人女,则为家室。其无子者,终身不得还。十年之后,形皆类之,意亦迷惑,不复思归。若有子者,辄抱送还其家。产子皆如人形。有不养者,其母辄死。故惧怕之,无敢

不养。及长，与人不异，皆以杨为姓。故今蜀中西南多诸杨，率皆是猳国马化之子孙也。

编者按：本条见《法苑珠林》十一、《太平御览》四九〇、《太平广记》四四四引作《搜神记》。　这是较早将猴精与人联系在一起的传说。唐传奇《补江总白猿传》丰富并发展了猴精的形象。至明代《西游记》中的孙悟空，使猴精出尽风头，成为千古流传的艺术形象。

注：①猳（jiā 家）：原意公猪，此指猴类。②玃（jué 觉）猿：猴类。

309. 临川[①]间诸山，有妖物，来常因大风雨，有声如啸，能射人。其所著者，有顷便肿，大毒。有雌雄，雄急而雌缓。急者不过半日间，缓者经宿。其旁人常有以救之，救之少迟则死。俗名曰"刀劳鬼"。故外书[②]云："鬼神者，其祸福发扬之验于世者也。"《老子》[③]曰："昔之得一[④]者，天得一以清；地得一以宁；神得一以灵；谷得一以盈；侯王得一，以为天下贞。"然则天地鬼神，与我并生者也。气分则性异，域别则形殊，莫能相兼也。生者主阳，死者主阴，性之所托，各安其生。太阴之中，怪物存焉。

编者按：本条见《法苑珠林》十、《太平御览》八八四引作《搜神记》。

注：①临川：郡名。三国吴太平二年（257 年）分豫章郡置，治今江西南城东南。②外书：汉代谓谶纬为内学，以外为外学。引文大意同《礼记·祭义》。③《老子》：书名，亦称《道德经》，传为老聃著。④"一"：这里指"道"，为万物之源。

310. 越地[①]深山中有鸟，大如鸠，青色，名曰"冶鸟"。穿大树作巢，如五六升器，户口径数寸，周饰以土垩[②]，赤白相分，状如射侯[③]。伐木者见此树，即避之去。或夜冥不见鸟，鸟亦知人不见，便鸣唤曰："咄，咄，上去。"明日便宜急上。"咄，咄，下去。"明日便宜急下。若不使去，但言笑而不已者，人可止伐也。若有秽恶及其所止者，则有虎通夕来守，人不去，便伤害人。此鸟白日见其形，是鸟也；夜听其鸣，亦鸟也；时有观乐者，便作人形，长三尺，至涧中取石蟹，就火炙之，人不可犯也。越人谓此鸟是越祝[④]之祖也。

编者按：本条见《法苑珠林》十一、《太平御览》九二七引作《搜神记》。

注：①越地：古越国之地。辖境相当今江、浙、赣、皖四省接合部。②土垩（è 饿）：白土。③射侯：箭靶。④越祝：越地的巫卜人。

311. 南海之外有鲛人，水居如鱼，不废织绩。其眼泣则能出珠。

编者按:本条见《艺文类聚》六五、八四,《太平御览》八〇三引作《搜神记》。

312. 庐江耽[①]、枞阳二县境上,有大青、小青[②]黑居山野之中。时闻哭声,多者至数十人,男女大小,如始丧者。邻人惊骇,至彼奔赴,常不见人。然于哭地必有死丧,率声若多则为大家,声若小则为小家。

编者按:本条见《法苑珠林》十二引作《搜神记》。

注:①耽:按《汉书·地理志》,庐江郡有睆(一作皖)县,无耽县。睆县与枞阳邻近,疑当做“睆”。枞阳县故城在今安徽桐城东南。②大青、小青:疑为“大黑、小黑”,为秦汉人避讳改。“黑”字为后人附注,误入正文。

313. 庐江[①]大山之间,有山都,似人,裸身,见人便走。有男女,可长四五丈[②],能啸相唤。常在幽昧之中,似魑魅鬼物。

编者按:此条所述,似类人猿之类;因不认识,故以“鬼物 ”释之。

注:①庐江:一作庐陵。②丈:《初学记》引《异物志》作“尺”。

314. 汉光武[①]中平中,有物处于江水,其名曰“蜮”,一曰“短狐”,能含沙射人。所中者,则身体筋急,头痛发热,剧者至死。江人以术方抑之,则得沙石于肉中。诗所谓“为鬼为蜮[②],则不可测”也。今俗谓之溪毒。先儒[③]以为男女同川而浴,淫女为主,乱气所生也。

编者按:本条见《法苑珠林》七九、《文选·苦热行》注、《太平御览》七四、《太平广记》四七八引作《搜神记》。　此条是成语“含沙射影”的来源。又白居易《读史》有“含沙射影,虽病人不知”;欧阳修《自岐江山行至平陆驿》有“水涉愁域射,林行忧虎猛”;毛泽东《和郭沫若同志》有“僧是愚氓犹可训,妖为鬼域必成灾”。

注:①光武:《法苑珠林》无此二字。中平为汉灵帝刘宏年号。②为鬼为蜮:见《诗·小雅·何人斯》篇。③先儒:指刘向,所说见《洪范五行志》。

315. 汉永昌郡不韦县[①]有禁水,水有毒气,唯十一月、十二月差可渡涉。自正月至十月,不可渡,渡辄病,杀人。其气中有恶物,不见其形,其似(作)有声,如有所投击。内中木则折,中人则害,土俗号为“鬼弹”。故郡有罪人,徙之禁旁[②],不过十日,皆死。

编者按:本条见《法苑珠林》七九、《太平御览》八八四引作《搜神记》。

注:①永昌郡不韦县:据《续汉书·郡国志》,永昌郡属益州。汉明帝永平十二

年(69年)置。不韦县,治所在今云南保山金鸡林。②旁:原为"防",据《水经注》改。

316. 余外妇姊夫[1]蒋士,有佣客,得疾下血。医以中蛊[2],乃密以蘘荷[3]根布席下,不使知。乃狂言曰:"食我蛊者,乃张小小也。"乃呼小,小亡云(去)。今世攻蛊,多用蘘荷根,往往验。蘘荷或谓嘉草。

编者按:本条见《齐民要求》三、《玉烛宝典》十一、《太平御览》九八、《政和证类本草》六引作《搜神记》。

注:①外妇姊夫:妻子的姐夫。②蛊(gǔ 古):一种寄生人体的害虫。③蘘(ráng 攘)荷:亦称"阳藿。"多年生草本。根状茎可供药用。

317. 鄱阳赵寿有犬蛊。时陈岑诣寿,忽有大黄犬六七群,出吠岑。后余伯妇,与寿妇食,吐血几死,乃屑桔梗以饮之而愈。蛊有怪物,若鬼,其妖形变化,杂类殊种,或为狗豕,或为虫蛇,其人皆自知其形状。行之于百姓,所中皆死。

编者按:本条见《太平御览》七三五、七四二、九〇五、九九三引作《搜神记》。

318. 荥阳郡[1]有一家,姓廖,累世为蛊[2],以此致富。后取新妇,不以此语之。遇家人咸出,唯此妇守舍。忽见屋中有大缸,妇试发之,见有大蛇,妇乃作汤[3],灌杀之。及家人归,妇具白其事,举家惊惋。未几,其家疾疫,死亡略尽。

编者按:本条见《太平广记》三五九引作《搜神记》。廖姓靠骗取钱财发家致富,害人者最终害自己。

注:①荥阳郡:三国魏正始三年(242年)分河南郡置,治所在今河南荥阳东北。②为蛊:蛊,一种毒虫;为蛊,放蛊和收蛊的一种迷信活动。③汤:沸水。

《搜神记》卷十三

编者按:本卷共21条,主要记述山川、草、水、虫、鱼的变异,是古代“万物皆有灵”思想的反映。语言朴实、简洁、生动。文字虽短,含义深刻,富有哲理,多数可作寓言读。

319. 泰山之东,有澧泉,其形如井,本体是石也。欲取饮者,皆洗心志[①],跪而挹之,则泉出如飞,多少足用。若或污漫[②],则泉止焉。盖神明之尝志者也。

编者按:本条见《法苑珠林》七九引作《搜神记》。此条应作寓言读。只有虚心,才能学到知识。

注:①洗心志:洗涤心胸意志,使其纯洁。②漫:污也。

320. 二华之山[①],本一山也。当河,河水过之而曲行。河神巨灵,以手擘[②]开其上,以足蹈离其下,中分为两,以利河流。今观手迹于华岳上,指掌之形具在。脚迹在首阳山[③]下,至今犹存。故张衡作《西京赋》,所称“巨灵赑屃[④],高掌远迹,以流河曲”,是也。

编者按:本条见《法苑珠林》七九、《太平寰宇记》一二九引作《搜神记》。这是一则神话传说,反映了人们大胆的、丰富的想象能力。后来的《劈山救母》,即受此启发而创作的。

注:①二华之山:指太华山和少华山。在今陕西华阴。太华山即西岳华山,少华山在其西边。②擘(bò 播):用手分开。③首阳山:位于黄河北岸,在山西永济南,距华山约200里。④赑屃(bì xì 币戏):神龟。因力大,后代雕其形驮碑。

321. 汉武徙南岳[①]之祭于庐江灊县[②]霍山之上,无水。庙有四镬,可受四十斛。至祭时,水辄自满,用之足了,事毕即空。尘土树叶,莫之污也。积五十岁,岁作四祭。后但作三祭,一镬自败。

编者按:本条见《初学记》五、《太平御览》七五七引作《搜神记》。此条说明:任何东西,有用则存,无用则亡。

注:①南岳:即衡山,五岳之一。在湖南衡山县。②灊(qián 潜)县,汉置,故城在今安徽霍山。霍山,又名天柱山,在霍山西北。

322. 樊东之口(樊口之东),有樊山[①]。若天旱,以火烧山,即至大

雨。今往往有验。

编者按:本条见《太平御览》四八、《太平寰宇记》一二二引作《搜神记》。

注:①樊口:在湖北鄂城西北5里,樊港入江处。樊山,在鄂城县北5里。

323. 空桑[1]之地,今名为孔宝(窦),在鲁南山之穴。外有双石,如桓楹起立,高数丈。鲁人弦歌祭祀。穴中无水,每当祭时,洒扫以告,辄有清泉自石间出,足以周事。既已,泉亦止。其验至今存焉。

编者按:本条见《北堂书钞》一五八、《太平寰宇记》二一引作《搜神记》。唐张守节《史记·孔子世家·正义》引干宝《三日纪》内容与此基本相同。请参阅《干宝集》。

注:①空桑:一作"穷桑",又作"空乘",孔丘的出生地。

324. 湘穴中有黑土[1],岁大旱,人则共壅水[2]以塞此穴。穴淹则大雨立至。

编者按:本条见《太平御览》十一、《太平广记》三七四引作《搜神记》。

注:①此句《太平御览》引作"湘东新平县有一龙穴"。②壅(yōng 雍)水:堵水。

325. 秦惠王二十七年[1],使张仪[2]筑成都城,屡颓。忽有大龟浮于江,至东子城东南隅而毙。仪以问巫,巫曰:"依龟筑之。"便就。故名"龟化城"。

编者按:此条为成都城筑城的传说。

注:①秦惠王二十七年:公元前310年。②张仪(?—前310年),战国时魏人。纵横家。曾任秦相,封武信君。

326. 由拳县,秦时长水县也。始皇时,童谣曰:"城门有血,城当陷没为湖。"有妪闻之,朝朝往窥。门将欲缚之。妪言其故。后门将以犬血涂门,妪见血,便走去。忽有大水欲没县。主簿令干入白令。令曰:"何忽作鱼?"干曰:"明府亦作鱼。"遂沦为湖。

编者按:本条见《初学记》七、《太平御览》六六引作《搜神记》。

327. 秦时筑城于武周塞[1]内,以备胡。城将成而崩者数焉。有马驰走,周旋反复。父老异之。因依马迹以筑城,城乃不崩,遂名"马邑"[2]。其故城今在朔州。

编者按:本条见《续汉书·郡国志》注五,《水经注》十三,《后汉书·安帝纪》注,《史记·高祖本纪·正义》,《太平御览》一九三、八九七,《太平寰宇记》五一,《事类赋注》二一引作《搜神记》。这是关于"马邑"地名的传说。

注:①武周塞:又名武州塞。位于山西左云至大同西一带。②马邑:治今山西朔县。

328. 汉武帝凿昆明池,极深,悉是灰墨,无复土。举朝不解,以问东方朔。朔曰:"臣愚,不足以知之。"曰:"试问西域人。"帝以朔不知,难以移问。至后汉明帝时,西域道人入来洛阳。时有忆方朔言者,乃试以武帝时灰墨问之。道人云:"经云:'天地大劫将尽则劫烧。'此劫烧之余也。"乃知朔言有旨。

编者按:此条反映古人认识客观世界的强烈愿望。

329. 临沅县[①]有廖氏,世老寿。后移居,子孙辄残折。他人居其故宅,复累世寿。乃知是宅所为,不知何故。疑井水赤,乃掘井左右,得古人埋丹砂数十斛。丹汁入井,是以饮水而得寿。

编者按:葛洪《抱朴子》亦有同样的记载。疑此条为当时的民间传说,此传说受道教"丹砂益寿"的影响。

注:①临沅:原为"临汜",据《抱朴子》改。临沅县故城在今湖南常德县西。

330. 江东名馀腹[①]者,昔吴王阖闾[②]江行,食脍有馀,因弃中流,悉化为鱼。今鱼中有名吴王脍馀者,长数寸,大者如箸,犹有脍形。

编者按:本条见《北堂书钞》一四五、《太平御览》九三八引作《搜神记》。

注:①馀腹:鱼名,今名"银鱼"。②阖闾:春秋末年吴国国君。公元前514—前496年在位。

331. 螃蜮[①],蟹也。尝通梦于人,自称"长卿"。今临海[②]人多以"长卿"呼之。

编者按:本条见《天中记》引作《搜神记》。"卿"是封建社会的高级官吏。蟹,横行霸道;封建官吏亦横行霸道。此条似为群众编圈骂封建官吏。

注:①螃蜮(péng yuè 彭越);似蟹而小。蜮,同"蚏"。②临海:郡名,治所在今浙江临海。

332. 南方有虫，名蠓蝺，一名蝍蠋，又名青蚨[①]。形似蝉而稍大。味辛美，可食。生子必依草叶，大如蚕子。取其子，母即飞来，不以远近。虽潜取其子，母必知处。以母血涂钱八十一文，以子血涂钱八十一文，每市物，或先用母钱，或先用子钱，皆复飞归，轮转无已。故《淮南子术》[②]以之还钱，名曰"青蚨"。

编者按：本条见《初学记》二七，《太平御览》八三六、九五〇、《事类赋注》一八，《广韵》九鱼，《政和证类本草》二二，《类说》七、《绀珠集》七引作《搜神记》。此条后世形成成语"青蚨还钱"。因此青蚨又代指钱，谷子敬《城南柳》第一折："则你那尊中无绿蚁，皆因我囊里缺青蚨。"（见《辞海》）

注：①蠓蝺（dūn yú 敦愚）、蝍蠋（zéi zhú 贼烛）、青蚨（fú 扶）：均为昆虫"鱼伯"的别名。②《淮南子术》：即《淮南万毕术》。

333. 土蜂名曰蜾蠃，今世谓蛡蛹[①]，细腰之类。其为物，雄而无雌，不交不 产。常取桑虫或阜螽[②]子育之，则皆化成己子。亦或谓之"螟蛉"[③]。《诗》曰："螟蛉有子，果蠃负之。"是也。

编者按：本条见《法苑珠林》四三、《太平御览》八八八引作《搜神记》。

注：①蜾蠃（guǒ luò 果裸），亦作"果蠃"，俗称细腰蜂；蛡蛹（yìn yōng 因拥），果蠃的别名。②桑虫：即蛣蟩，是天牛的幼虫；阜螽（zhōng 终）：蝗虫的幼虫。③螟蛉：见《诗经·小雅·小宛》。螟蛾的幼虫，古人误认为果蠃养螟蛉为子，实际上是捕螟蛉喂养自己的幼虫。

334. 木蠹生虫，羽化为蝶。

编者按：本条见《天中记》引作《搜神记》。虫化为蝶，蝶产卵为虫。古人对这种形态的变化不理解，故奇之。

335. 猬多刺，故不使超逾抑扬[①]。

注①抑扬：谓上下行动。原作"杨柳"，据《太平御览》改。

336. 昆仑之墟[①]，地首也。是惟帝之下都[②]，故其外绝以弱水之深，又环以炎火之山。山上有鸟兽草木，皆生育滋长于炎火之中，故有火浣布[③]。非此山草木之皮枲[④]，则其鸟兽之毛也。汉世，西城旧献此布，中间久绝。至魏初时，人疑其无有。文帝[⑤]以为火性酷裂，无含生之气，著之《典论》，明其不然之事，绝智者之听。及明帝[⑥]立，诏三公曰："先帝昔著《典论》,不朽之格言。其刊石于庙门之外及太学,与石经并,以永示来世。"至是西域使人献火浣布袈裟,于是刊灭此论,而天下笑之。

编者按:本条见《魏志》四注,《法苑珠林》三七,《艺文类聚》七,《太平御览》三八、八二〇引作《搜神记》。此条以"火浣布"的客观存在,揭露魏文帝曹丕的无知和魏明帝曹叡的霸道。由此可见,干宝追求真知灼见的精神。

注:①昆仑:古代传说中的西方仙山。②帝之下都:天帝设在下界的都城。③火浣布:能耐火的布。犹今之石棉布。④皮枲(dài 代):指草木表皮的纤维。⑤文帝:指魏文帝曹丕,公元220—226年在位。⑥明帝:指魏明帝曹叡,公元227—239年在位。

337. 夫金之性一也。以五月丙午日中,铸为阳燧[①];以十一月壬子夜半,铸为阴燧[②](言丙午日铸为阳燧,可取火;壬子夜铸为阴燧,可取水也)。

编者按:本条见《太平御览》二二引作《搜神记》。

注:①阳燧:古代从太阳光取火的器具,为铜制的圆形凹面镜。②阴燧:古代在月下取水的器具,为方形的铜盆。

338. 汉灵帝时,陈留蔡邕[①]以数上书陈奏,忤上旨意,又内宠[②]恶之,虑不免,乃亡命江海,远迹吴会[③]。至吴,吴人有烧桐以爨者,邕闻火烈声,曰:"此良材也。"因请之,削以为琴,果有美音。而其尾焦,因名"焦尾琴"。

编者按:本条见《艺文类聚》四四、《太平御览》五七七、《事类赋注》十一引作《搜神记》。人才难得,而任何真正的人才都不是完美无缺的。台湾著名漫画家蔡志忠编绘成《良木难寻》。

注:①蔡邕:陈留(今河南杞县)人。东汉末文学家,精通音律、书法。②内宠:指宫庭里得宠的宦官。③吴会:吴郡和会稽郡的简称。

339. 蔡邕尝至柯亭[①],以竹为椽。邕仰眄之,曰:"良竹也。"取以为笛,发声辽[②]亮。一云邕告吴人曰:"吾昔尝经会稽高迁亭,见屋东间第十六竹椽可为笛。"取用,果有异声。

编者按:民间蕴藏着丰富的人才,而能施展才能的却是极少数。

注:①柯亭:又名"高迁亭"、"千秋亭",在今浙江绍兴西南柯桥镇上。②辽:通"嘹"。

《搜神记》卷十四

编者按：本卷共19条，主要记述人、兽、禽之间的相互变异，是一组优美的民间故事和神话传说。其中《盘瓠》、《女化蚕》、《嫦娥》、《毛衣女》等，至今在民间流传。这些作品，是古代劳动人民长期文艺创作的结晶。

340. 昔高阳[①]氏，有同产而为夫妇，帝放之崆峒[②]之野，相抱而死。神鸟以不死草覆之，七年，男女同体而生，二头，四手足，是为蒙双氏。

编者按：本条见《法苑珠林》四三，《太平御览》八八八、九〇五引作《搜神记》。这是古人对"男女同体而生"的双胞胎的解释。由此可见，我们的先人从高阳氏（约4600年前）就反对近亲结婚。这是很了不起的。

注：①高阳氏：即颛顼，传说为上古帝王。②崆峒（kōng tóng 空同）：山名，在今甘肃平凉县西。一说在今河南汝州西南。

341. 高辛氏[①]，有老妇人居于王宫，得耳疾历时。医为挑治，出顶虫，大如茧。妇人去后，置以瓠蓠[②]，覆之以盘。俄尔顶虫乃化为犬，其文五色，因名"盘瓠"，遂畜之。时戎吴强盛，数侵边境。遣将征讨，不能擒胜。乃募天下有能得戎吴将军首者，购金千斤，封邑万户，又赐以少女。后盘瓠衔得一头，将造王阙。王诊视之，即是戎吴。为之奈何？群臣皆曰："盘瓠是畜，不可官秩，又不可妻，虽有功，无施也。"少女闻之，启王曰："大王既以我许天下矣。盘瓠衔首而来，为国除害，此天命使然，岂狗之智力哉！王者重言，伯[③]者重信，不可以女子微躯，而负明约于天下，国之祸也。"王惧而从之，令少女从盘瓠。盘瓠将女上南山，草木茂盛，无人行迹。于是女解去衣裳，为仆竖之结，着独力之衣，随盘瓠升山入谷，止于石室之中。王悲思之，遣往视觅，天辄风雨，岭震云晦，往者莫至。盖经三年，产六男六女。盘瓠死后，自相配偶，因为夫妇。织绩木皮，染以草实。好五色衣服，裁制皆有尾形。后母归，以语王，王遣使迎诸男女，天不复雨。衣服褊裢[④]，言语侏 离，饮食蹲踞，好山恶都。王顺其意，赐以名山广泽，号曰"蛮夷"。蛮夷者，外痴内黠，安土重旧。以其受异气于天命，故待以不常之律。田作贾贩，无关繻[⑤]符传租税之赋。有邑君长，皆赐印绶。冠用獭皮，取其游食于水。（今）[⑥]即梁、汉、巴、蜀、武陵、长沙、庐江郡夷是也。因糁杂鱼肉，叩槽而号，以祭盘瓠，其俗至今。故世称："赤髀横裙[⑦]，盘瓠子孙。"

编者按：本条见《艺文类聚》九四、《法苑珠林》十一、《初学记》二九、《太平御览》七五八引作《搜神记》。这则民间故事至今流传，《正阳民间故事》（夏纪德主编）中的《盘古》，其故事情节与此基本相同。故事内容包涵人和动物（虫、犬）的关系，即人是从动物进化而来的。这是有科学道理的。这则民间故事，将人类的进化过程形象化、艺术化。

注：①高辛氏：即帝喾，传为上古帝王。②瓠蓠（hùlí 户离）：剖开葫芦做的瓢类器具。③伯：通"霸"。④褊裢（biǎn lián 扁连）：义同斑斓，色彩错杂的样子。⑤关繻（rú 如）：出入关隘的通行证。⑥今：《盐邑志林》本无"今"字。⑦赤髀（bì 婢）横裙：髀，大腿外侧；横裙，指横遮前身的短裙。

342. 槁离[①]国王侍婢有娠，王欲杀之，婢曰："有气如鸡子，从天来下，故我有娠。"后生子，捐之猪圈中，猪以喙嘘之；徙至马枥中，马复以气嘘之，故得不死。王疑以为天子也，乃令其母收畜之，名曰"东明"，常令牧马。东明善射，王恐其夺己国也，欲杀之。东明走，南至掩施水，以弓击水，鱼鳖浮为桥。东明得渡，鱼鳖解散，追兵不得渡。因都王夫余[②]。

编者按：槁离国王两次要杀人：一是"侍婢有娠"。侍婢编套谎言获免。二是婢子东明有才能（善射），"恐其夺己国"。东明出走。这则故事揭露了槁离国王的昏庸、凶残和无能，歌颂了劳动人民的聪明、智机和勇敢。最后东明又当了夫馀国王，是封建思想的反映。

注：①槁离：北夷的国名。②夫余：国名，治今辽宁沈阳东北。

343. 古徐国[①]宫人，娠而生卵，以为不祥，弃之水滨。有犬名"鹄苍"，衔卵以归，遂生儿，为徐嗣君。后鹄苍临死，生角而九尾，实黄龙也。葬之徐里中。见[②]有狗垄在焉。

注：①古徐国：故城在今安徽泗县北。②见：通"现"。

344. 斗伯比[①]父早亡，随母归，在舅姑之家。后长大，乃奸妘[②]子之女，生子文。其妘子妻耻女不嫁而生子，乃弃于山中。妘子游猎，见虎乳一小儿，归与妻言。妻曰："此是我女与伯比私通，生此小儿。我耻之，送于山中。"妘子乃迎归养之，配其女与伯比。楚人因呼子文为"谷乌菟”[3]。仕至楚相也。

编者按:此条应是人们编故事骂楚相斗子文。但私生子多高智商,也值得研究。

注:①斗伯比:春秋时楚国人。②妘(yún 云):姓。③谷乌菟:谷为“乳”;乌菟为虎,意为虎乳养的。

345. 齐惠公[1]之妾萧同叔子,见御有身。以其贱,不敢言也。取薪而生顷公[2]于野,又不敢举也。有狸乳而鹯[3]覆之,人见而收,因名曰“无野”。是为顷公。

编者按:此条说明齐顷公非正宫所出。古代只有正宫生子,方能继位,歧视庶出。这是封建正统思想的反映。

注:①齐惠公:春秋时齐国君。公元前608—前599年在位。②顷公:春秋时齐国君,惠公之子。公元前598—前582年在位。③鹯(zhān 粘):鸟名。

346. 袁釰[1]者,羌豪也。秦时,拘执为奴隶,后得亡去。秦人追之急迫,藏于穴中。秦人焚之,有景相如虎,来为蔽,故得不死。诸羌神之,推以为君。其后种落炽盛。

编者按:本条见《北堂书钞》一五八引作《搜神记》。

注:①袁釰(rì 日):《后汉书·西羌传》作“爰剑”。

347. 后汉定襄太守窦奉妻,生子武[1],并生一蛇,奉送蛇于野中。及武长大,有海内俊名。母死将葬,未窆,宾客聚集,有大蛇从林草中出,径来棺下,委地俯仰。以头击棺,血涕并流,状若哀恸,有顷而去。时人知为窦氏之祥。

编者按:本条见《法苑珠林》八七引作《搜神异记》,《艺文类聚》九六、《独异志》下、《太平御览》九三四、《太平广记》四五六引作《搜神记》。

注:①生子武:即窦武(?—168年),字游平,东汉扶风平陵(今陕西咸阳西北)人。女为桓帝皇后,桓帝死,他迎立灵帝,任大将军,掌握朝政。他联合太学生,与陈蕃谋诛宦官,失败自杀。

348. 晋怀帝永嘉中,有韩媪者,于野中见巨卵,持归育之,得婴儿,字曰“撅儿”。方四岁,刘渊筑平阳城[1]不就,募能城者。撅儿应募。因变为蛇,令媪遗灰[2]志其后。谓媪曰:“凭灰筑城,城可立就。”竟如所言。渊怪之,遂投入山穴间,露尾数寸,使者斩之,忽有泉出穴中,汇为池,因名“金龙池”。

编者按：这是为“金龙池”的来历所编的故事，以显示“金龙池”的神秘。

注：①平阳：十六国时为汉刘渊之都。故城在今山西临汾西南。②遗灰：撒上灰线做标志之意。

349. 元帝永昌[①]中，暨阳[②]人任谷，因耕息于树下。忽有一人，著羽衣，就淫之。既而不知所在。谷遂有妊。积月将产，羽衣人复来，以刀穿其阴下，出一蛇子，便去。谷遂成宦者，诣阙自陈，留于宫中。

编者按：《晋书》编入《郭璞传》。这是编故事骂宦官。

注：①永昌：晋元帝年号（322—323 年）。②暨阳：古县名。治今江苏江阴东南。

350. 旧说太古之时，有大人远征，家无馀人，唯有一女。牡马一匹，女亲养之。穷居幽处，思念其父，乃戏马曰：“尔能为我迎得父还，吾将嫁汝。”马既承此言，乃绝缰而去，径至父所。父见马惊喜，因取而乘之。马望所自来，悲鸣不已。父曰：“此马无事如此，我家得无有故乎？”亟乘以归。为畜生有非常之情，故厚加刍养。马不肯食，每见女出入，辄喜怒奋击，如此非一。父怪之，密以问女，女具以告父，必为是故。父曰：“勿言，恐辱家门。且莫出入。”于是伏弩射杀之，暴皮于庭。父行，女与邻女于皮所戏，以足蹙[①]之曰：“汝是畜生，而欲取人为妇耶？招此屠剥，如何自苦？”言未及竟，马皮蹶然[②]而起，卷女以行。邻女忙怕，不敢救之，走告其父。父还，求索，已出失之。后经数日，得于大树枝间，女及马皮尽化为蚕，而绩于树上。其茧纶理厚大，异于常蚕。邻妇取而养之，其收数倍。因名其树曰“桑”。桑[③]者，丧也。由斯百姓竞种之，今世所养是也。言桑蚕者，是古蚕之馀类也。案《天官》[④]，辰为马星。《蚕书》[⑤]曰：“月当大火，则浴其种。”是蚕与马同气也。《周礼》[⑥]校人职掌“禁原蚕者”，注云：“物莫能两大。禁原蚕者，为其伤马也。”汉礼皇后亲采桑，祀蚕神曰“菀窳[⑦]妇人，寓氏公主”。公主者，女之尊称也。菀窳妇人，先蚕者也。故今世或谓蚕为女儿者，是古之遗言也。

编者按：本条见《齐民要术》五，《玉烛宝典》二，《法苑珠林》八〇，《艺文类聚》八八，《太平御览》七六六、八二五引作《搜神记》。这是一篇优美的民间故事。因养蚕大多数为女孩子的事，故传说蚕是女孩子变

的。不管发明养蚕的人是谁，都值得怀念，因为她确实对人类作出了巨大的贡献。　现代著名诗人冯至，据此改编为长诗《蚕马》。台湾著名古典漫画家蔡志忠编绘有《痴情马》。

注：①蹙（cù促）：同"蹴"，用脚踢。②蹶（guì贵）然：急遽的样子。③桑者丧也："桑"与"丧"同音。在这里因女子"丧"于此树，故名"桑"树。至今，民间忌讳，不在宅院里种植桑树。④《天官》：《周礼》中的篇名。⑤《蚕书》：论养蚕的书。亡。⑥《周礼》：儒家经典之一。主要记述周朝的官制。传说周公撰，实为战国时代的作品。⑦菀窳（wǎn yǔ宛禹）：最早教民养蚕的人，后世祭为蚕神。

351. 羿[①]请无死之药于西王母，嫦娥窃之以奔月。将往，枚筮[②]之于有黄。有黄[③]占之曰："吉。翩翩《归妹》[④]，独将西行。逢天晦芒，毋恐毋惊，后且大昌。"嫦娥遂托身于月，是为蟾蠩[⑤]。

编者按：这是有关月亮的优美传说，从古至今，真可谓家喻户晓，妇幼皆知。我们的祖先早就将吴刚和嫦娥送上月宫，作为后代，何时能去探望他们呢？　唐代诗人李义山咏有七绝诗《嫦娥》；鲁迅改编为短篇小说《嫦娥》。

注：①羿（yì艺）：神话中诛妖除怪的英雄。②枚筮：一种占卜方法。③有黄：巫师之名。④归妹：卦名。又暗指嫦娥。⑤蟾蠩（chán zhū蝉诸）：俗称癞蛤蟆。

352. 舌捶山，帝之女死，化为怪草，其叶郁茂，其华黄色，其实如兔丝。故服怪草者，恒媚于人焉。

编者按：本条见《法苑珠林》四三引作《搜神记》。

353. 荥阳县南百余里，有兰岩山，峭拔千丈。常有双鹤，素羽皦然[①]，日夕偶影翔集。相传云："昔有夫妇，隐此山数百年，化为双鹤，不绝往来。忽一旦，一鹤为人所害，其一鹤岁常哀鸣。至今响动岩谷，莫知其年岁也"。

编者按：这是一首感人肺腑、忠于爱情的颂歌。

注：①皦（jiǎo矫）然：洁白的样子。

354. 豫章新喻县[①]男子，见田中有六七女，皆衣毛衣，不知是鸟。匍匐往，得其一女所解毛衣，取藏之。即往就诸鸟，诸鸟各飞去，一鸟独不得去。男子取以为妇，生三女。其母后使女问父，知衣在积稻下，得之，衣而飞去。后复以迎三女，女亦得飞去。

编者按：本条见《太平广记》四六三引作《搜神记》。在封建社会，男尊女卑，男子可以随便休妻，而女子却没有这个自由。毛衣女反映了女子追求自由和幸福的强烈愿望。后有人据此改编为戏曲《七仙女》。日本丹波康赖之《医心方》曾引此条。

注：①新喻县：三国吴置，在今江西。当时属豫章郡。

355. 汉灵帝时，江夏黄氏之母浴盘水[①]中，久而不起，变为鼋矣。婢惊走告。比家人来，鼋转入深渊。其后时时出见，初浴簪一银钗，犹在其首。于是黄氏累世不敢食鼋肉。

编者按：本条见《法苑珠林》四三引作《搜神记》。

注：①盘水：在湖北房县南。源出县南百里的观沟，东流入粉水。

356. 魏黄初[①]中，清河宋士宗母，夏天于浴室里浴，遣家中大小悉出，独在室中良久。家人不 解其意，于壁穿中窥之，不见人体，见盆水中有一大鳖。遂开户，大小悉入，了不与人相承。尝先着银钗，犹在头上。相与守之啼泣，无可奈何。意欲求去，宗（永）[②]不可留。视之积日，转懈，自捉出户外。其去甚驶，逐之不及，遂便入水。后数日，忽还，巡行宅舍如平生，了无所言而去。时人谓士宗应行丧治服，士宗以母形虽变，而生理尚存，竟不治丧。此与江夏黄母相似。

编者按：本条见《艺文类聚》九六引作《搜神记》。台湾著名古典漫画家蔡志忠编绘成《鳖母登遐》，并论曰："再怎么丑陋的母亲，永远是儿子心目中的娘。"

注：①黄初：魏文帝年号（220—226 年）。②永：《盐邑志林》本为"宗"字，其他各本均为"永"字，错。

357. 吴孙皓宝鼎元年[①]六月晦，丹阳宣骞母年八十矣，亦因洗浴化为鼋，其状如黄氏。骞兄弟四人闭户卫之，掘堂上作大坎[②]，泻水其中。鼋入坎游戏，一二日间，恒延颈外望。伺户小开，便轮转自跃，入于深渊，遂不复还。

编者按：本条见《法苑珠林》四三引作《搜神记》。

注：①宝鼎元年：即公元 226 年。②坎：指坑，或地洞。

358. 汉献帝建安中，东郡民家有怪。无故瓮器自发，訇訇[①]作声，若有人击。盘案在前，忽然便失。鸡生子，辄失去。如是数岁，人甚恶之。乃多作美食，覆盖，着一室中，阴藏户间窥视之，果复重来，发声如前。闻便闭户，周旋室中，了无所见。乃暗以杖挝之，良久，于室隅间有所中，便闻呻吟之声曰:“宥,宥[2],宜死。”开户视之,得一老翁,可百余岁,言语了不相当,貌状颇类于兽。遂行推问,乃于数里外得其家,云:“失来十余年。”得之哀喜。后岁余,复失之。闻陈留界复有怪如此,时人咸以为此翁。

编者按:本条见《法苑珠林》四二、《太平广记》三六七引作《搜神记》。神经老翁,行为异常,故以为怪。

注:①訇(hōng 轰):象声词。敲击瓮器发出的响声。②宥(yòu 有):象声词。呻吟的声音。

《搜神记》卷十五

编者按:本卷共 17 条,主要记述人鬼交往死而复生的故事。其中《王道平》和《贾文合》的精诚所至,人可复生的爱情悲喜剧,真可谓感天地,泣鬼神。这里将人的肉体和灵魂分开,各自可单独存在。从哲学上说,这是二元论,当然是错误的。但在文艺方面,却为后世如倩女离魂、孙悟空分身之类的艺术形象,打开了想象的大门。至于人死可转世再生,则说明佛教的影响已深入人心。

359. 秦始皇时,有王道平,长安人也。少时,与同村人唐叔偕女(小名父喻,容色俱美)誓为夫妇。寻王道平被差征伐,落堕南国,九年不归。父母见女长成,即聘与刘祥为妻。女与道平言誓甚重,不肯改事。父母逼迫不免,出嫁刘祥。经三年,忽忽不乐,常思道平,忿怨之深,悒悒而死。死经三年,平还家,乃诘邻人:"此女安在?"邻人云:"此女意在于君,被父母凌逼,嫁与刘祥。今已死矣。"平问:"墓在何处?"邻人引往墓所。平悲号哽咽,三呼女名,绕墓悲苦,不能自止。平乃祝曰:"我与汝立誓天地,保其终身。岂料官有牵缠,致令乖隔[①],使汝父母与刘祥。既不契于初心,生死永诀。然汝有灵圣,使我见汝生平之面。若无神灵,从兹而别。"言讫,又复哀泣。逡巡,其女魂自墓出,问平:"何处而来?良久契阔[②]。与君誓为夫妇,以结终身。父母强逼,乃出聘刘祥,已经三年,日夕忆君,结恨致死,乖隔幽途。然念君宿念不忘,再求相慰,妾身未损,可以再生,还为夫妇。且速开冢破棺,出我即活。"平审言,乃启墓门,扪看其女,果活。乃结束随平还家。其夫刘祥闻之惊怪,申诉于州县。检律断之,无条[③],乃录状奏王。王断归道平为妻。寿一百三十岁。实谓精诚贯于天地,而获感应如此。

编者按:王道平和父喻的生死之恋,是对封建礼教的有力反抗。这是具有浪漫色彩的一支爱情的赞歌。

注:①乖隔:分离。②契阔:久别。③检律断之无条:检查律条判决,律条没有规定。

360. 晋惠帝世[①],河间郡有男女私悦,许相配适。寻而男从军,积年

不归,女家更欲适之。女不愿行,父母逼之,不得已而去,寻病死。其男戍还,问女所在,其家具说之。乃至冢,欲哭之尽哀,而不胜其情,遂发冢开棺,女即苏活,因负还家。将养数日,平复如初。后夫闻,乃往求之。其人不还,曰:"卿妇已死,天下岂闻死人可复活耶?此天赐我,非卿妇也。"于是相讼,郡县不能决,以谳[②]廷尉。秘书郎王导[③]奏:"以精诚之至,感于天地,故死而更生。此非常事,不得以常礼断之。请还开冢者。"朝廷从其议。

编者按:本条见《法苑珠林》九二、《太平御览》八八七引作《搜神记》。

注:①晋惠帝:原为"晋武帝",据《晋书·王导传》改。②谳(yàn 厌):呈报。③王导:字茂弘,琅邪临沂(今属山东)人。建立东晋的谋主,时谓"王与马,共天下"。历仕三帝,稳定了东晋的统治。

361. 汉献帝建安中,南阳贾偶(偊)[①],字文合,得病而亡。时有吏将诣太山,司命[②]阅簿,谓吏曰:"当召某郡文合,何以召此人?可速遣之。"时日暮,遂至郭外树下宿。见一年少女独行,文合问曰:"子类衣冠,何乃徒步?姓字为谁?"女曰:"某三河[③]人,父见为弋阳[④]令,昨被召来,今却得还。遇日暮,惧获瓜田李下之讥。望君之容,必是贤者,是以停留,依凭左右。"文合曰:"悦子之心,愿交欢于今夕。"女曰:"闻之诸姑,女子以贞专为德,洁白为称。"文合反复与言,终无动志,天明各去。文合卒已再宿,停丧将殓,视其面有色,扪心下稍温,少顷却苏。后文合欲验其实,遂至弋阳,修刺[⑤]谒令,因问曰:"君女宁卒而却苏耶?"具说女子姿质服色,言语相反复本末。令人问女,所言皆同。乃大惊叹,竟以此女配文合焉。

编者按:本条见《太平御览》八八七、《太平广记》三八六、《类说》七引作《搜神记》。此条反映在封建礼教统治下,青年男女要求婚姻自主的强烈愿望。青年男女的婚姻,本来是阳间的事,而要到阴间去结合,说明当时封建礼教和世俗门弟观念的严重压迫和阻隔。尽管如此,故事仍以喜剧结束,说明当时尚有开明的父母和官吏。晋人戴祚《甄异传》和南朝宋刘敬叔《异苑》将此条改编为《章沉》,故事增加了向冥官行贿获释的情节,将文章的主题改变为揭露官府腐败。

注:①偊:《盐邑志林》本为"偶",其他本均作"偊"②司:掌管生死的冥官。③三河:汉代称河东(今山西南部)、河内(今河南黄河北)、河南(今河南洛阳)三郡为

三河。④弋阳:治今信阳境。⑤修刺:书写。

362. 汉建安四年二月,武陵充县[①]妇人李娥,年六十岁,病卒,埋于城外,已十四日。娥比舍[②]有蔡仲,闻娥富,谓殡当有金宝,乃盗发冢求金。以斧剖棺。斧数下,娥于棺中言曰:"蔡仲,汝护我头!"仲惊遽,便出走。会为县吏所见,遂收治,依法当弃市[③]。娥儿闻母活,来迎出,将娥回去。武陵太守闻娥死复生,召见问事状。娥对曰:"闻谬为司命所召,到时得遣出。过西门外,适见外兄刘伯文,惊相劳问,涕泣悲哀。娥语曰:'伯文,我一日误为所召,今得遣归,既不知道,不能独行,为我得一伴否?又我见召,在此已十余日,形体又为家人所葬埋,归当那得自出?'伯文曰:'当为问之。'即遣门卒与尸(户)曹相问:'司命一日误召武陵女子李娥,今得遣还,娥在此积日,尸丧又当殡殓,当作何等得出?又女弱独行,岂当有伴耶?是吾外妹,幸为便安之。'答曰:'今武陵西界,有男子李黑,亦得遣还,便可为伴。兼敕黑过娥比舍蔡仲,发出娥也。'于是娥遂得出。与伯文别,伯文曰:'书一封,以与儿佗。'娥遂与黑俱归。事状如此。"太守闻之,慨然叹曰:"天下事真不可知也!"乃表以为"蔡仲虽发冢,为鬼神所使,虽欲无发,势不得已,宜加宽宥"。诏书报可。太守欲验语虚实,即遣马吏于西界推问李黑。得之,与娥语协。乃致伯文书与佗。佗识其纸,乃是父亡时送箱[④]中文书也。表文字犹在也,而书不可晓,乃请费长房[⑤]读之。曰:"告佗,我当从府君出案行部,当以八月八日日中时,武陵城南沟水畔顿,汝是时必往。"到期,悉将大小于城南待之。须臾果至,但闻人马隐隐之声。诣沟水,便闻有呼声曰:"佗来,汝得我所寄李娥书不耶?"曰:"即得之,故来至此。"伯文以次呼家中大小,久之,悲伤断绝,曰:"死生异路,不能数得汝消息。吾亡后,儿孙乃尔许人。"良久,谓佗曰:"来春大病,与此一丸药,以涂门户,则辟来年妖疠矣。"言讫忽去,竟不得见其形。至来春,武陵果大病,白日皆见鬼,唯伯文之家鬼不敢向。费长房视药丸曰:"此方相脑也。"

编者按:本条见《续汉书·五行志》注、《法苑珠林》一一六引作《搜神记》。

注:①充县:古县名,治今湖南桑植。②比舍:邻居。③弃市:处死。④送箱:送葬时的纸箱。⑤费长房:东汉人。学仙不成,得神符(任职文书)为鬼官。后失神符,为鬼所杀。

363. 汉陈留考城史竘，字威明，年少时，尝病，临死，谓母曰："我死当复生。埋我，以竹杖柱于瘗[①]上，若杖折，掘出我。"及死，埋之，柱如其言。七日往视，杖果折，即掘出之。已活，走至井上浴，平复如故。后与邻船至下邳卖锄，不时售[②]，云欲归，人不信之，曰："何有千里暂得归耶?"答曰："一宿便还。"即书取报，以为验实。一宿便还，果得报。考城令江夏鄿[③]贾和姊病在邻（乡）里，欲急知消息，请往省之，路遥三千，再宿还报。

编者按：本条见《法苑珠林》一一六、《太平广记》三七五引作《搜神记》。　这是有关飞毛腿的传说。

注：①瘗（yì 意）：坟堆。②不时售：未及时售完。③鄿（tán 谭）。

364. 会稽贺瑀，字彦琚，曾得疾，不知人，惟心下温，死三日，复苏。云："吏人将上天，见官府。入曲房[①]，房中有层架。其上层有印，中层有剑，使瑀惟意所取。而短不及上层，取剑以出。门吏问何得，云："得剑。"曰："恨不得印，可策百神。剑，惟得使社公耳。"疾愈，果有鬼来，称社公。

编者按：本条见《太平御览》三四四引作《搜神记》。此条说明，活人也可当社公（土地神）。不过，贺瑀"死三日，复苏"即升官，既未花钱，又没送礼，太容易了。

注：①曲房：密室。

365. 戴洋字国流，吴兴长城人。年十二，病死，五日而苏，说："死时，天使其酒藏吏[①]，授符箓，给吏从幡麾，将上蓬莱、昆仑、积石、太室、庐、衡等山。既而遣归。"妙解占候，知吴将亡，托病不仕，还乡里。行致濑乡，经老子祠，皆是洋昔死时所见使处，但不复见昔物耳。因问守藏[②]应凤曰："去二十余年，尝有人乘马东行，经老君祠而不下马，未达桥，坠马死者否?"凤言有之。所问之事，多与洋同。

编者按：现在很多人花钱买官，戴洋竟"托病不仕"。太傻！

注：①酒藏吏：掌官府公酒储藏的官吏。②守藏：守仓库者。

366. 吴临海松阳[①]人柳荣，从吴相张悌[②]至扬州。荣病死船中二日，军士已上岸，无有埋之者。忽然大叫言："人缚军师！人缚军师！"声甚激扬，遂活。人问之，荣曰："上天北斗门下，卒见人缚张悌，意中大愕，不觉大叫言:'何以缚军师!'门下人怒荣,叱逐使去。荣便怖惧,口余声发扬耳!"其日悌即战死。荣至晋元帝时犹存。

编者按:本条见《吴志》三注、《太平御览》八七七引作《搜神记》。

注:①松阳:县名,故城在今浙江松阳西。②张悌:字巨先,襄阳人。原为军师,孙皓天纪三年八月为丞相。参阅《晋纪》94条。

367. 吴国富阳[①]人,马势妇,姓蒋。村人应病死者,蒋辄恍惚熟眠经日,见病人死,然后省觉。觉则具说,家中人不信之。语人云:"某中(甲)病,我欲杀之,怒强魂难杀,未即死。我入其家内,架上有白米饭,几种鲑[②]。我暂过灶下戏,婢无故犯我,我打其脊,使婢当时闷绝,久之乃苏。"其兄病,有乌衣人令杀之,向其请乞,终不下手。醒乃语兄云:"当活。"

编者按:本条见《太平广记》三五八引作《搜神记》。此条当做寓言读,说明活人也可做勾魂吏。马势妇犹如法官,犯我者,好人也可"闷绝";亲我者,死罪也能"当活"。

注:①富阳:县名,今属浙江。②鲑(xié 鞋):鱼类菜肴的总称。

368. 晋咸宁二年十二月,琅邪颜畿字世都,得病,就医张瑳使治,死于张家。棺敛已久,家人迎丧,旐[①]每绕树木而不可解。人咸为之感伤。引丧者忽颠仆,称畿言曰:"我寿命未应死,但服药太多,伤我五脏耳。今当复活,慎勿葬也。"其父拊而祝之曰:"若尔有命,当复更生,岂非骨肉所愿。今但欲还家,不尔葬也。"旐乃解。及还家,其妇梦之曰:"吾当复生,可急开棺。"妇便说之。其夕,母及家人又梦之。即欲开棺,而父不听。其弟含,时尚少,乃慨然曰:"非常之事,自古有之。今灵异至此,开棺之痛,孰与不开相负。"父母从之,乃共发棺,果有生验,以手刮棺,指爪尽伤,然气息甚微,存亡不分矣。于是急以绵饮沥口[②],能咽,遂与出之。将护累月,饮食稍多,能开目视瞻,屈伸手足,不与人相当。不能言语,饮食所须,托之以梦。如此者十余年,家人疲于供护,不复得操事。含乃弃绝人事,躬亲侍养,以知名州党。后更衰劣,卒复还死焉。

编者按:本条见《太平御览》八八七、《太平广记》三八三引作《搜神记》。 这在医学上叫"植物人",古人不知,故以为奇。

注:①旐(zhào 兆):出丧时为棺柩引路的旗,俗称魂幡。②绵饮沥口:连续不断把一点点饮料滴入口中。

369. 羊祜[①]年五岁时，令乳母取所弄金镮(环)。乳母曰："汝先无此物。"祜即诣邻人李氏东垣桑树中，探得之。主人惊曰："此吾亡儿所失物也，云何持去?"乳母具言之，李氏悲惋，时人异之。

编者按：此条反映了佛教人可转世再生的思想，可见东晋初期佛教已深入人心。《晋纪》编入《羊祜传》。

注：①羊祜(hù 户)：字叔子，泰山南城人。晋武帝时累官尚书右仆射。

370. 汉末，关中大乱，有发前汉宫人冢者，宫人犹活。既出，平复如旧。魏郭后[①]爱念之，录置宫内，常在左右。问汉时宫中事，说之了了，皆有次绪。郭后崩，哭泣过哀，遂死。

注：①魏郭后：魏文帝曹丕的皇后。

371. 魏时，太原发冢破棺，棺中有一生妇人。将出与语，生人也。送之京师。问其本事，不知也。视其冢上树木，可三十岁。不知此妇人，三十岁常生于地中耶？将一朝欻生，偶与发冢者会也。

编者按：以上两条揭露了汉代以前的统治者，以活人陪葬的残酷事实。数十年，或数百年后"宫人犹活"，不仅是人们的幻想，也是对统治者血的控诉。

372. 晋世杜锡[①]，字世嘏，家葬而婢误不得出。后十余年，开冢祔[②]葬，而婢尚生。云："其始如瞑目，有顷渐觉。"问之，自谓当一再宿耳。初婢埋时，年十五六。及开冢后，姿质如故。更生十五六年，嫁之有子。

编者按：本条见《艺文类聚》三五、《法苑珠林》一一六、《初学记》十九、《太平御览》五〇〇、《太平广记》三七五引作《搜神记》。此条被孔氏《志怪》改编为宝父干莹之事，并诬宝母推婢墓中。这是干宝创作《搜神记》受到的最明显的报复。《宋书》和《晋书》均编入《五行志》。

注：①杜锡：晋名将杜预之子。②祔(fù 付)葬：合葬。

373. 汉桓帝[①]冯贵人病亡。灵帝时，有盗贼发冢，七十余年，颜色如故，但肉小泠。群贼共奸通之，至斗争相杀，然后事觉。后窦太后[②]家被诛，欲以冯贵人配食。下邳陈公达[③]议："以贵人虽是先帝所幸，尸体秽污，不宜配至尊。"乃以窦太后配食。

编者按：本条见《法苑珠林》一一六、《太平御览》五五九引作《搜神记》。

注：①汉桓帝：即刘志，东汉皇帝，公元 147—167 年在位。②窦太后：即窦妙，

东汉桓帝皇后。③陈公:即陈球,字伯真,下邳郡人。灵帝时任廷尉。“达”疑为“建”。

374. 吴孙休时,戍将于广陵掘诸冢,取版[①]以治城,所坏甚多。复发一大冢,内有重阁,户扇皆枢转,可开闭,四周为徼道[②],通车,其高可以乘马。又铸铜人数十,长五尺,皆大冠朱衣,执剑侍列灵坐。皆刻铜人背后石壁,言殿中将军,或言侍郎、常侍,似公侯之冢。破其棺,棺中有人,发已班白[③],衣冠鲜明,面体如生人。棺中云母厚尺许,以白玉璧三十枚藉尸。兵人辈共举出死人,以倚冢壁。有一玉,长尺许,形似冬瓜,从死人怀中透出堕地。两耳及孔鼻中皆有黄金,如枣许大。

编者按:此条反映了中国古代厚葬的陋习。

注:①版:通“板”,指棺材板。②徼(jiào 叫)道:巡行警戒的道路。③班白:班通“斑”。

375. 汉广川王好发冢。发栾书[①]冢,其棺柩盟器[②],悉毁烂无余。唯有一白狐,见人惊走。左右逐之,不得,戟伤其左足。是夕,王梦一丈夫,须眉尽白,来谓王曰:“何故伤吾左足?”乃以杖叩王左足,王觉肿痛,即生疮,至死不差。

编者按:这是佛教“恶有恶报”思想的反映。

注:①栾书:春秋时晋大夫。②盟器:同“明器”,古代殉葬的器物。

《搜神记》卷十六

编者按:本卷共24条,是前卷的继续和发展,也是全书名篇荟萃的一卷。其中人鬼婚配,阴阳结合,光怪陆离,精彩纷呈,真是令人拍案叫绝!如《蒋济亡儿》、《苏娥》、《宋定伯》、《紫玉》、《驸马都尉》、《汉谈生》、《崔少府墓》等都是传世名篇。作为短篇小说,无论是故事情节的曲折起伏,还是人物形象的栩栩如生,以及丰富、深刻的思想内涵,都达到了前所未有的高度,标志着中国小说已经走向成熟。作为中国小说鼻祖的干宝,仅此一卷,也当之无愧。

376. 昔颛顼氏有三子,死而为疫鬼。一居江水,为疟鬼;一居若水①,为魍魉鬼;一居人宫室,善惊人小儿,为小鬼。于是正岁命方相氏②,帅肆傩③以驱疫鬼。

注:①若水:即雅砻江。源于西藏,流经四川南部,入金沙江。②正岁:正月。方相氏:官名,职掌驱逐疫鬼之事。③傩(nuó 挪):古代驱逐疫鬼的活动。

377. 挽歌者,丧家之乐;执绋者,相和之声也。挽歌辞有《薤露》、《蒿里》①二章,汉田横②门人作。横自杀,门人伤之,悲歌。言人如薤上露,易晞③灭。亦谓人死精魂归于蒿里。故有二章。

编者按:本条见《初学记》十四引作《搜神记》。

注:①《薤(xiè 泄)露》、《蒿里》:乐府《相和曲》名。汉时以《薤露》为王公贵人出殡,以《蒿里》为士大夫、平民出殡。②田横:本齐国贵族,秦末从兄田儋起兵,重建齐国。后被汉灭,率徒党五百余人逃亡海岛,不愿称臣于汉。后汉高祖命他往洛阳,途中自杀。其门徒闻讯亦全部自杀。③晞(xí 希):干燥。《盐邑志林》本为"稀"。

378. 阮瞻①字千里,素执无鬼论,物莫能难。每自谓此理足以辨正幽明。忽有客通名诣瞻,寒温毕,聊谈名理。客甚有才辨②,瞻与之言,良久及鬼神之事,反复甚苦。客遂屈,乃作色曰:"鬼神,古今圣贤所共传,君何得独言无?即仆便是鬼。"于是变为异形,须臾消灭。瞻默然,意色太恶。岁余,病卒。

编者按:此条为寓言,反用《叶公好龙》的艺术手法,寓意深刻丰富。

阮瞻不是彻底的无鬼论者,彻底的无鬼论者是无所畏惧的。对任何事物一知半解,就自我标榜是很危险的。《晋纪》编入《阮瞻传》。《裴子语林》创作有《宗岱》,与此内容基本相同。

注:①阮瞻:晋永嘉中为太子舍人。②辨:通"辩"。

379. 吴兴施续为寻阳督,能言论。有门生,亦有理意,常秉无鬼论。忽有一黑衣白袷客来,与共语,遂及鬼神。移日,客辞屈,乃曰:"君辞巧,理不足。仆即是鬼,何以云无。"问:"鬼何以来?"答曰:"受使来取君,期尽明日食时。"门生请乞酸苦。鬼问:"有人似君者否?"门生云:"施续帐下都督,与仆相似。"便与俱往,与都督对坐。鬼手中出一铁凿,可尺余,安著都督头,便举椎打之。都督云:"头觉微痛。"向来转剧,食顷便亡。

编者按:本条见《太平广记》三二三引作《搜神记》。自称鬼者,并非勾魂,而是亲手杀,与人间何异? 又人死也可顶替,可见社会之黑暗。

380. 蒋济[①]字子通,楚国平阿[②]人也。仕魏,为领军将军。其妇梦见亡儿涕泣曰:"死生异路。我生时为卿相子孙,今在地下为泰山伍伯,憔悴困苦,不可复言。今太庙西讴士[③]孙阿,见召为泰山令,愿母为白侯,属阿令转我得乐处。"言讫,母忽然惊寤。明日以白济,济曰:"梦为虚耳,不足怪也。"日暮,复梦曰:"我来迎新君,止在庙下。未发之顷,暂得来归。新君明日日中当发,临发多事,不复得归。永辞于此。侯气强,难感悟,故自诉于母。愿重启侯,何惜不一试验之。"遂道阿之形状,言甚备悉。天明,母重启济:"虽云梦不足怪,此何太适适[④]。亦何惜不一验之。"济乃遣人诣太庙下,推问孙阿,果得之,形状证验,悉如儿言。济涕泣曰:"几负吾儿。"于是乃见孙阿,具语其事。阿不惧当死,而喜得为泰山令,惟恐济言不信也。曰:"若如节下言,阿之愿也。不知贤子欲得何职?"济曰:"随地下乐者与之。"阿曰:"辄当奉教。"乃厚赏之。言讫,遣还。济欲速知其验,从领军门至庙下,十步安一人,以传消息。辰时传阿心痛,已时传阿剧,日中传阿亡。济曰:"虽哀吾儿之不幸,且喜亡者有知。"后月余,儿复来,语母曰:"已得转为录事[⑤]矣。"

编者按:这是权钱交易的真实写照,写的是阴间之事,影射的却是人世的现实。蒋济利用职权为儿子营造安乐窝,又提出了严峻的培育后代的社会问题。同时也揭露了孙阿为当官不惜死的丑恶灵魂。本条所记述的是1000 多年前的事,就其所揭露的问题,若与目前社会相对照,仍

有现实意义。这就是艺术作品的生命力。

注:①蒋济:三国魏人。《三国志》有传。②平阿:古县名,治今安徽怀远县西南。③太庙西讴士:在太庙讴歌的人。④适适(tì tì 替):恐惧貌。⑤录事:掌管文书的属官。

381. 汉不其县[①]有孤竹城,古孤竹君之国也。灵帝光和元年,辽西人见辽水中有浮棺,欲斫破之,棺中人语曰:"我是伯夷[②]之弟,孤竹君也。海水坏我棺椁,是以漂流。汝斫我何为?"人惧,不敢斫,因为立庙祠祀。吏民有欲发视者,皆无病而死。

编者按:本条见《法苑珠林》一一六、《太平御览》五五一引作《搜神记》。毛泽东说:"唐朝的韩愈写过《伯夷颂》,颂的是一个对自己国家的人民不负责任、开小差逃跑、又反对武王领导的当时的人民解放战争、颇有些'民主个人主义'思想的伯夷,那是颂错了。"(《别了,司徒雷登》)

注:①不其县:按《史记索引》,不其当为"令支"之误。②伯夷:商末孤竹君的长子。其弟叔齐。起初孤竹君以叔齐为嗣君,孤竹君死,叔齐让位,伯夷不受。后来二人投奔到周,又反对周武王伐商。武王灭商,二人逃到首阳山,不食周粟而死。

382. 温序字公次,太原祁[①]人也。任护军校尉,行部至陇西,为隗嚣[②]将所劫,欲生降之。序大怒,以节挝杀人。贼趋欲杀序,荀宇止之曰:"义士欲死节。"赐剑,令自裁。序受剑,衔须着口中,叹曰:"无令须污土。"遂伏剑死。更始[③]怜之,送葬到洛阳城旁,为筑冢。长子寿,为印平侯,梦序告之曰:"久客思乡。"寿即弃官,上书乞骸骨归葬,帝许之。

编者按:本条见《北堂书钞》九二引作《搜神记》。温序是一位洁身自好的英雄,为国而死,死得其所。

注:①祁:原作"祈",据《后汉书·温序传》改。②隗嚣:东汉初天水成纪(今甘肃秦安)人,被当地豪强拥立,自称西州上将军,据有天水、武都、金城等郡。③更始:为刘玄年号(23—24 年)。

383. 汉南阳文颖,字叔长,建安中为甘陵[①]府丞。过界止宿,夜三鼓时,梦见一人跪前曰:"昔我先人葬我于此,水来湍墓,棺木溺,渍水处半,然无以自温。闻君在此,故来相依。欲屈明日暂住须臾,幸为相迁高燥处。"鬼披衣示颖,而皆沾湿。颖心怆然,即寤,语诸左右。曰:"梦为虚耳,亦何足怪?"颖乃还眠。向寐复梦见,谓颖曰:"我以穷苦告君,奈何不相愍悼乎?"颖梦中问曰:"子为谁?"对曰:"吾本赵人,今属汪芒[②]氏之神。"颖曰:"子棺今何所在?"对曰:"近在君帐北十数步,水侧枯杨树下,即是吾也。天将明,不复得见,君必念之。”颖答曰:“喏。”忽然便寤。天明可发,颖曰:“虽云梦不足怪,此何太适!”左右曰:“亦何惜须臾,不验之耶?”颖即起,率十数人将导顺水上,果得一枯杨,曰:“是矣。”掘其下,未几,果得棺。棺甚朽坏,半没水中。颖左右曰:“向闻于人,谓之虚矣。世俗所传,不可无验。”为移其棺,葬之而去。

编者按:本条见《法苑珠林》四四、《文选》王仲宣《赠文叔良诗》注、《太平广记》三一七引作《搜神记》。凡为死人办事,都是为了活人。

注:①甘陵:故城在今山东清平南。②汪芒:古国名。治今浙江武康境。

384. 汉九江何敞为交州刺史,行部到苍梧郡高要县①,暮宿鹄奔亭。夜犹未半,有一女从楼下出,呼曰:“妾姓苏,名娥,字始珠,本居广信县②,修里人。早失父母,又无兄弟,嫁与同县施氏。薄命夫死,有杂缯帛百二十四,及婢一人,名致富。妾孤穷羸弱,不能自振,欲之旁县卖缯。从同县男子王伯赁牛车一乘,直钱万二千,载妾并缯,令致富执辔,乃以前年四月十日,到此亭外。于时日已向暮,行人断绝,不敢复进,因即留止。致富暴得腹痛,妾之亭长舍乞浆取火。亭长龚寿操戈持戟,来至车旁,问妾曰:‘夫人从何所来?车上所载何物?丈夫安在?何故独行?’妾应曰:‘何劳问之?’寿因持妾臂曰:‘少年爱有色,冀可乐也。’妾惧怖不从。寿即持刀刺胁下,一创立死。又刺致富,亦死。寿掘楼下,合埋,妾在下,婢在上。取财物去,杀牛烧车,车缸及牛骨贮亭东空井中。妾既冤死,痛感皇天,无所告诉,故来自归于明使君③。”敞曰:“今欲发出汝尸,以何为验?”女曰:“妾上下着白衣,青丝履,犹未朽也。愿访乡里,以骸骨归死夫。”掘之果然。敞乃驰还,遣吏捕捉,拷问具服。下广信县验问,与娥语合。寿父母兄弟,悉捕系狱。敞表寿:“常律杀人,不至族诛。然寿为恶首,隐密数年,王法自所不免。令鬼神诉者,千载无一。请皆斩之,以明鬼神,以助阴诛。”上报听之。

编者按:本条见《太平御览》八八四、《太平寰宇记》一五九引作《搜神记》。苏娥鬼魂告状,开创了后世公案小说和公案戏曲的先河,就是“老包(拯)过阴”之类。这是利用人们的迷信观念破案。

注:①高要县:原作“高安”,据《太平寰宇记》改。②广信县:治今广西梧州市。③使君:汉代刺史的尊称。

385. 濡须口①有大船,船覆在水中,水小时,便出见。长老云:“是曹公[2]船。”尝有渔人，夜宿其旁，以船系之，但闻竽笛弦歌之音，又香气非常。渔人始得眠，梦人驱遣云：“勿近官妓。”相传云曹公载妓船覆于此，至今在焉。

编者按：本条见《太平御览》九八一引作《搜神记》。此条通过渔人惊梦，揭露曹操的骄奢淫逸，对曹操进行丑化。

注：①濡须口：濡须水入江处，在安徽无为东南。东吴曾于此筑堡以拒曹操。②曹公：指曹操，见卷一《左慈》条注。

386. 夏侯恺字万仁，因病死。宗人儿苟奴，素见鬼。见恺数归，欲取马，并病其妻。着平上帻[1]，单衣，入坐生时西壁大床，就人觅茶饮。

编者按：本条见《茶经》引作《搜神记》。

注：①平上帻：上部平的头巾。

387. 诸仲务一女显姨，嫁为米元宗妻，产亡于家。俗间产亡者，以墨点面。其母不忍，仲务密自点之，无人见者。元宗为始新县[2]丞，梦其妻来上床，分明见新白妆面上有黑点。

编者按：本条见《太平广记》二七六引作《搜神记》。

注：①俗间：原作“俗闻”，据《太平广记》改。②始新县：故城在今浙江淳安西。

388. 晋世新蔡王昭，平犊车在厅事上，夜，无故自入斋室中，触壁而出。后又数闻呼噪攻击之声，四面而来。昭乃聚众，设弓弩战斗之备，指声弓弩俱发，而鬼应声接矢数枚，皆倒入土中。

编者按：本条见《太平广记》三二二引作《搜神记》。人死为鬼，鬼死为聻，聻（jiàn 渐）死了是什么呢？不清楚。这就是道教鬼理论的不够严密之处。而佛教人死为鬼，鬼又可轮回为人；人死再为鬼，鬼再转为人，循环往复无穷。其理论虽然是错误的，但从逻辑上说却很严密。

389. 吴赤乌三年[1]，句章[2]民杨度至余姚。夜行，有一年少，持琵琶，求寄载。度受之。鼓琵琶数十曲，曲毕，乃吐舌擘[3]目，以怖度而去。复行二十里许，又见一老父。自云姓王名戒。因复载之。谓曰：“鬼工鼓琵琶，甚哀。”戒曰：“我亦能鼓。”即是向鬼。复擘眼吐舌，度怖几死。

编者按：丑恶的灵魂有求于人，就伪装善良；一旦其人失去利用价值，就会原形毕露。

注：①赤乌三年：公元240年。②句（gōu 勾）章：古县名，治今浙江余姚东南。③擘（bò 播）：裂开。

390. 琅邪秦巨伯,年六十,尝夜行饮酒,道经蓬山[①]庙。忽见其两孙迎之,扶持百余步,便捉伯颈着地,骂:“老奴,汝某日捶我,我今当杀汝。”伯思惟某时信捶此孙。伯乃佯死,乃置伯去。伯归家,欲治两孙。两孙惊惋,叩头言:“为子孙,宁可有此。恐是鬼魅,乞更试之。”伯意悟。数日,乃诈醉,行此庙间。复见两孙来,扶持伯。伯乃急持,鬼动作不得。达家,乃是两人[②]也。伯着火炙之,腹背俱焦坼[③]。出着庭中,夜皆亡去。伯恨不得杀之。后月余,又佯酒醉夜行,怀刃以去。家不知也。极夜不还。其孙恐又为此鬼所困,乃俱往迎伯,伯竟刺杀之。

编者按:本条见《太平广记》三一七引作《搜神记》。此条内容与《吕氏春秋·疑似》篇中的《奇鬼》基本相同,而《奇鬼》是一则寓言。由此可见,《搜神记》的一些篇目应当做寓言来读。这则寓言说明辨别事物的真假,要从本质上去辨别,不要被表面现象所迷惑,否则就会犯错误。

注:①蓬山:即蓬莱山。②两人:汪绍楹先生以为“两”下脱“偶”字。偶人,谓鬼神的木偶像。③焦坼(chè 折):烧焦裂开。坼,裂。

391. 汉建武元年[①],东莱人姓池,家常作酒。一日见三奇客,共持面饭至,索其酒饮。饮竟而去。顷之,有人来,云见三鬼酣醉于林中。

编者按:酒鬼,说的是鬼,实际指人。

注:①建武元年:即25年。建武,原为“武建”,据《幽明录》改。

392. 吴先主杀武卫兵钱小小,形见大街,顾借赁人[①]吴永,使永送书与街南庙,借木马二匹。以酒噀[②]之,皆成好马,鞍勒[③]俱全。

编者按:本条见《太平御览》八九七引作《搜神记》。

注:①借赁人:租借东西的人。②噀(xùn 迅):喷。③勒:马笼头。

393. 南阳宋定伯,年少时,夜行逢鬼。问之,鬼言:“我是鬼。”鬼问:“汝复谁?”定伯诳之,言:“我亦鬼。”鬼问:“欲至何所?”答曰:“欲至宛市[①]。”鬼言:“我亦欲至宛市。”遂行数里。鬼言:“步行太迟,可共递相[②]担,何如?”定伯曰:“大善。”鬼便先担定伯数里。鬼言:“卿太重,将非鬼也。”定伯言:“我新鬼,故身重耳。”定伯因复担鬼,鬼略无重。如是再三。定伯复言:“我新鬼,不知有何所畏忌?”鬼答言:“惟不喜人唾。”于是共行,道遇水,定伯令鬼先渡,听之,了然无声音。定伯自渡,漕漼[③]作声。鬼复言:“何以有声?”定伯曰:“新死,不习渡水故耳。勿怪吾也。”行欲至宛市,定伯便担鬼着肩上,急执之。鬼大呼,声咋咋然,索下。不

复听之，径至宛市中，下着地，化为一羊，便卖之。恐其变化，唾之。得钱千五百乃去。当时石崇④有言："定伯卖鬼，得钱千五。"

编者按：本条见《艺文类聚》九四，《太平御览》八二八、九〇二引作《搜神记》。　毛泽东说："还有《宋定伯捉鬼》。鬼背他过河，发现他身体重。他就欺骗它，说他是新鬼。新鬼大，旧鬼小，所以他重嘛。他后来又从另外的鬼那里知道鬼怕什么东西，就用那个东西治它，就把鬼治住了。"（何其芳《毛泽东之歌》）有人站在鬼的立场上来理解本文，以为错交了朋友，被当成肥羊卖了，自己还不知道呢！正是仁者见仁，智者见智。

注：①宛市：即今河南南阳。②递相：互相替换。③漕漼（cáo cuǐ 曹崔）：象声词。④石崇：西晋人。以豪富闻名，生活侈糜。

394. 吴王夫差①小女，名曰紫玉，年十八，才貌俱美。童子韩重，年十九，有道术。女悦之，私交信问，许为之妻。重学于齐鲁之间，临去，属其父母，使求婚。王怒，不与女。玉结气死，葬阊门之外。三年重归，诘其父母，父母曰："王大怒，玉结气死，已葬矣。"重哭泣哀恸，具牲币往吊于墓前。玉魂从墓出，见重，流涕谓曰："昔尔行之后，令二亲从王相求，度必克从大愿。不图别后，遭命奈何！"玉乃左顾宛颈而歌曰："南山有乌，北山张罗。乌既高飞，罗将奈何！意欲从君，谗言孔多。悲结生疾，没命黄垆②。命之不造，冤如之何！羽族之长，名为凤凰。一日失雄，三年感伤。虽有众鸟，不为匹双。故见鄙姿，逢君辉光。身远心近，何当暂忘。"歌毕③，歔欷流涕，要重还冢。重曰："死生异路。惧有尤愆④，不敢承命。"玉曰："死生异路，吾亦知之。然今一别，永无后期。子将畏我为鬼而祸子乎？欲诚所奉，宁不相信。"重感其言，送之还冢。玉与之饮宴，留三日三夜，尽夫妇之礼。临出，取径寸明珠以送重，曰："既毁其名，又绝其愿，复何言哉！时节自爱。若至吾家，致敬大王。"重既出，遂诣王，自说其事。王大怒曰："吾女既死，而重造讹言，以玷秽亡灵。此不过发冢取物，托以鬼神。"趣⑤收重。重走脱，至玉墓所诉之。玉曰："无忧，今归白王。"王妆梳，忽见玉，惊愕悲喜，问曰："尔缘何生？"玉跪而言曰："昔诸生韩重，来求玉，大王不许，玉名毁义绝，自致身亡。重从远还，闻玉已死，故赍牲币，诣冢吊唁。感其笃终，辄与相见，因以珠遗之。不为发冢，愿勿推治。"夫人闻之，出而抱之，玉如烟然。

编者按:本条见《艺文类聚》八四,《太平御览》五七三、七六一、八〇三、八〇五引作《搜神记》。此条揭露封建婚姻制度的残酷无情,歌颂青年男女对婚姻自主和幸福生活的追求。紫玉是中国小说最早塑造的,比较成功的艺术形象之一。用的是虚幻的外衣,表现的却是真实的感情。《录异传》将此文照录。

注:①夫差:春秋末吴国君。吴王阖闾之子,公元前495—前473年在位。②黄垆:犹言"黄泉",指地之深处。③歌毕:紫玉歌原为卷十一《韩凭妻》条"其歌谣至今犹存",经干宝改写后移此。其歌谣原文是:"南山有乌,北山张罗。乌自高飞,罗当奈何。乌鹊双飞,不乐凤凰;妾是庶人,不乐宋王。"(见明冯惟讷《古诗纪》)。④尤愆(qiān 迁):罪过,祸事。⑤趣:通"促"。

395. 陇西辛道度者,游学至雍州城[①]四五里,比见一大宅,有青衣女子在门。度诣门下求飧[②]。女子入告秦女,女命召入。度趋入阁中,秦女于西榻而坐。度称姓名,叙起居,既毕,命东榻而坐。即治饮馔。食讫,女谓度曰:"我秦闵王女,出聘曹国,不幸无夫而亡。亡来已二十三年,独居此宅。今日君来,愿为夫妇。"经三宿三日后,女即自言曰:"君自(是)生人,我鬼也。共君宿契[③],此会可三宵,不可久居,当有祸矣。然兹信宿,未悉绸缪[④],既已分飞,将何表信于郎?"即命取床后盒子开之,取金枕一枚,与度为信。乃分袂泣别,即遣青衣送出门外。未逾数步,不见舍宇,惟有一冢。度当时荒忙出走,视其金枕在怀,乃无异变。寻至秦国,以枕于市货之。恰遇秦妃东游,亲见度卖金枕,疑而索看,诘度何处得来?度具以告。妃闻,悲泣不能自胜。然向(尚)疑耳。乃遣人发冢,启柩视之,原葬悉在,唯不见枕。解体看之,交情宛若,秦妃始信之。叹曰:"我女大圣,死经二十三年,犹能与生人交往,此是我真女婿也。"遂封度为驸马[⑤]都尉,赐金帛车马,令还本国。因此以来,后人名女婿为附马。今之国婿,亦为驸马矣。

编者按:参阅本书《"搜神记"真伪说》。

注:①雍州:古九州之一。雍州城:指春秋时秦国都,治今陕西凤翔南。②飧(sūn 孙):简单的熟食。③宿契:前世的缘分。④未悉绸缪:未尽相亲相爱的深厚情意。⑤驸马:近侍官的一种,汉武帝时置。魏晋后帝王的女婿称为驸马。

396. 汉谈生者,年四十,无妇,常感激读《诗经》。夜半,有女子年可十五六,姿颜服饰,天下无双,来就生,为夫妇。乃[①]言曰:"我与人不同,

勿以火照我也。三年之后，方可照耳。"与为夫妇。生一儿，已二岁，不能忍，夜伺其寝后，盗照视之。其腰已上，生肉如人，腰已下，但有枯骨。妇觉，遂言曰："君负我。我垂[②]生矣，何不能忍一岁而竟相照也？"生辞谢。涕泣不可复止，云："与君虽大义永离，然顾念我儿，若贫不能自偕活者，暂随我去，方遗君物。"生随之去，入华堂室宇，器物不凡，以一珠袍与之，曰："可以自给。"裂取生衣裾，留之而去。后生持袍诣市，睢阳[③]王家买之，得钱千万。王识之曰："是我女袍，那得在市？此必发冢。"乃取拷之。生具以实对，王犹不信。乃视女冢，冢完如故。发视之，棺盖下果得衣裾。呼其儿视，正类王女。王乃信之。即召谈生，复赐遗之，以为女婿。表其儿为郎中。

编者按：本条见《北堂书钞》一二九，《法苑珠林》九二，《太平御览》三六五、六九三引作《搜神记》。此条反映青年男女对幸福爱情的向往和追求，闪耀着反封建的民主思想的光辉。结尾还魂的努力功败垂成，说明封建礼教在当时难以冲破。这个故事给明代汤显祖以启示，他在《牡丹亭》的"题词"中说："至于杜守收考柳生，不如汉睢阳王传考谈生也。"

注：①乃：原为"之"，据《太平广记》引改。②垂：将要。③睢阳王：汉封诸侯王，治今河南商丘南。

397. 卢充者，范阳[①]人。家西三十里，有崔少府墓。充年二十，先冬至一日，出宅西猎戏。见一獐，举弓而射，中之。獐倒复起，充因逐之，不觉远。忽见道北一里许，高门，瓦屋四周，有如府舍。不复见獐。门中一铃下唱："客前。"充问："此何府也？"答曰："少府府也。"充曰："我衣恶，那得见少府？"即有一人，提一襆[②]新衣，曰："府君以此遗郎。"充便着讫，进见少府，展姓名。酒炙数行，谓充曰："尊府君不以仆门鄙陋，近得书，为君索小女婚，故相迎耳。"便以书示充。充父亡时虽小，然已识父手迹，即欷歔，无复辞免。便敕内："卢郎已来，可令女郎妆严。"且语充云："君可就东廊。"及至黄昏，内白："女郎妆严已毕。"充既至东廊，女已下车，立席头，却共拜。时为三日给食[③]。三日毕，崔谓充曰："君可归矣。女有娠相，若生男，当以相还，无相疑；生女，当留自养。"敕外严车送客。充便辞出。崔送至中门，执手涕零。出门，见一犊车，驾青衣[④]，又见本所着衣及弓箭，故在门外。寻传教将一人，提襆衣，与充相问曰："姻援

(缘)始尔,别甚怅恨,今复致衣一袭,被褥自副。”充上车,去如电逝。须臾至家,家人相见悲喜。推问,知崔是亡人而入其墓,追以懊惋。别后四年,三月三日,充临水戏,忽见水旁有二犊车,乍沉乍浮。既而近岸,同坐皆见。而充往开车后户,见崔氏女与三岁男共载。充见之忻然,欲捉其手。女举手指后车曰:“府君见人。”即见少府。充往问讯。女抱儿还充,又与金鋺[5],并赠诗曰:“煌煌灵芝质,光丽何猗猗。华艳当时显,嘉异表神奇。含英未及秀,中夏罹霜萎。荣耀长幽灭,世路永无施。不悟阴阳运,哲人忽来仪。会浅离别速,皆由灵与祇。何以赠余亲,金鋺可颐儿。恩爱从此别,断肠伤肝脾。”充取儿、鋺及诗,忽然不见二车处。充将儿还,四坐谓是鬼魅,佥遥唾之,形如故。问儿:“谁是汝父?”儿径就充怀。众初怪恶,传省其诗,慨然叹死生之玄通也。充后乘车入市卖鋺。高举其价,不欲速售,冀有识者。欻有一老婢识此,还白大家曰:“市中见一人乘车,卖崔氏女郎棺中鋺。”大家即崔氏亲姨母也。遣儿视之,果如其婢言。上车,叙姓名。语充曰:“昔我姨嫁少府,生女,未出而亡。家亲痛之,曾一金鋺,着棺中。可说得鋺本末。”充以事对。此儿亦为之悲咽。赍还白母。母即令诣充家,迎儿视之。诸亲悉集。儿有崔氏之状,又复似充貌。儿、鋺俱验,姨母曰:“我外甥三月末间产。父曰:‘春暖温也。愿休强也。’即字温休。温休者,盖幽婚也。其兆先彰矣。”儿遂成令器,历郡守二千石。子孙冠盖,相承至今。其后植[6],字子干,有名天下。

编者按:本条见《太平御览》八八四、《太平广记》三一六引作《搜神记》。受此影响,《幽明录》创作有《黄原幽婚》;明代凌濛初《二刻拍案惊奇》创作有《田孟沂幽婚薛涛》。《孔氏志怪》和《续搜神记》原文照抄,略有改动。

注:①范阳:郡名,治今河北涿州。②襆(fú 俘):包袱。③三日给食:即婚后三日宴集宾客,如今之三日回门之类。④青衣:明钞本《太平广记》引作青牛。⑤鋺:同“碗”。⑥植:卢植,东汉末人,官至尚书。

398. 后汉时,汝南汝阳[1]西门亭有鬼魅。宾客止宿,辄有死亡。其厉厌[2]者,皆亡发失精。寻问其故,云:“先时颇已有怪物。其后郡侍奉掾宜禄[3]郑奇来,去亭六七里,有一端正妇人,乞寄载。奇初难之,然后上车。入亭,趋至楼下。亭卒白:‘楼不可上。’奇云:‘吾不恐也。’时亦

注:①顿丘:古县名,西汉置。治今河南清丰西南。

407. 袁绍[1]字本初,在冀州,有神出河东,号度朔君,百姓共为立庙。庙有主簿大福。陈留蔡庯为清河太守,过谒庙。有子名道,亡已三十年。度朔君为庯设酒,曰:"贵子昔来,欲相见。"须臾,子来。度朔君自云父祖昔作兖州。有一士姓苏,母病往祷。主簿云:"君逢天士留待。"闻西北有鼓声而君至。须臾,一客来,着皂角单衣[2],头上五色毛,长数寸。去后,复一人,着白布单衣,高冠,冠似鱼头,谓君曰:"昔临庐山共食白李,忆之未久,已三千岁。日月易得,使人怅然。"去后,君谓士曰:"先来南海君也。"士是书生,君明通五经,善《礼记》,与士论礼,士不如也。士乞救母病。君曰:"卿所居东有故桥,人坏之。此桥所行,卿母犯之。能复桥,便差。"曹公讨袁谭[3],使人从庙换千疋绢,君不与。曹公遣张郃[4]毁庙。未至百里,君遣兵数万,方道而来。郃未达二里,云雾绕郃军,不知庙处。君语主簿:"曹公气盛,宜避之。"后苏并邻家有神下,识君声,云:"昔移入胡[5],阔绝三年。"乃遣人与曹公相闻:"欲修故庙,地衰不中居,欲寄住。"公曰:"甚善。"治城北楼以居之。数日,曹公猎得物,大如麑(ní),大足,色白如雪,毛软滑可爱,公以摩面,莫能名也。夜闻楼上哭云:"小儿出行不还。"公拊掌曰:"此子言真衰也。"晨将数百犬,绕楼下。犬得气,冲突内外,见有物大如驴,自投楼下,犬杀之,庙神乃绝。

编者按:本条见《太平广记》二九三引作《搜神记》。此条说明曹操不信鬼神。

注:①袁绍:东汉末人。起兵攻董卓,遂称雄北方,后为曹操所败。②着皂角单衣:《太平广记》引无"角"字。③袁谭:袁绍之子。随其父起兵。后为曹操所灭。④张郃:三国时名将。初从袁绍,后归曹操,累官左将军,封都乡侯。⑤胡:原作"湖",据《太平广记》改。

408. 临川陈臣家大富。永初元年[1],臣在斋中坐,其宅内有一町[2]筋竹,白日忽见一人,长丈余,面如方相,从竹中出。径语陈臣:"我在家多年,汝不知,今辞汝去,当令汝知之。"去一月许日,家大失火,奴婢顿死。一年中,便大贫。

编者按:本条见《太平广记》二九五引作《搜神记》。

注:①永初元年:公元107年。永初为东汉安帝刘祜年号(107—113年)。②町(tīng厅):田亩。

409. 东莱有一家,姓陈,家百余口。朝炊,釜不沸。举甑[1]看之,忽有一白头公,从釜中出。便诣师卜。卜云:"此大怪,应灭门。便归,大作械。械成,使置门壁下,坚闭门在内,有马骑麾盖来扣门者,慎勿应。”乃归,合手伐得百余械,置门屋下。果有人至,呼不应。主帅大怒,令缘门入。从人窥门内,见大小械百余。出门还说如此。帅大惶惋,语左右云:“教速来,不速来,遂无一人当去,何以解罪也?从此北行,可八十里,有一百三口,取以当之。”后十日,此家死亡都尽。此家亦姓陈云。

编者按:本条见《太平广记》三二三引作《搜神记》。冥官取人命,亦是欺软怕硬。影射人间杀弱顶强的事,从古至今,屡见不鲜。

注:①甑(zèng 赠):一种炊器。

410. 晋惠帝永康元年,京师得异鸟,莫能名。赵王伦使人持出,周旋城邑市以问人。即日,宫西有一小儿见之,遂自言曰:“服留鸟。”持者还白伦。伦使更求,又见之,乃将入宫,密笼鸟,并闭小儿于户中。明日往视,悉不复见。

411. 南康郡南东望山,有三人入山,见山顶有果树,众果毕植,行列整齐,如人行。甘子[①]正熟,三人共食,致饱,乃怀二枚,欲出示人,闻空中语云:“催放双甘,乃听汝去。”

编者按:祖冲之《述异记》录此,稍加情节。

注:①甘子:即柑子。

412. 秦瞻居曲阿[①]彭皇野,忽有物如蛇,突入其脑中。蛇来,先闻臭气,便于鼻中入,盘其头中,觉哄哄仅[②],闻其脑间食声咂咂,数日而出去。寻复来,取手巾缚鼻口,亦被入。积年无他病,唯患头重。

编者按:本条见《太平御览》九三四引作《搜神记》。此为患头疼病者的一种幻觉。

注:①曲阿:古县名,治今江苏丹阳。②觉哄哄仅:《太平御览》引作“觉泓泓冷”。

《搜神记》卷十八

编者按:本卷共27条,主要记述不怕鬼和战胜鬼的故事。干宝曰:"夫神明之正,非妖能害也。"要想不怕鬼或战胜鬼,必须自己身怀正气。张辽对妖魔鬼怪格杀勿论,表现了他的英雄气概。但是,战胜那些明目张胆的妖魔还是比较容易的,而要战胜那些伪装起来的妖魔鬼怪就比较难了。要想战胜他们,就必须以自己的"神明"去识破其本质(如《张茂先》),否则反受其害(如《吴兴老狸》)。最难战胜的是那些披着官服伪装的妖魔鬼怪(如《汤应》),而这些妖魔鬼怪对人的危害更大。

413. 魏景初[①]中,咸阳县吏王臣家,有怪,无故闻拍手相呼,伺无所见。其母夜作倦,就枕寝息。有顷,复闻灶下有呼声曰:"文约,何以不来?"头下枕应曰:"我见枕,不能往。汝可来就我饮。"至明,乃饭臿[②]也。即聚烧之,其怪遂绝。

编者按:本条见《太平广记》三六八引作《搜神记》。此条是中国古代万物皆有灵思想的反映。

注:①景初:魏明帝曹睿年号(237—239年)。②饭臿(chā叉):舀饭的瓢、勺之类用具。

414. 魏郡[①]张奋者,家本巨富,忽衰老财散,遂卖宅与程应。应入居,举家病疾,转卖邻人何文。文先独持大刀,暮入北堂中梁上。至三更竟忽有一人,长丈余,高冠黄衣,升堂呼曰:"细腰。"细腰应喏。曰:"舍中何以有生人气也?"答曰:"无之。"便去。须臾,有一高冠青衣者;次之,又有高冠白衣者。问答并如前。及将曙,文乃下堂中,如向法呼之,问曰:"黄衣者谓谁?"曰:"金也。在堂西壁下。""青衣者为谁?"曰:"钱也。在堂前井边五步。""白衣者为谁?"曰:"银也。在墙东北角柱下。""汝复为谁?"曰:"我,杵[②]也。今在灶下。"及晓,文按次掘之,得金银五百斤,钱千万贯,仍取杵焚之。由此大富,宅遂清宁。

编者按:本条见《艺文类聚》六四,《初学记》二四,《太平御览》四七二、八一一,《事类赋注》九引作《搜神记》。台湾著名古典漫画家蔡志忠编绘成《鬼屋》。家有万贯,往往是衰败的根源,因为金钱也会作怪。此条形象地说明了金钱的两面性:人若失去对金钱的支配权,金钱便会作祟为害;人若成为驾驭金钱的主人,金钱就造福于人。

注:①魏郡:东汉时治今河北磁县南。②杵(chǔ 楮):捣物的木棒槌。

415. 秦时,武都故道[①],有怒特祠[②],祠上生梓树。秦文公二十七年[③],使人伐之,辄有大风雨。树创随合,经日不断。文公乃益发卒,持斧者至四十人,犹不断。士疲还息,其一人伤足,不能行,卧树下,闻鬼语树神曰:"劳乎攻战?"其一人曰:"何足为劳。"又曰:"秦公将必不休,如之何?"答曰:"秦公其如予何。"又曰:"秦若使三百人被发,以朱丝绕树,赭衣灰坌[④]伐汝,汝得不困耶?"神寂无言。明日,病人语所闻。公于是令人皆衣赭,随斫创,坌以灰。树断,中有一青牛出,走入丰水[⑤]中。其后青牛出丰水中,使骑击之,不胜。有骑堕地复上,髻解被发,牛畏之,乃入水,不敢出。故秦自是置旄头骑。

编者按:本条见《续汉书·郡国志》五、《太平御览》九〇〇引作《搜神记》。《玄中记》和《录异传》录此,文字略有不同。任何事物,均有所长,亦有所短,避长击短,就能战而胜之。

注:①武都故道:武都郡故道县,治今甘肃武都一带。②怒特祠:即公牛庙。③秦文公二十七年:公元前739年。秦文公,春秋时秦国君,公元前765—前716年在位。④灰坌(bèn 笨):坌,并也,犹言掺入。灰坌,意为均匀地撒上灰。⑤丰水:即丰水泉,在甘肃成县西仇池山。

416. 庐江龙舒县[①]陆亭,流水边有一大树,高数十丈,常有黄鸟数千枚巢其上。时久旱,长老共相谓曰:"彼树常有黄气,或有神灵,可以祈雨。"因以酒脯往。亭中有寡妇李宪者,夜起,室中忽见一妇人,着绣衣,自称曰:"我,树神黄祖也,能兴云雨。以汝性洁,佐汝为生。朝来父老皆欲祈雨,吾已求之于帝,明日日中大雨。"至期果雨。遂为立祠。宪曰[②]:"诸卿在此[③]。吾居近水,当致少鲤鱼。"言讫,有鲤鱼数十头,飞集堂下,坐者莫不惊悚。如此岁余,神曰:"将有大兵,今辞汝去。"留一玉环,曰:"持此可以避难。"后刘表、袁术相攻,龙舒之民皆徙去,唯宪里不被兵。

编者按:本条见《太平广记》二九二、《太平寰宇记》一二六引作《搜神记》。此条刻画了一位为民造福的女神形象,同时也曲折地反映了汉末战乱给人民带来的灾难。

注:①龙舒县:汉置,即今安徽舒城县治。②宪曰:《太平寰宇记》引"宪"上有

"神谓"二字。③诸卿在此:《太平寰宇记》作"诸乡老在此"。

417. 魏桂阳[①]太守江夏张辽,字叔高,去鄢陵,家居买田。田中有大树十余围,枝叶扶疏,盖地数亩,不生谷。遣客伐之,斧数下,有赤汁六七斗出。客惊怖,归白叔高。叔高大怒曰:"树老汁赤,如何得怪!"因自严行,复斫之,血大流洒。叔高使先斫其枝,上有一空处,见白头公,可长四五尺,突出,往赴叔高,高以刀逆格之。如此凡杀四五头,并死。左右皆惊怖伏地,叔高神虑怡然如旧。徐熟视,非人非兽,遂伐其木。此所谓"木石之怪,夔、魍魉"者乎?是岁,应司空[②]辟侍御史、兖州刺史。以二千石[③]之尊,过乡里,荐祝祖考,白日绣衣荣羡,竟无他怪。

编者按:本条见《法苑珠林》四二引作《搜神记》。张辽身怀正气,对妖魔鬼怪格杀勿论,表现了他的英雄气概。同时也说明"人定胜怪"的道理。

注:①桂阳:郡名,治今湖南郴州。②司空:汉末称御史大夫为司空,仅次于丞相。③二千石:为郡守俸禄,亦代称郡守。

418. 吴先主时,陆敬叔为建安[①]太守,使人伐大樟树,下[②]数斧,忽有血出。树断,有物人面狗身,从树中出。敬叔曰:"此名'彭侯'。"乃烹食之,其味如狗。《白泽图》曰:"木之精名'彭侯',状如黑狗,无尾,可烹食之。"

编者按:本条见《法苑珠林》八、《太平御览》八八六、《太平广记》四一五引作《搜神记》。

注:①建安:治今福建建瓯。②下:中华书局本作"不"。

419. 吴时,有梓树巨围,叶广丈余,垂柯数亩。吴王伐树作船,使童男女三十人牵挽之。船自飞下水,男女皆溺死。至今潭中时有唱唤督进之音也。

编者按:此条是对吴王草菅人命的揭露。

420. 董仲舒下帷讲诵,有客来诣。舒知其非常。客又云:"欲雨。"舒戏之曰:"巢居知风,穴居知雨。卿非狐狸,则是鼷鼠。"客遂化为老狸。

编者按:任何阴谋诡计,一旦揭出底细,就会原形毕露。

421. 张华字茂先,晋惠帝时为司空。于时燕昭王[①]墓前,有一斑狐,积年能为变幻。乃变作一书生,欲诣张公。过问墓前华表曰:"以我才貌,可得见张司空否?"华表曰:"子之妙解,无为不可。但张公智度,恐难笼络,出必遇辱,殆不得返。非但丧子千岁之质,亦当深误老表。"狐不从,乃持刺谒华。华见其总角风流,洁白如玉,举动容止,顾盼生姿,雅重之。于是论及文章,辨校声实,华未尝闻。比复商略三史[②],探赜百家,谈《老》、《庄》之奥区,披《风》、《雅》之绝旨,包十圣[③],贯三才[④],箴八儒[⑤],擿五礼[⑥],华无不应声屈滞。乃叹曰:"天下岂有此年少。若非鬼魅,则是狐狸。"乃扫榻延留,留人防护。此生乃曰:"明公当尊贤容众,嘉善而矜不能。奈何憎人学问!墨子兼爱,其若是耶?"言卒,便求退。华已使人防门,不得出。既而又谓华曰:"公门置甲兵拦骑,当是致疑于仆也。将恐天下之人,卷舌而不言;智谋之士,望门而不进。深为明公惜之。"华不应,而使人防御甚严。时丰城[⑦]令雷焕,字孔章,博物士也,来访华,华以书生白之。孔章曰:"若疑之,何不呼猎犬试之?"乃命犬以试,竟无惮色。狐曰:"我天生才智,反以为妖,以犬试我,遮莫[⑧]千试万虑,其能为患乎?"华闻益怒曰:"此必真妖也。闻魑魅忌狗,所别者数百年物耳,千年老精,不能复别。惟得千年枯木照之,则形立见。"孔章曰:"千年神木,何由可得?"华曰:"世传燕昭王墓前华表木,已经千年。"乃遣人伐华表。使人欲至木所,忽空中有一青衣小儿来。问使曰:"君何来也?"使曰:"张司空有一年少来谒,多才巧辞,疑是妖魅。使我取华表照之。"青衣曰:"老狐不智,不听我言,今日祸已及我,其可逃乎!"乃发声而泣,倏然不见。使乃伐其木,血流,便将木归。燃之以照书生,乃一斑狐。华曰:"此二物不值我,千年不可复得。"乃烹之。

编者按:本条见《太平御览》九〇九引作《搜神记》。此条固然说明了张华见多识广、辨别真伪的能力,但也难掩盖其忌贤妒能的弱点。

注:①燕昭王:战国时燕国君。公元前311—前279年在位。②商略三史:商略,评论;三史,指《史记》、《汉书》、《东观汉记》三部史书。③十圣:泛指古代圣人,如尧、舜、禹、汤、文、武、周公等。④三才:指天、地、人。⑤八儒:概指儒家各派。孔子之后,儒家各派,各有主张。⑥五礼:指儒家的五种礼仪,即吉(祭祀)、凶(丧葬)、宾(宾客)、军(军旅)、嘉(婚冠)。⑦丰城:即今江西丰城。⑧遮莫:尽管之意。

422. 晋时,吴兴一人,有二男,田中作时,尝见父来骂詈[①],赶打之。儿以告母。母问其父,父大惊,知是鬼魅,便令儿斫之。鬼便寂不复往。父忧恐儿为鬼所困,便自往看。儿谓是鬼,便杀而埋之。鬼便遂归,作其

父形，且语其家："二儿已杀妖矣。"儿暮归，共相庆贺，积年不觉。后有一法师[2]过其家，语二儿云："君尊候[3]有大邪气。"儿以白父，父大怒。儿出，以语 师，令速去。师遂作声入，父即成大老狸，入床下，遂擒杀之。向所杀者，乃真父也，改殡治服。一儿遂自杀，一儿忿懊亦死。

编者按：本条见《法苑珠林》四二、《太平广记》四四二引作《搜神记》。此条说明辨别真假、分清敌我是多么重要，从古至今，很多人不注意这一点，结果干出了"亲者痛，仇者快"的蠢事。

注：①骂詈（lì 利）：责骂。②法师：指有法术的人。③候：指人的气色。原作"侯"，据《法苑珠林》改。

423. 句容县[1]麋村民黄审，于田中耕，有一妇人过其田。自塍[2]上度，从东适下而复还。审初谓是人，日日如此，意甚怪之。审因问曰："妇数从何来也？"妇人少住，但笑而不言，便去。审愈疑之，预以长镰，伺其还，未敢斫妇，但斫所随婢。妇化为狸，走去。视婢，乃狸尾耳。审追之不及。后人有见此狸出坑头，掘之，无复尾焉。

编者按：本条见《太平广记》四四二引作《搜神记》。

注：①句容县：汉置，治今江苏南京东。②塍（chéng 成）：田间的土埂子。

424. 博陵[1]刘伯祖为河东太守，所止承尘上有神，能语，常呼伯祖与语。及京师诏书诰下消息，辄预告伯祖。伯祖问其所食啖，欲得羊肝。乃买羊肝，于前切之，脔[2]随刀不见，尽两羊肝。忽有一老狸，眇眇在案前，持刀者欲举刀斫之，伯祖呵止。自着承尘上，须臾大笑曰："向者啖羊肝，醉忽失形，与府君相见，大惭愧 。"后伯祖当为司隶，神复先语伯祖曰："某月某日，诏书当到。"至期如言。及入司隶府，神随逐在承尘上，辄言省内[3]事。伯祖大恐怖，谓神曰："今职在刺举，若左右贵人，闻神在此，因以相害。"神答曰："诚如府君所虑，当相舍去。"遂即无声。

编者按：本条见《北堂书钞》一三二、《太平御览》七〇一、九一一引作《搜神记》。凡作官的人均要有后台，所谓"朝里有人好做官"是也。而想要有后台，必须有"羊肝"才行。

注：①博陵：郡名，治今河北蠡县南。刘伯祖，名祐，《后汉书》有传。②脔（luán 峦）：切成块的肉。③省内：指皇宫禁地之内。

425. 后汉建安中，沛国郡陈羡为西海都尉[1]。其部曲王灵孝，无故逃去，羡欲杀之。居无何，孝复逃走。羡久不见，囚其妇，妇以实对。羡曰："是必魅将去，当求之。"因将步骑数十，领猎犬，周旋于城外求索，果见孝于空冢中。闻人犬声，怪遂避去。羡使人扶孝以归，其形颇象狐矣，略不复与人相应，但啼呼"阿紫"。阿紫，狐字也。后十余日，乃稍稍了悟。云："狐始来时，于屋曲角鸡栖间，作好妇形，自称'阿紫'，招我。如此非一。忽然便随去，即为妻，暮辄与共还其家。遇狗不觉。"云乐无比也。道士云："此山魅也。"《名山记》曰："狐者，先古之淫妇也，其名曰'阿紫'，化而为狐。故其怪多自称'阿紫'"。

编者按：本条见《太平广记》四四七引作《搜神记》。

注：①西海都尉：汉无西海都尉。《后汉书·和帝纪》："永元元年，复置西河上郡属国都尉。"海或为"河"字之误。

426. 南阳西郊有一亭，人不可止，止则有祸。邑人宋大贤，以正道自处[①]，尝宿亭楼，夜坐鼓琴，不设兵仗。至夜半时，忽有鬼来，登梯与大贤语，眝目磋齿，形貌可恶。大贤鼓琴如故，鬼乃去。于市中取死人头来，还语大贤曰："宁可少睡耶？"因以死人头投大贤前。大贤曰："甚佳。吾暮卧无枕，正欲得此。"鬼复去。良久乃还，曰："宁可共手搏[②]耶？"大贤曰："善。"语未竟，鬼在前，大贤便逆捉其腰。鬼但急言："死。"大贤遂杀之。明日视之，乃老狐也。自是亭舍更无妖怪。

编者按：本条见《法苑珠林》四二引作《搜神记》。此条通过三个回合 细节描写，刻画了宋大贤"正道自处"、战胜鬼魅的大无畏形象。语言生动，跃然纸上，是后世小说创作的榜样。

注：①以正道自处：为人处世遵照正确的原则，不信鬼神之类歪门邪说。②手搏：空手搏斗。

427. 北部督邮西平到伯夷[①]，年三十许，大有才决，长沙太守到若章孙也。日晡时到亭，敕前导入且止。录事掾白："今尚早，可至前亭。"曰："欲作文书，便留。"吏卒惶怖，言当解去。传云："督邮欲于楼上观望，亟扫除。"须臾便上。未暝，楼镫阶下复有火。敕云："我思道，不可见火，灭去。"吏知必有变，当用赴照，但藏置壶中。日既暝，整服坐，诵《六甲[②]》、《孝经》、《易》本讫，卧。有顷，更转东首，以帤[③]巾结两足，帻冠之，密拔剑解带。夜时，有正黑者四五尺，稍高，走至柱屋。因覆伯夷。伯夷持被掩之，足跣脱，几失。再三。以剑带击魅脚，呼下火上，照视之，老狐正赤，略无衣毛。持下烧杀。明旦，发楼屋，得所髡[④]人髻百余。因此遂绝。

编者按：战胜"鬼魅"，亦要智谋，所谓"要想捉住狐狸，必须比狐狸更狡猾"是也。

注：①北部督邮到伯夷：每郡按地域分数部，每部设一督邮，代表太守督察行事。到伯夷，据《后汉书》"到"应为"郅"。②《六甲》：叙述道家遁甲之术的书。③帤（rú 如）：原作"拏"，据《风俗通》改。《方言》："大巾，陈、颍之间谓之帤。"④髡（kūn 坤）：剃掉头发。

428. 吴中有一书生，皓首，称胡博士，教授诸生。忽复不见。九月初九日，士人相与登山游观，闻讲书声，命仆寻之。见空冢中，群狐罗列，见人即走。老狐独不去，乃是皓首书生。

编者按：本条见《太平御览》九〇九引作《搜神记》。台湾著名古典漫画家蔡志忠编绘成《狐仙》。

429. 陈郡谢鲲[①]，谢病去职，避地于豫章。尝行经空亭中，夜宿。此亭旧每杀人。夜四更，有一黄衣人，呼鲲字云："幼舆，可开户。"鲲澹然无惧色，令申臂于窗中。于是授腕，鲲即极力而牵之，其臂遂脱，乃还去。明日看，乃鹿臂也。寻血取获。尔后此亭无复妖怪。

编者按：《幽明录》录入此条，文字稍有不同；《晋书》将此事编入《谢鲲传》。

注：①陈郡谢鲲：陈郡，治陈县（今河南淮阳）。谢鲲，字幼舆，晋人，任豫章太守。《晋书》有传。

430. 晋有一士人，姓王，家在吴郡。还至曲阿，日暮，引船上当大埭[①]。见埭上有一女子，年十七八，便呼之留宿。至晓，解金铃系其臂。使人随至家，都无女人，因逼猪栏中，见母猪臂有金铃。

编者按：本条见《太平广记》四三九引作《搜神记》。此条及443条《张福与鼍》，均可作寓言读。这种人与异物遇合的记述，成了后世的一种格式：某人与一美女相遇，极尽缠绵后，美女原形毕露，化为异物而去。表面上看起来，荒谬绝伦。其实这是在封建礼教压抑下，埋藏在心灵深处的性欲苦闷和性欲解放的扭曲反映。因为文章出自男子之手，所以都是女子主动而来，倏然而去。将女子幻化为异物，既满足了性欲的要求，又摆脱了封建礼教的束缚。台湾著名漫画家蔡志忠编绘成《猪臂金铃》。

注:①埭(dài 带):堵水的土堤。

431. 汉齐[①]人梁文,好道。其家有神祠,建室三四间,座上施皂帐,常在其中,积十数年。后因祀事,帐中忽有人语,自呼"高山君"。大能饮食,治病有验。文奉事甚肃。积数年,得进其帐中。神醉,文乃乞得奉见颜色。谓文曰:"授手来。"文纳手,得持其颐,髯[②]须甚长。文渐绕手,卒然引之,而闻作羊声。座中惊起,助文引之,乃袁公路[③]家羊也。失之七八年,不知所在。杀之,乃绝。

编者按:本条见《太平广记》四三九引作《搜神记》。将羊做神奉祠,且"治病有验"。这是对迷信思想的莫大讽刺。

注:①齐:战国时齐地,包括今山东泰山以北黄河流域及胶东半岛地区。②颐:下巴;髯,两颊的胡须。③袁公路:即袁术。袁绍之弟,东汉末曾割据扬州,称帝。后为曹操所败。

432. 北平[①]田琰,居母丧,恒处庐。向一期[②],夜忽入妇室。密怪之,曰:"君在毁灭之地,幸可不甘[③]。"琰不听而合。后琰暂入,不与妇语,妇怪无言,并以前事责之。琰知鬼魅。临暮竟未眠,衰服挂庐。须臾,见一白狗,攫庐衔衰衣,因变为人,著而入。琰随后逐之,见犬将升妇床,便打杀之。妇羞愧而死。

编者按:本条见《太平广记》四三八引作《搜神记》。

注:①北平:郡名,治徐元(今河北遵化东)。②期:原作"暮",据明钞本《太平广记》改。③幸可不甘:明钞本《太平广记》作"岂可如此"。

433. 司空南阳来季德[①],停丧在殡,忽然见形,坐祭床上,颜色服饰声气,熟是也。孙儿妇女,以次教戒,事有条贯。鞭朴奴婢,皆得其过。饮食既绝,辞诀而去。家人大小,哀割断绝。如是数年,家益厌苦。其后饮酒过多,醉而形露,但得老狗,便共打杀。因推问之,则里中沽酒家狗也。

编者按:本条见《太平广记》四三八引作《搜神记》。本条和上条写的是狗,实际指人。社会上从古至今,就是有禽兽不如之人,他们投机钻营,乘人之危,欺男霸女,无恶不作。20 世纪 50 年代初,国家"打杀"了这些南霸天、北霸天,百姓拍手称快,社会从此太平。如今,这种人又死灰复燃,祸害百姓,令人发指。

注:①来季德:据《后汉书·来歙传》,名艳,灵帝刘宏时为司空。

434. 山阳王瑚,字孟琏,为东海兰陵尉[①]。夜半时,辄有黑帻白单衣吏,诣县叩阁,迎之则忽然不见。如是数年。后伺之,见一老狗,黑头[②]白躯犹故,至阁便为人。以白孟琏,杀之乃绝。

编者按:本条见《艺文类聚》九四、《太平御览》九〇五、《太平广记》四三八引作《搜神记》。本性为狗,硬要装人,死有余辜!

注:①尉:县尉,县的军事长官。②黑头:据《艺文类聚》等补。

435. 桂阳太守李叔坚,为从事。家有犬,人行[①],家人言:"当杀之。"叔坚曰:"犬马喻君子,犬见人行,效之,何伤。"顷之,狗戴叔坚冠走,家大惊。叔坚云:"误触冠,缨挂之耳。"狗又于灶前畜火,家益怔营[②]。叔坚复云:"儿婢皆在田中,狗助畜火,幸可不烦邻里。此有何恶。"数日,狗自暴死,卒无纤芥[③]之异。

编者按:狗亦如人,作恶多端必自毙。

注:①人行:像人一样行走。②怔(zhēng 征)营:惶惧不安。③纤芥:细微。

436. 吴郡无锡,有上湖大陂[①]。陂吏丁初,天每大雨,辄循[②]堤防。春盛雨,初出行塘。日暮回,顾有一妇人,上下青衣,戴青伞,追后呼:"初掾[③]待我。"初时怅然,意欲留俟之,复疑:"本不见此,今忽有妇人冒阴雨行,恐必鬼物。"初便疾走,顾视妇人,追之亦急。初因急行,走之转远,顾视妇人,乃自投陂中,汜然作声,衣盖飞散,视之是大苍獭[④],衣伞皆荷叶也。此獭化为人形,数媚年少者也。

编者按:本条见《艺文类聚》八二、《太平御览》七〇二、《太平广记》四六八引作《搜神记》。丁初不为女色所引诱,是个正人君子。

注:①上湖:《越绝书》:"无锡湖,周万五千顷,其一千三百顷,毗陵上湖也。去县五十里,一射贯湖。"陂(bēi 卑),池塘。②循:通"巡"。巡行。③初掾:初,丁初;掾,掾吏。④獭(tǎ):即水獭。

437. 魏齐王芳正始[①]中,中山[②]王周南为襄邑长。忽有鼠从穴出,在厅事上,语曰:"王周南,尔以某月某日当死。"周南急往,不应。鼠还穴。后至期复出,更冠帻皂衣而语曰:"周南,尔日中当死。"亦不应。鼠复入穴。须臾复出,出复入,转行数语如前。日适中,鼠复曰:"周南,尔不应死,我复何道!"言讫,颠蹶而死,即失衣冠所在。就视之,与常鼠无异。

编者按:本条见《法苑珠林》四二、《太平寰宇记》二引作《搜神记》。本身为鼠,是一个没思想,没道德,自私自利的小动物,却要"冠帻皂衣"

作官,处心积虑陷害别人,最后落个“颠蹶而死”的可悲下场。作官者应以“鼠”为戒。

注:①正始:三国魏齐王芳年号(240—248 年)。②中山:郡名,治卢奴(今河北定州)。

438. 安阳[1]城南有一亭,夜不可宿,宿辄杀人。书生明术数[2],乃过宿之。亭民曰:“此不可宿,前后宿此,未有活者。”书生曰:“无苦也。吾自能谐。”遂住廨舍,乃端坐诵书,良久乃休。夜半后,有一人,著皂单衣,来往户外,呼“亭主”,亭主应诺。曰:“见亭中有人耶?”答曰:“向者有一书生,在此读书。适休,似未寝。”乃喑嗟[3]而去。须臾,复有一人冠赤帻者,呼“亭主”,问答如前。复喑嗟而去。既去寂然。书生知无来者,即起诣向者呼处,效呼“亭主”。亭主亦应诺。复云“亭中有人耶?”亭主答如前。乃问曰:“向黑衣来者谁?”曰:“北舍母猪也。”又曰:“冠赤帻来者谁?”曰:“西舍老雄鸡父也。”曰:“汝复谁耶?”曰:“我是老蝎也。”于是书生密便诵书至明,不敢寐。天明,亭民来视,惊曰:“君何得独活?”书生曰:“促索剑来,吾与卿取魅。”乃握剑至昨夜应处,果得老蝎,大如琵琶,毒长数尺。西舍得老雄鸡父,北舍得老母猪。凡杀三物,亭毒遂静,永无灾横。

编者按:本条见《法苑珠林》四二、《太平御览》九一八、《太平广记》四三九、《太平寰宇记》五五引作《搜神记》。所谓“老蝎”、“老雄鸡父”和“老母猪”都是地霸的象征,他们联合起来,为害一方。能发动群众,“凡杀三物”,决非一般“书生”所能为。因为凡地霸都与统治阶级内部掌权者有牵连,即所谓“保护伞”是也。

注:①安阳:古县名,治今河南正阳西南。②术数:指用阴阳五行推断人事吉凶的法术。③喑(yīn 因)嗟:轻声叹息。

439. 吴时,庐陵郡都亭[1]重屋中,常有鬼魅,宿者辄死。自后使官,莫敢入亭止宿。时丹阳人汤应者,大有胆武,使至庐陵,便止亭宿。吏启不可,应不听。迸[2]从者还外,唯持一大刀,独处亭中。至三更竟,忽闻有叩阁者。应遥问:“是谁?”答云:“部郡[3]相闻。”应使进,致词而去。顷间,复有叩阁者如前,曰:“府君相闻。”应复使进,身著皂衣。去后,应谓是人,了无疑也。旋又有叩阁者,云:“部郡、府君相诣。”应乃疑曰:“此夜非时,又部郡、府君,不应同行[4]。”知是鬼魅。因持刀迎之。见二人,皆盛衣服，俱进。坐毕，府君者便与应谈。谈未竟，而部郡忽起至应背后。应乃回顾，以刀逆击，中之。府君下坐走出，应急追，至亭后墙下，及之。斫伤数下，应乃还卧。达曙，将人往寻，见有血迹，皆得之。云称府君者，是一老狶[5]也；部郡者，是一老狸也。自是遂绝。

编者按：本条见《法苑珠林》四二、《太平御览》八八五、《太平广记》四三九引作《搜神记》。汤应应为"钦差大臣"之类，所持"大刀"应为"尚方宝剑"之类，否则就无权对"部郡"、"府君"这样的大官开刀。实际上能为"鬼魅"，乱杀无辜者，就是这些官吏。"老狶"和"老狸"都可为高官，这是社会动乱，政治黑暗的原因之一。

注：①都亭：郡治所在之亭。②迸：通"屏"，使退下。③部郡：《通典》："部郡国从事吏，每郡国各一人，汉制也。主督促文书，举非法。"④部郡、府郡不应同行：按回避制度，部郡、郡守互相监督，不应同行办事。⑤狶（xī 希）：即猪。

《搜神记》卷十九

编者按:本卷共9条,是前卷的继续。卷中包含有"在战略上藐视敌人,在战术上重视敌人"的宝贵思想。李寄战胜巨蛇,事先就作好了充分准备。孔子看到大鳀鱼"甲车间时时开如掌",就让子路"探其甲车,引而奋登",击其要害,战而胜之。卷末条说人的命运是上天早已安排好的,和"君权神授"一样,宣扬的都是宿命论观念。这种观念,在古代流毒甚广,至今余毒未散。笔者提醒读者:阅读本书,要警惕宿命论的伤害。

440. 东越[①]闽中有庸岭,高数十里。其西北隙中有大蛇,长七八丈,大十余围,土俗常惧。东治(冶)都尉及属城长吏,多有死者。祭以牛羊,故不得祸。或与人梦,或下谕巫祝,欲得啖童女年十二三者。都尉令长并共患之,然气厉[②]不息。共请求人家生婢子,兼有罪家女养之。至八月朝祭,送蛇穴口。蛇出,吞啮之。累年如此,已用九女。尔时预复募索,未得其女。将乐县李诞家,有六女,无男。其小女名寄,应募欲行,父母不听。寄曰:"父母无相,惟生六女,无有一男,虽有如无。女无缇萦[③]济父母之功,既不能供养,徒费衣食,生无所益,不如早死。卖寄之身,可得少钱,以供父母,岂不善耶?"父母慈怜,终不听去。寄自潜行,不可禁止。寄乃告请好剑及咋蛇犬。至八月朝,便诣庙中坐,怀剑将犬。先将数石米糍[④],用蜜麨[⑤]灌之,以置穴口。蛇便出,头大如囷[⑥],目如二尺镜,闻糍香气,先啖食之。寄便放犬,犬就啮咋,寄从后斫得数剑。疮痛急,蛇因踊出,至庭而死。寄入视穴,得其九女髑髅[⑦],悉举出,咤言曰:"汝曹怯弱,为蛇所食,甚可哀愍。"于是寄女缓步而归。越王闻之,聘寄女为后,拜其父为将乐令,母及姊皆有赏赐。自是东冶无复妖邪之物。其歌谣至今存焉。

编者按:本条见《北堂书钞》一二二,《艺文类聚》九四,《法苑珠林》四二,《太平御览》三四四、四三七、四四一、九〇五引作《搜神记》。此条揭露官吏的昏庸和无能,歌颂群众的机智和勇敢。李寄是《搜神记》中塑造的地位最低、年龄最小,描写最为生动的女子艺术形象。一篇不满

400 字的小说，能将人物形象刻画得跃然纸上，干宝不愧为中国小说的第一位艺术大师。结尾全家被封，是封建思想的反映。

注：①东越：西汉小国，为越王勾践之后。国都东冶（今福建福州）。②气疠：疠通“疠”。③缇萦（tí yíng 题营）：姓淳于，汉临淄人。其父五女无男。因事获罪下狱，当受肉刑。她随父至长安，上书自愿入宫为婢，以赎父罪。汉文帝怜之，诏除肉刑，其父得免。④糍（cí 词）：用糯米蒸制的食品。⑤麨（chǎo 炒）：炒麦磨成的粉，味很香。⑥囷（jūn 逡）：谷囤，园形的谷仓。⑦髑髅（dú lóu 独楼）：死人的头骨。

441. 晋武帝咸宁中，魏舒为司徒。府中有二大蛇，长十许丈，居厅事平撩[①]上。止之数年，而人不知，但怪府中数失小儿及鸡犬之属。后有一蛇夜出，经柱侧，伤于刃，病不能登，于是觉之。发徒数百，攻击移时[②]，然后杀之。视所居，骨骼盈宇之间。于是毁府舍，更立之。

编者按：本条见《太平广记》四五六引作《搜神记》。此条说明司徒府乃藏污纳垢之所。

注：①平撩（liáo 辽）：房舍的椽木。②移时：超过一个时辰。

442. 汉武帝时，张宽为扬州刺史。先是有二老翁争山地，诣州讼疆界，连年不决。宽视事，复来。宽窥二翁形状非人，令卒持杖戟将入，问：“汝等何精？”翁走，宽呵格之，化为二蛇。

编者按：本条见《太平御览》三五三、《太平广记》四五六引作《搜神记》。

443. 荥阳[①]人张福，船行还野水边。夜有一女子，容色甚美，自乘小船，来投福，云：“日暮畏虎，不敢夜行。”福曰：“汝何姓？作此轻行。无笠，雨驶，可入船就避雨。”因共相调，遂入就福船寝。以所乘小舟，系福船边。三更许，雨晴月照，福视妇人，乃是一大鼍，枕臂而卧。福惊起，欲执之，遽走入水。向小舟，是一枯槎段[②]，长丈余。

编者按：本条见《太平御览》九三二、《太平广记》四六八引作《搜神记》。戴祚《甄异记》改编为《杨丑奴》。丑恶的灵魂，往往披上美丽的外衣；贪图便宜的人，最容易上当。台湾著名漫画家蔡志忠改编为《俪人行》。

注：①荥阳：郡名，治今河南荥阳东北。《太平广记》作“鄱阳”。②槎（chā 察）段：树段。

444. 丹阳道士谢非，往石城[①]买冶釜[②]。还，日暮，不及至家。山中庙舍于溪水上,入中宿。大声语曰:“吾是天帝使者,停此宿。”犹畏人劫夺其釜,意苦搔搔不安。二更中,有来至庙门者,呼曰:“何铜。”铜应喏。曰:“庙中有人气,是谁?”铜云:“有人,言是天帝使者。”少顷便还。须臾,又有来者,呼铜,问之如前,铜答如故,复叹息而去。非惊扰不得眠,遂起,呼铜问之:“先来者谁?”答言:“是水边穴中白鼍。”“汝是何等物?”答言:“是庙北岩嵌[3]中龟也。”非皆阴识之。天明,便告居人,言:“此庙中无神。但是龟、鼍之辈,徒费酒食祀之。急具锸来,共往伐之。”诸人亦颇疑之。于是并会伐掘,皆杀之。遂坏庙绝祀,自后安静。

编者按:本条见《太平广记》四六八引作《搜神记》。其实,凡是庙中皆无神,有的只是用各种材料雕塑的各种人的塑像,可供人们作为艺术欣赏。 “坏庙绝祀,自后安静”:含义深刻,启人猛醒。

注:①石城:即石头城,在今江苏南京。②冶釜:铸铁锅。③岩嵌(qiàn 欠):岩石中的洞穴。

445. 孔子厄于陈[1],弦歌于馆中。夜有一人,长九尺余,著皂衣高冠,大吒,声动左右。子贡进,问:“何人耶?”便提子贡而挟之。子路引出,与战于庭。有顷,未胜。孔子察之,见其甲车间时时开如掌。孔子曰:“何不探其甲车,引而奋登?”子路引之,没手仆于地,乃是大鳀[2]鱼也。长九尺余。孔子曰:“此物也,何为来哉?吾闻:物老则群精依之,因衰而至。此其来也,岂以吾遇厄绝粮,从者病乎?夫六畜之物,及龟、蛇、鱼、鳖、草、木之属,久者神皆凭依,能为妖怪,故谓之五酉。五酉者,五行之方,皆有其物。酉者,老也,物老则为怪,杀之则已,夫何患焉?或者天之未丧斯文,以是系予之命乎?不然,何为至于斯也?”弦歌不辍。子路烹之,其味滋,病者兴,明日遂行。

编者按:本条见《法苑珠林》四三、《太平御览》八八六、《太平广记》四六八引作《搜神记》。

注:①孔子厄于陈:指孔子率学生周游列国,曾绝粮困厄于陈国。②鳀(tí 题)鱼:亦称“黑背鰛”。体长,侧扁,银灰色。

446. 豫章有一家,婢在灶下,忽有人长数寸,来灶间壁,婢误以履践之,杀一人。须臾,遂有数百人,著衰麻服,持棺迎丧,凶仪皆备。出东门,入园中覆船下。就视之,皆是鼠妇。婢作汤灌杀,遂绝。

编者按:本条见《太平御览》九四九、《太平广记》四七八引作《搜神记》。

447. 狄希,中山人也。能造千日酒,饮之千日醉。时有州人姓刘,名玄石,好饮酒,往求之。希曰:“我酒发来未定,不敢饮君。”石曰:“纵未熟,且与一杯,得否?”希闻此语,不免饮之。复索曰:“美哉!可更与之。”希曰:“且归,别日当来,只此一杯,可眠千日也。”石别,似有怍色[①]。至家,醉死。家人不之疑,哭而葬之。经三年,希曰:“玄石必应酒醒,宜往问之。”既往石家。诘曰:“石在家否?”家人皆怪之,曰:“玄石亡来,服以阕[②]矣。”希惊曰:“酒之美矣,而致醉眠千日,今合醒矣。”乃命其家人凿冢破棺看之,冢上汗气彻天,遂命发冢。方见开目张口,引声而言曰:“快哉,醉我也。”因问希曰:“尔作何物也,令我一杯大醉,今日方醒?日高几许?”墓上人皆笑之,被石酒气冲入鼻中,亦各醉卧三月。

编者按:不仅酒可醉人,色可醉人,钱可醉人,权可醉人,神鬼也可醉人。有的人不是醉千日,而是醉千月,醉终生。看得见的千日酒未必真有,看不见的千日酒到处有,随时有,喝与不喝,就悉听尊便了。

注:①怍(zuò 作)色:脸色变化。谓酒上脸。②服以阕:古礼父母或丈夫死,守丧三年,其满除服,称为服阕。以,通“已”。

448. 陈仲举[①]微时,常宿黄申家。申妇方产,有扣申门者,家人咸不知。久久(之),方闻屋里有人言:“宾堂[②]下有人,不可进。”扣门者相告曰:“今当从后门往。”其人便往。有顷还,留者问之:“是何等?名为何?当与几岁?”往者曰:“男也,名为‘奴’。当与十五岁。”“后应以何死?”答曰:“应以兵死。”仲举告其家曰:“吾能相。此儿当以兵死。”父母惊之,寸刃不使得执也。至年十五,有置凿于梁上者,其末出,奴以为木也,自下钩之,凿从梁落,陷脑而死。后仲举为豫章太守,故遣吏往饷之申家,并问奴所在。其家以此具告。仲举闻之,叹曰:“此谓命也。”

编者按:本条见《太平御览》三六一、七六三引作《搜神记》。此条与本书卷九第242条魏舒事基本相同,说明此种宿命论的故事流传颇广。《天方夜谭·第三个流浪汉的故事》中有“伊本·海绥布王子和珠宝商儿子”的故事,其思想和故事情节(15岁,死于兵)均与此同。

注:①陈仲举:即陈蕃,字仲举,东汉汝南平舆(今属河南)人。官至太傅,录尚书事,封高阳侯。微时,谓贫贱之时。②宾堂:招待宾客住的堂屋。

《搜神记》卷二十

编者按:本卷共16条,均可作寓言或童话读。其中心是佛教的因果报应思想,即"恶有恶报,善有善报;不是不报,时间未到;时间已到,一定要报。""惩恶扬善"也是贯穿于《搜神记》全书的中心思想。《搜神记》在中华文化中,开创了儒、道、佛合流的先河,而儒、道、佛三种思想的切合点就是"惩恶扬善"。作者反复警示世人,特别是统治阶级,要自觉地弃恶扬善,使社会风气好转,以达到国家的长治久安。这也是"发愤"纂修《搜神记》希望达到的目的。

449. 晋魏郡亢阳,农夫祷于龙洞,得雨,将祭谢之。孙登[①]见曰:"此病龙雨,安能苏禾稼乎?如弗信,请嗅之。"水果腥秽。龙时背上生大疽,闻登言,变为一翁,求治,曰:"疾痊,当有报。"不数日,果大雨。见大石中裂开一井,其水湛然。龙盖穿此井以报[②]也。

编者按:有人疑本条非《搜神记》,说东晋初期,作为水神龙王的观念尚未形成。并非如此。干宝在《阴阳自然变化论》中说"龙能变水",可见龙王作为水神已经开始流传。就《搜神记》而言,作为水神,雨师(2条)、河伯(74条)、龙王(本条)三者并存,可见此时龙王与河伯的交接手续尚未完成。

注:①孙登:字公和,汲郡共(今河南卫辉)人。《晋书》有传。②龙盖穿此井以报:疑即今之百泉,在卫辉。

450. 苏易者,庐陵妇人,善看产,夜忽为虎所取。行六七里,至大圹[①],厝[②]易置地,蹲而守。见有牝虎当产,不得解,匍匐欲死,辄仰视。易悟[③]之,乃为探出之,有三子。生毕,牝(牡)虎负易还。再三送野肉于门内。

编者按:本条见《太平御览》八九二引作《搜神记》。《搜神记》将各种动物(甚至个别植物,如大树)人格化,这是寓言和童话的特点。千万注意,将动物人格化,是文艺创作的写作手法,并非真的如此。如果认假为真,那就是迷信了。

注:①圹(kuàng 矿):墓穴。②厝(cuò 错):安置,放下。③悟:原作"怪",据

《太平御览》改。

451. 哙参,养母至孝。曾有玄鹤[①],为弋人[②]所射,穷而归参。参收养,疗治其疮,愈而放之。后鹤夜到门外,参执烛视之,见鹤雌雄双至,各衔明珠,以报参焉。

编者按:本条见《艺文类取》八四,《太平御览》四七九、八〇三,《事类赋注》九引作《搜神记》。

注:①玄鹤:即黑鹤。据传说鹤千岁化为苍色,又千岁变为黑色。②弋(yì 亦)人:射鸟的人。

452. 汉时弘农杨宝[①],年九岁时,至华阴山北,见一黄雀,为鸱枭[②]所搏,坠于树下,为蝼蚁所困。宝见愍之,取归,置巾箱中,食以黄花。百余日,毛羽成,朝去暮还。一夕三更,宝读书未卧,有黄衣童子向宝再拜曰:"我西王母使者,使蓬莱,不慎为鸱枭所搏。君仁爱见拯,实感盛德。"乃以白环四枚与宝,曰:"令君子孙洁白,位登三事[③],当如此环。"

编者按:本条见《敦煌石室古籍丛残·唐人类书》一引作《搜神记》。

注:①杨宝:弘农郡华阴县(今属陕西)人,东汉大臣杨震的父亲。②鸱枭(chī xiāo 痴嚣):猫头鹰一类的猛禽。③位登三事:即官位至三公。

453. 隋县[①]溠水侧,有断蛇丘。隋侯出行,见大蛇,被伤中断,疑其灵异,使人以药封之。蛇乃能走。因号其处"断蛇丘"。岁余,蛇衔明珠以报之。珠盈径寸,纯白,而夜有光明,如月之照,可以烛室。故谓之"隋(侯)珠",亦曰"灵蛇珠",又曰"明月珠"。丘南有隋季良[②]大夫池。

编者按:本条见《艺文类聚》八四、九六,慧琳《一切经音义》二八,《太平御览》八〇三,《太平广记》四〇二,《事类赋注》二〇、二八引作《搜神记》。 此条形成成语"隋侯之珠",又与和氏璧合称"隋侯之珠,和氏之璧",简称"隋珠和璧",指世上罕有的珍宝。

注:①隋县:即今湖北随州。②季良:当为"季梁",隋大夫。

454. 孔愉[①],字敬康,会稽山阴人。元帝时,以讨华轶[②]功封侯。愉少时,尝经行馀不亭。见笼龟于路者,愉买之,放于馀不溪中。龟中流,左顾者数过。及后以功封馀不亭侯。铸印而龟钮左顾,三铸如初。印工以闻。愉乃悟其为龟之报,遂取佩焉。累迁尚书左仆射,赠车骑将军。

编者按:这是受佛教思想影响放生得禄的故事。受此影响,唐代传奇创作了大量放生报恩的故事,而龟精报恩写得最生动的是薛渔思的

《原化记·韦丹》。当前放生者有两种:为生态平衡而放生是科学;为得禄而放生是愚昧。

注:①孔愉(267—342年):《晋书》有传。②华轶:字颜夏,平原(今山东平原西南)人。魏太尉华歆之曾孙。晋永嘉中历官江州刺史。后因不服从元帝命令,被讨伐斩首。

455. 古巢[①],一日江水暴涨,寻[②]复故道。港有巨鱼,重万斤,三日乃死。合郡皆食之,一老姥独不食。忽有老叟[③]曰:"此吾子也,不幸罹此祸。汝独不食,吾厚报汝。若东门石龟目赤,城当陷。"姥日往视,有稚子讶之,姥以实告。稚子欺之,以朱傅[④]龟目。姥见,急出城。有青衣童子曰:"吾龙之子。"乃引姥登山,而城陷为湖。

注:①古巢:古县名,即今安徽无为。②寻:旋即,不久。③老叟:老头。④傅:通"附",涂抹之意。

456. 吴富阳县董昭之,尝乘船过钱塘江,中央见有一蚁,着一短芦,走一头,回复向一头,甚惶遽。昭之曰:"此畏死也。"欲取着船。船中人骂:"此是毒螫物,不可长。我当蹹[①]杀之。"昭意甚怜此蚁,因以绳系芦着船。船至岸,蚁得出。其夜,梦一人乌衣,从百许人来谢云:"仆是蚁中之王,不慎堕江,惭君济活。若有急难,当见告语。"历十余年,时所在劫盗,昭之被横录[②]为劫主,系狱余杭。昭之忽思:"蚁王梦,缓急当告。今何处告之?"结念之际,同被禁者问之,昭之具以实告。其人曰:"但取两三蚁着掌中,语之。"昭之如其言。夜果梦乌衣人云:"可急投余杭山[③]中。天下既乱,赦令不久也。"于是便觉。蚁啮械已尽,因得出狱。过江,投余杭山。旋遇赦,得免。

编者按:蚁,小物也,知恩必报,况且人乎?

注:①蹹:同"蹋"。践踩。②横录:横加罪名。③余杭山:《越绝书》:"秦余杭山者,越王栖吴夫差山也。山有湖,水近太湖。"

457. 孙权时,李信纯,襄阳纪南[①]人也。家养一狗,字曰"黑龙",爱之尤甚,行坐相随,饮馔之间,皆分与食。忽一日,于城外饮酒大醉,归家不及,卧于草中。遇太守郑瑕出猎,见田草深,遣人纵火爇[②]之。信纯卧处,恰当顺风。犬见火来,乃以口拽纯衣,纯亦不动。卧处比有一溪,相去三五十步,犬即奔往,入水湿身,走来卧处。周回以身洒之,获免主人大难。犬运水困乏,致毙于侧。俄尔信纯醒来,见犬已死,遍身毛湿,甚讶其事。睹火踪迹,因尔恸哭。闻于太守,太守悯之曰:“犬之报恩甚于人。人不知恩,岂如犬乎?”即命具棺椁衣衾葬之。今纪南有义犬冢,高十余丈。

编者按:受此影响,《搜神后记》创作有《杨生狗》;蒲松龄《聊斋志异》创作有《义犬》。

注:①襄阳纪南:襄阳,郡名,治今湖北襄樊。纪南,在今湖北江陵西北。②爇(ruò 若):放火焚烧。

458. 太兴[①]中,吴民华隆,养一快犬,号“的尾”,常将自随。隆后至江边伐荻,为大蛇盘绕,犬奋咋蛇,蛇死。隆僵仆无知,犬彷徨涕泣,走还舟,复反草中。徒伴怪之,随往,见隆闷绝,将归家。犬为不食。比隆复苏,始食。隆愈爱惜,同于亲戚。

注:①太兴:晋元帝司马叡年号(318—321 年)。

459. 庐陵太守太原庞企,字子及。自言其远祖不知几何世也,坐事系狱,而非其罪,不堪拷掠,自诬服之。及狱将上,有蝼蛄虫行其左右,乃谓之曰:“使尔有神,能活我死,不亦善乎?”因投饭与之。蝼蛄食饭尽去,顷复来,形体稍大,意每异之,乃复与食。如此去来,至数十日间,其大如豚。及竟报[①],当行刑。蝼蛄夜掘壁根为大孔,乃破械,从之出去。久时遇赦得活。于是庞氏世世常以四节[②]祠祀之于都衢处。后世稍怠,不能复特为馔,乃投祭祀之余以祀之。至今犹然。

编者按:本条见《法苑珠林》七八、刘赓《稽瑞》、《太平广记》四七三引作《搜神记》。《搜神记》将各种动物人格化,而人格化的动物都有人情味,使人觉得好像真的一样。这就是艺术的真实性。凡童话均不符合社会和自然的真实性,但却符合艺术的真实性。

注:①竟报:最终判决。②四节:即春夏秋冬四时。

460. 临川东兴[①],有人入山,得猿子,便将归。猿母自后逐至家。此人缚猿子于庭中树上,以示之。其母便搏颊[②]向人,欲乞哀状[③],直谓口不能言耳。此人既不能放,竟击杀之。猿母悲唤,自掷而死。此人破肠视之,寸寸断裂。未半年,其家疫死,灭门。

编者按:本条见《太平广记》一三一引作《搜神记》。此条反映佛教的惜生思想和“恶有恶报”的观念。

注:①东兴:古县名,治今江西黎州东北。②搏颊:自打耳光。③欲乞哀状:明

钞本《太平广记》作"若哀乞状"。

461. 冯乘[①]虞荡,夜猎,见一大麈[②],射之。麈便云:"虞荡,汝射杀我耶!"明晨,得一麈而入,即时荡死。

编者按:本条见《太平御览》九〇六引作《搜神记》。

注:①冯乘:古县名,古城在今湖南江华西南60里。②麈(zhǔ 主):兽名。似鹿而大,其尾辟尘。

462. 吴郡海盐县北乡亭里,有士人陈甲,本下邳人。晋元帝时,寓居华亭[①],猎于东野大薮[②]。欻见大蛇,长六七丈,形如百斛船[③],玄黄五色,卧冈下。陈即射杀之,不敢说。三年,与乡人共猎,至故见蛇处。语同行曰:"昔在此杀大蛇。"其夜,梦见一人,乌衣黑帻,来至其家,问曰:"我昔昏醉,汝无状杀我。我昔醉,不识汝面,故三年不相知。今日来就死。"其人即惊觉,明日,腹痛而卒。

编者按:本条见《太平广记》一三一引作《搜神记》。所谓鬼,原以为只有人死为鬼,非也。凡是动物,死后皆可为鬼。此条即写蛇鬼复仇。

注:①华亭:在江苏松江西。②薮(sǒu 叟):沼泽地。③百斛船:能容百斛的大船。

463. 邛都县[①]下,有一老姥,家贫孤独,每食,辄有小蛇,头上戴角,在床间,姥怜而饴之食。后稍长大,遂长丈余。令有骏马,蛇遂吸杀之。令因大忿恨,责姥出蛇。姥云:"在床下。"令即掘地,愈深愈大,而无所见。令又迁怒,杀姥。蛇乃感人以灵,言:"瞋令,何杀我母?当为母报仇。"此后每夜,辄闻若雷若风,四十许日,百姓相见,咸惊语:"汝头那忽戴鱼?"是夜,方四十里,与城一时俱陷为湖[②]。土人谓之为"陷湖"。唯姥宅无恙,讫今犹存。渔人采捕,必依止宿,每有风浪,辄居宅侧,恬静无他。风静水清,犹见城郭楼橹宛然[③]。今水浅时,彼土人没水,取得旧木,坚贞光黑如漆。今好事人以为枕,相赠。

编者按:此条宣扬了惩恶扬善思想,后世有很多陷湖事都以此为模式进行衍化。

注:①邛(qióng 穷)都县:西汉置,治今四川西昌东南。②陷为湖:疑为西昌的邛海。③宛然:原作"畟(cè 测)然",据《益州记》改。

464. 建业有妇人,背生一瘤,大如数斗囊,中有物如茧栗[①],甚众,行即有声。恒乞于市,自言村妇也,常与姊姒[②]辈分养蚕,已独频年损耗。

因窃其姒一囊茧焚之。顷之，背患此疮，渐成此瘤。以衣覆之，即气闭闷，常露之乃可，而重如负囊。

编者按：本条见《太平广记》一三三引作《搜神记》。

注：①如茧栗：如茧之细，如栗之坚。②姊姒（sì 四）：妯娌之间互称。

《搜神记》佚文

编者按:干宝的《搜神记》原著30卷。现在流行的20卷本《搜神记》为明代胡元瑞等人所辑录。但有遗漏,现辑佚文34条,其中《刘晨阮肇》和《焦湖庙玉枕》为传世名篇,对后世影响巨大。

1. 县有延寿亭[①]。

编者按:本条见《后汉书·郡国志》一"缑氏县"注引作《搜神记》。

注:①亭:原为"城",据《后汉书》改。

2. 有泽水,民谓神龙。不可鸣鼓其傍。即使[①]大雨。

编者按:本条见《后汉书·郡国志》五"巴郡"注引作《搜神论》。

注:①使:原为"有",据《后汉书》改。

3. 代城始筑,立板干。一旦亡西南板,四五十里,于泽中自立,结苇为外门。因就营筑焉。

编者按:本条见《后汉书·郡国志》五"代县"注引作《搜神记》。

4.《论语摘辅像》曰:"山土崩,川闭塞,漂沦移,山鼓哭[①]。闭衡夷,庶杰合,兵王作[②]。"时天下尚[③]乱,豪杰并争。曹操事二袁于河北[④],孙吴创基于江外,刘表阻乱众于襄阳。南招零桂[⑤],北割汉川[⑥],又以黄祖为[⑦]爪牙。而祖与孙氏为深仇,兵革[⑧]岁交。十年[⑨],曹操破袁谭[⑩]于南皮。十一年,走袁尚[⑪]于辽东。十三年,吴禽黄祖。是岁,刘表死,曹操略荆州,逐刘备[⑫]于当阳。十四年,吴破曹操于赤壁。是三雄者,卒共三分天下,成帝王之业。是所[⑬]谓"庶杰合,兵王作"者也。十六年,刘备入蜀,与吴再争荆州。于时战争四分五裂之地,荆州为剧。故山鸣之异,作其域也。

编者按:本条见《后汉书·五行志》三"建安七八年醴陵山鸣"条注引作"干宝曰"。

注:①山土崩,川闭塞,漂沦移,山鼓哭:山体滑坡,滑落的土石将河川堵塞;河川移高,水流沦落,发出音响,如山鼓哭泣。此句描述自然现象。②闭衡夷,庶杰合,兵王作:闭,关闭;衡,横木;夷,门,意谓关闭通道。庶,老百姓;杰,英雄豪杰;合,,联合。兵王作,战争爆发。此句论述社会现象。③尚:据《后汉书》补。④河

北:黄河以北。⑤零桂:指零陵郡和桂阳郡(治今湖南郴州)地区。⑥汉川:指汉江流域。⑦黄祖:东汉末为江夏太守,依附刘表。袁术使孙坚攻荆州,为黄祖射杀,故与孙氏结深仇。后为孙权攻杀。⑧革:原为"事",据《后汉书》改。⑨十年:为建安十年(205年)。以下年代均为建安。⑩袁谭:字显思,绍子。绍偏爱幼子尚,出谭为青州刺史。绍卒,尚攻谭,谭求救于曹操,尚退。后谭背叛曹操,被杀。⑪袁尚:字显甫。父绍卒嗣位。与兄谭相攻,曹操乘间讨败之,奔辽东为公孙康所杀。⑫刘备:(165—223年),字玄德,涿县(今属河北)人。三国时蜀汉的建立者。初与关羽、张飞友善,以镇压黄巾起义起家。后得诸葛亮辅助,建立蜀汉,都成都,与魏、吴鼎足而立。后率兵攻吴,失败病卒。⑬所:原为"可",据《后汉书》改。

5. 祝鸡翁者,洛阳人也,居尸乡[1]北山下。养鸡百年,鸡至千余头,皆有名字。欲取,呼之名,则种别而至。后之吴山,莫知所去矣。

编者按:本条见《水经注》十六"谷水"篇引作《搜神记》。

注:①尸乡:在今河南偃师西南。《汉书·地理志》:"偃师有尸乡,成汤所都。"

6. 老子将西入关。关令尹喜,好道之士,睹真人当西,乃要之途也。

编者按:本条见《水经注》十七"渭水"篇引作《搜神记》。

7. 杨震[1],有鹳雀[2]衔三鳝[3]鱼,飞集讲堂前 。都讲取鱼进曰:"蛇鳝者,卿大夫服之象也。数三者,法三台[4]也。先生[5]自此升矣。"

编者按:本条录自《后汉书·杨震传》。《颜氏家训·书证篇》云:"《后汉书》云:鹳雀衔三鳝鱼。《续汉书》及《搜神记》亦说此事。"

注:①杨震(?—124年),字伯起,华阴(今属陕西)人。少好学,有"关西孔子"之称。年50,始任州郡。官至司徒、太尉。遭诬卒。②鹳(guān贯)雀:一种似鹤又似鹭的大鸟,嘴长而直。主食鱼、蛙、蛇和甲壳类。③鳝鱼:外形似蛇,故称蛇鳝;色黄,又称黄鳝。④法三台:法,效法;三台,犹三公,朝廷三种最高的官。指杨震官至司徒、太尉。⑤先生:指杨震。

8. 须长三尺。

编者按:本条见《北堂书钞》一引作《搜神记》。

9. 帝[1]与颛顼[2]平九黎,始立五行之官者也。

编者按:本条见《北堂书钞》四九引作《搜神记》。

注:①帝:指帝喾。②颛顼(zhuān xū专旭):传说中古代部族首领。号高阳氏。相传生于若水,居于帝丘(今河南濮阳东南)。

10. 澹台子羽[1]赍璧渡河,风波忽起,两龙夹舟,子羽奋剑斩龙,波乃止。登岸,投璧于河,河伯三归之,子羽毁璧而去。

编者按：本条见《文选》五《吴都赋》注、古钞本《蒙求》注（杨守敬跋，见《日本访书志》十一）引作《搜神记》。此条赞扬子羽轻财重义的品质。

注：①澹台子羽：澹台，姓；子羽，字；名灭明。春秋时鲁国武城（今山东费县）人。孔子学生。貌丑，但品行端正："行不由径，非公事不见卿大夫。"（《史记·仲尼弟子列传》）孔子说："以貌取人，失之子羽。"

11. 魏推五德之运，以土承汉。

编者按：本条见《文选》二十陆机《皇太子宴玄圃诗》注引作《搜神记》。

12. 程猗《说石图》曰："金者，晋之行也。"

编者按：本条见《文选》二十陆机《皇太子宴玄圃诗》注，又三十谢朓《和王著作八公山诗》注，又五四刘峻《辨命论》注，引作《搜神记》。

13. 故中牟令苏韶，有才识，感冥中卒，乃昼见形于其家。诸亲故知友闻之，并同集。饮噉言笑，不异于人。或有问者。中牟在生，多诸赋述，言出难寻。诸叙词曰："运精气兮离故形，神渺渺兮爽玄冥，归北帝兮造酆京，崇墉郁兮室廓峥嵘。叔风阙兮词帝庭，迩卜商兮室颜生。亲大圣兮颂梁成，希吴季兮英婴明。抗清论兮风英英，敷花藻兮文粲荣。庶擢身兮登昆瀛，多福祚兮享千龄。"余多，不尽录。初见其词，若存若亡。

编者按：本条见《道宣律师感通录》引作"晋太常干宝《搜神记》述。"其中一首骚体诗，应为干宝以苏韶鬼魂的口气写的自况诗。请参阅第一编《读干宝为"鬼"写的诗》。

14. 高祖宣皇帝少有奇节，聪明多大略。

编者按：本条见《初学记》九引作"干宝《搜神》曰"。

15. 宣帝迁太子中庶子，每大谋，画策多善。由是为太子所信重。

编者按：本条见《初学记》九引作"又曰"。

16.《黄帝书》云：上古之时，有二神人，一名荼与；二名郁垒[①]，一名郁律。度朔山[②]，山上有大桃树[③]，二人依树而住。于树东北有大穴[④]，众鬼皆出入此穴。荼与、郁垒主统领简择万鬼。鬼有妄祸人者，则缚以苇索，执以饴虎[⑤]。于是黄帝作礼欧之，立桃人于门户，画荼与、郁垒与虎以象之。今俗法，每以腊终除夕，饰桃人，垂苇索，画虎于门，左右置二灯，象虎眼，以祛[⑥]不祥。

编者按：本条见慧琳《一切经音义》十一云："干宝《搜神记》及《风俗

通义》并引《黄帝书》云。”

注:①荼与郁垒:其他书作“神荼郁垒”。这可能是华夏民族创造地最早的冥神。②度朔山:传说中为海中的神山。③大桃树:至今,民俗以桃枝驱鬼。④大穴:这是中国人最早为自己死后营造的归宿。这应该是后来地狱最早的雏型。⑤饴虎:饴(sì 四),通“饲”;饴虎,给虎吃。⑥祛(qū 区):除去。

17. 冯稜妻死,稜哭之恸,乃叹曰:“奈何不生一子而死。”俄而妻复苏,后孕,十月产讫而死。

编者按:本条见《独异志》中引作《搜神记》。

18. 孟宗至孝,坟以梓木为表,感花萼生于枯木之上。

编者按:本条见《敦煌石室古籍丛残·籯金仁孝篇》引作《搜神记》。

19. 李王灵母死,廿年不食盐醋,感庭橘冬生其实也。

编者按:本条见《敦煌石室古籍丛残·籯金仁孝篇》引作《搜神记》。

20. 黄帝有熊氏,少典之子。母曰附宝,其先即炎帝母家有蟜氏之女,世与少典氏婚。及神农之末,少典氏又娶附宝。见大霓光绕北斗枢星,照郊野。附宝孕二十五月,生黄帝于寿丘。

编者按:本条见《太平御览》一三五《帝王世纪》条下注:“干宝云:‘二十五月而生’余同。”诸如此类,都是为帝王、名人制造神秘氛围,达到神化的目的。

21. 昌意正妃,谓之女枢。金天氏末,生颛顼于弱水。

编者按:本条见《太平御览》一三五《帝王世纪》条下注:“《搜神记》同。”

22. 庆都观河,遇赤龙。腌然①阴风,感而有孕,十四月而生尧。

编者按:本条见《太平御览》一三五《春秋合诚图》条下注:“《汉书》云:‘尧母十四月生尧。’《帝王世纪》、《搜神记》同。”

注:①腌然:腌(yān 淹),用盐浸食物。腌然,浸然之意。

23. 吴猛,蜀人。小儿时,在父母傍卧,时夏月多蚊,而终不摇扇。惧蚊虻之去我及父母也。

编者按:本条见《太平御览》二二、四一三、九四五,《事类赋注》四引作《搜神记》。

24. 河间管弼,侨居临水①北岸。田作商贾,往往如意。尝载两舫米,下都粜。垂行,忽于宅中见一物,形似鼍长大。行还,辄得大利。如此，一家遂巨富。二十年恒有万斛米。

编者按：本条见《太平御览》四七二引作《搜神记》。

注：①临水：在今江西东北部，今名宜黄水。

25. 丁兰，河内野王[①]人。年十五，丧母。乃刻木作母事之，供养如生。邻人有所借，木母颜和则与，不和不与。后邻人忿兰，盗斫[②]木母，应刀出血。兰乃殡殓，报仇。汉宣帝嘉之，拜中大夫。

编者按：本条见《太平御览》四八二引作《搜神记》。

注：①河内野王：即治今河南沁阳。②斫（zhuó 酌）：本义为大锄，引申为砍，斩。

26. 吴先主[①]病，遣人于门观不祥。巫启："见一鬼，着绢巾，似是大臣将相。"其夜，先主梦见鲁肃[②]来入，衣巾如之。

编者按：本条见《太平御览》八一七引作《搜神记》。

注：①吴先主：指孙权（182—252 年），字仲谋，吴郡富春（今浙江富阳）人。继其兄孙策据有江东六郡。建安十三年（208 年），和刘备联合，大败曹操于赤壁。黄龙元年称帝，公元 229—252 年在位。②鲁肃（172—217 年）：字子敬，临淮东城（今安徽定远）人。三国吴名将。协助孙权建立和巩固东吴政权。

27. 刘晨、阮肇入天台[①]取谷皮，远不得返。经十三日，饥。遥望山上有桃树，子实熟。遂跻[②]险援葛至其下。噉数枚，饥止体充。欲下山，以杯取水。见芜菁[③]叶流下，其鲜新。复有一杯流下，有胡麻[④]焉。乃相谓曰："此近人家矣。"遂渡山，出一大溪。溪边有二女子，色甚美。见二人持杯，便笑曰："刘、阮二郎捉向杯来。"刘、阮惊。二女遂欣然如旧相识曰："来何晚耶？"因邀还家。南、东二壁各有绛罗帐，帐角悬铃，上有金银交错。各有数侍婢使令。其馔有胡麻饭、山羊脯、牛肉，甚美。食毕，行酒。俄有群女持桃子，笑曰："贺汝婿来。"酒酣作乐。夜后各就一帐宿，婉态殊绝。至十日，求还，苦留半年。气候草木是春时，百鸟啼鸣，更怀乡，归思甚苦。女遂相送，指示还路。既还，乡邑零落，已十世矣。

编者按：本条见《太平广记》六一引作《搜神记》。

注：①天台：山名，在浙江天台县北。②跻（jī 击）：登，升。③芜菁：蔬菜名，即蔓菁。④胡麻：即芝麻。

28. 焦湖[①]庙有一柏枕，或名玉枕，有小坼[②]。时单父县[③]人杨林为贾客，至庙祈求。庙巫谓曰："君欲好婚否？"林曰："幸甚。"巫即遣林近枕边，因入坼中，遂见朱门琼室，有赵太尉在其中，即嫁女与林。生六子，皆为秘书郎。历数十年，并无思乡之志。忽如梦觉，犹在枕傍。林怆然久之。

编者按：本条见《太平寰宇记》一二六引作《搜神记》。

注：①焦湖：即安徽之巢湖。②小坼：坼（chè 彻）：分裂，裂开。小坼，即小缝（fèng），小空隙。③单父县：今山东单县。

29. 许懋，吴人，好黄白术[①]。一日，遇一道人，将一画扇簇挂于壁。上有药炉、童子在上。道人呼童子，而童子跪于炉前。画扇频动，炉火光炎，少顷药成。道人曰："黄白之术，役天地之数，非积功累行，不可求之。"遂告懋曰："五十年后，当于茅山[②]相寻。"遂不知所在。

编者按：本条见《三洞群仙录》十七引作《搜神记》。

注：①黄白术：黄即黄金，白即银；黄白术，即古代炼丹术。②茅山：原称句曲山，在江苏西南部。传说西汉茅盈兄弟三人修道于此而得名。又名三茅山。

30. 仲子隐于鹊山[①]。

编者按：本条见吴任臣《山海经广注》一引作《搜神记》。

注：①鹊山：在山东历城北。因扁鹊炼丹于此，故名。

31.（顾恺之）[①]常悦一邻女。乃画女于壁，当心钉之。女患心痛，告于长康，拔去钉，乃愈。

编者按：本条见张彦远《历代名画记》五。彦远自注："思江陵美女，画像簪之于壁玩之，亦出《搜神记》也。"此条不可能出《搜神记》，因为干宝卒时，顾恺之仅有4岁。

注：①顾恺之（348—410年），字长康，无锡（今属江苏）人。东晋著名画家。

32. 蚕曰龙精。

编者按：本条见《绀珠集》七引作《搜神记》。

33. 电曰笑电。

编者按：本条见《绀珠集》七引作《搜神记》。

34. 北史禁门以籥曰鹄籥[①]。

编者按：本条见《绀珠集》七引作《搜神记》。

注：①鹄籥：鹄（hú 胡），即天鹅；籥（yuè 跃），古管乐器。鹄籥，意谓会飞的乐器。

第三编

历代名家论千宝

一　刘惔论干宝

干宝向刘(惔)真长叙其《搜神记》,刘曰:"卿可谓鬼之董狐。"

载刘义庆《世说新语·排调》

二　何法盛论干宝及《晋纪》

干宝,字令升,新蔡人。始以尚书郎领国史,迁散骑常侍,卒。撰《晋纪》,起宣帝讫愍,五十三年,评论切中,咸称善之。

载《文选·论晋武帝革命》注

三　刘勰论干宝

(一)

晋代之书,繁乎著作。陆机肇始而未备,王韶续末而不终。干宝述纪,以审正得序;孙盛《阳秋》,以约举为能。

《文心雕龙·史传第十七》

(二)

晋虽不文,人才实盛……其文史则有袁、殷之曹,孙、干之辈。虽才或浅深,珪璋足用。自中朝贵元,江左称盛,因谈余气,流成文体。

《文心雕龙·时序第四十五》

（三）

孙盛、干宝，文胜为史；准的所拟，志乎典训：户牖虽异，而笔彩略同。

《文心雕龙·才略第四十七》

四　房玄龄《晋书·干宝传》

干宝字令升，新蔡人也。祖统，吴奋武将军、都亭侯。父莹，丹杨丞。宝少勤学，博览书记，以才器召为著作郎。平杜弢有功，赐爵关内侯。

中兴草创，未置史官，中书监王导上疏曰："夫帝王之迹，莫不必书，著为令典，垂之无穷。宣皇帝廓定四海，武皇帝受禅于魏，至德大勋，等踪上圣，而纪传不存于王府，德音未被乎管弦。陛下圣明，当中兴之盛，宜建立国史，撰集帝纪，上敷祖宗之烈，下纪佐命之勋，务以实录，为后代之准，厌率土之望，悦人神之心，斯诚雍熙之至美，王者之弘基也。宜备史官，敕佐著作郎干宝等渐就撰集。"元帝纳焉。宝于是始领国史。以家贫，求补山阴令，迁始安太守。王导请为司徒右长史，迁散骑常侍。著《晋纪》，自宣帝迄愍帝五十三年，凡二十卷，奏之。其书简略，直而能婉，咸称良史。

性好阴阳术数，留思京房、夏侯胜等传。宝父先有所宠侍婢，母甚妒忌，及父亡，母乃生推婢于墓中。宝兄弟年小，不之审也。后十余年，母丧，开墓，而婢伏棺如生，载还，经日乃苏。言其父常取饮食与之，恩情如生。在家中吉凶辄语之，考校悉验，地中亦不觉为恶。既而嫁之，生子。又宝兄尝病气绝，积日不冷，后遂悟，云见天地间鬼神事，如梦觉，不自知死。宝以此遂撰集古今神祇灵异人物变化，名为《搜神记》，凡三十卷。以示刘惔，惔曰："卿可谓鬼之董狐。"宝既博采异同，遂混虚实，因作序以陈其志曰：

"虽考先志于载籍，收遗逸于当时，盖非一耳一目之所亲闻睹也，亦安敢谓无失实者哉！卫朔失国，二传互其所闻；吕望事周，子长存其两说，若此比类，往往有焉。从此观之，闻见之难由来尚矣。夫书赴告之定辞，据国史之方策，犹尚若兹，况仰述千载之前，记殊俗之表，缀片言于残阙，访行事于故老，将使事不二迹，言无异途，然后为信者，固亦前史之所病。然而国家不废注记之官，学士不绝诵览之业，岂不以其所失者小，所存者大乎！今之所集，设有承于前载者，则非余之罪也。若使采访近世之事，苟有虚错，愿与先贤前儒分其讥谤。及其著述，亦足以明神道之不诬也。群言百家不可胜览，耳目所受不可胜载，今粗取足以演八略之旨，成其微说而已。幸将来好事之士录其根体，有以游心寓目而无尤焉。”

宝又为《春秋左氏义外传》，注《周易》、《周官》凡数十篇，及杂文集皆行于世。

传尾评论

令升、安国，有良史之才，而所著之书，惜非正典，悠悠晋室，斯文将坠。

《晋书》卷八十二

五　刘知几论干宝

（一）

当汉代史书，以迁、固为主，而纪传互出，表志相重，于文为烦，颇难周览。至孝献帝，始命荀悦撮其书为编年体，依《左传》著《汉纪》三十篇。自是每代国史，皆有斯作，起自后汉，至于高齐，如张璠、孙盛、干宝、徐贾、裴子野、吴均、何之元、王邵等，其所著书，或谓之春秋，或谓之纪，或谓之略，或谓之典，或谓之志。虽名各异，大抵皆依《左传》以为的准焉。

《史通·六家第一》

编者按：此段是说干宝著《晋纪》属编年体。

（二）

考兹胜负，互有得失。而晋世干宝著书，乃盛誉丘明而深抑子长，其义云：能以三十卷之约，括囊二百四十年之事，靡有遗也。寻其此说，可谓劲挺之词乎？……

然则班、荀二体，角力争先，欲废其一，固亦难矣。后来作者，不出二途。故晋史有王、虞，而副以干《纪》；《宋书》有徐、沈，而分为裴《略》。各有其美，并行于世。异夫令升之言，唯守一家而已。

《史通·二体第二》

编者按：本篇“二体”是指纪传体和编年体，司马迁的《史记》和班固的《汉书》是纪传体的代表，左丘明的《左传》和荀悦的《汉纪》是编年体的代表。刘知几未能考察干宝为什么强调编年体，而贬抑纪传体。干宝面对国家分裂的局面，强调编年体，是为维护朝廷的中央集权服务的。

（三）

昔干宝议撰晋史，以为宜准丘明，其臣下委曲，仍为谱注。于时议者，莫不宗之。故前史之所未安，后史之所宜革。

《史通·载言第三》

编者按：此段是说干宝的《晋纪》是继承《左传》的编年体，记事以朝廷为中心，大臣们的事编入谱、表。当时的舆论无不尊奉干宝的观点。刘知几赞成这种作法。

（四）

自兹以降，流宕忘返，大抵皆华多于实，理少于文，鼓其雄辞，夸其俪事。必择其善者，则干宝、范晔、裴子野是其最也，沈约、臧荣绪、萧子显抑其次也，孙安国都无足采，习凿齿时有可观。

《史通·论赞第九》

编者按：汉代以后史书“论赞”写的最好的，刘知几将干宝置于首位，可见推崇之至。

（五）

夫史之有例，犹国之有法。国之无法，则上下靡是；史之无例，则是非莫准。昔夫子修经，始发凡例；左氏立传，显其区域。科条一辨，彪炳可观。降及战国，迄乎有晋，年逾五百，史不乏才，虽其体屡变，而斯文终绝。唯令升先觉，远述丘明，重立凡例，勒成《晋纪》。邓、孙已下，遂蹑其踪。史例中兴，于斯为盛。若沈《宋》之《志序》，萧《齐》之《序录》，虽皆以序为名，其实例也。必定其臧否，征其善恶，干宝、范晔，理切而多功，邓粲、道鸾，词烦而寡要，子显虽文伤蹇踬，而义甚优长。斯一二家，皆序例之美者。

《史通·序例第十》

编者按：干宝是“史例中兴”的首创者。所谓“史例”，今称“凡例”，是编写史书所要遵循的原则。自干宝倡导以后，历代修史编志，至今流传不衰。

（六）

晋世杂书，谅非一族，若《语林》、《世说》、《幽明录》、《搜神记》之徒，其所载或恢谐小辩，或神鬼怪物。其事非圣，扬雄所不观；其言乱神，宣尼所不语。皇朝新撰《晋史》，多采以为书。夫以干、邓之所粪除，王、虞之所糠秕，持为逸史，用补前传，此何异魏朝之撰《皇览》，梁世之修《遍略》，务多为美，聚博为功，虽取悦于小人，终见嗤于君子矣。

《史通·采撰第十五》

编者按：此段前面提到《搜神记》，说它属“晋世杂书”。后边说“夫以干、邓之所粪除”，说明干宝在《晋纪》中未记神鬼怪物之类的内容。

（七）

若乃历选众作，求其秽累，王沈、鱼豢，是其甚焉；裴子野、何之元、抑其次也。陈寿、干宝，颇从简约，犹时载浮讹，未尽机要。

《史通·载文第十六》

编者按：此段是说干宝的《晋纪》“颇从简约”，但还有“浮讹”之文。

（八）

然则历考前史，徵诸直词，虽古人糟粕，真伪相乱，而披沙拣金，有时获宝。案金行在历，史氏尤多。当宣、景开基之始，曹、马构纷之际，或列营渭曲，见屈武侯；或发仗云台，取伤成济。陈寿、王隐咸杜口而无言，干宝、虞预各栖毫而靡述。至习凿齿，乃申以死葛走生达之说，抽戈犯跸之言。历代厚诬，一朝始雪。

《史通·直书第二十四》

编者按：据裴松之注《三国志》引干宝《晋纪》文说明，只有干宝有记述。刘知几将干宝的“抽戈犯跸之言”，错记为习凿齿了。又清浦起龙《史通通释》本为掩盖刘知几之误，改“干宝”为“陆机”。

（九）

当春秋之世，列国甚多，每书他邦，皆显其号，至于鲁国，直云“我”而已。如金行握纪，海内大同，君靡客主之殊，臣无彼此之异。而干宝撰《晋纪》，至天子之葬，必云“葬我某皇帝”。且无二君，何我之有？以此而拟《春秋》，又所谓貌同而心异也。

狄灭二国，君死城屠；齐桓行霸，兴亡继绝。《左传》云：“刑迁如归，卫国忘亡。”言上下安堵，不失旧物也。如孙皓暴虐，人不聊生，晋师是讨，后予相怨。而干宝《晋纪》云：“吴国既灭，江外忘亡。”岂江外安典午之善政，同归命之未灭乎？以此而拟《左氏》，又所谓貌同而心异也。

……

盖君父见害，臣子所耻，义当略说，不忍斥言。故《左传》叙桓公在齐遇害，而云：“彭生乘公，公薨于车。”如干宝《晋纪》叙愍帝殁于平阳，而云：“晋人见者多哭，贼惧，帝崩。”以此而拟《左氏》，所谓貌异而心同也。

《史通·模拟第二十八》

编者按:此段评论干宝《晋纪》模拟《左传》,有得有失。

(十)

昔荀悦有云:"立典有五志焉:一曰达道义,二曰彰法式,三曰通古今,四曰著功勋,五曰表贤能。"干宝之释五志也:"体国经野之言则书之,用兵征伐之权则书之,忠臣烈士、孝子贞妇之节则书之,文诰专对之辞则书之,才力技艺殊异则书之。"于是采二家之所议,征五志之所取,盖记言之所网罗,书事之所总括,粗得于兹矣。然必谓故无遗恨,犹恐未尽者乎?今更广以三科,用增前目:一曰叙沿革,二曰明罪恶,三曰旌怪异。何者?礼仪用舍,节文升降则书之;君臣邪僻,国家丧乱则书之;幽明感应,祸福萌兆则书之。于是以此三科,参诸五志,则史氏所载,庶几无阙。求诸笔削,何莫由斯?

《史通·书事第二十九》

编者按:这里所引干宝的话,可能是《晋纪》前"重立凡例"(《叙例》)中的文字。若如此,刘知几所引是干宝《叙例》内容仅存者。

(十一)

昔荀卿有云:远略近详。则知史之详略不均,其为辨者久矣。及干令升《史议》,历诋诸家,而独归美《左传》,云:"丘明能以三十卷之约,括囊二百四十年之事,靡有孑遗。斯盖立言之高标,著作为良模也。"又张世伟著《班马优劣论》云:"迁叙三千年事,五十万言,固叙二百四十年事,八十万言。是班不如马也。"然则自古论史之烦省者,咸以左氏为得,史公为次,孟坚为非。自魏晋已还,年祚转促,而为其国史亦不减班《书》。此则后来逾烦,其失弥甚者矣。

《史通·烦省第三十三》

编者按:这里所说干宝的《史议》,可能是《春秋序论》。此书已亡,刘知几所引为该书仅存者。

（十二）

阴阳为炭，造化为工，流形赋象，于何不育。求其怪物，有广异闻，若祖台《志怪》、干宝《搜神》、刘义庆《幽明》、刘敬叔《异苑》。此之谓杂记者也。

《史通·杂述第三十四》

编者按：刘知几又把干宝《搜神记》列入“杂记”类。

（十三）

当魏太和中，始置著作郎，职隶中书，其官即周之左史也。晋元康初，又职隶秘书，著作郎一人，谓之大著作，专掌史任，又置佐著作郎八人。宋、齐已来，以“佐”名施于“作”下。旧事，佐郎职知博采，正郎资以草传。如正、佐有失，则秘监职思其忧。其有才堪撰述，学综文史，虽居他官，或兼领著作。亦有虽为秘书监，而仍领著作郎者。若中朝之华峤、陈寿、陆机、束皙，江左之王隐、虞预、干宝、孙盛，宋之徐爰、苏宝生，梁之沈约、裴子野，斯并史官之尤美，著作之妙选也。

《史通·外篇·史官建置第一》

编者按：干宝为江左（东晋）首任史官，王隐、虞预皆其后也，故将王隐、虞预列干宝之前是不对的。又《赐爵关内侯制诰》曰：“特赐尔爵关内侯，仍领秘书监事，纂修国史。”与文中“亦有虽为秘书监，而仍领著作郎者”是相符的。

（十四）

时尚书郎领国史干宝，亦撰《晋纪》，自宣讫愍七帝，五十三年，凡二十二卷。其书简略，直而能婉，甚为当时所称。

《史通·外篇·古今正史第二》

（十五）

然自丘明之后，迄于魏灭，年将千祀，其书寝废。至晋太康年中，汲冢获书，全同《左氏》。故束晳云：若使此书出于汉世，刘歆不作五原太守矣。于是挚虞、束晳引其义以相明，王接、荀顗取文以相证，杜预申以注释，干宝藉为师范（事具干宝《晋纪叙例》中）。由是世称实录，不复言非，其书渐行，物无异议。

《史通·外篇·申左第五》

编者按：此段是刘知几关于《左传》的论述，说明干宝编纂《晋纪》是以《左传》为"师范"的。又"事具干宝《晋纪叙例》中"，说明干宝《晋纪》中的凡例，名曰"叙例"。

（十六）

按应劭《风俗通》，载楚有叶君祠，即叶公诸梁庙也。而俗云孝明帝时，有河东王乔为叶令，尝飞凫入朝。及干宝《搜神记》，乃隐应氏所通，而收其流俗怪说。又刘敬升《异苑》称晋武库失火，汉高祖斩蛇剑穿屋而飞，其言不经。故梁武帝令殷芸编诸小说，及萧方等撰《三十国史》，乃刊为正言。既而宋求汉事，旁取令升之书。

……

马迁持论，称尧世无许由；应劭著录，云汉代无王乔，其言傥矣。至士安撰《高士传》，具说箕山之迹；令升作《搜神记》，深信叶县之灵。此并向声背实，舍真从伪，知而故为，罪之甚者。

《史通·外篇·杂说中第八》

编者按：刘知几是史学批评家，而不知史学之外尚有文学。又前文已说"干、邓之所粪除"，这里又如此批评，前后自相矛盾。至于因干宝是史学家，别人硬把《搜神记》作史书看，那是别人的事，非干宝之罪也。

（十七）

仆幼闻诗礼，长涉艺文，至于史传之言，尤所耽悦。寻夫左史、右史是曰《春秋》、《尚书》；素王素臣，斯称微婉志晦。两京、三国，班、谢、陈、习阐其谟；中朝、江左，王、陆、干、孙纪其历。刘、石僭号，方策委于和、张；宋、齐应箓，惇史归于萧、沈。亦有汲冢古篆，禹穴残篇。孟坚所亡，葛洪刊其《杂记》；休文所缺，荀绰裁其《拾遗》。凡此诸家，其流盖广，莫不赜彼泉薮，寻其枝叶。原始要终，备知之矣。

《史通·外篇·忤时第十三》

编者按：此段说明刘知几所读史书之广博。从以上论述看，他对干宝的著作很熟悉，但也有记错的地方。

六　项皋谟《干常侍易解跋》

尝览群籍，《干子》十卷，干令升宝《周易注》十卷，《周易宗余》四卷，《爻义》一卷，《问难》二卷，《玄品》二卷，有其名，亡其书。及从里中太史氏后借读《文渊阅书目》，易类一百十种，晋以上唯存京君明传，郑康成注，王辅嗣略例并注，而子夏传，唐张素履伪作。不睹有干氏易，略见李鼎祚《易传集解》中。

海盐樊侯，博综坟典，专精撰述，录示《干常侍易解》似于载籍，节比句栉者，绝无仅有，希世奇书也。令升，新蔡人，徙吴郡海盐，仕吴为著作郎，赐爵关内侯。入晋领国史，为散骑常侍，补山阴令，迁始安太守。所著《晋纪总论》、《搜神记》具在《志林》，必悉之。

凌稚哲《万姓统谱》干、于二姓俱收令升，不几于金全、余佘、柏相、李季两氏挂名耶？是以洪阳毫厘，字辩不可不寓目。干氏宗干犨，于氏宗于定国。干裔有居海盐，有居嘉善，以抟埴为业，干窑镇由是得名。是干非于无疑。试取阮嗣宗《易义》同刻，题曰《晋易》，亦快事也。

绣水项皋谟懋功甫撰

（抄自景明刻本《盐邑志林》）

七　马国翰《周易干氏注》序

《周易》干氏注三卷，晋干宝撰。宝，字令升，新蔡人。官至散骑常侍。《晋书》有传，作于宝，《隋志》亦作于宝。按张淏《云谷杂记》引干姓编。干望出荥阳、颍阳（川）。宋有干犨，晋有干宝著《搜神记》。而以诸书作“于”者，为字画之差。凌稚哲《万姓统谱》干、于二姓俱收令升，见出骑墙。项皋谟旧《跋》云：“令升，新蔡人，徙居吴郡海盐。”又云：“干裔有居海盐，有居嘉善，以博埴为业，干窑镇由是得名。”是“干”非“于”，又可于一字师外得一佐证矣。雅雨堂校刊《集解》、《释文》，作干宝，今依之。其注《易》，隋唐志并十卷。又有《周易爻义》一卷。《隋志》注：梁有《周易宗涂》四卷，于宝撰；《周易问难》二卷，王氏撰。又别出《周易元品论》二卷，不著撰人名氏。而《册府元龟》以《问难》、《元品》与《爻义》并属干宝。然则《元品》不题姓名，史有缺略；《问难》题王氏，“王”为“干”之讹也。宋宣和四年，蔡攸上干宝《周易传》十卷、《爻义》一卷。故《中兴书目》，尤袤《遂初堂书目》得著录。今并散佚。明姚士粦辑《干常侍易解》三卷，俱取李氏《集解》而时有疏谬；归安丁氏杰补正；武进张氏惠言梓入《易义别录》。兹据参校而习刊之。史称宝好阴阳术数，留心京房、夏侯胜之传。故其注《易》尽用京氏占侯之法以为象，而援文、武、周公遭遇之期运，一一比附。后人讥其小物详，而大道隐，诚非无自；然其论法象始于天地，疾虚诞之言若邪说，见亦卓矣。历诚马国翰、竹吾甫。

八　姚士粦谈《搜神记》

江南藏书胡元瑞号为最富，余尝见其书目，较之馆阁藏本，目有加益然。经学训注稍有不及。有《搜神记》，余欣然索看，胡云：“不敢以诒知者，率从《法苑珠林》及诸类书抄出者。”又《夷坚志》有五十卷，今刻特其五分之一耳。其他集部如歌曲、山谣、阴阳小历，民间俗本，无不毕载。虽四部秩然，难为品赏也。顷见元瑞《甲乙剩言》云：“有卢思道《知己传》二卷”，则又前目之所不载者。

（抄自景明刻本《盐邑志林》：姚士粦《见只编》（中））

九 沈士龙《搜神记引》

余得《搜神记》及《搜神后记》读之，乃知晋德不胜怪而底于亡也。何者？令升虽始自前载，晋实半之；元亮则晋十九矣。何东西百五十年间，天孽人变，戒人耳目，若斯多也？岂司马家以两世凶黠，奸有神器，其阴画秘算，默为天地之害者，不得不借此开泄，用为非德受命者鉴耶？若令升所载，皆出前史及诸杂记，故晋、宋《五行志》往往采之。惟《晋书》本传称兄气绝复苏，而不名。道书《吴猛传》谓宝兄西安令干庆，而本记第称西安令干庆，而绝不谓兄，亦可疑也。至于《后记》，多后人附益，绝非元亮本书。如元亮卒于宋元嘉四年，而有十四、十六等年事。《陶集》多不称宋代年号，以干支代之，何得书永初、元嘉。又诸葛长民与宋武，比肩晋臣也，陶必不谓伏诛。凡此数事，皆不可不与海内淹赡晓辨之也。绣水沈士龙识。

（录自 1979 年 9 月中华书局出版《搜神记·附录》）

十 胡震亨《搜神记引》

令升遘门闱之异，爰摭史传杂说，参所知见，冀扩人于耳目之外。顾世局故常，适以说怪视之。不知刘昭《补汉志》、沈约《宋书》与《晋志》、《五行》，皆取录于此。盖以其尝为史官，即怪亦可证信耳。第所载秦闵王女一段，则嬴秦无谥闵者。惟晋武帝子秦献王无嗣，愍帝尝以吴王晏子出嗣秦王，岂即愍帝邪？然愍帝时，秦为虏境，秦妃安得在秦而有二十三年之久。至谓“今之国婿，亦为驸马都尉。”此政晋事耳。又有谢镇西之称。按谢尚于穆帝永和间始加镇西将军。宝书成，尝示刘惔。惔卒于明帝太宁间，则镇西之号，去书成时，尚后二十余年，安得预称此？殊不可晓。若渊明《后记》，梁皎法师称其“傍出《高僧》，叙其风素”。王曼颖报书亦云："高僧行迹，糅在元亮之说。"今记中仅佛图澄、昙游二人，应散佚不少。其载桓温老尼及见简文帝山陵，岂以之况宋武耶？海盐胡震亨识。

（录自1979年9月中华书局出版《搜神记·附录》）

十一　毛晋《搜神记跋》

子不语神，亦近于怪也。顾宇庙之大，何所不有，令升感圹婢一事，信纪载不诬，采录宜矣。元亮悠然忘世，饮酒赋诗之外，绝少著述，而顾为令升嚆矢耶？语云："叩盆拊瓴，相和而歌。"自以为乐矣，尝试为之击建鼓，撞巨钟，乃性仍仍然，知其盆瓴之足羞也。囿于耳目之常者，请作是观。湖南毛晋识。

（录自1979年9月中华书局出版《搜神记·附录》）

十二　蒲松龄论干宝

才非干宝，雅爱《搜神》；情类黄州，喜人谈鬼。闲则命笔，因以成编。

《聊斋志异·自序》

十三　鲁迅论干宝及《搜神记》

新蔡干宝，字令升，晋中兴后置史官，宝始以著作郎领国史，因家贫求补山阴令，迁始安太守，王导请为司徒右长史，迁散骑常侍（四世纪中）。宝著《晋纪》二十卷，时称良史；而性好阴阳术数，尝感于其父婢死而再生，及其兄气绝复苏，自言见天神事，乃撰《搜神记》二十卷。以"发明神道之不诬"（自序中语），见《晋书》本传。《搜神记》今存者正二十卷，然亦非原书，其书于神祇灵异人物变化之外，颇言神仙五行，又偶有释氏说。

（《中国小说史略》）

续干宝书者，有《搜神后记》十卷。题陶潜撰。其书今具存，亦记灵异变化之事如前记。陶潜旷达，未必拳拳于鬼神，盖伪托也。

（《中国小说史略》）

中国本信巫，秦汉以来，神仙之说盛行，汉末又大畅巫风，而鬼道愈炽；会小乘佛教亦入中土，渐见流传。凡此，皆张皇鬼神，称道灵异，故自晋讫隋，特多鬼神志怪之书。

（《中国小说史略》）

《搜神记》多已佚失，现在所存的，乃是明人辑各书引用的话，再加别的志怪书而成，是一部半真半假的书籍。

（《中国小说的历史的变迁》）

十四　余嘉锡《四库提要辨证》

〔**提要**〕《搜神记》二十卷，旧题晋干宝撰。史称宝感父婢再生事，遂撰集古今灵异、神祇、人物变化为此书。其自序一篇，亦载于传内。《隋志》、新旧《唐志》俱著录三十卷。《宋志》作《搜神总记》十卷，亦云宝撰。《崇文总目》则云："《搜神总记》十卷，不著撰人名氏。或云干宝撰，非也。"（原注云：按此条见《玉海》。）此本为胡震亨《秘册汇函》所刻，后以其版归毛晋，编入《津逮秘书》者。考《太平广记》所引，一一与此本相同。以古书所引证之：裴松之《三国志注》、《魏志·明帝纪》纪其《柳谷石》一条，《齐王芳纪》引其《火浣布》一条，《蜀志·糜竺传》引其《妇人寄载》一条，《吴志·孙策传》引其《于吉》一条，《吴夫人传》引其《梦月》一条，《朱夫人传》引其《朱主》一条，皆具在此本中。刘孝标《世说新语注》引其《卢充金碗》一条；刘昭《续汉志注》、《五行志》"荆州童谣"条下引其《华容女子》一条，"建安四年武陵充县女子重生"条下引其《李娥》一条，"桓帝延熹七年"条下引其《大蛇见德阳殿》一条，《郡国志》"马邑"条下引其《秦人筑城》一条，"故道"条下引其《旄头骑》一条；李善注王粲《赠文叔良诗》引其《文颖字叔良》一条，注《思玄赋》引其《张车子》

一条,注鲍照《拟古》诗引其《太康帕头》一条;刘知几《史通》引其《王乔飞舄》一条,亦皆具在此本中。似乎此本即宝原书。惟《太平寰宇记》"青陵台"条下,引其《韩凭化蛱蝶》一条,此本乃作化鸳鸯;郭忠恕《佩觿》上篇,称干宝《搜神记》以"琵琶"为"频婆"。此本《吴赤乌三年豫章民杨度》一条,凡三见"琵琶"字;《安阳城南亭》一条,亦有"琵琶"字,均不作"频婆"。又《续汉志注》、《地理志》"缑氏"条下引其《延寿亭》一条,"巴郡"条下引其《泽中有龙鸣鼓则雨》一条;《五行志》"建安七年醴陵山鸣"条下引其《论山鸣》一条;李善《蜀都赋》注引其《澹台子羽》一条,陆机《皇太子宴玄圃》诗引其《程猗说石图》一条,此本亦皆无之。

〔**辨证**〕嘉锡按:此书《晋书》干宝本传作二十卷。《隋志》、《旧唐志》皆在传说类,《新唐志》改入小说类,并作三十卷。《崇文总目》卷二十八及《中兴书目》(据《玉海》卷五十七引),只有《搜神总记》十卷。《崇文总目》且谓非干宝所撰(《中兴书目》只引《崇文目》,则其意亦同)。《遂初堂书目》作《搜神摭记》,不著卷数及撰人,不知是否一书。《宋志》云:"干宝《搜神总记》十卷,《宝椟记》十卷,并不知作者。"上云干宝,下云不知作者,则亦未定是干宝书也。晁、陈书目皆著录。则宝书在南宋似已不传。今本卷数与本传合、与史志皆不同。诸家所引,又或不见于今书。《谢尚》一条,时代复不合(《提要》说见后)。可见其非干宝原书,《提要》疑之,是也。特其所据以证其伪者,殊多未确。如据《寰宇记》引"韩凭化蛱蝶",以证今本"鸳鸯"之非。考《寰宇记》卷十四"郓城县青陵台"条下,并未引《搜神记》。惟其后别有一条云:"韩凭冢。《搜神记》:'宋大夫韩凭,娶妻美。宋康王夺之。凭怒王,自杀。妻阴腐其衣,与王登台,自投台下,左右揽之,着手化为蝶。'(今本作'衣不中手而死'。)又云:'凭与妻各葬,相望。冢树自然交柯。有鸳鸯栖其上,交颈悲鸣。'"虽其间有化蝶字,与今本不合。然其下文仍作化鸳鸯。盖化蝶者,韩凭妻所着之衣也;化鸳鸯者,凭夫妇之精魂也。不知何家村俗类书,于"青陵台"下引《寰宇记》,截去其后数语,《提要》遽据之以驳今本,而不考之《寰宇记》本书,可谓率而操觚矣。余又考之唐欧阳询《艺文类聚》卷四十、释道世《法苑珠林》卷二十七、刘恂《岭表录异》卷中、段公路《北户录》卷三及宋李昉《太平御览》卷五百五十九、《太平广记》卷四百六十三(自《岭表录异》转引)、卷九百二十五引此书,皆作化鸳鸯。其

"左右揽之"、"衣不着手而死"二句，亦与今本略同（有无（作）"而死"二字者，有作"衣不胜手"者），并无化蝶之事。足见今本与唐、宋人所见者并合。《珠林》三十一引此书《安阳城南亭》一条，"琵琶"作"髀婆"。与《佩觿》谓作"频婆"者小异。今本作"琵琶"，是特传本有不同。若其文，则固原书所有，非杜撰也。《提要》此篇，征引群书，不可谓不详。然《法苑珠林》引此书至一百四条。又有失注书名而其文实见于此书者三条（卷六十一引《永嘉中天竺胡人》一条；五十六引《京兆长安张氏》一条；又《博陵刘伯祖》一条）；引《搜神续记》而文实见此者四条（卷六十二引《鄮县吴望子》一条；七十五引《卢充》一条，皆与今本《搜神记》合，而较《后记》加详。又卷三十二引《黄初中宋士宗母》一条，不见于《后记》，而其文具在此书。疑书名传写有讹误）。合之凡得一百一十一条，几及全书四分之一。余尝取以相校，字句或有不同，而文义大致相合，亦互有得失。然则此书固有所本，绝非向壁虚造矣。《提要》徒据诸书所引三数条以相参较，而置《珠林》不引，考证未为周密也。至《提要》谓《续汉志注》、《文选注》引此书有为今本所无者，其说诚是。然《澹台子羽》一条，是《吴都赋》注，非《蜀都赋》。《续汉·五行志》引《论山鸣》一条，称"干宝曰"，不言《搜神记》。宝所著《晋纪》本传言自宣帝迄愍帝五十三年。以年数推之，当起于武帝太始元年。然既托始宣帝，则当兼有汉、魏之事（诸书所引《晋纪》，多及魏代事）。史言五十三年者，专记晋年耳。今《晋书·宣帝纪》记事始于建安六年。"山鸣"之事，在建安七八年，安知不出于《晋纪》（本传言"性好阴阳术数，留思京房、夏侯胜等传"，故宝著书喜言灾异）。必谓是本书逸文，终嫌无据也。

〔**提要**〕至于六卷、七卷，全录两《汉书·五行志》。司马彪虽在宝前，《续汉书》宝应及见，似决无连篇钞录，一字不更之理，殊为可疑。然其书叙事多古雅，而书中诸论，亦非六朝人不能作，与他伪书不同。疑其即诸书所引，缀合残文，傅以他说。亦与《博物志》、《述异记》等。但辑二书者耳目隘陋，故罅漏百出。辑此书者则多见古籍，颇明体例，故其文斐然可观。非细核之，不能辨耳。观书中《谢尚无子》一条，《太平广记》三百二十二卷引之，注曰："出《志怪录》。"是则捃拾之明证。胡震亨跋，但称谢尚为镇西将军，在穆帝永和中。宝此书尝示刘惔，惔卒于明帝太宁中，则书在尚加镇西将军之前二十余年，疑为后人所附益。犹未考此条之非本书也。

〔辨证〕按：本书卷六，凡七十七条，除首一条小序外，其记三代、两汉事者，才六十六条。卷末自《建安二十五年（本条云："是岁为魏黄初元年。"）魏武王在洛阳起建始殿》以下凡十条，皆三国事。卷七首一条，记魏事（所记为张掖郡柳谷事，以其为晋有天下之兆。且中有晋泰始三年张掖太守焦胜上言。故置之此卷之首）。以后全为两晋时事。《提要》乃谓六卷、七卷全录两《汉书·五行志》。不知三国、两晋之事何缘录入两《汉书》也？书中所言三代、前汉灾异，亦非全录班志。今亦不暇缕数，姑就其记后汉事者考之。自《章帝元和元年代郡乌生子》条起，至《建安初荆州童谣》条止，凡二十一条。其事不见于《续汉书·五行志》者四条（《章帝元和元年代郡高柳乌生子》一条；《桓帝即位大蛇见德阳殿》一条；《桓帝延熹五年临沅牛生鸡》一条；《汉时宾婚嘉会》一条。其《蛇见》一条，刘昭注引此书；《宾婚》一条，与昭注引《风俗通》合）；事见《续志》而文全异者一条（《光和四年南宫中黄门》一条，与志"光和元年五月壬午何人白衣欲入德阳门"条事略同，而文大异，却与刘昭所引《风俗通》全合。昭注云："按劭所述，与志或有不同。年月舛异，故俱载焉。"）；事虽同《续志》而文加评者三条（《灵帝数游戏于西园》条，与志末二句微异，而别有论说将三百字；《灵帝建宁三年春河内有妇食夫》条，有说八十余字；《建安初荆州童谣》条，多叙"华容女子"事九十余字。皆志所无。"华容女子"事，刘昭注引之）。又有合《续志》两三事为一者二条（《灵帝熹平三年右校别作两樗树》一条，合三事为一。《灵帝中平元年洛阳男子刘仓》一条，合二事为一）。然则文之同于《续志》者，仅得其半耳。安得谓"连篇钞录，一字不更"耶？此二十一条中，《珠林》引其九条，皆与今本略同。知原本如此，非由后人钞《五行志》以足卷帙也。司马彪既在宝前，则宝引用其文，固亦事理所有。况彪以晋人作《续汉书》，自是纂辑前人典籍，非所自撰。《续·五行志》篇首云："故泰山太守应劭、给事中董巴、散骑常侍谯周并撰建武以来灾异，今合而论之，以续前志。"则知《搜神》所记后汉事，不尽同于《续志》者，盖两书皆采应劭诸人之说，去取各有不同耳。而顾谓其钞录《续志》，不亦诬乎？若其书中诸论，亦皆见于《珠林》。《提要》谓为"非六朝人不能作"，可谓知言，惜尚未能寻得证据耳。《谢尚无子》一条，时代实不合（本书卷七《晋明

帝太宁初》一条,称明帝之谥,亦刘惔所不及见),《太平广记》又引为《志怪录》,固自可疑。然古人著书,有随时增补者。古书流传既久,亦有后人附益者。类书之体,往往有一事数书并见,随手引用者。似不得便为作伪之据也。余谓此书似出后人缀缉,但十之八九出于干宝原书(此但约略就其可考者言之)。若取唐、宋以前诸书所引,一一检寻,尚可得其出处;与他书之出于伪撰者不同。而张之洞《书目答问》,信《提要》之说,遂谓《搜神记》为伪书之近古者。不知《提要》所言,初无确据。且缀缉古书,亦不得谓之作伪也。

〔**提要**〕胡应麟《甲乙剩言》曰:"姚叔祥见余家藏书目有干宝《搜神记》,大骇,曰:'果有是书耶?'余应之曰:'此不过从《法苑》、《御览》、《艺文》、《初学》、《书钞》诸书中录出耳。岂从金函石匮,幽岩土窟掘得耶?'大抵后出异书,皆此类也。"斯言允矣。

〔**辨证**〕按:姚士粦(即叔祥)《见只编》卷中曰:"江南藏书,胡元瑞(即应麟)号为最富,余尝见其书目,有《搜神记》。欣然索看。胡云:'不敢以诒知者,率从《法苑珠林》及诸类书钞出者。'"其语与《甲乙剩言》正合。又按:胡氏谓此书为自诸书录出,较《提要》疑为伪书者为得其平。考《晋书》本传载宝自序云:"虽考先志于载籍,收遗逸于当时,盖非一耳一目之所亲闻睹也"云云。第一句自"虽"字起,无此文法。此其上必尚有一段文字为史臣所删去,而今本自序,一同本传,其非全篇可知。唐无名氏《文选集注》江文通《拟郭弘农游仙诗》注引雷居士《豫章记》云:"猛(吴猛也),豫章建宁人。干庆为豫章建宁令,死已三日。猛曰:'明府算历未应尽,似是误耳。今为参之。'乃沐浴衣裳,复死于庆侧。经一宿,果相与俱生。庆云:'见猛天曹中论诉之。'庆即干宝之兄。宝因之作《搜神记》。故其序云:'建武中,所有感起,是用发愤焉。'"(此事亦见《御览》卷八百八十七、《广记》卷三百七十八引《幽明录》。惟详略不同。且不云是干宝之兄)按《晋书》本传曰:"宝兄尝病气绝,积日不冷。后遂悟,云见天地间鬼神事,如梦觉,不自知死。宝以此遂撰集古今神祇灵异人物变化为《搜神记》。"正谓此也(本传载宝父婢及兄再生两事,《提要》仅言史称宝感父婢再生事,遂撰此事,非也)。然今本自序竟无《豫章记》所引之语,是亦为史臣所削。因《文选集注》乃久佚之书,为辑《搜神记》者所未见故也。又《岭表录异》"韩鹏"条下,引此书《韩凭妻》一条,末云:“又有鸟如鸳鸯(《珠林》及今本均作“又有鸳鸯,雌雄各一”),恒栖其树,朝暮悲鸣。南人谓此禽即韩朋夫妇之精魂。”《法苑珠林》卷二十七引无“南人”句。此乃刘恂之语。凡恂书中所谓南人,皆指岭南人言之。而今本亦有此句,几于不去葛龚。惟“韩朋”作“韩凭”,此可为自诸书录出之证,而《提要》顾未之及。胡氏所谓《法苑》,即指《法苑珠林》。使《提要》取其书一加考核,则不至横生误会,如前之所陈矣。

(录自1979年9月中华书局出版《搜神记·附录》)

十五　王利器谈《敦煌文学中的“韩朋赋”》

(一)“韩朋赋”的本文

“韩朋赋”如今所见为英、法帝国主义盗劫以去的敦煌卷子有五本:甲、斯字二九二二号,共八十九行,首尾完具,末一行题记作“癸巳年三月八日张忧道书了”,今称甲本;乙、斯字三二二七号,残存三十七行,末三行残,今称乙本;丙、斯字四九〇一号、斯字三九〇四号,四九〇一号残存二十七行,前九行残,后残四行,即和九三〇四号的前残四行相合,三九〇四号残存二十五行,前八行残,最前的四行,即和四九〇一号的末四行相合,今合二号为一,叫做丙本;丁、伯字三八七三号,残存七十一行,前十九行残,今称丁本;戊、伯字二六五三号,共五十五行,首尾完具,文前为“燕子赋”一卷和“燕子赋”一首,刘复曾据此刻入“敦煌掇琐”上辑,这本的臣字作⇘,是武后造字,那么,这本是周武则天时代钞的了。如今就拿最后一种作为底本,再以甲、乙、丙、丁四本校定它。以限于篇幅,其校勘部分,暂从省略。

昔有贤士,姓韩名朋,少小孤单,遭丧遂失其父。独养老母,谨身行孝。朋身为主意,远仕忆母,故娶贤妻,成公素女。年始十七,名曰贞夫。已贤至圣,明显绝华,形容窈窕,天下更无。虽是妇人身,明解经书,凡所造作,皆合天符。入门三日,意合同居,共君作誓,各守其躯。君不须再取妇,如水如鱼;妾亦不再嫁,死事一夫。

韩朋出游,仕于宋国,期去三年,六秋不皈。朋母忆子,口亦不言。其妻念之,内自发心。忽然执笔,其文斑斑。文辞碎金,如珠如玉。“意

欲寄书与人，恐人多言；意欲寄书与鸟，鸟恒高飞；意欲寄书与风，风在空虚。书若有感，直到朋前；书若无感，零落草间。”其书有感，直到朋前。韩朋得书，解读其言。书曰：“浩浩白水，回波如流。皎皎明月，浮云叹之。青青之水，冬夏有时。失时不种，禾豆不滋。万物吐花，不违天时。久不相见，心中在思。百年相守，意好一时。君不忆亲，老母心悲。妻独单弱，夜常孤栖。常怀大忧。盖闻百鸟失伴，其声哀哀；日暮独宿，夜长栖栖。太山初生，高下崔嵬。上有双鸟，下有神龟，昼夜游戏，恒则同皈。妾今何罪，独无光晖。海水荡荡，无风自波。成人者少，破人者多。南山有鸟，北山张罗；鸟自高飞，罗当奈何！君但平安，妾亦无他。”韩朋得书，意感心悲，不食三日，亦不觉饥。

韩朋意欲还家，事无因缘。怀书不谨，遗失殿前。宋王得之，甚爱其言。即召群臣，并及太史，“谁能取得韩朋妻者，赐金千斤，封邑万户。”梁伯启言王曰：“臣能取之。”宋王大喜，即出八轮之车，骅骝之马，使三千余人，从发道路，疾如风雨。三日三夜，往到朋家。使者下车，打门而唤。朋母出看，心中惊怕，即问唤者：“是谁使者？”使者答曰：“我是宋国使来，共朋同友：朋为功曹，我为主簿。朋有私书，来寄新妇。”阿婆回语新妇：“如客此言，朋今事官，且得胜途。”贞夫曰：“新妇昨夜梦恶，文文莫莫，见一黄蛇，咬妾床脚。三鸟并飞，两鸟相搏，一鸟头破齿落，毛下纷纷，血流洛洛。马蹄踏踏，诸臣赫赫，上下不见邻里之人，何况千里之客。客从远方来，终不可信，巧言利语，诈作朋书。朋言在外，新妇出看。阿婆报客，但道新妇病卧在床，不胜医药。并言谢客，劳苦远来。”使者对曰：“妇闻夫书，何故不喜？必有他情，在于邻里。”朋母年老，不能察意。新妇闻客此言，面目变青变黄：“如客此语，道有他情。即欲结意，返失其里。遣妾看客，失母贤子。姑从今已后亦失妇，妇亦失姑。”遂下金机，谢其王事：“千秋万岁，不复织汝。井水湛湛，何时取汝？釜灶尪尪，何时吹汝？床席闺房，何时卧汝？庭前荡荡，何时扫汝？园菜青青，何时拾汝？”出入悲啼，邻里酸楚。低头却行，泪下如雨。上堂拜客，使者扶舆，贞夫上车，疾如风雨。朋母于后，呼天唤地，号啕大哭。邻里惊聚。贞夫曰：“呼天何益，唤地何免。驷马一去，何得归返。”

梁伯迅速，日日渐远。初至宋国，九十余里，光照宫中，宋王怪之。即召群臣，并及太史，开书卜问，怪其所以。博士答曰：“今日甲子，明日乙丑,诸臣聚集,王得好妇。”言语未讫,贞夫即至。面如凝脂,腰如束素。有好文理,宫人美女,无有及似。宋王见之,甚大欢喜,三日三夜,乐不可尽。即拜贞夫,以为皇后,前后侍从,入其宫里。贞夫入宫,憔悴不乐,病卧不起。宋王曰:“卿是庶人之妻,今为一国之母,有何不乐?衣即绫罗,食即恣口,黄门侍郎,恒在左右。有何不乐,亦不欢喜?”贞夫答曰:“辞家别亲,出事韩朋。生死有处,贵贱有殊。芦苇有地,荆棘有丛。豺狼有伴,雉兔有双。鱼鳖有水,不乐高堂。燕雀高飞,不乐凤凰。妾是庶人之妻,不乐宋王之妇。”王曰:“夫人忧愁不乐,谁能谏之?”梁伯对曰:“臣能谏之。朋年卅未满,廿有余,姿容窈窕,黑发素丝,齿如珂佩,耳如悬珠;是以念之,情意不乐。唯须疾害朋身,以为囚徒。”宋王遂取其言,即打韩朋二板齿落,着故破之衣裳,使筑青陵之台。贞夫闻之,痛切肝肠,情中烦冤,无时不思。贞夫谘宋王:“既筑青陵台讫,乞愿暂往观看。”宋王许之,赐八轮之车,骅骝之马,前后侍从,三千余人,往到台下。

乃见韩朋,锉草饲马,见妾羞耻,把草遮面。贞夫见之,泪下如雨。贞夫曰:“宋王有衣,妾亦不着。王若有食,妾亦不尝。妾念思君,如渴思浆。见君苦痛,割妾心肠。形容憔悴,快报宋王。何足羞耻,避妾隐藏?”韩朋答曰:“南山有树,名曰荆棘,一枝两形,叶小心平。形容憔悴,无有心情。盖闻东流之水,西海之鱼,去贱就贵,于意如何?”贞夫闻语,低头却行,泪下如雨。即裂裙前三寸之帛,卓齿取血,且作私书,系在箭上,射与韩朋。朋得此书,便即自死。

宋王闻之,心中惊愕,即问诸臣:“若为自死?为人所杀?”梁伯对曰:“韩朋死时,无有伤损之处,唯有三寸素书,系在朋头下。”宋王即取读之。贞夫书曰:“天雨霖霖,鱼游池中,大鼓无声,小鼓无音。”王曰:“谁能辨之?”梁伯对曰:“臣能辨之。天雨霖霖是其泪,鱼游池中是其意,大鼓无声是其气,小鼓无音是其思。”天下是其言,其义大矣哉。贞夫曰:“韩朋以死,何更再言;唯愿大王恩,以礼葬之,可不得利后人?”宋王即遣人城东,橛百丈之圹,三公葬之。贞夫乞往观看,不敢久等。宋王许之,令乘素车,前后侍从,三千余人,往到墓所。贞夫下车,绕墓三匝,嗥啼悲哭,声入云中。临圹唤君,君亦不闻。回头辞百官:“天能报恩!盖闻一马不被二鞍,一女不事二夫。”言语未讫,遂即至室。苦酒侵衣,遂脆如葱。左揽右揽,随手而无。百官忙怕,皆悉捶胸。即遣使者,走报宋

王。王闻此语,甚大嗔怒。床头取剑,杀臣四五。飞轮来走,百官集聚。天下大雨,水流圹中,难可得取。梁伯谏王曰:“只有万死,无有一生。”宋王即遣櫼之,不见贞夫。唯得两石,一青一白。宋王睹之:“青石埋于道东,白石埋于道西。”道东生于桂树,道西生于梧桐。枝枝相当,叶叶相笼。根下相连,下有流泉。绝道不通。宋王出游见之,“此是何树?”梁伯对曰:“此是韩朋之树。”“谁能解之?”梁伯对曰:“臣能解之。枝枝相当是其意,叶叶相笼是其思,根下相连是其气,下有流泉是其泪。”宋王即遣诛伐之,三日三夜,血流汪汪。二札落水,变成双鸳鸯。举翅高飞,还我本乡。唯有一毛羽,甚好端正。宋王得之,即摩拂其身。大好光彩。唯有项上未好,即将摩拂,其头即落。

生夺庶人之妻,枉杀贤良。未至三年,宋国灭亡。梁伯父子,配在边疆。行善获福,行恶得殃。

(二)故事的来源和发展

这个故事,最先是见于晋干宝的“搜神记”卷十一:

宋康王舍人韩凭,娶妻何氏,美,康王夺之。凭怨,王囚之。论为城旦。妻密遗凭书,缪其辞曰:“其雨淫淫。河大水深。日出当心。”既而王得其书,以示左右,左右莫解其意。臣苏贺对曰:“其雨淫淫,言愁且思也;河大水深,不得往来也;日出当心,心有死志也。”俄而凭乃自杀。其妻乃阴腐其衣。王与之登台,妻遂自投台,左右揽之,衣不中手而死。遗书于带曰:“王利其生,妾利其死;愿以尸骨赐凭合葬。”王怒,弗听。使里人埋之,冢相望也。王曰:“尔夫妇相爱不已;若能使冢合,则吾弗阻。”宿昔之间,便有大梓木生于二冢之端,旬日而大盈抱,屈体相就,根交于下,枝错于上。又有鸳鸯,雌雄各一,恒栖树上,晨夕不去,交颈悲鸣,音声感人。宋人哀之,遂号其木曰相思树。——相思之名,起于此也。南人谓此禽即韩凭夫妇之精魂。今睢阳有韩凭城。其歌谣至今犹存。

后来,唐刘恂的“岑表录异”卷中,便把韩凭夫妇精魂所化的禽叫做韩朋鸟,这更创造了后来“梁山伯祝英台”这一类故事的母型。《岭表录异》这样写道:

韩朋鸟者,乃凫鹥之类。此鸟每双飞,泛溪浦。水禽中鸂鶒、鸳鸯、鸡鶄,岭北皆有之,惟韩朋鸟未之见也。案干宝“搜神记”云:“大夫韩凭(原注:“一云‘冯’。”)其妻美,宋康王夺之。朋怨,王囚之。朋遂自杀。妻乃阴腐其衣。王与之登台,自投台下,左右捉衣,衣不胜手。遗书于带曰:“愿以尸还韩氏而合葬。”王怒,令埋之,二冢相望。经夜,忽见有梓木生于二冢之上,根交于下,枝连其上。又有鸟如鸳鸯,恒栖其树,朝暮悲鸣。南人谓此禽即韩朋夫妇之精魂,故以韩氏名之。”

这段故事,《太平广记》卷四百六十三也引用过,中间引干宝《搜神记》一段小注,明谈恺本作“一云‘凭’。”“凭”“冯”古同字;“冯”“朋”古同声通用,如《战国策·韩策》的公仲朋(或误“侈”),“史记”甘茂传作公仲侈,“集解”徐广曰:“一作‘冯’。”这就是一个很好的证据。这样,韩凭和韩朋就碰头了。干宝说:“其歌谣至今犹存。”可见在当时,这个故事的传说,是普遍而久远的,生命力是很强的。这个故事包含的歌谣,据明冯惟讷《古诗纪》所载,还不止干宝所举“其雨淫淫”一首。《古诗纪》古逸部之一说:

乌鹊歌二首,见“彤管集”。一作青陵台歌,见“九域志”。前止一首。

韩凭,战国时为宋康王舍人。妻何氏,美,王欲之。捕舍人筑青陵台。何氏作乌鹊歌以见志,遂自缢死。

南山有乌,北山张罗。乌自高飞,罗当奈何。

乌鹊双飞,不乐凤凰;妾是庶人,不乐宋王。

韩凭妻答夫歌

其雨淫淫。河大水深。日出当心。

康王得书,以问苏贺,贺曰:“雨淫淫,愁且思也;河水深,不得往来也;日当心,有死志也。”俄而凭自死,妻亦死。

拿上面这些材料来和“韩朋赋”比较,我们觉得这个传说,通过士大夫阶级文人笔下的描写,还停留在消极的抗拒阶段,虽然已经具备了强烈的希望和乐观的精神。等到转入了这篇赋的创作者的手里,更加强了它的故事性和传奇性,便生动而有力地表现了现实主义与浪漫主义的结合。不仅如此,还夹带一个神话的尾声——摩拂一片羽毛,暴君人头落地。这是一种人民性的积极的反映。由于这个传说的主题思想所表现是现实性的、反抗性的、人民性的，其中有许多情节可能是在民众的生活历史中所遭遇过而为他们所熟悉和体会的，因之，这个故事，便上自两晋，下至唐家，南过岭南，西出陇西，普遍而持久地传开了。一直到今天，旧有川剧的“青陵台”，亦叫做“鸳鸯冢”，新编越剧的“相思树”，评剧的“青陵台”，亦叫做“青陵化蝶”，（华粹深先生编有京剧“青陵台”，尚未上演。）正在继续不断地演出和编写，都是根据这个故事，来暴露封建暴君的荒淫无耻，破坏人民的美满婚姻。这是和各类型剧本的歌颂梁山伯祝英台的纯洁爱情，是相得而益彰的，同为广大的劳动人民所热爱与欢迎的。

至于这种小说的体裁叫做赋，我也企图用我的不成熟的意见来解释一下。《文心雕龙》诠赋篇说：“赋者，铺也，铺采摛文，体物写志者也。”这篇赋就是根据《搜神记》之类的素材而加以铺陈和敷说的。伯希和盗劫去的伯字三五五三号“明妃变文”（拟）卷子，有“上卷立铺毕，入此下卷”语，那个铺字，就是这个赋字的正确注脚。

〔录自《文学遗产增刊》（第一辑）（1957 年·作家出版社）〕

附　录

一　干宝咏

咏干宝

（明）刘　华

危坐读青史，双眼瞥千古。
帝祚自代兴，历数属典午。
偶绾彻侯爵，俯视等毛羽。
受荐领国史，大义尤堪睹。
岂曰章句儒，百代留训诂。
书法何婉直，笔削无缀补。
史学识兼才，毋乃董狐伍。
茂宏亦知人，卓哉有所取。

咏干宝

（新蔡知县）谭宏宪

令升良史才，起家著作林。
卓荦观载籍，旷怀罗古今。
奋身列通侯，淡漠仍素心。
聊辞石渠业，作令游山阴。
优游迁五马，应荐复朝簪。

既阅当世故，识力自闳深。
乃成晋代史，直与班马侵。
绝笔已千载，芳踪杳难寻。

咏　干　宝

邵光允

弱冠负才器，翩翩翔艺林。
抗怀千载上，俯首视近今。
临戎不避难，著述尉夙心。
既领国史局，请牧浙水阴。
珥笔供吏事，山川濯冠簪。
更欲穷象数，析理入箕深。
从容陪禁闼，不受世禄侵。
古人邈难即，兹意或能寻。

咏　干　宝

王尽忠

八王乱后离故乡，盐官州里遭父丧。
运筹淮湘义军平，纵笔建康竹简忙。
小说鼻祖《搜神记》，学者每叹《晋纪》亡。
灵泉长卧思故里，涛声呜咽钱塘江。

二　《干氏宗谱》序

干氏之源最早有二：一黄帝元妃姓干名嫘，其源当在黄帝之前；二殷王子比干之后以其名为氏，是为干氏。

《广韵》列荥阳、颍川为干氏郡望，荥阳乃干嫘故里，新蔡为颍川属邑。干氏何时始居新蔡，史已无考。

干氏显名史书者，干嫘之后，春秋宋有大夫干犨，陈有行人干征师；战国吴有剑师干将；汉有京兆尹干长、蜀郡尉干献。但干氏真正显名史书，为干氏荣宗耀祖且永垂不朽者乃干宝也。

干宝字令升，今河南新蔡人。约生于晋太康四年(283 年)。自幼勤学，博览群籍，及长文武皆通。永嘉元年(307 年)初仕晋为盐官州判。旋北方大乱，父母依其瞻养。永嘉四年父卒，葬澉浦青山之阳。干宝遂徙家于灵泉里(今浙江海宁袁花镇)为父守孝。建兴元年(313 年)由华谭推荐任著作郎，授命参与平定杜弢起义。建武元年(317 年)，司马睿称晋王，都建康(今江苏南京)。由王导推荐，领修国史。因家贫，求补山阴(今浙江绍兴)令，迁始安(今广西桂林)太守。大兴元年(318 年)二月封关内侯。太宁元年(323 年)，王导请为司徒右长史，迁散骑长侍。咸和元年(326 年)母桓氏卒，葬灵泉里西南隅。干宝辞官为母守孝。咸和四年服阕回朝。永和元年(345 年)致仕，永和七年秋薨，葬灵泉里后花园(今海盐县六里乡茶院村)。朝廷特加尚书令，从祀学宫。

干宝为东晋王朝的建立和巩固殚精竭力，著作颇丰。其《晋纪》咸称良史，为后世史学家所推崇。《搜神记》是六朝志怪小说的代表作，堪称中国小说之鼻祖，对中华文化有极深远而广泛的影响。

干宝之后历代名人辈出，若朴，若元显，若文长等，仅唐至明代就有进士十多人。但若论对中华文化之贡献，皆不及令升公也。

今干氏散居神州大地，且有徙居海外者。当前，干氏族人，继承先人自强不息之精神，正为中华民族的腾飞作出贡献。

干氏后裔乃军，立志续修宗谱，历经十年艰辛，终成千秋伟业。余感其诚，故为之序。诗曰：

干氏渊源黄帝前，繁衍生息五千年。
荥阳人众为望族，颍川子孙多大贤。
嫘祖缫丝称圣母，干宝志怪是奇男。
五洲四海有后裔，同擎神州上青天。

河南省新蔡县史志办公室主编　王尽忠

戊寅年(1998 年)沐浴拜撰

三　干宝未卒于任

干宝虽然为东晋王朝的建立和巩固殚精竭力，充当“中流砥柱”，但随着东晋政权的稳定，干宝却逐渐受冷落，遭排斥，最后不得不辞官归里，集中精力创作并完成他早己着手的《搜神记》。

《御制神道碑》说他“辅弼四朝”，应是元帝司马睿，明帝司马绍，成帝司马衍，康帝司马岳。而他卒于永和七年（351 年），正当东晋第五朝穆帝司马聃，他就未再“辅弼”了。

《 御制神道碑》又说：“前尔原任尚书省散骑侍郎。”“前尔原任”四字清楚地说明干宝卒前不在任上。朝廷还自我解嘲地说：“余仰体天意，不徒显侯于生前，而欲申锡于身后。”

北宋苏易简《文房四谱》卷四载：“干宝表曰：‘臣前聊欲撰记古今怪异非常之事，会聚散逸，使自一贯，博访知古者。片纸残行，事事各异。又乏纸笔，或书故纸’。诏答云：‘今赐纸二百枚’。”由此可见，干宝在创作《搜神记》时连纸都买不起。虽然当时纸比较贵，但如果他在任上，堂堂朝廷绝对不会缺纸用的。

干朴在《灵泉乡真如寺碑亭记》中说：“谒先太祖茔于盐之青山，归而表其宅里为□□书府。府后宅园旁筑精舍，意如菟裘之宫以终老，临没即卜葬于后园。”“菟裘”者，士大夫告老退隐之所也。这从另一个侧面也证明：干宝未卒于任。

四　干宝的后裔

干宝的后裔，随着时代的变迁，流徙全国各地；由于诗书传家，历代名人辈出。现据《干氏宗谱》所载，分列如下。

二子

琦：太学生，王府行军长史。

琏：以孝秀补试，授谯王府录事。

孙子

星丽:为乡举中正。迁梅园。

星铃:早年与谢安结为布衣之交。谢安出仕,推荐他任海州刺史,不就。迁居越州(治今浙江绍兴)。

星誉:迁六里堰北。

曾孙

新沐:晋散骑常侍。

新濯:宋举儒学博士。

玄孙

干朴遗像

朴:字质卿,梁天监初进士。官至散骑常侍,与其侄元显同参军国大事。谏筑淮堰,有先见之明。捐灵泉里旧宅,以扩建真如寺。有《真如寺碑亭记》。创修《干氏宗谱》。

六世

干元显遗像

元显:梁中书舍人。子孙流寓建康(今江苏南京)。

七世

殿桂:仕隋授国子司业,历官河中府尹。

延坊:隋开皇(589—600 年)中任太常寺丞。

延封:隋大业(605—618 年)中为莆田令。

殿墀(chí 迟):以明经任大中正。

八世

荣鍪(móu 谋):仕唐为折冲府果毅都尉。

九世

天浚:中凤阁舍人。

嗣圣:中凤阁舍人。

友学:左千卫将军。

十世

达:明经进士。任采访、建国宿卫将军。

十一世

炽奋:署忠王府兵马司行军指挥。

耀仪:明经进士。官至太子宾客。

荣庆:明经进士。官至中书舍人。后弃官归隐,自号"南阳真逸"。

朗煦(xǔ 许):怀州刺史。

朗烔(tóng 桐):兵马司行军指挥。

元迪:鸿卢寺丞。

十二世

简临:忠王府长史。给大将军告身。恐母老弃官归养。

永绍:观察司副使。

绍隆:侍御史。

武奋:下邽令。风度与张九龄相似。李林甫当国,九龄罢。遂拂衣而归隐,于淮泽假渔为业,终身不言朝事。

十三世

栾:太常博士,迁刑部员外。

学增:徐泗节度使参军。子孙流寓山东。

十四世

灏(hào 浩):元和间(806—820 年)授魏州宣尉使。

颀:贞元间(785—804 年)户部侍郎。

武陵:华州刺史。续修《干氏宗谱》,并请枢密院李德裕为序。子孙流寓杜曲(今属陕西)。

惟允:元和间翰林博士。

尔龄:平凉太守。天宝(742—755 年)末劝太子勤王,两谏不听遂致仕。子孙流寓汴梁(今河南开封)。

松年:广德间(763—764 年)进士,授江淮转运副使。子孙流寓燕地《今河北省》。

十五世

升中:署尚宝司丞。

国祯:官省郎,赐第集贤里。

十六世

瞑(liú 流):大中元年(847 年)丁卯科进士。官长宁令。

东生:官省郎,赐第集贤里。

在纲:淮南节度使幕府记室。

璆(qiú 球):唐末天佑间(904—907 年)进士。

十七世

凝:后周显德间(954—960)进士。

搢(jìn 晋)彩:吴越王记室参军。

斯保:吴越王将佐。

斯戢(jí 集):吴越王将佐。

十八世

瓘(guàn 灌):秘书监。

十九世

淞:宋景德(1004—1007 年)间举贤良方正科。弃官归隐,放舟湖山,与林和靖为诗友,每经月而忘返。

佩弦:兰州令。清操守约,犹如寒士。亲旧居相位,也不去巴结。

二十世

琳:熙宁(1068—1077 年)间进士。

学增:国学教授。

弢(tāo 滔):亳州知州。

二十一世

道成:署王府丞,掌市易司提举。

彤:庆历(1041—1048 年)间进士。授广州判官,迁工部员外郎。

二十二世

矶:太学生,补上舍。为州学教授。

二十三世

坚:绍圣(1094—1097 年)间应宏词科进士。任江州府知事。

炜:明经科贡士。为丹阳令。

二十四世

彦晖:太学生,迁上舍。署陈州教授。

珣(xún 旬):广东知州。廉洁自爱,不附权贵,人皆重之。

二十五世

奕:萧山儒学教授。

鲁椝:国子监丞。

晋枝:岳飞部将。抵抗金师,与其子六俊俱效死军中。

六俊:岳飞部将。抵抗金师,死于军中。

鹏:岳飞部将。同飞尽忠,冤死于狱。

二十六世

辉:楚州知州。

二十七世

宾扬:高邮丞。

有铠:为江淮开府参军。

二十八世

宗显:经义科进士。累官丞信郎,赠奉直大夫。

培颖:官德州司马。赠中宪大夫。

挺:国子监丞,署宝钞司。

二十九世

醪(láo 劳):国子司业,迁光禄寺丞。

有纯:宝祐四年(1256 年)进士,与文天祥同榜。后与文天祥同举义兵抗元,被执,不屈死节。续修《干氏宗谱》,并请文天祥写序。

三十世

文传:字寿道,号翼经。元延祐元年(1314 年)甲寅科进士。历官知州,所至有善政。至正(1341—1367 年)中预修宋史。书成晋集贤待制。以礼部尚书致仕。著有

干文传遗像

《仁里漫稿》。续修《干氏宗谱》,并请翰林学士吴澄写序。

三十一世

干寰均遗像

寰均:父康成,皆有武艺。明太祖朱元璋兵至江东,率义兵从之,所向无不利。洪武三十年(1397 年)分封诸藩,袭腾骧卫中尉指挥。后随永乐帝迁北京。子孙流寓北京。

全枢:洪武(1368—1398 年)初召为崇文馆博士。富有民族气节。研究河洛文化,闭门潜修,历元三十多年皆不出仕,明兴方应召。

文通:洪武中任广德州知州。

三十三世

舒翘:武科选士,任广德东参将,以功升九边都督。

三十四世

璠(fán 烦):宣德(1426—1435 年)间进士,官至给事中。出为襄阳知府,建学立规,颇有政声。

玭(pín 频,又读 pián 骈):景泰(1450—1456 年)间进士。官至太仆寺丞。

三十五世

同:天顺(1457—1464 年)间袭封广东指挥。

凤:字文瑞。弘治(1488—1525 年)间任高淳教谕。兴学习礼,敦崇雅化,闻母丧,徒步而归,士论重焉,咸称干孝子。

三十六世

干桂遗像

桂:字德芳。正德(1506—1521 年)间顺天中式进士。历官都御史。为政严明,豪强敛迹。

三十八世

有年:隆庆戊辰(1568 年)科进士。

大行:续修《干氏宗谱》并序。

四十世

炅(jiǒng 炯):兵部侍郎。奉使为撤藩大人。

钦昊:续修《干氏宗谱》,并刊行之。

五　干宝著作集注《晋纪》目录

六　干宝著作集注《周易注》目录

七　干宝著作集注《周官礼注》目录

八　干宝著作集注《干宝集》目录

九　干宝著作集注《搜神记》目录

后　　记

一

《干宝研究全书》终于由中州古籍出版社出版了！这是值得庆贺的事啊！我能够集中众人的智慧，出版这部对干宝进行全面、深入研究的著作，为中华文化作点贡献，为新蔡人民争得荣誉，感到无比的幸福和欣慰。

我最早听说干宝，是在上中学的时候。《语文》课本中选有他的作品，在介绍作者生平时，才知道有这样一位同乡，颇感自豪。1984 年，我调入县地方史志办公室工作，分工负责《人物》、《艺文》和《附录》的编写。这时我才通读了他的《搜神记》和《晋纪总论》，但任务完成后，我对他的印象依然很肤浅。1994 年，中共新蔡县委的一位官员，准备参加在驻马店举行的学术研讨会，委托我为他写一篇有关"干宝与中华文化"的论文，我才比较认真地阅读了当时能够找到的有关干宝的资料。

论文完成后，我觉得干宝在生平、著作和思想方面，还有很多问题值得进一步探讨。这些问题整日萦绕于脑海，逼迫我于当年 9 月只身赴浙江考察。在海盐县史志办公室主任王健飞和杨光涛同志的协助下，查阅了大量资料，复印了《干氏宗谱》和干宝的《周易注》(载《盐邑志林》)，并结识了干宝的后裔干乃军、干海民、干百英等。返回时，我又在上海师范大学停留几天。在新蔡人管继英(女)的协助下，我钻进图书馆资料室，查阅了大量与干宝有关的图书，复印了《干子》、《周易注》、

《周官礼注》(均载马国翰《玉函山房辑佚书》)以及《文选》中的部分文章,还抄录了大量有关干宝的论述。总之,这次考察使我满载而归。

回来后,我将所搜集的资料进行整理、研究。说来奇怪,越研究问题越多,而我研究干宝的欲望也愈加强烈。此后,我逛书店,蹲书摊,与出版社直接联系,大量采购与干宝有关的图书。有些书买不到,就委托同学、朋友、学生帮我搜集。如钟培豪从湖北宜昌图书馆复印了《搜神后记》(载《四库全书》),郑本法从兰州图书馆复印了句道兴的《搜神记》,郑州大学教授王振亚,河南大学教授马全智,以及干乃军等,都给我复印很多资料。我还数次去北京国家图书馆查资料,并复印了干宝的《晋纪》(汤球《广雅书局丛书》辑本)。还在辽宁省图书馆复印了八卷本《搜神记》(王谟辑本)。

在大量搜集资料和研究的基础上,我于 2001 年打印出第 1 稿。同年,在《中州今古》第六期发表第一篇文章《干宝生平略考——纪念干宝逝世 1650 周年》。文章发表后,关于干宝故居和墓址的说法,我心里很不踏实。此说是海宁市地名办公室告诉我的,来信语气不够恳切,也未列出证据。于是,我决定再赴浙江考察。经过实地考察,我撰写了《干宝故居考察记》一文,发表在《中州今古》2002 年第二期,算是对前说作了更正。这次,我还通过干乃军,将载于《盐邑志林》里的《搜神记》复印出来。这是明代最初的版本。

经过反复修改、补充,于 2004 年打印出第 5 稿。我将书稿送有关人员审阅,广泛征求意见。这一压就是四五年。期间,《历史文化研究》先后发表了我的《干宝著作考》、《略论〈搜神记〉的影响》、《干宝——中国小说的鼻祖》等,为我出书制造了舆论,铺平了道路。同时,很多人动员我到省外出版,都被我拒绝了。我以为,干宝是河南人,而河南从未出版过他的书,我一定要为干宝在河南争得一席之地。现在,终于在河南出版了。令升公呀,令升公!如果您在天真有灵,您也应该高兴!,在您去天堂 1658 年后,有关您的书及您的《著作集注》,终于在您的家乡出版了!您的《著作集注》是 1000 多年来首次面世!您的乡亲总算对起您了!我想:不仅您高兴,您的后代子孙都会高兴的。

在我从事干宝研究的过程中,很多人以各种方式对我进行帮助和鼓励;还有一些人,多次表示要为本书的出版提供赞助,虽被拒绝,但他们的心意我领了。其中有:驻马店市原常务副市长王振国,交通局原局长李长庚,供销社原副主任张传合,黄淮学院副教授陈文云、刘清珍、郭超;河南《妇女生活》杂志副总编徐春亭(女),舞阳钢厂师范学校高级讲师朱焕超,叶县中等职业学校原校长张景堂;中共新蔡县委宣传部部长陈学功,原统战部部长曹华峰,文联主席谢石华,组织部干部龚国强,县地名办公室原主任李彦杰,县粮食局党委书记童效迁,县地方史志办公室副主任张隆庆,图书资料管理员刘曼丽(女)等。

《历史文化研究》杂志社及其下属的郑州方志印务有限公司对我出版此书予以极大支持。同时,在打印,印刷,装订等方面都付出了辛勤的劳动。他们是石小生、张莉、方荣、俞长缨、刘亚琴、廉媛等。

对以上人员,谨向他们表示衷心地谢意并致以崇高敬礼!

我的爱人时逢英和女儿效红及儿子效雷、效飞、效东的支持,也给我增加了力量。

由此可见,《干宝研究全书》的出版,是集体智慧和集体劳动的成果。

二

我原以为凭着自己在文、史、哲三方面的扎实功底,从事干宝研究不成问题。事实证明,我的想法是完全错误的。

我所搜集的资料,大部分是文言文,且未有标点。我首先要作的,就是为这些文章断句、注释。我虽然有一定的古代汉语基础,但要为我第一次接触到的文言文断句、注释,困难还是很大的。我又重温《古代汉语》,然后经过仔细推敲、琢磨,一篇文章往往反复数次还定不了稿。这其中的酸甜苦辣,只有自己知道。

干宝是位史学家,而自己是学文的,史学理论和史学史知识有限。为了研究干宝,我必须充实和补充这方面的不足。

干宝是位《周易》专家,有关《周易》的著述达5种之多,流传下来的有《周易注》(3卷)。在此之前,我从未接触过《周易》。因为我对算命卜卦反感,对《周易》也不屑一顾。为了研究干宝,我不得不购买几本有关《周易》的书,从事《周易》研究。因为,只有搞通《周易》,我才能为干宝的《周易注》进行断句;只有搞通《周易》,我才能认识到干宝《周易注》的价值所在。通过研究,我才知道,原来《周易》是一部了不起的哲学著作,是我们的先人对自然现象和人类社会观察的总结。其中充满朴素的唯物观和朴素的辩证观,但也混杂着封建主义的糟粕。

我还对儒学、道教和佛教进行了专门研究。

进行干宝研究,必须要有良师益友。在这方面,吴庆华对我的帮助最多,最大。唐李鼎祚的《周易集解》一书,就是他借给我的。提起吴庆华,我要多说几句。他是1932年生,浙江温州人。1949年,家乡刚解放,他就参加了中国人民解放军。1953年,我在新蔡县中读初中二年级,为了响应党的号召,我给中国人民志愿军写了一封慰问信。此时,吴庆华正在朝鲜前线与美帝国主义浴血奋战。正是他接到了我的慰问信,并给我回了信。那时,能够接到"最可爱的人"的信,其激动和兴奋的心情可想而知。我很快就给他写了回信。我们的友谊就是在"朝鲜战火飞鸿雁"中开始的。1955年,他回国参加"高考",升入山东大学中文系学习。我于1957年升入开封师范学院(今河南大学)中文系学习。他像我的胞兄一样,给我寄图书和参考资料。1960年,正当国家三年经济困难时期,我的生活也陷入困境。他数次给我寄生活费,帮我度过难关。而这时,我们还未见过面呢。从1984年起,我们又都从事史志工作,直至退休。在我研究干宝的过程中,和他讨论的问题最多,对我的启发也最大,比如干宝未卒于任,就是他提醒的。书稿完成后,他认真通读了全书,改正了不少错误,补充了部分内容,还提出了一些宝贵意见。此书的出版,倾注了他不少的心血,也是我们56年友谊的结晶。

帮我审阅书稿并提出意见的还有:河南教育学院教授王钦韶,河南大学教授袁喜生,驻马店市黄淮学院副教授谢新华,正阳县地方史志办公室副编审王玉丰,甘肃省秦安县一中高级教师余华才,新蔡县第二高中副校长张学孔等。还有县地方史志办公室主任王佑民,他还为本书的出版,多次向领导汇报、呼吁,虽未如愿,但已尽力。

本书能够顺利出版,并具有目前这样美观、大方的版式,应该感谢本书责任编辑王小方和张向敏。特别是中州古籍出版社王小方主任,亲临印刷厂,为本书设计版式,指导封面设计。他还认真通读全书,改正了不少错别字和标点符号，并统一了地名和年代的格式，规范了汉语拼音，对提高本书的出版质量作出了卓越的贡献。

总之，我研究干宝的过程，也是自己不断学习，不断提高，不断充实的过程。

三

我为什么把此书“献给我最尊敬的范守身老师”呢？

在这幸福的时刻，无限怀念我的父亲王金轩和母亲贾氏，是他们赋予我生命，并赋予我一付硬骨头。无限怀念千百万革命先烈和伟大领袖毛泽东主席，是他们赋予我革命理想，并赋予我坚强的革命意志。

我是一个出身于农民家庭的“乡巴佬”，只因家庭紧邻学校才入学，至于为什么要上学，在我的脑海里糊里糊涂。1951 年，我考入新蔡县中学习。范守身任我们的语文老师兼班主任。他不仅教学认真、负责，而且对学生的思想和生活关怀备至。他还在课外，给学生讲时事，读报纸，引导学生心怀祖国，放眼世界。他读的报纸，其中有高玉宝的《我要读书》，使我至今难于忘怀。他不光用语言教育学生，而且身体力行，潜移默化。从他全心全意为学生服务的高贵品质中，使我明白了“人活着应该让别人因为有你活着而得到益处”的道理。从而使我认识到：人生的价值，不在于你从社会上索取多少，而在于你对社会贡献多少。范老师的言行，对我人生观的形成，起到了决定性的作用。当然，我把此书献给范老师，他只是我众多老师的代表。其他如韩集小学时的王建文老师，刘善同老师；潢川高中时的高梦非老师，李景老师等。因此，我也是献给所有像范老师那样道德高尚的“人类灵魂的工程师”。

我于 1957 年升入开封师范学院学习。一个农村娃；能进入高等学府，我从内心感谢党和伟大领袖毛泽东主席。在校学习期间，除学习业务课程外，我还认真阅读了马克思列宁主义的经典著作，如《共产党宣言》、《国家与革命》和《毛泽东选集》（第一卷）等。通过学习，使我认识到“阶级分析是打开人类社会的一把金钥匙。”我的共产主义世界观，就是从这时开始形成的。从此之后，终其一生，坚定不移。直至如今，我依然坚信:马克思主义是人类社会最伟大、最先进、最正确的思想武器;我对干宝的研究,就是在马克思主义指导下进行的。

我于1961年毕业后,先后从事教育、新闻、党务、文艺创作、文秘、报刊编辑、行政、史志和地名等工作。无论干什么,我都以范老师为榜样,竞竞业业,踏踏实实,努力作到"做老实人,说老实话,办老实事。"我清楚地知道,自己是党和国家培养的,决不能辜负党和国家的期望。

"生命不息,奋斗不止"。《干宝研究全书》是我退休后,继《新蔡人物志》出版的第二本书。它说明我在人生的道路上仍在继续前进。

我相信:《干宝研究全书》的出版,仅仅是干宝研究的开始,并不是干宝研究的结束,它将为干宝研究奠定坚实的基础,开辟广阔的道路。

现在付印的是本书的第12稿,但仍难免有缺点和错误,敬祈专家和读者批评指正。

河南省新蔡县地方史志办公室　王尽忠
电话:0396—5923882(宅)5922035(办)
手机:15893119915
2009年7月1日